1896 镜湖学人文丛

四川保路运动再研究

鲜于浩 ◎ 著

西南交通大学出版社

·成 都·

图书在版编目（ＣＩＰ）数据

四川保路运动再研究 / 鲜于浩著. —成都：西南
交通大学出版社，2021.1

ISBN 978-7-5643-7830-1

Ⅰ. ①四… Ⅱ. ①鲜… Ⅲ. ①保路运动–研究 Ⅳ.
①K257.260.7

中国版本图书馆 CIP 数据核字（2020）第 223111 号

Sichuan Baolu Yundong zai Yanjiu

四川保路运动再研究

鲜于浩 / 著

责任编辑 / 郭发仔

封面设计 / 曹天擎

西南交通大学出版社出版发行

（四川省成都市金牛区二环路北一段 111 号

西南交通大学创新大厦 21 楼　610031）

发行部电话：028-87600564　　028-87600533

网址：http://www.xnjdcbs.com

印刷：成都市金雅迪彩色印刷有限公司

成品尺寸　170 mm×230 mm

印张　23.25　　字数　372 千

版次　2021 年 1 月第 1 版　　印次　2021 年 1 月第 1 次

书号　ISBN 978-7-5643-7830-1

定价　118.00 元

前言

牛顿曾经讲过，他之所以能够取得科学研究的突破，是站在前人肩膀上的缘故。我丝毫没有攀比伟大的科学巨匠的意图，也不可能与这位科学巨匠相提并论。不过，我在四川保路运动方面有一定的研究成果，的确是先师林增平教授和四川大学隗瀛涛教授耳提面命、悉心栽培使然。

记得那是 1980 年 1 月，作为湖南师范大学（那时是湖南师范学院）历史系中国近现代史专业的硕士生，也是林增平教授的开门弟子，我在寒假期间持林先生的专函于四川大学桃林村初次拜见了隗瀛涛教授。林先生函中有指导研究生"如履如临"感触的自谦之辞，希望隗瀛涛教授能对他这位来自蜀中的学生多加指点。此后，隗瀛涛教授不负朋友之托，二十年来在学术研究等方面对我的指导和帮助非同一般，一言难尽。

1981 年是辛亥革命 70 周年，也是自 1961 年辛亥革命 50 周年纪念活动后 20 年来第一次逢十周年大庆。值"四人帮"已经被粉碎，改革开放初见端倪，学术研究的春天已经来临之机，各省区均要举办大型、隆重的庆祝会、学术研讨会，林先生和我于当年初夏收到了四川方面的邀请函。林先生在经历了"文化大革命"中长达近十年"牛鬼蛇神"的生涯后，时任湖南师范学院副院长、湖南省社科联主席等职，公务繁忙，无暇赴蜀。于是，林先生嘱我撰写一篇论文，并将题目定为与川汉铁路的筹建及四川保路运动研究有极大关系的租股研究。日后我揣摩，当时林先生和华中师范大学章开沅教授刚主编完成三卷本巨著《辛亥革命史》，"文化大革命"前林先生也曾发表过有关湖南保路运动的论文，大约因对作为辛亥革命导火线的四川保路运动研究仍有浓厚兴趣才如此命题。

我当时对四川保路运动，尤其是川路租股知之甚少。幸奉林先生之命，回四川查阅资料，当面向隗瀛涛教授请教，受益匪浅。之后，在四川省图书馆沙先生的帮助下，查阅了20余部县志及很多相关资料，在雅安四川省档案馆也见识了不少档案资料。《试论川路租股》（因其对鲜师保路运动研究的起始意义，本书附录收录了该文。——编者注）一文粗成后，面呈隗瀛涛教授斧正，受到隗先生的肯定。隗先生还以为，该文文字亦近似林先生那种略带古香古色的风格。于是，我信心倍增。当年夏，即以此文参加了四川省纪念辛亥革命70周年学术讨论会。回到长沙，林先生阅后亦较满意。随后在湖南省图书馆又查阅了有关湖南租股的资料，作了补充修改。10月，参加在长沙召开的纪念辛亥革命70周年青年史学工作者学术讨论会，论文有幸获奖，被收入中华书局出版的会议论文集并在《历史研究》发表。这是我第一次涉足四川保路运动的研究，至今记忆犹新。林先生和隗先生的指导帮助，不仅使我草就一篇论文，还决定了我在学术研究方面的一个重要课题和研究方向。

不久，我的硕士学位论文的题目便顺理成章地定为《川汉铁路的筹建与四川立宪派》。在撰写学位论文的过程中，隗瀛涛教授嘱他的研究生谢放将先生的新作《四川保路运动史》、他和赵清教授主编的《四川辛亥革命资料》的清样稿寄往长沙；后我又在隗瀛涛教授家中借阅了没有收入《四川辛亥革命资料》的《四川保路同志会报告》《西顾报》等报刊复印件，使我既省却不少奔走图书馆的时间，也得见许多至今没有公开出版的珍贵资料。硕士论文答辩时，章开沅教授和隗瀛涛教授不辞劳苦，特赴长沙莅会，再结座师之缘。在林先生和诸位答辩老师的举荐下，我的硕士论文得以载入江苏古籍出版社出版的《研究生论文选集·中国历史分册》（第一册）。（因该书现在较难寻找，本书附录收录了该文——编者注）

　　毕业之后至今，四川保路运动依然是我的重要研究课题之一。我陆续发表了《"破约保路"宗旨的提出及其实施》《邓孝可与四川保路运动》《赵尔丰与四川保路运动》《四川保路同志会不设会长副会长》《〈辛亥革命辞典〉一则条目的几点失误》《晚清重臣与四川保路运动》《端方、赵尔丰：从政见相左到生死相争》等论文。其中，《晚清重臣与四川保路运动》一文于2011年入选在武汉举办的"纪念辛亥革命一百周年国际学术研讨会"参会论文。在我的指导下，我的研究生和访问学者、学生亦先后发表了《川路特别股东会析论》《保路运动时期四川地方政府与中央政府的对峙状态》《试论川路公利之股》《湘蜀两省保路运动比较研究》《资中罗泉井会议子虚乌有》等论文。因此，本书既有我独立研究的成果，也有我的学生们的研究成果。必须提及的还有，1996年承蒙台北"中央研究院"近代史研究所前所长、研究员陈三井先生惠赠四川大学戴执礼先生在台北出版的三卷本《四川保路运动资料汇编》，我们的研究能够利用戴先生穷一生精力所编辑出版的最新资料。

众所周知，隗瀛涛教授是四川保路运动史研究的权威专家，他和他在这个领域的研究成果是我们进行学术研究的"肩膀"。由于时代的局限性，隗瀛涛教授的《四川保路运动史》为繁荣学术研究作出显著贡献的同时，也有些许不尽如人意之处。"有些问题没能发现，更没有展开与深化"，"有'左'的影响痕迹"，"仍有修订、增订之必要"（见隗瀛涛著《一个历史学家的历史》，第97—98页，四川教育出版社1999年版）。《四川保路运动史》出版三十余年了，作为隗瀛涛教授的私淑弟子，能够勉力续貂，自是分内之事。惜隗瀛涛教授于2007年1月仙逝，不能为本书作序了。

2016年是辛亥革命105周年。我那学富五车、德高望重、慈眉善目、忠厚诚实的导师——林增平教授，作古已逾二十载。我这个昔日的青年，也已经步入古稀之年。我涉足辛亥革命史、保路运动史的研究，不知不觉36年了，是应当将36年的研究心得予以系统总结与完善的时候了。

于是乎，竟也思如泉涌！林先生纵论青史，为我指点迷津的神态恍若昨日；那些栩栩如生的历史人物，那些恢宏壮烈的历史画卷，那些挥之不去的历史事件，竟也如同亲身经历般争先恐后而来！

于是乎，眼泪模糊了我的眼睛，字里行间分明竟都是知遇之恩……师恩难忘，师恩难忘！

于是乎，竟也奋笔疾书，一发不可收拾，写了上上下下、前前后后的文字。

鲜于浩

2016年8月

编校说明

    这本《四川保路运动再研究》是鲜于浩师[①]去世前最后一个月还在写作但未完成的遗作，也大概是他生前最想出版的著作。鲜师在保路运动、留法勤工俭学运动、中法关系史等领域均有重要的学术创见和贡献，但在保路运动研究上用时最长、用力最深，影响也最大。从1980年进入保路运动研究领域，到2017年12月5日本书的最后一个稿本，前后37年，贯穿了鲜师整个学术生涯。该书的大体写作过程，在本书《自序》中有交代，不需再赘述，此处仅拾遗补阙，重点要介绍编辑这部遗稿的一些考虑。并借此机会，简要梳理鲜师的学术历程。

    鲜师最早试图在多年积累的基础上写作一部全面研究四川保路运动的专著，是2001年。中国流行纪念学术，2001年是辛亥革命90周年，正应其时。当时已经完成了大约20万字的名为《立宪派与四川保路运动》的书稿。可惜电脑染了病毒，鲜师对于电脑使用又不很熟练，备份在软盘中的稿子亦染了病毒，毁损殆尽，只留下一个前言，即本书《自序》的主体部分。[②]

[①] 鲜师姓鲜于，但他在给子女取名时，已省却了"于"字，故学生间提及老师，都称其为"鲜师"。

[②] 这是我的个人记忆。鲜师在2011年出版的《保路风潮——辛亥革命在四川》后记中说"近20万字的书稿因换电脑而不幸丢失"。姑存一公案。写到"软盘"一词，不禁有隔世之感。

2011 年是辛亥革命 100 周年，自然是学界的大日子。其时全国要组织一套"辛亥革命在各省"的丛书，四川人民出版社负责《保路风潮——辛亥革命在四川》的编写组织和出版工作。隗瀛涛先生已在 2007 年归道山，鲜师自然是不二的人选。由于交稿时间紧，鲜师于是嘱我写作不很重要的两章。丛书的定位是面向群众的普及读物，但鲜师是按照学术著作的标准写作的。出版的时候，注释全部删除了，篇幅也有些压缩。这些不是大问题，真正的问题在于学术观点。

在本书导言中，鲜师写道："近二十年来我一直在思考并反复推敲一个问题：四川保路运动的主要领导力量是革命派抑或是立宪派？如果将引起辛亥革命高潮到来的四川保路运动的主要劳绩算在立宪派账上，是否有悖于史实？是否离经叛道？"革命派和立宪派在清季革命中的地位和作用，早有定论。我猜想，鲜师在写作硕士论文时对通行说法已有怀疑。但他本着一贯的谨慎作风，只说"近二十年"，即开始写作《立宪派与四川保路运动》时。到 2011 年写作《保路风潮》时，这个看法应该已经成熟。但该书是统一组稿的丛书，鲜师的这个思想无法在书中显现。虽然以普及读物的方式出现，但该书仍产生了不小的学术影响，还获得了四川省哲学社会科学优秀成果奖。但越是这样，鲜师的遗憾越大。所以 2011 年退休之后，重写这部书就成了他强烈的心愿，但总有工作使这项工作一再推迟。先是学校开始筹备 2016 年百年校庆，一个重头戏就是编纂一部五卷本的《西南交通大学史》，设想完全按照史学规范撰写。其中的第一卷，涉及清末时期。由于年代久远，史料缺乏，故非鲜师领衔莫属。2016 年 5 月，校史杀青，便重新回到正题，遗留在电脑中的第一个稿本就是从这时开始的。但兹事体大，鲜师对其中很多重要问题反复推敲，所以进展较慢。其间，又穿插修订了 20 世纪 90 年代初出版的《留法勤工俭学运动史稿》，在 2017 年由人民出版社出版。

正在工作的紧张进行时，在 2016 年 11 月的例行体检中，鲜师发现自己患了肺癌。2017 年 1 月 8 日做了手术，手术很成功，于是边调养边投入写作。不意 12 月 10 日复查中发现疾病复发。医生会诊后认为已经扩散，无法手术，只推荐了一种新出的靶向药。12 月 30 日，服用了第一颗。几位同门当天去医院探望，鲜师还表示于保路运动又有一些新的认识和思考，除身体较虚弱，精神尚好。不料当晚近天亮时因心脏病发，遽然离世。积毕生功力的四川保路运动研究著作，竟无法璧成。

把遗稿整理出版呈现于学界，成了我们学生必须完成的任务。

二

尽管有完璧的决心，但内心其实非常忐忑，因为在学力上和鲜师实在相差太远。待从电脑中把遗稿拷贝，①通读一遍之后，心里才有了些底。

---

① 这个工作全赖鲜师之女鲜宏女士和田永秀教授。

鲜师电脑中所存遗稿，共有 4 个版本，时间从 2016 年 5 月（校史刚付梓之际），到 2017 年 12 月 5 日，即发现肺癌复发前 5 天。查验各个版本，大体发现鲜师有过两个写作思路。最初试图另起炉灶，从头写起。如有需要 2011 版内容，复制过来再改写。这个版本存稿约 5 万字。此后鲜师调整了思路，直接在 2011 版上增删、改写。不知什么原因，并未在一个版本上持续进行，所以形成了多个版本，但各版本在思路和内容上差异不大。

真正令人惊喜的是，虽然全书没有完成，但鲜师留下了完整的提纲，从而为整理工作提供了便利。而且在正文前，有一万多字的导言，对全书的思路及核心观点进行了详细阐述。这样，即使正文部分有残缺，读者也可以清楚了解鲜师的学术观点及形成历程。

为便于读者了解鲜师的思路，将原始提纲列示如下：

第一章　铁路救国论的滥觞

一、国人对铁路的初步认识

二、铁路在中国的兴建

三、甲午战前的铁路富国论

四、甲午战后的铁路强国论

五、八国联军战争后的铁路救国论

第二章　清末新政在四川的开展

整理工作于是变得简单。我所做的就是从已成的书稿中把相应的内容挑出来，置于相应的标题下。最终的结果，大部分标题下都可以找到对应的内容。对于找不到的，曾经有过一个念头，把缺失和不连贯的部分补缀完整，但旋即意识到，这既超出了我的能力，也不是应该采用的办法。而且读者可以发现，所缺失的都是相对不重要的部分。个别内容和标题不完全吻合的，我稍微调整了标题。还有个别内容在提纲中阙如的，我不忍舍弃，拟了标题加入了相应的章节。我所调整和拟定的标题也许不合适，但读者可以通过对照识别出来，当不会有损鲜师的声誉。

唯一比较不好处理的是提纲中第十章"晚清重臣与四川保路运动"。在底稿中鲜师把 2011 年撰写的《晚清重臣与四川保路运动》《保路运动时期的端方与赵尔丰——〈政见相左到生死相争〉》复制了，应是准备在此基础上改写。对于锡良、盛宣怀、赵尔丰、端方、王人文、赵尔巽、玉昆、瑞澂、岑春煊等晚清重臣在保路运动中的表现及对保路运动走向的影响，是鲜师晚年对保路运动思考中的重要方面，也是对保路运动研究的重要创见。鲜师不仅关注他们在保路运动兴起之后的表现，更是追溯到川汉铁路的拟议、川汉铁路公司的组建和演变、川汉铁路股款的筹集、四川保路运动思想基础和组织基础的铺就等各个阶段，在各章都有叙述和体现，第三章和第四章更在章标题就体现出来了。我猜测鲜师本意，是在前面基础上更集中分析论述这些人的观点、言行及影响。这非我力所能逮，最终决定于附录中呈现两文，略补遗憾。

另外要说明的是，在遗稿几个版本最后，还附了一个提纲，不知形成时间，也未见按照这个提纲形成的文字。兹录于此。

四川保路运动研究（写作提纲）

第一章 川汉铁路的筹建（保路运动的酝酿之一）

一、"保全"中国与无形瓜分

列强"保全"中国方针（灭国新策）出笼的前前后后

列强在中国势力范围、控制（直接投资与间接投资）中国铁路概况

二十世纪初年，中国已经被无形瓜分

二、清末新政与川汉铁路的筹建

举办新政的由来与主要内容，戊戌诏令与新政举措比较（评价）

关于新洋务派，川督锡良及道台赵尔丰简评（川路筹建前）

时人关于灭国新策的议论与对策

川汉铁路的筹建

三、川汉铁路独特集股方式之一——抽租之股

四、川汉铁路独特集股方式之二——公利之股、官本之股、认购之股

五、湘、粤、鄂、川四省铁路股款的比较研究

第二章 四川立宪派的形成（保路运动的酝酿之二）

一、留日学生与新式知识分子群的出现

四川新式学堂概况；省内出现的新式知识分子群

四川留日学生概况，人数考证；在日本出现的新式知识分子群

四川新式知识分子群的特点

一、举止乖张的清朝中央政府

指鹿为马——清朝中央政府在租股性质问题上的谬误

厚此薄彼——清朝中央政府在处理股款问题上的谬误

高压政策——清朝中央政府在处理路事问题上的谬误

二、角色各异的封疆大吏

盛宣怀、端方、瑞澂——将清朝政府推向深渊

王人文、赵尔丰——顺应民情与博取时誉

奕劻、玉昆——碌碌无为

岑春煊——乐为局外人

赵尔巽——私情与公利

三、应对有方的四川立宪派

有理有据的文字之争；讲求法规的合法抗争

广造声势的群众运动；不断升级的非法斗争

四、趁时而起的革命派

夏之时龙泉起事；介入保路同志军

湖北新军杀端方；省内省外风云起

五、谁也没有料到的结局

清朝中央政府——国有政策竟导致大清的终结

为路事而死的清朝封疆大吏——端方、赵尔丰

四川立宪派——匆匆过客

革命派——偃旗息鼓与突然而来的机会

存在两个提纲，大概基于鲜师对于如何展开自己思想的踌躇。以我的愚见，两个提纲都能反映鲜师对四川保路运动的思考，至于二者的优势和不足，方家自有判断。我在少量标题的调整和拟定上，参酌了这个提纲。

三

最后，我利用执笔编校绪论的小小特权，略陈鲜师对我的教诲。

我与鲜师结识在 1996 年，当时他刚调入交大不久。真正熟悉起来则是 2000 年我在职读专门史专业研究生以后。鲜师不是我的导师，但给我们讲几门主要的专业课。硕士论文答辩和几年后博士论文答辩时，鲜师均是答辩委员会主席。按科举时代的旧例，既是业师又是座师。

2000 年我已经 27 岁，如今的博士生在这个年龄都已经毕业了。入学不久，鲜师嘱我着手写关于铁道干线国有政策的论文，以备参加次年将举办的大大小小的纪念辛亥革命 90 周年的学术研讨会。虽然自本科时养成了乱翻书的嗜好，但其实尚未窥学术的门径，更没有写过一篇像样的学术论文。除了成都人民公园的纪念碑，对于保路运动更是一无所知。经过半年的时间，在鲜师的指导下，我完成了平生第一篇学术论文，还因此有幸参加了 2001 年秋在长沙举行的纪念辛亥革命 90 周年青年学者学术研讨会。感谢鲜师的引领，让我迈入学术之门。尽管 20 年来随波逐流，仍只是在学术的园中胡乱闲逛，无所成就，但终究领略了一片新的天地。

鲜师常讲，做学问当觅一中长期课题，不懈耕耘，方有所获。此属老生常谈，我对我的学生也常做此告诫。如今年近知命，才体会其中深意，意识到自己说这话其实有口无心。尤其此次逐字逐句读鲜师遗稿，反复把玩，才感受到鲜师在保路运动领域功力之深、思路之绵密、论证之严谨、措辞之精当，无一句无出处，无一字不考究。若非积30余年功力，焉能如此！

20世纪90年代后期，随着海归学者的鹊起，近代史领域思想史、社会史领一时之盛。那时尚年轻，喜欢趋新，和同辈谈论的往往也是这些话题。对于鲜师当从经济史做起的告诫，私下不免不以为然，以为有些落伍。现在重温鲜师治保路运动路径，从川路股款筹集这个经济问题起，继而革命派、立宪派、晚清重臣的政治观点和政治活动，再到铁路救国论的社会思潮，从经济史而政治史而思想史，稳扎稳打，层层递进，无懈可击。鲜师诚不我欺！

鲜师虽在保路运动领域耕耘一生，但学术视野并不狭窄。20世纪90年代初，他又开辟留法勤工俭学运动研究方向，并成为该领域研究的权威。此后，进入近代中法关系史研究，接连获得两项国家社科基金资助。由于担任了学院院长，增添了大量行政事务，所以鲜师对于中法关系史的研究不很满意。但以我有限的阅读，目前该领域仍未有成熟的成果问世。此外，在闲谈中，鲜师还谈到不少他认为可以关注的领域，如西方列强如何进入中国人所共知，但如何退出中国则研究不足，其他还有如中共早期领袖中的留学生群体、中共关于资本的理论和政策、严复研究等。可能还有我未听闻的学术话题，他带走了不少。

茅海建教授在纪念陈旭麓先生诞辰百年暨逝世三十周年纪念会上的发言中讲道："我们只有到了这般年龄才能真正地体会到，七十岁恰是一个历史学家的超白金年代，达到其一生实现与学术的巅峰；我们只有到了今天才能确切地衡量出，当年的这种不幸（按指陈先生 70 岁去世），又是多么重大的损失与灾难。"用词严谨的茅先生使用了"超白金""巅峰""灾难"的表述，想到鲜师离开我们时不过 71 岁，不免黯然。

2009 年 10 月，我随鲜师赴湖南参加一个学术研讨会，其间专程到湖南师大校园寻找他听闻不久前塑成的林增平先生雕像。在校园内遍寻不得，最终在一个略显简陋的小会议室内找到。不大的半身像，摆在墙边一张办公桌上。鲜师不顾会议室内一众年轻研究生正在上课，在学生略显诧异的眼神中径直走到雕像前，深鞠三躬，然后凝视林先生默立良久，口中喃喃自语：真像，真像先生。我立于侧，分明看到鲜师已眼含热泪。

时值 2020 年春节前夕，我在温暖的海南草成此文，面前是草坪和绿树，儿童在荡秋千，阳光明媚，春意盎然，安闲舒适。慈眉善目的鲜师又出现在眼前，安坐于藤椅上，手拿一支香烟，以不疾不徐的悦耳川音为我指点论文的修改，其人也笃，其学也深，其言也温，让人如沐春风。我不禁泪如泉涌，继而失声恸哭。

张雪永

2020 年 1 月 23 日

于澄迈老城

目录

绪　论

如何评价"铁道干线收归国有"政策，是近年来有争议的问题，似乎也同近代中国应不应当引进外资的问题相联系。过去长期否定"铁道干线收归国有"政策，主要是因为不分青红皂白，只要是将路矿权给予外人，便一概斥之为卖国。现在一些学者肯定"铁道干线收归国有"政策，则更多地从世界各国的实际情况和重新审视近代中国的外资引进等角度考虑。我以为，上述两种见解均有失偏颇，没有联系当时中国的具体国情，也没有将清政府的举措通盘考虑，更未将川汉铁路与粤汉铁路加以区别。平心而论，修筑相当于现代成渝、襄渝两条铁路的川汉铁路，不仅清末官办、官督商办、商办川汉铁路公司办不到，即便清政府或任何一个和几个外国公司也办不成。尤其是从万县至武昌线，其山势之险峻，桥梁隧道之多，工程之浩大，诸多问题是当时的铁道技术所不能解决的。因此，借外力来修川汉铁路，在当时也无可行性可言。从清政府收归国有的具体政策方面观之，厚此薄彼、一味专横是其特征。在租股性质问题上，清政府指鹿为马，将具有资本主义性质的有价证券视为封建政府的捐税，企图一免了之，让众多股东的投资"有去无回"。在处理已用股款问题上，打算概不承认。在处理商股问题上，又许以所谓的还不见踪影的国有铁路股票。在四川人民从文字之争到抗粮抗捐的三个多月的时间中，清廷何尝有一丝一毫的协商余地。在规划铁道干线的问题上，清政府和邮传部数次变化，随意性很大。而粤汉铁路与川汉铁路相较，无论在工程技术、所需资金、地理位置等方面均有较大的差别。换言之，粤汉铁路具备一定的官办基础，而川汉铁路则不具有国有的条件。综上所述，清政府的"铁道干线收归国有"政策至少是不合时宜的。兼之盛宣怀的贪鄙，清政府难免有卖国卖路之嫌。

四川保路运动的群众基础是不容置疑的。但它为什么有如此广泛的群众基础？很多专家学者都认为，川路租股的征收是极为重要的因素。不过，当时征收租股的省份不止四川省，还有湖南。需要深入研究的是，为什么湖南保路运动没有四川保路运动那么卓有成效？两相比较后，不难发现，两省租股的征收在起征点、征收时间、征收比例、被征收者的范围等诸多方面存在极大的不同。因此，两省保路运动群众基础的差异是显而易见的。此外，关于租股"垫支资本"的性质也是不容忽视的。在四川，立宪派人的首脑人物或是留日学生，或是新政时期培养出来的新式知识分子，或是具有一些新知识、新思想的士绅。在川汉铁路的筹建过程中，他们运用其具有的资本主义经济知识，极力宣传并强调路成之后"利有利息，红有红利"，进一步指出了具有资本主义性质的租股与封建捐税的根本区别在于是不是"有去无回"。这样一来，四川立宪派人真切地将群众的经济利益与川汉铁路的成败联系起来，也为保路运动铺垫了远较湖南省深厚的群众基础。不仅如此，四川各地普遍设立的租股征收机构也随着租股长达六年的征收而家喻户晓。当保路运动兴起之时，各地的保路同志会也就大多或由租股征收机构出面筹建，或将保路同志会设立在租股局内。再加上几乎遍布全川的股东分会、城乡议会，一个以省咨议局为核心的，咨议局、股东会、租股局三位一体的组织系统在四川保路运动前即已形成，也较为完备。因此，四川保路运动的组织系统的基础较之湖南，也远为完备。

活跃于近代中国政坛上的立宪派有无不同的派别和政见？他们的经济利益及活动特点有无区别？四川立宪派是如何崛起和形成的？这些问题是中国近代史、辛亥革命史研究中不容回避的，令人颇感兴趣。章开沅教授1984年在《辛亥革命与江浙资产阶级》一文中，率先就这些问题作了深入的论述。章先生认为，以张謇等人为首的江浙地区的立宪派在该地区拥有巨大的经济利益，为中国近代资本主义经济的发展作出了较大的贡献，也同清朝政府和这些地区的官员有较为密切的联系。所有这些，决定了以预备立宪公会为代表的江浙地区的立宪派的政治活动的特点，是在保存清王朝的前提下推进清政府颁布的预备立宪。章先生的论述，给我很大的启迪。参照章先生的观点，结合四川的实际情况，本书探讨了四川立宪派的崛起和形成过程。四川立宪派与以康有为、梁启超为首的海外立宪派不同，不是由戊戌变法时期的改良派改头换面发展而来，参与"公车上书"的四川举子均不是四川立宪派的重要人物。20世纪初，当康有为以帝师身份极力奔走保皇、梁启超一度倘吹革命之时，蒲殿俊、肖湘和罗纶还是中国政坛上名不见经传的人物，蒲殿俊、肖湘还仅仅是受到改良立宪思想影响的普通的留日学生。但是，川汉铁路在筹建过程中的种种弊端，引起了蒲殿俊、肖湘等众多四川留日学生的关注，强烈的爱国自爱家乡始的爱国主义情结促使他们在日本成立了"川汉铁路改进会"。这是一个重要的但又长期被忽视的社团，它在四川立宪派崛起的形成过程中有决定性意义。在《川汉铁路改进会报告》中，蒲殿俊、肖湘等四川留日学生无情地揭露了官办川汉铁路公司的封建黑幕，大声疾呼改官办公司为商办公司的必要性，宣传修建川汉铁路是四川人民的大利所在。1907年，官办川汉铁路公司终于改为商办公司，虽然它还让人感到不伦不类。以此为契机，蒲殿俊、肖湘等人在四川声名鹊起。在1908年四川省咨议局议员的选举中，时任法部主事的进士蒲殿俊和肖湘顺理成章地当选，并成为咨议局议长、副议长的当然人选。来自四川教育界的新派人物、举人罗纶，也当选为咨议局副议长。四川省咨议局的成立，标志四川立宪派的形成。1909年，商办川汉铁路公司第一次股东代表大会也得以召开，川汉铁路宜昌段亦终于开工，立宪派在四川进一步名声大振。

从上述可以看出，四川立宪派有自己的特点：（1）川汉铁路的筹建过程就是四川立宪派崛起的过程。由于四川的资本主义经济兴起晚，数量不多，规模也小，除了是川汉铁路的较大股东之外，四川立宪派人基本没有别的经济利益。（2）四川立宪派形成的时间比海外立宪派、国内江浙地区的立宪派晚。海外立宪派自不待言，早就闻名于国内外。而预备立宪公会则成立于1906年，还早于各省咨议局的成立。当预备立宪公会倡导并实施国会请愿运动时，蒲殿俊、罗纶等人还不为他省立宪派人士所认识。（3）四川立宪派首脑人物年龄稍小，其中一些人有过在日本留学的经历，更有朝气，更激进一些。（4）相对而言，四川立宪派人与清朝政府和地方官员的联系，层次低些，时间短些，密切度也当然不如张謇等人。（5）四川立宪派人锐气尚存。在保路运动开展之前，四川立宪派人在政治上基本上一帆风顺，不像海外立宪派、预备立宪公会派那样，受过不同程度的挫折。（6）主要因为地理位置的原因，四川立宪派人的对外联系较少。除了邓孝可同梁启超、政闻社有联系之外，蒲殿俊、罗纶等人与外部基本没有联系。在声势颇大的国会请愿运动中，难觅四川人的身影。

中国近代的历史是凝重悲壮的，当然也是丰富多彩的。在这个舞台上亮相的，既有长盛不衰的角色，也有来去匆匆的过客；既有生生不息的政治集团，亦不乏昙花一现的政治派别。在那个不时兴"阶级斗争"的年代，他们之间的界线大约不会像今人设想的那么泾渭分明。某些似乎是特定的政治集团、政治派别才会使出的手段，有时却为另外的政治集团、政治派别所试验。比如，倡导罢课、罢市，呼吁抗粮、抗捐，甚至筹划独立、号召武装斗争，似乎是革命派或下层群众的专利；而午门伏阙上书、议会口舌之争等才是改良派、立宪派屡试屡败的举措，但征诸史实，却大谬不然。比如，梁启超在湖南时务学堂担任教习期间，曾极力劝说巡抚陈宝箴率先在全国独立；义和团运动时期，有改良派参与的著名的自立军起义虽以"勤王"的名义企图拥戴光绪复位，却以武装斗争的形式公开反对最高统治者西太后。前述倡导罢课、罢市，呼吁抗粮、抗捐，甚至筹划独立、号召武装斗争，是四川立宪派人在保路运动期间轮番祭出的法宝。于是乎，近二十年来我一直在思考并反复推敲一个问题：四川保路运动的主要领导力量是革命派还是立宪派？如果将引起辛亥革命高潮到来的四川保路运动的主要劳绩算在立宪派账上，是否有悖于史实？是否离经叛道？

我们过去还习惯性地认为，既然倡导罢课、罢市，呼吁抗粮、抗捐，甚至筹划独立、号召武装斗争，已是革命派或下层群众的专利，那么，当他们甫一出现在历史舞台上，就只能与封建统治阶级进行殊死搏斗，而没有别的面目和手段。所以，可归为合法斗争之类的"文明争路"就只能是软弱无能、蒙蔽群众、麻痹斗志，为统治阶级效力。但是，这种思维定式忽视了一个极为简单的道理：襁褓中的生命、摇篮内的婴儿是最容易被扼杀的。合法斗争也是任何一个政党或政治派别都可以运用而且有时是非常必要的策略。任何一次群众性的运动都需要宣传群众、发动群众、组织群众，讲究斗争的策略。当群众还没有被发动和组织起来之时，就高呼革命，或者鼓动群众进行武装斗争，只能给统治阶级以镇压的口实。四川保路运动能发展成为武装斗争、演化为辛亥革命的导火线，恰恰在于立宪派最初进行的"文明争路"起到了宣传群众、发动群众、组织群众的巨大作用，揭露了统治阶级的种种专制行径，利用统治阶级内部的矛盾，在一定程度上和一定时间内争取到四川地方官员的同情与支持。而且，立宪派人的"文明争路"仅仅是对抗清朝政府及其"铁道干线收归国有"政策的有效手段之一，是运动初起时的策略。前已提及，倡导罢课、罢市，呼吁抗粮、抗捐，甚至筹划独立、号召武装斗争，是四川立宪派人在保路运动期间轮番祭出的法宝。如果立宪派人完全将斗争局限于"文明争路"，那么呈现给后人的四川保路运动只能是辛亥湖南保路运动那种忽起忽灭的景象。

有鉴于此，研究四川立宪派人在保路运动时期的策略就显得非常必要。本来，四川立宪派人最初确曾打算以"文明争路"的方式进行合法斗争，并预留了转圜的阶梯。长期以来，大量有关中国近代史、辛亥革命史、四川保路运动史的论著均以为，四川保路同志会设立了会长、副会长，且分别由四川咨议局正副议长蒲殿俊和罗纶担任。没有人注意到，四川保路同志会并没有设立会长、副会长，罗纶就任的是保路同志会的四部之一的交涉部长。他们之所以这样，就是避免四川咨议局议长蒲殿俊公开出面，以作为日后可能相持不下时的调解人。在运动的声势已经浩大，保路同志会的组织系统也基本健全，亦争取到四川地方政府官员的同情支持之后，同时也是盛宣怀、端方之流步步紧逼，叫嚣要大开杀戒之后，四川立宪派的首脑蒲殿俊公开出面了。但他并不是以四川保路同志会会长的身份，而是以川汉铁路的特别股东会的股东身份出现在广庭大众之中的。人们同样没有注意到，川汉铁路特别股东会召开之后，有关倡导罢课、罢市，呼吁抗粮、抗捐的决议就随之而出。比起保路同志会，特别股东会至少在形式上没有煽惑群众、对抗政府之嫌，而在实际上，特别股东会披着"合法"的外衣，决定并实行了一系列"非法"的举措。盛宣怀、端方之流对此气急败坏，但又无可奈何。当蒲殿俊和罗纶等四川立宪派的重要人物身陷囹圄时，已经被充分发动组织起来的狂热的四川民众自然会为他们请命，而由蒲殿俊和罗纶等人被拘直接导致的"成都血案"又极大地促进了运动的飞速发展，加之罗纶等"清水袍哥"的威望以及革命派的趁时而起，四川保路运动发展为保路同志军的武装斗争，自是水到渠成、瓜熟蒂落之事了。

与上述相关的重大问题是，部分体现"文明争路"的"破约保路"宗旨是如何提出并实施的？这也是长期以来学术界语焉不详的问题。实际上，立宪派人对借款合同作了一番认真的研究，也从法律上找到了借款合同在程序上、内容上的破绽。因此，在他们看来，不合法律程序的、内容有误的借款合同是可以废除的。加之清朝政府在决定"铁道干线收归国有"政策过程中数次变化的随意性以及光绪朝准许商办而宣统朝收归国有的矛盾，清朝政府"卖国卖路"的政策是行不通的，继续商办川路却是办得到的。此外，通过对湘蜀两省保路运动的比较研究，我惊奇地发现，湖南保路运动对四川保路运动的影响至深至大。且不详论征收租股是由湖南人首倡而由四川人率先举办。辛亥湖南保路运动初起之时，提出了保路办法十五条，为邓孝可所得知，并在他当时发表的一篇论文中转载。其中，关于成立保路运动的团体并设四个部、集体请愿、罢课罢市、抗粮抗捐等一系列措施，湖南大部没有付诸实施，而四川均采取。于是乎，四川立宪派人以为他们的宗旨和具体做法，均有理有据，也不孤立。令他们始料不及的是，制定那么详尽的保路办法的湖南人连半途而废也说不上便偃旗息鼓了。

前已述及，四川立宪派人已经争取到四川地方政府官员的同情和支持，因此，四川地方政府官员对待立宪派人和保路运动的态度，我们也有必要作一番深入的研究。盛宣怀、端方之流认为，四川保路运动之所以不像湖南等省轻而易举地被压制，主要是"王人文放纵在前，赵尔丰纵容在后"，尤其是赵尔丰"养痈遗患"，导致"大局不可收拾"。事实的确如此。成立四川保路同志会时，王人文不仅予以默许，还上奏历数"铁道干线收归国有"政策误国殃民的种种不是。王人文的放纵在客观上使保路运动有了初期，也是最重要时期的兴起和发展，不像湖南巡抚杨文鼎那样把襁褓扼杀在摇篮之中。而赵尔丰还在就任署理四川总督之前即专电王人文称："公（指王人文）既主张于前，丰必维持于后。公司为丰开办，关念尤切。"这里，赵尔丰非常明白地表示将奉行与王人文一样的政策。到成都履新后，赵尔丰不止一次参加了立宪派人主持的川汉铁路特别股东会，多次与成都将军玉昆联衔上奏，或要求清政府收回成命，或恳请中央政府在处理川路事上作若干重大的政策调整。尤其是盛宣怀、端方借上谕之名一再威逼施行镇压时，赵尔丰竟然数次抗旨不办，历陈极端手段之不可取。也正是赵尔丰主理川政期间，四川保路同志会的组织系统进一步完善，保路运动又有了极大的发展，罢课、罢市，抗粮、抗捐斗争随之展开。当赵尔丰不得已拘捕立宪派的重要人物后，形势的发展正如他曾经预料的那样"大局糜难"，无法收拾了。非常明显，四川地方政府官员同立宪派在对待路事的若干重大问题上是基本一致的。从1911年5月"铁道干线收归国有"政策颁布至1911年9月初立宪派重要人物被拘，以赵尔丰、王人文、玉昆为首的四川地方政府与清朝中央政府在路事问题上实际形成的对峙状态达 90 天以上！正是在这关键的 3 个多月的时间，四川保路运动非但没有像辛亥湖南等省的保路运动那样沉寂下去，反而取得了突飞猛进的发展。也正是在这个意义上，四川地方政府官员亦不自觉充当了立宪派的同路人，不自觉地扮演了封建王朝的掘墓人。

四川地方政府与清朝中央政府在路事问题上实际形成对峙状态的原因，是值得深入研究的重要问题。我以为，关键在四川地方政府及其主要官员在筹建川汉铁路过程中的作为，与"铁道干线收归国有"政策大相径庭。四川地方政府及其主要官员在筹建川汉铁路的过程中，不遗余力宣传了铁路救国思想，宣传了爱国自爱家乡始的思想，承揽了几乎所有川路筹建的具体事务，如制定有关政策、征收租股、尽力筹款、成立股东会，在全省各厅、州县推进铁路的筹建事务，与中央政府有关部门联系以勘测川路、动工修筑，等等。可以认为，锡良、赵尔丰、赵尔巽、王人文等几个四川总督（含署理、护理），对待川路筹建始终如一，毫不动摇。在他们的脑海里，修筑川路就是爱国、爱川。简而言之，他们在铁路国有政策下达前后的思想及作为，就是对抗国有政策的理由，与立宪派人士几乎没有区别。我们可以认为，四川保路运动的基础在"铁道干线收归国有"政策颁布之前即已形成，除四川立宪派之外，四川地方政府及其主要官员也是奠定这个基础的重要力量。

在四川地方政府及其主要官员与立宪派人士反对所谓"铁道干线收归国有"政策的理由一致的情势下，近代中国历史上一个极其罕见的情景出现了：一个建制省的官员、士绅、民众，如此高度一致地恃法抗争，在近百天的时间里将铁道干线政策批驳得体无完肤。四川官绅民依仗的是光绪朝的上谕、律令，依仗所谓的四国铁路借款合同中可以废除合同的条款，依仗咨议局章程，依仗公司法，依仗邮传部及有关部门批准成立公司、测量、动工的文件，等等。总之，筹建川汉铁路的合法性是不容置疑的，四国铁路借款合同的非法性是明显的，皇族内阁、盛宣怀是专制的、卖国的。恃法抗争，体现了四川官、绅、民的智慧，将全川民众尽可能地团结起来了，把清朝中央政府的专制、蛮横充分地暴露出来了，将盛宣怀的卖国嘴脸完全揭穿了。与此同时，爱国、爱家乡的思想再次得到全面的宣传，铁路救国的观念又一次得到普及。尤为重要的是，长期被视为"文明争路""文字之争"的恃法抗争，使封建中央政府想下狠手而难以下手，使赵尔丰等四川官员和四川地方政权在近百天的时间内与绅民所思所为基本一致，亦不愿下狠手。而当赵尔丰不得不顺从中央政权拘捕保路运动领导人时，四川民众开始手执枪械反抗，保路同志军乘势而起。无人能够操控四川的局面了，大清王朝也即将寿终正寝了。

肯定四川立宪派在保路运动中的主要劳绩的同时，有必要实事求是地指出革命派在保路运动中趁势而起、推波助澜的作用。革命党人龙鸣剑、王天杰、秦载赓、吴玉章、夏之时等人，都在保路运动时期趁势而起，为推翻清朝统治作出了不小的贡献。他们可歌可泣的业绩，不仅时人耳熟能详，亦将永垂青史。我们要进一步论述的是，某些不存在的历史事件或应是立宪派人所作之事，没有必要归在革命党人的功劳簿上，因为那样也不算是对革命派的尊重。如1911年8月有资中罗泉井会议召开的说法广为流传，并认定是革命党人筹划了这次会议，是保路运动转为保路同志军武装斗争的转折点。这非同小可，但细考之下却发现存在若干可疑之处。第一次披露该次会议概况的，是1961年全国政协文史资料委员会编辑的《辛亥革命回忆录》第三册所载唐宗尧、胡恭先撰《资州罗泉井会议与组织同盟军》一文。但唐、胡二人并未参与此会，亦未说明所据何在。遍阅1961年前的资料，均无记载；查1961年前的有关论著，也无此类论述。相反，《资州县志》却有清政府在此前即派重兵驻扎资中，以防不测的记载。唐、胡二人在文中过于抬高革命派，贬斥立宪派。如革命派在保路同志会开会时，"每遇会场中立宪派提出软弱无力的主张时，即大肆反驳，鼓动群众，进行反对，极言'国有'弊害，使人人知道清廷之不可恃，非革命不可"。此外，还有若干大可质疑之处。又如《川人自保商榷书》，当时曾被四川地方政府视为有叛逆之嫌，一些非革命派非立宪派的热血青年也曾佯称作者而自首。这个似乎带有"革命"色彩的宣传品，被部分论著认定为革命派的杰作。其实，《川人自保商榷书》与1911年新成立的立宪派团体宪友会的基本思路、语言都极为一致，而四川、湖南、湖北三省的咨议局议长均为该会成员。尤其是该书中"厝皇基于万世之安"一类的言辞，更是立宪派的惯用语。将上述两个重要的史实研究明白，无疑有助于对四川保路运动史的深入研究及对革命派、立宪派的公正评价。

关于为什么四川保路运动是辛亥革命的导火线以及清朝政府为什么覆灭，大量论著已经从四川保路同志军的武装起义、革命派的长期活动、湖北新军的调动、清政府注意力的转移、四川地方政府的瘫痪等角度作了有力的论证。本书试图另辟蹊径，以保路运动时期有关清朝政府的封疆大吏和政府要员们的举止为线索，从而揭示清朝政府覆灭的原因。涉及四川保路运动的清朝政府的封疆大吏和政府要员，有护理四川总督（前四川布政使）王人文、署理四川总督赵尔丰（前川滇边务大臣）、成都将军玉昆等四川主要官员，邮传部大臣盛宣怀、湖广总督瑞澂、督办粤汉川汉铁路大臣端方，以及前四川总督赵尔巽（时任东三省总督，赵尔丰之兄）、前四川总督岑春煊。王人文在四川总督赵尔巽调任东三省总督之后，以为自己能继任，结果赵尔巽之弟赵尔丰被任命为署理四川总督，他本人仅暂时代理而已，不满的情绪是导致他对初起的保路运动放任自流的重要原因之一。从其不怕丢官、连续上奏驳斥国有政策、力主川路商办的情形观之，他也是一个有独立见解的官员。赵尔丰有新派人物之称，在四川有不少推行新政的举措，川汉铁路的筹建有他的劳绩，是一个雷厉风行、令人畏惧的铁腕人物。署理四川总督后，与四川绅民友善，维持既得利益当是他的急务。玉昆是一个一心保命保官、无主见的小人，包衣出身，靠向庆亲王奕劻行贿而高升。盛宣怀长袖善舞，仕途风顺，难免利令智昏、专制蛮横，挟天子以令诸侯，为所欲为。他勾结瑞澂、端方，企图将赵尔丰搞垮。按张之洞前例，督办粤汉川汉铁路大臣有可能驻节武昌，这就威胁瑞澂的地位。瑞澂希望将祸水引向四川，也极愿赵尔丰下台。因此，盛宣怀、瑞澂、端方在处理川事问题上，持同一态度。赵尔巽是支持其弟赵尔丰的，远在东北的他在保路运动时期仍为胞弟出谋划策，对抗盛宣怀、瑞澂、端方等人。前四川总督岑春煊官声较好，虽与路事无直接干系，但当四川处于难以收拾之际，朝廷和四川绅民盼其回川时，他竟裹足不前，不愿为朝廷出力。上述清朝政府的封疆大吏和政府要员们中，大概只有赵尔丰可称为朝廷的忠臣，但却不为朝廷所理解和赏识。实际上，点燃辛亥革命导火线的，从内部推翻清王朝的，不就是盛宣怀、瑞澂、端方、岑春煊这些大员们吗？

　　辛亥革命时期，大清王朝的两位总督级的官员——督办粤汉、川汉铁路大臣端方，署理四川总督赵尔丰死在四川，这是罕见的、引人瞩目的。总体而言，他们是忠于大清王朝的，而且不乏新派官员的气质、做派。但是，他们实际上是被封建体制扼杀的，是封建制度的牺牲品。不过，在那个动荡的年代，他们私心太重，利欲冲昏头脑，也算是咎由自取。试想，如果端方不想取代赵尔丰，本有若干下台阶的机会，但他舍而不做。赵尔丰本为四川、为川汉铁路的筹建、为保路运动的勃兴、为四川的独立，做了若干值得称赞的实事。为了保住总督官位，他不惜出尔反尔，站在民众的对立面，竟拘押保路运动领导人，制造"成都血案"，镇压保路同志军。这二人想作弄历史、愚弄民众，最终被历史的洪流所抛弃。

　　从1981年开始涉足四川保路运动的研究，迄今已经36年。这36年中，有关四川保路运动的研究时常萦绕脑际，有关资料亦在不断收集之中。资料方面，最大的收获就是前面提及的四川大学戴执礼先生在台北出版的三卷本《四川保路运动史料汇纂》。此外，从2012年开始，参与《西南交通大学史》的编写，主编第一卷。在校史的编写过程中，收集了大量有关铁路、铁路教育的资料。主要得益于西南交通大学图书馆购买的"中国近现代报刊资料",查阅到了很多涉及保路运动的资料,诸如清政府邮传部印行的《交通官报》《邮传部奏议类编》《邮部统计表》,四川地方政府印行的《四川官报》、四川学务公所印行的《四川教育官报》,川路公司印行的《川路月报》、成都昌福公司印行的《广益丛报》,等等。需要说明的是,这些资料有的并无报刊的日期和期数,只得仅仅注明报刊名。完成校史的编写之后,便将相当精力放在四川保路运动的资料收集上,收获亦较明显。由于种种原因,这些资料过去较少地为四川保路运动的研究者所使用,但其重要性是不言而喻的。比如川汉铁路实收股款数额、实支数额、实存数额,川路宜昌段实修成效、邮传部曾经对川路的支持等方面的资料,让人耳目一新。

　　2011年,是辛亥革命一百周年。这一年,我撰写了三篇论文。其一,《晚清重臣与四川保路运动》,以此文参加在武汉举办的"纪念辛亥革命一百周年国际学术研讨会",收入该会的论文集;其二,《从政见相左到生死搏斗》,以此文参加四川省的学术研讨会,发表在《四川师范大学学报》2011年第6期;其三,《四川保路运动中的各界民众》,发表在《四川省级机关党校学报》2012年第1期。前两篇论文是我在之前思考数年基础上的心得。此后,越发不可止步,不断酝酿一些新的思路。如《皇族内阁指鹿为马》①,直陈川路公司只有官办或官督商办,尚未出现真正的商办公司。皇族内阁和盛宣怀有意混淆商办四川川汉铁路公司的官督商办性质,有意将官办或官督商办川路公司筹建川汉铁路过程中出现的一些弊病,强行指为商办公司所为,为"铁道干线收归国有'政策制造口实。又如,四川保路风潮能够独步一时,显与他早就铺就的群众基础、思想基础、组织基础密切相关。但是,是谁参与了这些基础的铺就呢?过去,研究者们包括我自己在内,极少提及四川地方政府及其主要的地方官员在保路运动过程中的作为。而实际上,锡良、赵尔丰、赵尔巽等

---

① 在作者电脑中未见,似未单独成文。——编者注。

四川主要地方官员和四川地方政府，为筹建川汉铁路花费了不少心血，虽然他们并没有想到他们的这些作为最终给大清王朝带来了灭顶之灾。也正因为如此，保路运动时期我们可以看到清朝中央政府和四川地方政府，在涉及"铁道干线收归国有"政策的一系列问题上存在重大分歧。四川地方政府在 9 月 7 日的"成都血案"之前拒不执行清朝中央政府的指令。换言之，四川地方政府和清朝中央政府之间的对峙，从"铁道干线收归国有"政策下达之日算起，竟达近四个月之久，民心、民气进一步凝聚，清政府专制、蛮横的面目更将运动推向高潮。

四川保路运动、辛亥湘鄂粤川四省保路运动，乃至此前全国性的收回利权运动、各省先后倡导自办本省的铁路的举措，其深刻的社会背景为何，极少有人问津。实际上，我们可以清楚地看到，19 世纪末，尤其是 20 世纪初，中国国内兴起了"铁路救国论"。甲午战后愈演愈烈的瓜分危局，特别是《辛丑条约》签订前后列强在中国争先恐后强夺中国的铁路修筑权、贷款权、控制权，使国人已有亡国之感，并把这种状况称为无形瓜分。于是，时人认为，在铁路方面抵制、反制西方列强步步进逼的有效手段，就是自办铁路。梁启超在这个方面做了大量的宣传鼓动工作，写了数篇鼓吹"铁路救国论"的论文。他还利用他的现代知识，为四川留日学生写了《告四川父老兄弟书》，为尽快启动川汉铁路的修建出谋划策。梁启超当年在日本之时，追随者是比较多的，包括湖南时务学堂的部分学生以及受"百日维新"影响的青年学子，他的言论和论著极大地影响了数以千计的中国留日学生。也正因为如此，四川立宪派的首脑人物因川汉铁路而崛起，他们中的一些人后来更因保路而进一步声名鹊起。平心而论，在宣传鼓吹"铁路救国论"、筹建川汉铁路的过程中，梁启超功不可没。"铁路救国论"是中国 20 世纪初重要的社会舆论，影响了包括官、绅、民在内的一代中国人的言行，影响了清末的社会走向。"铁路救国论"与保路运动关系极大，于此而言，大清皇朝的覆灭不正是源于"铁路救国论"吗？

有兴趣，沉下去。考虑的内容实在是太多了，太有意思了。当然，这些是必有史料支撑的，必须熟读历史资料，是在浩瀚的历史资料的爬疏中所思所悟的。俗话说，学海无涯苦作舟。俗话又说，苦中作乐。

第一章

清末铁路救国论

人们极少深入探讨，川汉铁路为什么在 20 世纪初得以筹建？学术界也很少研究，20 世纪初为何华夏大地风行收回利权运动？而且，在八国联军发动侵华战争及《辛丑条约》订立之后，为何又出现针对列强的强烈谴责声？

在那个灾难深重的年代，国人是无所作为，还是积极应对？答案当然是后者。如何应对呢？针锋相对。既然列强所掀起的瓜分狂潮的重要内容就是控制中国的铁路、矿山，那就针锋相对，提倡自办铁路、矿山，或收回已为外人把持的路矿并自办。在这个过程中，"铁路救国论"起到了至关重要的作用。

铁路，18 世纪工业革命和 19 世纪初科学技术的产物，促使世界资本主义取得了长足的发展。鸦片战争后仅 10 年，这种全新的交通运输方式就为国人所知，并且引起了种种议论，非难者有之，斥之为祸国殃民的怪物；赞赏者有之，以为可以富国强国。近代中国修成第一条铁路，更是在朝野上下引发非议。甲午战后，尤其是八国联军侵华战争后，随着列强在中国疯狂地掠取路权，近代中国迅速兴起了以自修铁路的方式挽救危亡的思潮和路径——"铁路救国论"及其实践。从时间上观之，"铁路救国论"还早于后来流行于近代中国的"科技救国""实业救国"及"教育救国"论。

从铁路富国、铁路强国到铁路救国，铁路在国人心目中的作用随时代变化而变化。曾经将铁路视为怪物的论调，在铁路地位提高的同时，灰飞烟灭。

一、铁路在中国的兴建

在世界历史上，18 世纪下半叶蒸汽机的发明，导致了工业革命。而蒸汽机相继运用于船舶和在轨道上运行的车辆上，使机车和机动船问世，开辟了近代运输的新纪元。1825 年，英国建成世界上第一条使用蒸汽机的铁路——全长 32 千米的斯托克顿—达林顿铁路。至 1850 年，世界上已有英国、美国、德国、俄国等 19 个国家建成铁路并陆续投入营运。而这个时候，中国的运输依然还全部使用人力和畜力，国人还不知道铁路和火车为何物。

19世纪60年代后，一些来华的外国人士就开始游说清政府修建铁路。1863年，英、法、美三国领事向中国官员提出，拟修筑从上海到苏州的铁路。另有27家洋行的外国商人，其中多半是居住在上海的英国商人，向当时的江苏巡抚李鸿章要求得到修筑上海到苏州铁路的特许权。伦敦还居然出现了一家以"中国铁路有限公司"为名的公司，拟定了修筑上海到苏州铁路的站点以及工程预算的方案。还有一些英国人，甚至私自勘测了北京至大沽口之间的铁路线路。总税务司英国人赫德（R.Hart）在他所写的《局外旁观论》，英国驻华使馆参赞威妥玛（T.F.Wade）在他所写的《新议论略》中，均提出中国应修建铁路。他们的理由不外是："凡有外国克教之良法，应学应办""做轮车以利人行""内地容易治平，外国民人来往通商，常行居住，易得保全，各国亦可无虞"。而修路之初，"先须暂约外国人相帮，迨其习熟，方能辞去"。①同治四年七月（1865年8月），英国人杜兰德"以小铁路一条，长可里许，敷与京师永宁门外平地，以小汽车驶其上，迅疾如飞。京师人骇为妖物，举国若狂，几至大变。旋经步军统领衙门饬令撤卸，群疑始息"②。以英国为首的外国侵华势力，就是这样用战胜者和教师爷的口吻，甚至直接动手的方式，训导清朝政府，要按他们所说的路径办中国的事。

在外国人的不断催促下，清政府不得不将修建铁路之事交付官员们商议。同治五年二月（1866年3月），清朝皇帝下达上谕称，赫德的《局外旁观论》、威妥玛的《新议论略》"所陈轮车、电机等事"难以在中国施行，"但为各国处心积虑所必欲力争之事，尤恐将来以保护洋商为词，即由通商口岸而起"。下令各有关省份督抚及驻英公使，就"或目前即可设施，或陆续斟酌办理，或各处均属阻滞断不可行，务条分缕析，悉心妥议，专折速行密奏"③。

这次由朝廷发动的大讨论，先就定了难于施行的基调，其结果也就可想而知。"铁道轮车一事，始议立时，朝野上下，强半有异议。其中有畏事者，有谓身家计者，有谓虽造亦属无用者，有谓危险堪虞者，有谓

① 宓汝成编：《中国近代铁路史资料》第一册，北京：中华书局1963年版，第14-15页。
② 宓汝成编：《中国近代铁路史资料》第一册，北京：中华书局1963年版，第17页。
③ 宓汝成编：《中国近代铁路史资料》第一册，北京：中华书局1963年版，第15-16页。

无利可图者"[1]。

和同时代的枢臣疆吏一样，曾国藩、李鸿章等洋务派官员起初也是反对在中国修造铁路的。

1864年2月，时任江苏巡抚的李鸿章在致总理衙门的一封信中写道："各领事请开铁路"，英国领事巴夏里之弟、翻译梅立辉"再三吁求"。他表示："鸿章当力持定见，多方禁阻，并函各通商口岸，一体防范。"[2]1865年，李鸿章又致总理衙门："查铁路费烦事巨，变易山川，彼族亦知断不能允，中国亦易正言拒绝。"[3]1866年，三口通商大臣（实即北洋大臣）崇厚奏称："兴作铁路，必致扰民，有识者皆以为不可。"[4]1867年，两江总督曾国藩奏称："今若听其创办电线、铁路，则车驴任辇旅店脚夫之生路穷矣。"[5]

至1867年，李鸿章的见解有了松动："议铜线、铁路一条。此两事有大利于彼，有大害于我，而铁路比铜线尤甚……凿我山川，害我田庐，碍我风水，占我商民生计，百姓必群起抗争拆毁，官不能治其罪，亦不能责其赔偿，致激民变。""或谓用洋法雇洋人，自我兴办，彼所得之利，我先得之。但公家无此财力，华商无此巨资。"虽说如此，李鸿章还是留了后路："然听其任洋人在内地开设铁路电线，又不若中国自行仿办，权自我操，彼亦谁可置喙耳。"[6]

随着办洋务的深入，李鸿章与外人接触增多，逐渐认识到铁路既成，固然有为外人利用入侵中国的一面，但也有为中国所用巩固国防的一面。尤其是在他注意到日本也在修建铁路后，更萌生了在中国修建铁路的想法，同时也认识到此事并非原来想象的那么难。1872年，李鸿章即萌生了在中国修铁路的想法。他在谈到新疆问题时说："俄人坚拒伊犁，我军

---

① 宓汝成编：《中国近代铁路史资料》第一册，北京：中华书局1963年版，第16-17页。

② 宓汝成编：《中国近代铁路史资料》第一册，北京：中华书局1963年版，第5页。

③ 宓汝成编：《中国近代铁路史资料》第一册，北京：中华书局1963年版，第20页。

④ 宓汝成编：《中国近代铁路史资料》第一册，北京：中华书局1963年版，第16页。

⑤ 宓汝成编：《中国近代铁路史资料》第一册，北京：中华书局1963年版，第24页。

⑥ 宓汝成编：《中国近代铁路史资料》第一册，北京：中华书局1963年版，第26-27页。

万难远役，非开铁路则新疆甘陇无转运之法，即无守战之方。俄窥西陲，英未必不垂涎滇蜀，但自开煤铁矿与火车路，则万国缩伏，三军必皆踊跃。后则日蹙之势也。"①1874 年在论及海防时又说："倘如西国办法，……有内地火车铁路，屯兵于旁，闻警驰援，可以一日千数百里，则统帅尚不至于误事。"②可以看出，此时李鸿章之筹议铁路，完全是从国防的角度出发的，但在当时也属难能可贵。

如果从抵御外来侵略、保卫利权的角度视之，拒绝外国在华修建铁路，是可以理解的。但是，如果是因为铁路会导致失业、有伤风化和惊扰陵寝，那就迂腐落后了。而且，从军事方面观之，铁路也不可能仅仅有利于外国兵员的调动，也可以为我所用。

1874 年，日美联合侵略台湾以后，在筹议海防争论中，关于是否修建铁路问题上，舆论有了较为明显的转变。

在关于筹议海防的奏折中，李鸿章强调，由于增派兵丁赴台，李鸿章与沈葆桢先商议月余，决定调派轮船分批运兵，又耗费 3 个月，而"倭事业已议定矣。设有紧急，诚恐缓不及事"③此后，李鸿章便力主修建铁路："自同治十三年（1874 年）海防议起，鸿章即力陈铁矿必须开挖，电线、铁路必应仿设。""铁路须由开矿做起，兴此大役，而铁尚需购自外洋，绝难告成。"他在这个奏折中还提出，中国首先应当修建的铁路，是清江至北京的铁路，以便于南北转输。④1876 年，福建巡抚丁日昌奏称铁路的七大利，主要是快捷、安全、制敌、弥内乱、节俭军费等，台湾巡抚刘铭传更是明确指出："日本一弹丸小国耳，其君臣师西洋之长技，恃有铁路，动逞螳螂之臂，藐视中华，亦遇事与我为难……自强之道，练兵、造器固宜次第举行，然其机栝，则在于急造铁路。铁路之于漕务、赈务、商务、矿务、厘捐、行旅者，不可弹述。而于用兵一到，尤为急不可缓之图。"⑤

刘铭传的见解，受到了光绪皇帝的重视。光绪帝下旨直隶总督李鸿章、两江总督刘坤一会商。李鸿章奏称"考铁路之兴，大利约有九端"：便于国计；便于军政；便于京师；便于民生；便于转运；便于邮政；便

---

① 《李鸿章全集》第 5 册，海口：海南出版社 1997 年版，第 2618 页。
② 《李鸿章全集》第 2 册，海口：海南出版社 1997 年版，第 831 页。
③ 宓汝成编：《中国近代铁路史资料》第一册，北京：中华书局 1963 年版，第 78 页。
④ 宓汝成编：《中国近代铁路史资料》第一册，北京：中华书局 1963 年版，第 79 页。
⑤ 宓汝成编：《中国近代铁路史资料》第一册，北京：中华书局 1963 年版，第 86 页。

于矿务；便于轮船招商；便于行旅。他还提出，中国宜先修铁路为要，南路两条：一由清江经山东，一由汉口经河南，俱达京师。北路两条：由京师东通奉天，西通甘肃。值得注意的是，李鸿章这个奏折，还批驳了对铁路的偏颇看法，如易为敌国所用，不利民生，有碍田庐坟墓等。他还希望，修铁路的同时开采煤矿，以达"矿务因铁路而益旺，铁路因矿务而益修，二者有相济为功矣"①。

李鸿章此折明确提出了铁路与矿务的相互促进关系，对日后北洋的铁路矿务开办与发展，均有较为显著的影响。

1872—1876 年，美国驻上海副领事奥立维·布拉特福未经清政府批准，私自修建了吴淞铁路。该路只有 14.5 千米，但却是中国土地上出现的第一条铁路。②在铁路修建过程和通车以后，其和中国群众屡次发生矛盾。先是征地时破坏了灌溉沟渠，引起群众不满，导致在施工过程中，桩标多次被拔走。1876 年 8 月，行进的列车又轧死了一行人，周围数百居民齐集江湾，阻止火车通行，最后导致清政府出面和英商谈判，签订《收赎吴淞铁路条款》，以 285 000 两白银的代价，买下吴淞铁路。1877年 10 月，路款付清，铁路收归清政府所有。可惜的是，两江总督沈葆桢竟下令将铁路拆毁，而不是清政府自主经营。③

李鸿章全程参与了收回吴淞铁路的谈判。在这个过程中，他深化了对铁路的认识，不仅从国防的角度看待铁路，还认识到其在促进经济上也是有价值的，这也和此时洋务运动"求富"的目标吻合。他指出："中国积弱，由于患贫。西洋方千里数百里之国，岁入财赋动以数万万计，无非取资于煤、铁、五金之矿，铁路、电报、信局、丁口等税。酌度时势，若不早图变计，择其至要者，逐渐仿行，以贫交富，以弱敌强，未

---

① 宓汝成编：《中国近代铁路史资料》第一册，北京：中华书局 1963 年版，第 89-93 页。

② 前文提及，1865 年英国商人杜兰德（Trent）在北京宣武门外修建了一条长约 0.5 千米的小铁路，想以实物激起中国朝野对铁路的兴趣，但没有收到效果，反被步军统领以"见者诧骇，谣诼纷起"为由拆除。见宓汝成编：《中国近代铁路史资料》第一册，中华书局 1963 年版，第 17 页。亦见交通部铁道部交通史编纂委员会编印：《交通史·路政编》第一册，1931 年版，第 1 页。但大约由于该路里程过短，且未投入运营，更类一个"模型"，各铁路史著作均认为中国第一条铁路为吴淞铁路。

③ 拆毁吴淞铁路，是沈葆桢基于自己处在两江总督职位的政治考虑，他并不一般地反对修铁路，后来反而成了鼓吹修建铁路的重要人物。

有不终受其弊者。"①此后，他办铁路的决心进一步增强。经过几年的奔走，到1881年，第一条中国人自办的铁路——唐胥铁路终于开工兴建了。

唐胥铁路的修建，与开平矿务局的兴办和业务发展密切相关。

在洋务运动中，清政府先后创办了轮船招商局、天津机器局，又组建了北洋海军，所有这些机构和组织都需要煤。很长一段时间，所需用煤都靠进口，费用高昂。为解决煤的问题，1876年，试办直隶磁州和兴国煤矿没有成功的李鸿章派唐廷枢会同矿师马立师（Morris）到唐山开平镇勘察。据马的估计，仅旧矿井集中的一槽，储量就有600万吨，煤质也佳，并有铁矿。他认为，如用机器开采与铁路运输，成本可以减少。次年，将开平煤铁样品送英国化验，成色接近于英国中上等煤铁。唐廷枢据此向李鸿章提出了开采计划。

李鸿章打算开办开平煤铁矿业，主要是为了北洋兵轮机器的运转。而唐廷枢则考虑到西法采煤可能获得的利润，他的计划肯定了开平必然营利。李鸿章下令"赶紧设法筹办，以开利源而应军国要需"，决定设立开平矿务局，采取官督商办形式，以唐廷枢为督办。唐决定先招商股80万两，成立股份制企业。开平最初的招股并不顺利，大多是沿袭轮船招商局开办时"因友及友"方式，从港澳殷实商人处募集股金，至1882年才募集到100万两。

1881年，开平投入生产，日产量约300吨。其后，不断提高。1882年，约500吨。1884年，超过600吨。1884年后的两三年中均维持在900吨以上。到1894年，已达2 000吨左右。其年产量，亦由1882年的38 383吨，迅速增长到1890年的250 000吨。到1896年，年产量更升至488 540吨。

煤的价格构成中，运费占很大比重。磁州煤运天津，价格可高达产地的12～15倍。李鸿章开发磁州煤矿没有成功，就是因为不能解决煤运天津的问题。

为解决运输问题，公司于1879年请求修筑一条以唐山到天津北塘海口的铁路，未获批准。经探勘地形，天津北塘海口到芦台有水流，芦台至胥各庄可开运河，惟胥各庄到唐山小矿井地势陡峻，无法开凿运河。若雇用马车，需用数百辆，运费昂贵，速度缓慢，失去了开矿的意义。于是又请建唐山到胥各庄的铁路，勉强获准。

---

① 宓汝成编：《中国近代铁路史资料（1863—1911）》第一册，北京：中华书局1963年版，第78页。

唐胥铁路的修建，英国工程师金达功莫大焉。

金达（C.W.Kinder）（1852—1936），英国人。其父在日本任工程师多年，金达也在日本长大，娶日本媳妇并在日本工作。后来到中国工作，来华时间大致在 19 世纪 70 年代末期。1880—1881 年，他为开平矿务局修建胥各庄到唐山的铁路，同时以旧锅炉改造完成中国第一辆蒸汽机车车头"中国火箭号"（The Rocket of China）。[①]

1881 年初，唐胥铁路开工兴建，6 月 9 日开始铺轨，11 月 8 日举行通车典礼。[②]唐胥铁路只有 9 千米许，但因是中国自己修建的第一条铁路而富有意义，而且该路在轨距上采用了国际通行的 1.435 米，不同于吴淞铁路的窄轨（0.752 米），起点颇高，为后来的铁路确立了标准。虽然修建过程一波三折，修成后因怕机车牵引震动东陵，甚至采用了一段时间的骡马牵引，但中国的铁路事业毕竟起步了。

因为解决了工价较低、税收较少以及运输问题，开平煤的销路极好，其相当部分固定销售给天津机器局、轮船招商局等北洋所能管辖的企业。更因其价格较低，每吨仅四五两，低于当时在天津市场畅销的日本煤三四两之多。在 19 世纪 80 年代，日本煤在天津市场的销售量明显锐减，从 1880 年的 19 409 吨减少至 1885 年的 566 吨。到 19 世纪 80 年代末，日本煤在天津几乎绝迹。

由于经营顺利并且成效显著，开平的利润逐年增加。1885 年获利 7 万两，1886 年获利 15 万两。开平的股票市值也引人瞩目，在大多数年份都高于面值的 50%甚至更多。1888 年开平煤矿开始发放 6%的股息即分红，每股（100 两）分红 6 两。以后几年，股息也一路攀高，可到 10～12 两，1892 年达 15 两。据统计，即便在唐廷枢 1892 年去世后，仍然保持此前的态势。1895—1899 年五年间共获利 254 万余两，平均每年 50 余万两；共发股息 84 万余两，平均达 14%。[③]

---

① 关于薄内和金达的资料，参见中国社会科学院近代史研究所翻译室编：《近代来华外国人名辞典》，北京：中国社会科学出版社 1981 年版。

② 唐胥铁路的兴建时间说法不一，朱从兵有较详细的考证。参见朱从兵：《李鸿章与中国铁路——中国近代铁路建设事业的艰难起步》，北京：群言出版社 2006 年版，第 142 页。

③ 以上关于开平煤矿的经营情况，见许涤新、吴承明著：《中国资本主义发展史》第二卷《旧民主主义革命时期的中国资本主义》，北京：人民出版社 1990 年版，第 407-410 页。

按计划，煤由唐山运到胥各庄后，经运河至芦台。但由于该段运河水浅淤塞，1886 年，李鸿章、唐廷枢成立开平铁路公司，决定将唐胥铁路延长到阎庄。当年唐胥铁路修成时，铁路是属于开平矿务局的。此次再续修铁路，开平铁路公司不仅专门成立公司，而且还在《申报》刊登了招股章程，宣布将集股本 2500 股，共 25 万两，并"将铁路公司与开平矿务局分为两事，出入银两各不相涉"。因此，如李鸿章所奏，该路"招集绅商股本，不动官币，不借洋债"。新修路段为开平铁路，长 65 里，加上前此之唐胥铁路，新旧铁路共长 90 里。该路于同年竣工，次年行车。按照《字林沪报》的报道，仅 1877 年 7 个月的时间，开平铁路公司客货营运收入共 29 200 余两，开支 16 100 余两，营利 13 100 余两。"前三月每月溢利一千余两，后四月每月溢利二千余两，有日增月盛之势。"①其后，李鸿章又趁热打铁，拟将铁路延伸到天津。为此，又把开平铁路公司改名为中国铁路公司。到 1888 年秋，终于修到天津。

此时俄国正筹划兴建西伯利亚大铁路，对东北构成直接威胁。李鸿章以"速征调，利边防"为由，进一步扩大他的铁路计划，奏请清政府将西起天津的铁路再至沈阳、长春延伸到晖春，修成一条关东铁路，得到了清廷的批准。每年拨银 200 万两，并于山海关设立北洋官铁路局，令李鸿章督办。至甲午战前，修至奉天中后所。

二、甲午战前的"铁路富国论"

早在甲午战前，一些关注西方的中国人士提出了修建铁路可以富国的见解。

1860 年，著名的早期改良思想家王韬在《与周弢甫徵君》中指出铁路的优势所在："西人船坚炮利，制度精良，所造火轮舟车，便于行远，织器田具，事半功倍。"在《兴利》一文中他写道，中国"利之最先者开矿"，而开矿有"掘铁之利""可铸造枪炮""可创造各种机器""可兴筑轮车铁路"四大利。在具体论述"兴筑轮车铁路"之利时，王韬明确写

---

① 以上引自汪敬虞著：《唐廷枢研究》，北京：中国社会科学出版社 1983 年版，第 214-215 页。

道：“今南北道阻，货物贱之征贵，贵之征贱，每苦其贩运之劳烦，道途之辽远。自有轮车，二远近相通，可以互为联络，部独利商，并且利国。凡文移之往来，机事之传递，不捷而速，化驰若神。遏乱民，御外侮，无不恃此焉。”在他看来，“诸利既兴，而中国不富强者，未之有也”。[1]

1877 年 3 月，中国首任驻外公使，即驻英公使郭嵩焘在致李鸿章的一封信中提及：“来此（指伦敦）数月，实见火轮车之便利，三四百里往返仅及半日。其地士绅，力以中国宜造火轮车，相就劝勉，且谓英国富强，实基于此。”[2]

1879 年，另一位著名的早期改良思想家、归国留欧学生马建忠甚至呼吁不惜借债也要在中国修筑铁路。他在《借债以开铁道说》一文中，历数西方国家举借国债已成惯例，并列举了英、法等国借债数额。西方国家所借之不少巨额债务，“率皆用制铁道”。马建忠有志于研习西学，入李鸿章幕后，曾被派往欧洲学习，他的见闻和建言自有相当的可信度。他认为：“今中国议开铁道，当以筹款为先。”但是，当时的中国，官府“拮据已甚”，即民间“风气未开，集股维艰。无已，则有借洋债之一法”。他还进一步提出，从修筑难易、收益快慢、有利推广等诸种因素考虑，中国应当首先修筑北京、天津之间的铁路，使人“知铁道之设，上足以利国，下足以利民，只有因铁道而便于往来之利，绝无因铁道而失其生计之害”[3]。

马建忠断言，中国铁道“创兴之后，利可倍蓰”。因而马建忠在文中还强调：“借债与入股有别，入股可坐分每年盈余，借债者唯指望按年之利息。中国创行铁道，绵亘腹地，岂可令洋商入股，鼾睡卧榻之旁。”他提出：“仿效西法，一切借卷，第标号数，不标姓名，一俟铁道得利之后，将其卷逐渐收回。”马建忠还特地说明：“通道未浚利之源，借债为急标之举，术虽补苴，要皆气数转移之机，国家振兴之兆。”[4]

① 赵靖、易梦虹主编：《中国近代经济思想资料选辑》中册，北京：中华书局 1982 年版，第 17-18 页。
② 宓汝成编：《中国近代铁路史资料（1863—1911）》第一册，北京：中华书局 1963 年版，第 7 页。
③ 赵靖、易梦虹编：《中国近代经济思想史资料选辑》上册，北京：中华书局 1982 年版，第 50 页。
④ 赵靖、易梦虹主编：《中国近代经济思想资料选辑》中册，北京：中华书局 1982 年版，第 44-50 页。

另有一些人，对中国修建铁路大加责难。

将铁路斥为祸国殃民的怪物的，以曾任中国驻英副使的刘锡鸿为代表。1881年，刘以《仿造西洋火车无利多害折》上奏，声称"中国情形，种种不同西洋，仿造火车势不可行，无利而多害"。在他看来，因驻外两年，深知铁路"实古今之奇观，绝世之巧术""实西洋之利器"。但是，他竟然断言铁路在中国"不可行者八，无利者八，有害者九"。他所列举的"不可行者"为：中国不能集巨资以成铁路公司；中国缺乏筑路及岁修经费；修筑铁路必然使"山川之灵不安，即旱潦之灾易召"；中国近代企业的管理人员均将管理"视为官事而徒存其貌"；中国铁路管理人员必然因权限及惯例不会"谨守职役"；中国"攘窃之风盛行"，千里铁路"势难节节严守"；中国"各省各属，关卡不一"，而火车停站时间太短，"则走私漏税之弊百出，国课益以不供"；西洋人"常万里远行而不携一物。我中国行李箪篋，担负累累，以十洋人所坐之火车，受五华人而或虞不足。车价少索则我不敷出，多索则人莫能堪"。

他所列举的"无利者"为：中国铁路只能在国内运销货物，犹如一家数兄弟之间之交易，"以孟、仲之财易叔、季之货耳。孟、仲得货而失其财，叔、季失货而得其财"。如此看来，"安可以为利？"火车运输外洋所需，"不过徒便洋人，未足中国利也"；中国人无出游习俗，"安所得乎游人？"况"我中国方当禁民惰游，何为利此？"借铁路外债息高兼经手之数重弊端；地方官员可以形式上乘火车巡视所属，实则"借以快遨游则有耳"；有铁路快运兵丁可省兵额之说不可信；有铁路便于运销煤铁之说不可信，因外洋需中国煤，"是亦彼之利而已，我利则非所知矣"；铁路难以代替漕运。

刘锡鸿列举了铁路之"有害者"：民众因铁路卖地之后，"银一到手，坐食旋空，此后谋生，伤哉奚恃？斯冻馁者众矣"；修铁路必借巨额外债，难以偿还，因此，"借债固自穷之道也"；通火车之后，"人心必增奢侈，财产日以虚縻"。中华原有"以俭为宝"的传统必然丧失，"通商之弊，得铁路而益助以为虐"；通铁路后，"火车铁路成本如此其重，工食岁修日给各费又如此其浩繁，而均以加诸货价之内，未有不令军民度日倍艰者"；"若造铁路，则不惟不设险，而且自平其险，山川关塞，悉成驰骤之坦途"，外敌"一奋臂可直入室矣"；火车通后，"洋人踪迹必遍及里闾，以利唌人，材愚尤易为惑"，导致"民情已不可尽恃"；铁路设施均统一且易维修与更换，中国便无法在战时以扣其车头、掘断铁路的方式阻洋兵；中国"山林丛菁，常有踞盗，行李被劫，视为等闲"，他们亦可"设法梗道夺车，而胁司火者以驰之，袭邑攻城，随其而指，俄顷即至，则皆不可守矣"；"若造一道则火车所到者十之一，不能到者十之九"，因而铁路"运货载兵为要义"的目的难以达到。[①]

　　与刘锡鸿的看法类似的不乏其人。时任翰林院编修的丁立钧于1889年以《论洋务奏》上书，攻击洋务活动，尤其是修筑铁路之议。在他看来，"津通铁路之议，所称调兵、运饷各节，皆属假饰之辞，实则专为包揽漕运及往来商货可获厚利起见"。一旦铁路开行，"向用舟车，坐皆失业"，后果不是"怨者必多"，就是"盗贼滋多，害及良善"。如是观之，"故开一省之铁路则一省百姓受累，开各省之铁路则天下百姓受累，不独津通一路垄断漕运，使畿辅小民群兴咨怨，如今言事诸臣所争云云也"。丁立钧竟然要求"将中国开行铁路一节，永远禁止，明著为令，庶以利民生而遏乱萌"。这个奏折，还较为放肆地点名斥责李鸿章、曾纪泽、郭嵩焘、丁日昌、周馥、盛宣怀、杨宗濂、唐廷枢、马建忠、张佩纶等曾主持、参与洋务或主张修筑铁路的人士。[②]

　　除清政府筹款修筑的铁路之外，帝国主义国家还在中国直接投资修筑了中东铁路、胶济铁路、滇越铁路广九铁路九龙段、台湾铁路、安奉铁路、新奉铁路，等等。[③]

三、甲午战后的"铁路强国论"

　　1895年是近代中国发生重大变化的一年。空前丧权辱国的《马关条约》订立，中国民族资本主义开始初步发展，变法维新思潮在知识分子

---

① 刘锡鸿此文见《中国近代经济思想资料选辑》中册，北京：中华书局1982年版，第419-430页。
② 丁立钧此文见《中国近代经济思想资料选辑》中册，北京：中华书局1982年版，第439-444页。
③ 以上参见李占才主编：《中国铁路史》，汕头：汕头出版社1994年版，第一章相关内容。

中传播，救亡的呼声日甚一日，朝廷上下求强的呼声开始蔓延。

1895年7月5日，深受中日战争惨遭败绩刺激的光绪皇帝在一道上谕中写道："为政之要，首在得人。""当兹时事多艰，尤应遴拔真才。"他要求各部院堂官，各直省将军、督抚，推荐那些"精于天文舆地、算法、格致、制造诸学"等具有"真知灼见、器识闳通、才猷卓越、究心时务、体用兼备者"。①这道上谕，实际上是要求官员举荐新学人才。在当时新学人才极为稀少的中国，这无异于让官员们考虑兴办培养新学人才的新式学堂。

7月20日，光绪又在谕旨中强调："自来求治之道，必当因时制宜。况当国事艰难，尤宜上下一心，图自强而弭隐患。朕霄肝忧勤，惩前毖后，惟以蠲除痼习，力行实政为先。叠据中外臣工条陈事务详加披览，采择施行。如修铁路、铸钱币、造机器、开矿产、折南漕、减兵额、创邮政、练陆军、整海军、立学堂。大抵以筹饷练兵为急要，以恤商惠工为本源，皆应及时举办。"②光绪皇帝这道上谕，把"修铁路"置于"应及时举办"的诸项洋务之首，与刘铭传将铁路视为最急最重要事务的见解是一致的，也结束了前此长达30年的争论，将中国是否应当修铁路的问题基本解决了。同时，光绪皇帝这道上谕也将诸项洋务与"立学堂"相提并论，为其后的各级各类专门学堂的开办，开了绿灯。由是观之，光绪皇帝这道上谕，在近代中国工商实业史及教育史上应占有相当地位。

光绪皇帝"图自强"的意旨，引起了不少有识之士的共鸣。较早上奏尽快成立铁路公司并开办铁路学堂的是刘坤一。

刘坤一（1829—1902），湖南新宁人，湘军重要将领之一。中国在甲午海战失败后，又面临日本的陆路进攻。当日军攻陷旅顺、大连后，刘坤一在严峻的形势下奉旨率湘军御敌。此时，本为两江总督兼南洋大臣的他，被免除原有官职，以钦差大臣、督办关内外军务的头衔领兵30万出征。刘坤一的大营驻山海关，往来铁路沿线城市机会较多。也因为任两江总督兼南洋大臣时，对商务、外交、实业了解颇多，于1895年8月10日（光绪二十一年六月二十日），他拟定《请设铁路公司借款开办折》，写此折的目的是"维国势而收利权"。

在刘坤一看来，"时至今日，谈国是者，莫不以富强为要图。顾非富

① 《光绪朝东华录》第四册，北京：中华书局1998年影印版，总第3625-3626页。
② 《光绪朝东华录》第四册，北京：中华书局1998年影印版，总第3657-3658页。

无以致强，非强无以保富。而究之富强之本，求其收效速、取利宏，一举而数善备，则莫急于铁路。铁路之裨于军务、商务今已尽人知之矣"。

刘坤一在折中表示，他对铁路的认知，与他此次督师有莫大关系，"臣自奉命视师，往来榆关、唐山，为铁路所经，与铁路商局总办兼总办开平矿务——江苏候补道张翼考究情形；又令总理营务处——山西道御史冯锡仁，博采旁搜，推穷利弊，窃以铁路必归商办为妥善"。

他提出的涉及铁路的应筹事宜有七项。

其一，权自我操。"中国铁路，以南北干路为绾毂，大利在焉。西人深知其故，垂涎有年。上海格致书院藏一同治初年英人铁路图，于中国地势脉络，朗若列眉，何蓄意之深且挚！今则觊觎愈甚，又知我财力不足有为，群且居为奇货。闻英、法、德、美各国商人，接踵来华，争思承办；其所拟条款各异，要无非彼自收其实效而仅诱我以虚名，设堕术中，贻害胡底！何者？铁路本为用兵，一归西人，动以公法绳我，遇征调必多窒碍。前者海上戒严，屡商西人保护津关铁路，率以公法为辞，此即前车之鉴。铁路为收税大宗，若入他人之手，殊虽自主，彼若包揽，即属漏卮，稍为防闲，则滋生口舌，卒予迁就，而我之短绌已多矣。铁路用人甚众，西人知吾民之易诱，往往饵之以利，人易受愚。兹若深入内地，一切由其指挥，渐染既深，性情自习，相处日久，风俗亦移，一旦有事，彼之呼应皆灵，在我反多棘手，不可不虑。即以目前言之，我止一铁路，断难分许各国，欲与此必然远彼，因此生嫌，尤为非计。反复筹思，是西人承办一节，有断断不可轻许者。"

其二，商办为宜。"然则仍归官办，值此库币支绌之时，无从筹此巨款；即令分年筹尽，事难逆料，中辍堪虞，纵使有成，而旷日持久，计利亦不合算。若复狃于官督商办之说，无事不由官总其成，官有权，商无权，势不至本集自商、利散于官不止。招股之事迭出，从未取信于人。即招商、织布等局，成效可观，究之经理归官，利又无几，于商情终形隔膜。今铁路若归官办，或由官督，必从招股入手。先声既坏，将何术以广招徕？臣于审时度势之中，为惩前毖后之计，请以官发其端，以商任其事，择一廉明公正之员，熟悉中外商情、素为西商所信服者，拟恳特恩明降谕旨，派为铁路商务公司督办，破除成格，假以重权，俾得专司其事。现尚未设商部，一切公司事宜，南、北洋大臣责无旁贷，自应同膺艰巨，力为保护，为国家成此大计。"

其三，可招洋股。"铁路既设公司，即责成公司筹款。中国富商较少，刻难集腋成裘，非借款外洋焉能创此非常之业？西人知中国铁路利厚，将来可以同沾，订借巨资，当易集事。应准宽为筹备，由公司借洋款三四千万金，或以铁路抵押，或南、北洋作保。借款定妥，一面先行开工，一面广招股分（份）。现既不准西人承办，正怀觖望。似可变通办法，兼招中外股资。股本既有洋人，局章自照西法，风声一树，莫不乐从。盖有洋股在其中，而华商方无顾虑；亦有华股参集，而洋商无可把持。股本愈丰，推行更利，既可助远洋债，又可分设公司。凡铁路所需皆可次第为之。加以此路创自公司，兼有中外商股，即遇意外之变，可以设法保护。"

其四，可用洋人。"惟铁路系中国创举，熟手不多，不能不用洋人。查中国洋关立法甚善，以一洋人总其事，余则华洋兼用，使各效所长。然西国定章，无人不当其用，故中国虽多洋务，而收效独在洋关。今选诚实西人精通铁路者充当首领，各项以洋人提纲，华人副之，效则任用，否则辞退，规定悉视泰西，权柄仍在中国，使彼无所挟持。"

其五，设铁路学堂。"第晋用楚材，仍非良策，埃及之将造铁路也，先遣人赴英练习，而后为之。中国情事不同，然亦宜以储材为急。应于铁路必经之地，设立铁路、矿务学堂，以聪颖子弟百二十人为学生，延洋教习课之，定以年限，届期有成，再令分赴各国公司印证，以储为己用。数年之后无须借才异域，而操纵由我，洋人可渐退于无用之地矣。"

其六，"定地勘路，尤宜腹地而忌海滨"。"大抵干路、支路宜经越城镇，以便商货流通。忌逼近江海，夺输船利益；以用兵论，尤宜腹地而忌海滨。中倭构衅以来，从前清江之议，人皆知必不可行，无待深辨。但由津至通之路，昔曾定议，旋作罢论。今拟避通州一路，另由天津横渡西沽，取道固安之礼贤镇、青云店入南苑，出北大红门，距京城永定门外十里上下安设车站屏蔽京师，又使近几稍杀永定河患。南苑向系宸游之处，例禁行人出入；但创办大事，似可不拘常例；况铁路偏在一隅，无妨游猎，而车行向有定刻，更视门禁尤严。由此而南，应由京南车站仍回南苑，西出镇国寺门不过二十余里，即设卢沟桥站，经保定、正定直走顺德、彰德，径趋荥泽择地渡黄，虽在上游，已出山险，此诚经流之地，而无移徙之虞。渡黄而南，自郑过许，抵信阳，地势平衍，施工尚易。惟自信阳至汉口，四面皆山，蹊纡径仄，费实不赀。此道经府州县三十有八，河道四十有五，黄河尚不在内，概造铁桥，工赀太巨，河底又未必皆有坚土，利于立柱。山多则轰击固难，若穴山而过，则开挖之费，每尺需四十余金，甚不易办。顾当艰难之会，创此久大之规，道远费多，良所不计。论者又谓应由荥泽取道东南，经过陈州，入安徽凤阳，历滁州而达江浦，计自渡河至江，较汉皋则少崎岖险径，视清江无卑湿低区；江浦总汇下游，百货流通，天下利权已入掌握。且如此建造，虽取道较远，而地势稍为平坦，工料节省，成本少而收效多。此亦一说也。闻李鸿章饬张翼，已由该局派人前往各路测量踏勘，绘图贴说。应俟勘回，再行核定，以求妥慎。"

其七，以津榆铁路为基础，推广实业、商务。"查津关商路三百里，运货无多，一年进款已增至五六十万。以干路估算，当每年进五百万。而此路货物，多于商路几三倍有余，则每年进一二千万，亦非奢望。迨干路将竣，支路不难。既有公司扩充，又可许他商认造，大支、小支一气灌输，税款自可渐加。公司存积愈多，无事不可取给。况开办之始，即可兼办煤铁等矿，以供干路、支路之用。办理稍有头绪，并于铁轨经行之处，创立枪炮机器各厂，逐渐讲求。又可设船厂于海道要区，制造船舰。由是矿务、工务自然取多而用宏，军务、账务亦觉有恃而无恐，而漕务因之益便，税务因之日增，此又铁路推广行之而可操左券者也。"

刘坤一对他所提出的上述七策颇为自信，他强调："今者强邻逼处，雄视寰瀛，铁路纵横，与轮船相辅，为开关来别成一局，此天地自然之气机，而未可以人力胜。英、法、俄争造铁路以通中国矣。现已包我三面，合之海疆竟成四面受敌之势，则铁路安可以不修？海禁大开，亚洲各国以中原为牟利之场，生计渐穷，利源日涸。此次中倭新约，内地添设码头，机器改造土货，补救无术，全在以陆路分海疆之利，则铁路又安可缓修？朝廷以万乘威权，九州岛疆域，苟能及时振作，则内地为我自主，尚可奋发有为。铁路一成，天下商务必日新月异，不十年而立致富强，中国转圜之机，孰有外于是者！惟有仰恳天恩，立予施行，准设铁路商务公司，借款定议，迅速开办。事关大局，臣不胜翘切之至。"

刘坤一督师是失败的，但是他在山海关期间，除了上述思路外，还有一些举措与铁路学堂、开平煤矿，甚至中国近代史，有莫大的关系。刘坤一的地位与权势，在当时应当是除李鸿章之外的第一汉臣。李鸿章因赴日订立《马关条约》受到朝廷内外的攻讦和责难，刘坤一便有取而代之之势，俨然北洋大臣。在督办军务期间，他的麾下有营务处总办王文韶、在天津小站编练新军的胡燏棻。同他交往甚密的，有开平矿务公司的张翼。他对胡燏棻、张翼的才干赏识有加，他还向朝廷推荐了当时仅是温州道的袁世凯，认为此人可堪大任。

1895年9月30日，新任直隶总督兼北洋大臣王文韶上奏朝廷，他援引津海关道盛宣怀的禀称："自强之道，以育人才为本；求才之道，以设学堂为先。"王文韶同意盛宣怀提出的在天津设立头等、二等学堂各一所的建议。王文韶还进一步提出，光绪皇帝7月20日上谕所提及的应办之事中，"设立学堂，即其中应办之一端。凡铁路、机器、开矿、治军诸务，均可以西法为宗。则造就人才，尤当以学堂为急"①。很明显，盛宣怀、王文韶将皇帝所思所想体察得非常到位，将前述两道上谕联系，从而较早提出了开办新式学堂之议。也是因为此奏得到光绪的认可，北洋大学便得以很快开办。

四、八国联军战争后的"铁路救国论"

八国联军占领直隶地区，尤其是俄国占据东北地区以后，关内外铁路就在英国和俄国的实际控制之下。英国主要控制关内段，俄国主要控制关外段。《辛丑条约》订立后，外国军队逐步撤退。但是，英俄两国仍然控制关内外铁路。尤其严重的是，俄国军队依旧在中国东北及铁路沿线驻扎。清政府与英俄两国商谈收回关内外铁路问题。随着1902年4月《中俄交收东三省条约》和同年10月中俄《交还关外铁路条约》的订立，该路为中国收回并开始续修。不过，沙俄并没有履行《中俄交收东三省条约》和按期撤兵的诚意。按照《中俄交收东三省条约》的规定，俄军应在条约签订一年半之内分三期从中国撤兵，前六个月应将所侵占的各铁路交还中国。1902年10月，俄军只是在六个月内部分撤兵。1903年2月，沙皇尼古拉二世批准俄军无限期留驻中国。

在极其困难的条件下，关内外铁路终于得以艰难地前行。

---

① 《光绪朝东华录》第四册，北京：中华书局1998年影印版，总第3656-3658页。

开平铁路修成以后，原开平铁路公司改名为中国铁路公司。李鸿章之所以如此，主要是为了将铁路修至天津。在借得英、德两国的款项近110万两之后，该路于1887年开工，并于次年竣工。该路称津沽路，全长75千米，从卢台起，经北塘、塘沽、新河、军粮城至天津（东站）。经过朝廷内部的几番争论与周折，1891年9月，李鸿章极为注重的关东铁路动工。这条铁路全由清朝政府投资，将拟每年拨给卢汉铁路的200万两，改拨关东路。为此，清朝政府特派李鸿章为督办，并成立了北洋官铁路局。因款项不济等原因，该路被迫停工。至1894年3月，修至奉天中后所（今绥中县），路长193千米。该路是中国第一条官营铁路，已经跨越山海关内外，后又称关内外铁路。

1898年10月，《关内外铁路借款合同》正式成立，清政府以年息5厘、9折实付款的苛刻条件，以及须用英人为总工程师、铁路收用款必须存入英国在天津的汇丰银行等规定，借用英款230万镑（约合银1600万两）续修关内外铁路，英国终于挤进了俄国视为自己势力范围的中国东北地区。1897年开始续修的关内外铁路在有了英国借款以后，进度加快，至1900年6月，绥中至沟帮子段以及沟帮子至营口支线建成通车，沟帮子至大虎山段已经开始铺轨。因为八国联军的入侵，路工再次被迫停止。

1902年10月以后，在接收关内外铁路时，詹天佑"即奉派办理关外段接收之事"。由于俄国人曾侵入关内一段时间，"擅将关内段机车，以及山海关桥梁材料大批攘夺北运"，对关外段的"路工及设备非但不加养护，即车辆材料亦任意破坏"。"在占领期间铁路收入为数甚巨，而俄人反向我要求赔偿及维护费用"，詹天佑"与俄人力争，备极辛劳，一面整理残局，恢复关内外之通车，一面进行沟帮子以北一段之路工"。[1]

关内外铁路修一段，通一段。至1907年6月，关内外铁路通至奉天城西郊的皇姑屯，改称京奉铁路。1911年，该路通至奉天城。京奉铁路联结直、奉两省，串起多个重要城市，客货运输均十分繁忙，赢利亦较可观。按照袁世凯1905年1月的奏报，关内外铁路已经"结存余银一百八十余万两"。在该路交邮传部接管的1907年11月19日（十月十四日），

---

① 凌鸿勋、高宗鲁合编：《詹天佑与中国铁路》，台北："中央研究院"近代史研究所史料丛刊（4），1991年，第102页。

袁奏称："两载以来，所有余利，除迭经奏拨外，现计提津关库银一百五十三万四千六百九丝二两有零，当尽数移交邮传部查收。"①该折所提"迭经奏拨"，即指关内外铁路余利已经为"要政"多次拨款，其中包括：为京张铁路每年拨款一百万两，以及为颐和园马路、热河屯垦、京榆铁路设巡警、派出留学生等拨款 55 万两。《中国铁路史》一书记载："京奉铁路余利，数额可观，1905 至 1909 年的 5 年间，分别为 713、594、509、639、579 万元。"②

19 世纪末至 20 世纪初的中国，铁路引入之后呈现出缓慢但不断延伸的状态。甲午战争前，中国已经筑成津唐铁路、部分关东铁路、部分台湾铁路、大冶铁路，共长 473.4 千米。甲午战争以后，清政府又决定修建津芦铁路、卢汉铁路芦保段、淞沪铁路、株萍铁路、西陵铁路、京张铁路、关内外铁路、正太铁路、沪宁铁路、道清铁路、汴洛铁路、广九铁路广深段、津浦铁路、吉长铁路，等等。其时，清政府财力有限，不少铁路的修建所需费用不得不向英、俄、日、德、比等国贷款。

上述铁路中，值得大书特书的是京张铁路。京张铁路是中国人自己主持修建的第一条铁路，主持修建该路的是当年留美回来的詹天佑。该路于 1905 年 10 月动工，1909 年 9 月全线竣工，全长 202 千米。詹天佑以出色的技术破除了外国人"中国造此路之工程师尚未诞生"的预言。

20 世纪初，列强加紧掠夺中国铁路的贷款权和修筑权。人们还记得，甲午战后，英、法、俄、德等国到清政府总理各国事务衙门轮番喧闹，强行要求借款给清政府以偿还巨额的战争赔款。这些贷款均有实付折扣，有较高的年息，并且还有附加的涉及中国内政的条件，因而成为列强勒索清政府、榨取中国人民血汗的手段，是彻头彻尾的奴役性政治贷款。《辛丑条约》订立后，列强故伎重演，争先恐后贷款给清政府。1902 年至 1903 年间，正太、汴洛、沪宁三条铁路以清朝政府贷款修筑的方式，分别被俄国、比利时、英国所控制。这三条铁路的贷款总额达 4200 万两，实付 9 成，年息 5%。此外，还以铁路财产及进项为担保，以及享有部分对于铁路的管理权，实即取得了铁路的间接控制权。这种间接控制权，有时

① 《袁世凯奏议》，第 1434 页。
② 李占才主编：《中国铁路史》，汕头：汕头出版社 1994 年版，第 111 页。

甚至于还附有开采铁路附近的矿产、架设电线和敷设支路等权益。而通过巧取豪夺取得在中国的铁路修筑权便可以直接投资，实即取得了铁路的直接控制权。1903年，俄国修成中东路、南满路；1904年，德国修成胶济路；1909年，法国修成滇越路。此外，至1911年，列强在中国直接或间接控制的铁路便有京奉、京汉、正太、沪宁、汴洛、道清、广九、津浦、沪杭甬、新奉、吉长等铁路。另有粤汉、川汉铁路，因四川保路运动和辛亥革命导致清王朝的覆灭，列强控制这两大铁路的目的没有达到。在中国当时9618千米的铁路总里程中，自主铁路里程仅有665千米，占6.9%，而帝国主义直接经营的铁路有3758千米，占39.1%，间接经营的铁路有5192千米，占54%。

当时，人们将铁路比作为人身上的血管，血管被他人控制以后，这人也就血脉不通、受人摆布，因而形容枯槁，行将就木。20世纪初中国铁路被列强控制的情况，从一个重要的方面表明中国社会半殖民地化程度正在逐步加深，国将不国。20世纪初，中国国内之所以掀起收回路矿运动、纷纷筹资自办铁路和矿场，其根本原因就在于人们将铁路、矿山与爱国、救亡紧密地联系联系起来了。

将铁路与救亡紧密联系的，梁启超是较早的一位。

他在《瓜分危言》一文中强调："若夫无形之瓜分，则欧人实行之于中国已久矣。"他在文中所列无形瓜分的事例，首举"铁路权"。俄国、英国、德国、美国、法国等国，已分别占有东三省铁路、卢汉铁路、山海关牛庄铁路、山东铁路、山西铁路、粤汉铁路、滇缅铁路、龙州云南铁路、北海南宁铁路。他指出："一国犹一身也，一身之中，有腹心焉，有骨节焉，有脉络焉，有手足焉，有咽喉焉。铁路者，国之脉络也。矿务者，国之骨节也。财政者，国之肌肉也。兵者，国之手足也。港湾要地者，国之咽喉也。而土地者，国之皮毛也。"在当时的中国，脉络、骨节、手足、肌肉、咽喉已经被瓜分，"安得谓之为完人"？"故无形之瓜分，不过留此外观之皮毛以欺我耳"。在梁氏看来，"有形之瓜分，人人得而知之，得而救之。无形之瓜分，则莫或知之，莫或救之"。不过，他坚信："惟腹心则不可得而瓜分者也。腹心者何，我四万万同胞爱国之心团结之力是也。有之则生，无之则死。生死之间，系之一发。"①

他在《灭国新法论》一文中写道："保全支那者，必整理其交通机关，今内河既已许外国通行，而列国所承筑之铁路，必将实施速办，而此后更日有扩充矣，夫他人出资以代我筑当筑之铁路，岂不甚善？而无如路权属于人，路与土地有紧密之关系，路之所及，即为兵力之所及，二十行省之路尽通，二十行省之地，已皆非吾有矣。"梁启超还竭力反对借外债筑路，他认为："近者疆吏政策，复有以借款办维新事业为得计者，即铁路是其已事也。"梁启超指出："凡借款者，其实收之数，不过九折"，"其还之也，十须十一"，负担极重。光绪初年，"借百万者几还二百万，是借款断无清还之期"。此外，"借洋债以作铁路，非以铁路作抵不可。路为中国之路，非以国家担债不可"。因此，"中国多开一条铁路，即多一亡国之引线"。他在文中还大声疾呼："吾犹愿后此言维新者，慎勿学张之洞、盛宣怀之政策以毒天下也"。②

1904 年，梁启超特撰《为川汉铁路事敬告全蜀父老》一文，再次开门见山地强调列强的灭国新法："列强之灭国新法实行于中国各省，而骎骎遂及我蜀。何谓灭国新法，昔之灭人国者，墟其社焉，潴其宫焉，废置其君相焉，系累其子弟焉。今也则不然。握其政府财政治权，夺其人民生计之路，剥肤吸血使之奄奄以尽，而国非其国矣。"列强在印度、小亚细亚、南美洲等地"皆握其铁路权、矿权而制之死命也"。在中国，自俄国修筑东三省铁路始，列强就"以铁路政策谋我"。而"列强谋所以瓜分中国之政策不一端，其最坚牢而最惨烈者，莫铁路政策"。"四川铁路入他国手之日，即四川全省土地人民永服属于他国之日也。"有鉴于此，"吾蜀之铁路办亦办，不办亦办。办而办者，其权在我，而我蒙大利于无穷。不办而办者，其权在人，而受大害至不可思议"。

梁启超还从救亡的角度提出，四川铁路应当迅速修筑："使非有英法两国攘臂坐索，则虽从容以俟诸数十年以后，或亦未晚也。无如现今主客所争，间不容发，我不投袂而起，彼即乘隙而来。"至于修铁路所需巨

① 《瓜分危言》//《饮冰室合集》第 1 册之《饮冰室文集》之四，北京：中华书局 1989 年版，第 19-43 页。

② 《灭国新法论》//《饮冰室合集》第 1 册之《饮冰室文集》之六，北京：中华书局 1989 年版，第 32-47 页。

额资本，他希望全川 6800 万人民要考虑到"铁路为大利所在"，因而"今日我辈不欲谋利则已，苟欲谋利，则投资于他事业，不如投资于铁路。投资本于他铁路，不如投之于川汉铁路。铁路者，生利事业之大王，而川汉铁路者，又铁路事业之大王也"。

值得注意的是，他还提出了关于修筑川汉铁路的一系列建议。诸如各界民众认购的商股、官方认购的官股、开办铁路学堂，工、农、商之产业，妇女儿童之私人积蓄，在川外省人士、票号、寺院之公产，以及各州县生息款项等，均被纳入铁路股本或投资人。川汉铁路的股票，"可以辗转售卖，惟不得售之于本国人以外"。他甚至还提出："稍有力者，勉认一股，以数十金之资，分数年交出，人人能办也。""工人、妇女儿童等，若不能每人独认一股，不妨合数人共认一股，利益均沾也。"[①]梁启超的这些建议，后来成为川汉铁路筹建过程中若干仿行的方法。

需要指出的是，梁启超《为川汉铁路事敬告全蜀父老》一文，学术界长期以为是四川留日学生所写，笔者本人亦从未对此有所怀疑。《饮冰室合集》未注明该文的撰写时间。戴执礼先生在《四川保路运动史料汇纂》（台北："中央研究院"近代史研究所史料丛刊第 23 种，1994 年）亦将此文误为四川留日学生所著（见《四川保路运动史料汇纂》上册，第297—308 页"四川留日学生为川汉铁路事敬告全蜀父老书"，时间为 1904年 11 月）。经笔者核对，发现此文与前引梁启超文完全一致。笔者以为，从文中"去年以来，我制军锡清帅深鉴时局，乃首倡自办川汉铁路之议。……而至今未有眉目，内外论者，渐以失望"等语判断，此文写于1904 年，而当时四川学生初到日本，当无文中所体现的见闻与学识。梁启超将此文收入《饮冰室合集》，当是梁所写的。

梁启超在日本期间，正是留日高潮之时，大批中国青年先后东渡日本，寻找救国之路。他在戊戌维新期间的名声以及他的学识，影响了不少中国留日学生。丁文江、赵丰田所编的《梁启超年谱长编》载，20 世纪初，梁启超在日本期间，其事业及声望如日中天，既主编《新民丛报》，又在大同学校教授中国历史。他在湖南时务学堂的学生，有 20 余人追随

---

①《为川汉铁路事敬告全蜀父老》//《饮冰室合集》第 3 册之《饮冰室文集》之二十五，北京：中华书局 1989 年版，第 34-48 页。

他到了日本。在日本居住期间，"留学生来见者甚多，如杨皙子、邓孝可、廖仲恺等，皆常到者也"。从戴书所收关于四川留日学生因川汉铁路事会商的日记来看，来自奉节的邓孝可（慕鲁）数次与会，较为积极。而邓孝可与梁启超过从甚密，后来在辛亥年保路运动时期任四川保路同志会文牍部长。有时，梁启超还参与某省留日学生的聚会，如他曾参与过四川留日学生的聚会。梁将此文交与四川留日学生，并以他们的名义在四川刊出，是为留日学生精神领袖之一的大度，也是他的铁路救国论思想迅速传播的较好途径。

除了上述三篇论文外，较为关注中国铁路问题的梁启超还写了其他不少时论，其"铁路救国论"在当时几乎成为朝野的共识。

第二章

20世纪初的四川社会

一、列强在四川侵略势力的扩张

毛泽东指出:"自从 1840 年的鸦片战争以后,中国一步一步地变成了一个半殖民地半封建的社会。"[①]鸦片战争以前,中国是一个领土完整、主权独立的国家;战后,中国的领土与主权都遭到破坏,开始丧失了政治上的独立地位。战前,中国是一个经济上自给自足的封建国家;战后,由于外国的经济侵略,自给自足的自然经济开始逐渐解体,中国沦为资本主义世界的商品市场和原材料供应地。鸦片战争以前,中国社会的主要矛盾是地主阶级与农民阶级的矛盾;战后又增加了外国资本帝国主义与中华民族的矛盾,而且逐步发展为最主要的社会矛盾。从此,中国人民开始肩负起对外反对外国侵略者的民族革命和对内反对封建地主阶级的民主革命双重任务。由于这一系列深刻变化,鸦片战争便成为中国近代史和半殖民地半封建社会的开端。

为了扩大在中国的侵略性特权,英法联军发动了第二次鸦片战争。他们打到了北京西郊,火烧圆明园并大肆洗劫。《天津条约》《北京条约》的订立,使中国社会半殖民地程度进一步加深。令国人更为震惊的是,东邻小国日本居然打败了清王朝这个老大帝国,中国陆、海军都在甲午战争中惨败,亡国的危机日益逼近。1895 年 4 月,清政府与日本签订的《马关条约》使中国社会的半殖民地化程度空前加深。

甲午战争中国的惨败和随之而来的帝国主义瓜分中国的狂潮,促使人们反省、觉醒,开始用批判的眼光审时度势,寻找对策。戊戌变法运动应运而生,领导这次变法维新活动的是康有为、梁启超等。

1895 年 4 月,在中国人民反对签订卖国条约的巨大声浪中,康有为、梁启超等发动当时在京参加会试的 1300 多名举人联名上书清帝,痛陈对日割地赔款必然丧失民心和助长列强进一步侵略中国的野心,加深亡国危机,并提出拒和、迁都、变法的主张。这便是有名的"公车上书"。参与这次活动的在京四川籍举人,有张联芳、杨锐等 71 人。爱国知识分子的上书请愿,冲破了清政府关于士人不得干政的禁令,使酝酿多年的维

---

① 毛泽东:《中国革命和中国共产党》//《毛泽东选集》第二卷,北京:人民出版社 1991 年版,第 626 页。

新思潮在深重的民族危机刺激下发展为爱国救亡的政治运动。1895 年 8 月，四川的宋育仁参加了强学会。1898 年 2 月，在京的四川官员和举人数十人组织了蜀学会。4 月，四川有十余人列名保国会。

在民族危机的压迫和维新派的推动策划下，帝党以及倾向维新派的官僚，企图利用维新派的力量从西太后手中夺回实权，以达革新内政和抵御外侮的目的。帝党与维新派渐呈联合趋势，并促使变法运动高潮的到来。1898 年 6 月 11 日，光绪皇帝诏令"明定国是"，宣布变法，到 9 月 21 日变法失败，历时 103 天，史称"百日维新"。这一年是中国干支纪年的戊戌年，亦称戊戌变法。

9 月 21 日，西太后将光绪皇帝因于中南海的瀛台，宣布重新训政，下令搜捕康有为等维新派人士。康、梁被逼亡命海外；被捕的谭嗣同、杨锐、刘光第、林旭、康广仁、杨深秀未经审讯即被斩杀于北京菜市口，史称"戊戌六君子"。除京师大学堂以外的新政措施全部被取消，近代中国探索国家出路的又一次努力，宣告失败。

戊戌变法运动是近代中国第一次思想解放运动，它的失败反而激起很多知识分子和青年学生的关注。尤其是亡命海外的康有为、梁启超等人，仍以"帝师"身份积极从事政治活动，期盼远比慈禧太后年轻的光绪皇帝重登大宝，实现他们君主立宪的夙愿。在他们的周围，聚集了不少知识分子和青年学生，从而形成辛亥革命时期中国政坛上的海外立宪派。包括四川在内的全国许多省份的知识分子和青年学生，大多是受维新思想的影响而关心国事，从而认真研读新学以寻求救国之路，投身于政治活动的。

"戊戌六君子"中的杨锐、刘光第均是四川人。

杨锐（1857—1898 年），字叔峤，四川绵竹县人。1875 年入四川尊经书院肄业，先后考得知县，在京任内阁中书、内阁侍读等职。在北京参与维新团体"强学会""蜀学会"的创立，与康有为过从甚密。1898 年 9 月，曾受光绪皇帝召见，授四品卿衔，在军机章京上行走，参与戊戌维新活动。

刘光第（1861—1898 年），字德星，四川富顺县人。少年家贫，但聪慧好读，胸有大志。1883 年考中进士，授刑部候补主事。任京官十余年间，关心国事，曾于 1894 年单独上书言事，陈请变法。他积极参加维新团体"保国会""蜀学会"的活动，在各种场合提出自己的变法主张。同杨锐一样，1898 年 9 月，也曾受光绪皇帝召见，授四品卿衔，在军机章京上行走，参与戊戌维新活动。

在四川省内，维新活动也较有成效地开展起来。川内的维新派人士通过办报刊、开学会、办学堂，甚至上书言事等方式，使四川风气大开，维新思潮得以较为广泛地传播。来自四川富顺县的宋育仁，先后就读成都尊经书院，得中举人、进士，在北京任职，也曾任驻外公使馆参赞，见闻较广，关心国事。他写了《时务论》《采风录》等论著，鼓吹变法维新。省内外四川维新派人士的宣传组织活动，不仅为全国的维新活动增色添彩，也促使一代四川知识分子走出书斋，走出盆地，关心国家大事，心系民族兴亡，同时也对其后的四川政局和保路风潮的走向有较大影响。辛亥革命时期的四川留日学生人数能在各省名列前茅，以及五四时期四川留法勤工俭学学生人数高居各省之冠，也可以从这里找到部分答案。

1901 年 9 月 7 日，清政府被迫与英、德、法、俄、美、日、意、奥、西、比、荷 11 国订立了《辛丑条约》。《辛丑条约》是空前丧权辱国的不平等条约，是清政府对中国主权的大拍卖，它确立了列强与清政府之间的主子和奴才关系，标志着近代中国半殖民地半封建社会的基本形成。

流亡在西安的慈禧太后在"议和"期间忐忑不安，因为她曾经利用过义和团。当她得知列强未将她作为"祸首"予以惩办，反而还继续承认以她为首的清朝政府时，不禁感谢涕零："今兹议约，不侵我主权，不割我土地，念列邦之见谅，疾愚暴之无知。事后追思，惭愤交集。"于是，她不仅批准条约的签订，还进而表示要"量中华之物力，结与国之欢心"①。《辛丑条约》的订立和慈禧太后这番话，将列强同清王朝之间主子和奴才的关系确定了下来。

《辛丑条约》订立后，清王朝再也不敢违背洋主子的意愿，它履行着"量中华之物力，结与国之欢心"的诺言，而列强趁机加紧对中国的经济侵略，干着"不劳兵而有人国"的勾当。早在 1904 年，四川留日学生就认为："今日列强之灭国新法，实行于中国各省。"灭国新法意味着什么呢？与中国历史上多次出现的改朝换代不同，不是毁灭你的宗庙和宫殿，也不废置原有的帝王将相，而是掌握操纵你的政府和财政之权，剥夺人民生计，剥肤吸血，使你形容枯槁之后，你的国家就不成其为国家了。

---

① 中国史学会主编：《中国近代史资料丛刊·义和团》第四册，上海：上海人民出版社、上海书店出版社 2000 年版，第 88-89 页。

1911年四川成都的《西顾报》也指出:"近世列强之灭国新法,不外乎国债、援助独立、煽构战争等种种手段。而其最平易、最深沉、最稳当、最敏捷、最惨毒之法,则莫甚于铁路。故铁道者,兴国之捷径,亦灭国之利刃也。"①

通过投资开矿办厂、开设银行以控制中国的经济命脉,也是这一时期列强"不劳兵而有人国"的手段。据不完全统计,1895—1913年,外国在华设厂136家,资本总额为10315.3万元,其中1900—1911年间就设立了100家。以煤矿业为例,1904年后的二三年时间里,英、法、美、比、俄、意等国依仗不平等条约和清政府颁布的《矿务章程》,因势利便地攫取了中国十多个省份的矿产,包括云南、四川、贵州、安徽、吉林、广东、浙江、内蒙古、广西、热河、奉天、直隶等地的金矿、煤矿、银矿、铁矿、铅矿。至1913年,中国的煤矿总产量约为1288万吨,其中列强控制的煤矿生产量约为713万吨,约占总数的55.4%。就机械采矿而言,列强的垄断更加突出。在760余万吨的机械采煤总量中,帝国主义直接经营和控制的开滦、福公司、抚顺、本溪、山东德华、井径、临城七大煤矿的产量便超过600万吨。在轮船航运业,进出中国各通商口岸的吨位数,中国占11.6%~16.7%。而外国轮船则占83.3%~88.1%。列强在中国的银行业更是急剧膨胀,到1911年便有14家,形成了控制中国各通商口岸货币市场的银行网。这些银行经营对华贷款、发行货币、操纵汇兑、投资办厂,是控制中国金融业乃至经济命脉的罪魁祸首。当时中国市场上流通的货币总量为25亿元,其中外国银元有11亿元,外国纸币3亿多元,共占流通货币总量的55.7%。其他如生铁、卷烟、机器纺织、电力等行业的生产,也基本上由列强控制与垄断。②

各帝国主义国家在中国的企业大多对中国人民实行了敲骨吸髓式的剥削压榨,获取高额利润。从1895年至1913年,47家主要外国在华企业的平均账面利润达14.14%,个别企业甚至高达30%~40%。而在同一时期,资本主义国家在其本国的工业利润率却很少超过10%。③

陈天华在《猛回头》中写道:"列位!你道于今灭国。仍是从前一样

---

① 戴执礼编:《四川保路运动史料汇纂》上册,台北:"中央研究院"近代史研究所史料丛刊第23种,1994年版,第161页,第297页。
② 中国史学会主编:《辛亥革命》第二册,第156页。
③ 前述关于列强在华经济势力的论述,部分采自先师林增平教授著:《中国近代史》下册,长沙:湖南人民出版社1979年版。

吗？从前灭国，不过是把那国的帝王换了座位，于民间仍是无损。于今就大大的不同了，灭国的名词叫作民族帝国主义。"这民族帝国主义就是专门对他国实行灭国灭种，其手段是："先假通商，把你国的财源如海关等一手揽住，这国的人渐渐穷了，自然不能娶妻生子，其种自然是要灭""或先将利债借与你国，子息积多，其国永远不能还清"，"或修铁路于你国中，全国死命皆制在他手""或将你国的矿产尽行霸占，本国的人反而没有份"。20世纪初的中国社会，已经类似于陈天华所述的情况了。

从上述不难看出，外国列强"不劳兵而有人国"的目的基本已经达到。以慈禧太后为首的清朝封建政权暂时被"保全"了，而中国国家主权依然在不断地丧失，中国人民被套上一根又一根沉重的锁链，中华民族仍然在痛苦中呻吟，中华民族与外国帝国主义的矛盾也因此不断激化。随着巨额庚子赔款的分摊以及清末新政的推行，旧税加上名目繁多的新捐，中国广大的人民群众负担更重了，再也不能照旧生活下去了，抗税抗捐斗争此起彼伏，革命风潮日益劲起。清政府为保全自身而不惜"量中华之物力，结与国之欢心"的面目，越来越明显地为广大人民群众所看清。中国广大人民群众与本国封建主义的矛盾日益加深。当上层统治阶级不能照旧统治下去，下层群众不能照旧生活下去的时候，革命就必然会发生。而近代中国社会两大基本矛盾的不断加剧，则预示着革命的时机也成熟了。1911年的四川保路风潮就是在这样的社会历史条件下发生发展，最终成为辛亥革命的导火线的。

四川僻处中国西南地区，对外陆路交通十分不便，正如李白所描述的"蜀道难，难于上青天"。在传统的农业社会时期，其农耕文明较为发达，自古就有"天府之国"的美誉。尤其在成都平原，千年都江堰提供了基本可以旱涝保收的保障，自给自足的自然经济较为稳固。四川的地形地貌呈多样性，平原、丘陵、高山、峡谷分布省内，嘉陵江、岷江、长江等大小河流流经省内大多数地区，境内物产丰饶，煤矿、水利资源丰富。四川西邻西藏，南连云南、贵州，东接湖北、湖南，是中国西南地区的腹地，具有重要的战略地位。因为物产、资源、地理位置等缘故，四川早就成为西方列强窥视的地区。鸦片战争前后，一些外国传教士就深入四川的城镇乡村，也收集了不少有关四川各个方面的情况。他们中的一些人，自觉或不自觉地充当了列强势力侵入四川的帮凶。

一般认为，四川受到外国侵略以及本省内资本主义的兴起，较之东南沿海地区和通商口岸设立较早的地区，时间大约要晚 20 年，主要由于远离东南沿海地区和鸦片战争后早期的通商口岸，受到欧风美雨的影响要明显晚些。美国人马士在其所著的《中华帝国对外关系史》一书中，将鸦片战争前的中国看作为平静的池塘，将五口通商视为列强扔下的五个石头，激起巨大的阵阵波澜，而中国的其他地区必受影响，如同波澜扩散，涟漪不断。四川正是最初受涟漪的波及，后又遭受波澜的冲击。

19 世纪 60 年代以后，英国、法国等国的冒险家便多次派员，经由陆路、水路，由西藏、云南、陕西、湖北等省，从川东、川北、川南进入四川的多个州县。这些冒险家明目张胆地在四川搜集政治、经济情报，详细了解物产、物价、风土人情、水文、地质、地形、地貌、矿产等多方面的信息，为日后的渗入做了大量的准备工作。

1876 年订立的《中英烟台条约》对列强侵入四川而言，是一个较大的进展。该条约规定，英国可以在四川重庆派"驻寓官"，以便"查看川省商情"。其后，英国在重庆的"驻寓官"和其他英国人，就在四川的城镇居民乡村游走，绘制地图，进一步详尽了解有关四川的诸多情报，甚至图谋与四川相接的西藏地区。主要经由湖北武汉、宜昌进入四川的外国商品，有了逐年增加的趋势。至 1881 年，进入四川的外国商品货物价值达 400 万两以上，重庆成为仅次于上海、天津、汉口的洋货销售中心。

1890 年 3 月，中、英两国又订立《烟台条约续增专条》，规定将重庆作为通商口岸，英商可以从湖北宜昌至重庆之间任意往来运输货物。在此基础上，重庆只有按照惯例设立海关。1891 年 3 月，重庆海关正式运转，重庆也成为四川的第一开埠城市。此后，在上海—武汉—宜昌—重庆之间，形成了一条洋货入川及土货出川的运销路线。重庆主要因其水运的天然条件，首当其冲，成为先是英国后是列强侵入四川的中转站和据点。棉布、棉纱等洋货开始在四川的许多州县行销，四川省内的自给自足的自然经济处于不断解体之中。

1895 年 4 月，中、日两国订立了《马关条约》，规定重庆向日本开放，日本轮船可自由在重庆等地上下货物、租用货栈。尤其是关于可以在中国的通商口岸设厂制造的条款，使列强在对华商品输出的同时，进行对华资本输出。甲午战争前后，英国、法国、美国、日本先后在重庆设立领事馆、派驻领事，进一步加强它们在四川的各种活动。

《辛丑条约》订立以后，列强在四川的经济势力不断扩大。

从 1896 年起，日本即向清政府提出要在重庆设立日本租界。1901 年9 月，日本经过多次威胁强求，与四川地方当局订立了《重庆日本商民专界条约书》，取得在重庆朝天门外南岸王家沱建立租界的侵略性特权。日本这个后起的帝国主义国家对中国的步步进逼和贪婪凶残，从《马关条约》的订立到重庆日本租界的设立，暴露无遗。众所周知，租界是外国列强在中国的殖民地，是国中之国。日本租界的设立，标志着帝国主义在四川的势力进一步扩大，有利于其对中国内陆腹地省份的政治控制。

因为陆路交通不便，水运就成为四川进出口货物的重要通道。尤其是重庆地处长江上游，有较好的港口，可以成为四川进出口商品的集散地。与湖北的水运畅通之后，就可以与上海等大中城市建立商业等方面的联系，编织起四川甚至中国西南地区的运销网。因此，长江航运权的取得，是英国等国长期在四川的重要目标，英商立得乐为此多次在四川进行纷扰活动。甲午战争后，立得乐在长江试航成功。其后，英国、法国、德国、美国等国的轮船、兵舰，纷纷上溯长江到达重庆，或运销货物，或显示兵威。英国、德国、日本、法国的商人，或组建轮船公司，或在重庆设立货栈，或雇佣木船，自由地往来于重庆与湖北宜昌、武汉，运来西方的货物，运走四川等地原材料和土特产。据《重庆开埠史稿》所述，1909 年曾一次性地有 10 艘外国轮船、兵舰在重庆的江面停泊。

依仗不平等条约的庇护以及川江轮船通航成功的有利条件，列强在四川设立的公司、洋行明显地增多。据不完全统计，19 世纪末列强在四川开设的商业性机构有 11 家，而 19 世纪初就增加至 57 家。英国、德国、法国、日本等国纷纷在四川开设了货运、烟草、保险、酒店、药房、火柴等公司或洋行。一些较大的公司，如英国的太古洋行、英美烟草公司、美国的卜内门洋碱公司、日本的大阪洋行，也纷纷在四川落足。这些商业性机构有的经营进出口业务，从上海、湖北武汉等地运进外国商品，在四川收购工业原材料和土特产。还有一些外国公司则直接在四川开办工厂，利用四川的廉价原材料和劳动力从事生产，掠夺四川人民。此外，一些四川商人经营的企业，在与外商的不平等竞争中，陷入亏损或倒闭的境地。四川是生猪饲养大省，作为工业原材料的猪鬃产量较高，是外国商人和四川商人竞争的行业之一。外国商人利用垄断轮船航运的有利条件以及资金充裕的优势，对从事猪鬃收购、加工、运销的四川商家，以压低收购价、抬高运费和出售价格等手段，甚至动用外国驻渝领事出面，伙同四川地方官员对本地商家施加政治压力，迫使四川商人就范或歇业倒闭。如 1909 年重庆同兴裕土货行在法商利源洋行的排挤下倒闭。重庆猪鬃收购商李春林在英商立德洋行的打压下本息全部赔光。通过种种明抢暗夺手段，四川的猪鬃出口量在 1900 年就达到了 9264 担，价值近 16 万海关两。

在举国瞩目的矿产开发方面，列强也是步步紧逼，挖空心思掠夺四川的矿产资源。早在 19 世纪末，英、法等国便接踵派员深入四川各地探查矿藏，绘制地图，继而软硬兼施，按图索要，计取强求，先后取得在四川全省开采金、煤、铁、石油等矿产的权利。1904 年，法国商人取得巫山、云阳、开县、万县等地的煤铁开采权，英国商人取得乐山等 8 州县煤、铁、石油开采权。1905 年，英商立得乐的"华英合办煤铁矿务有限公司"强占重庆江北厅数处 50 年的矿产开发权，以及运煤短程铁路修筑权。在修筑铁路时，又任意越界侵蚀田地，也不尊重民间看重陵墓的习俗。只是因为四川绅民的竭力反对，并坚持数年之久，最终以高价收回江北厅矿产。

重庆成为通商口岸及长江轮船通航之后，洋货便不断涌入四川并行销到城镇乡村，自给自足的自然经济也随之解体。通过重庆海关输入四川的洋货日渐增加，商品种类也随之扩大。1892 年，输入的洋货总值为 85.2 万余海关两，1900 年为 129 万余海关两，1911 年达到 190 万海关两。除洋纱、洋布外，煤油、香烟、洋钉、西药、呢绒、缝衣针等，源源不断地涌入四川。以煤油为例，1896 年的输入量为 28000 加仑，1911 年增至 857 万加仑，16 年间猛增加了 31.2 倍。[①]

马克思在谈到中国社会原有经济结构瓦解时指出，价格是摧毁中国长城的重炮。在洋货的冲击下，四川社会自给自足的自然经济不断地分解，以男耕女织、一家一户为一个生产单位为主要特征的家庭手工业首当其冲。洋纱的输入渐渐地使纺与织发生分离，随后洋布的倾销则促使耕与织的分离。换言之，价廉物美的外国纺织品，使小农业与家庭小手工业相结合的传统社会经济结构逐渐被侵蚀，农村家庭与外国商品不得不发生联系，纺与织的必要性在减小，在家庭与社会中的重要地位日益丧失。此外，传统的棉纺织业作坊在外国商品的挤压下，也渐渐失去生存空间。其后，失业的手工业工人增加，广大民众的生计在外殖民势力

---

① 以上参见前引隗瀛涛著：《四川近代史稿》，成都：四川人民出版社 1990 年版。

和封建制度的盘剥下日益艰难。

据朱德元帅回忆:"就是四川的小村庄,那时都充斥美、英、日的棉织品,此外,甚至绸缎、绒布、食糖、洋伞、厨房用具都运来了,就连洋钉也把中国钉子压得站不住脚;进口货煤油,比自己家的菜油还便宜。中国农村的手工业原是农村经济的重要部分,弄得没神没气。每到冬天就到我家来织布的那位老大爷也不来了,而且没有新人代替。大家到场上买英国布还便宜。日子越过越穷,只有在衣不蔽体时才买几尺布。"[1]朱德元帅是四川仪陇县马鞍乡人,他的家乡较为偏僻,交通不便,洋货也如此充斥。其余州县的情况,可想而知。朱德元帅的回忆,不仅真实地再现了当时仪陇乡村的境况,也再现了当时四川社会洋货的冲击和自给自足的自然经济分解的状况。

二、清末新政及其在四川的施行

1901 年 1 月,《辛丑条约》还未正式订立,远在西安的慈禧太后就以光绪皇帝的名义发布了决心实行"新政"的上谕。曾经对戊戌变法运动痛下杀手的清王朝的实际掌控人为何要推行新政?而且从事后的进程来看,清末十年的新政举措,涉及政治、经济、文化等诸多方面,其广度和力度远远超过"百日维新"期间光绪皇帝所颁布的新政诏令。实际上,慈禧太后本人对西学和所要实行的新政知之甚少,她的主要目的在于缓解正在兴起的革命风潮和改变自身及清朝政府顽固守旧的形象,期盼受到八国联军重创的清王朝能够万世永存。于是,在部分重臣的多次请求下,新政的帷幕渐次拉开。从辛亥革命发生的必然性角度来看,封建统治阶级再也不能照旧统治下去了。

1901 年 4 月,清政府设立督办政务处,作为总理新政的专门机构。

清末新政的第一阶段,重点在官制改革、兴学堂、派游学、练兵。

督办政务处的成立,实即清末新政中央官制改革的开始。1901 年 7

---

[1] [美]艾格妮丝·史沫特莱:《伟大的道路》,北京:东方出版社 2005 年版,第 62-63 页。

月，外务部取代总理各国事务衙门专门办理外交事务，并按《辛丑条约》的有关条款，班列六部（吏部、户部、礼部、兵部、刑部、工部）之前。1903年9月，商部成立，管理商业、贸易、工业、农业等经济事务。10月，成立练兵处，总管全国练兵事务。1905年10月，设立巡警部，总管全国警政。1906年，将户部与成立不久的财政处合并为度支部，总管全国财政。同年12月，成立学部，总管全国教育事务。至此，中央官制改革大体结束。关于地方官制改革，裁撤了总督、巡抚同城的云南、广东、湖北三省巡抚以及专管某些事务的衙门，将一些衙门的管理权限和范围做了相应的调整。

1904年1月，《奏定学堂章程》颁行。这个章程所确立的以日本学制为基础的癸卯（按：1904年为农历癸卯年）学制，对各级各类学堂的办学宗旨、招生、课程设置、考试、学习年限、教师的任用、学堂管理等作了较为系统的规定。与兴办新式学堂有关联的科举制度，在一片反对声中，于1905年举行了最后一次科举考试。从1906年起，在中国实行了一千余年的科举制度寿终正寝。

1906年初学部成立后，在各省设立专管学务的提学使司及提学使、厘定官制、广为兴办各级各类学堂、规范办学章程、推广教育研究、推动教材编写、提倡新式教育等，并做了不少有益的事情。

据统计，1902年，全国新式学堂在校学生6912名；1903年有新式学堂769所，在校学生1428名；1904年有新式学堂4476所，在校学生99475名；1905年有新式学堂8277所，在校学生228873名。废除科举制度后，新式学堂及在校学生数量更呈上升之势。1906年新式学堂有23862所，在校学生545338名；1907年有新式学堂37888所，在校学生1024988名；1908年有新式学堂47995所，在校学生1300739名；1909年有新式学堂59117所，在校学生1639641名；1910年有新式学堂42696所，在校学生1284965名；1911年有新式学堂52500所。

此外，还有数量保持在4000到8000人的留日学生、650余人留美学生、500余人留欧学生。

新式教育领先于全国的直隶，1906年有北洋大学堂等大学堂、师范学堂、实业学堂21所，初级师范学堂及传习所89所，中学堂27所，高等校学堂182所，初等小学堂4162所，女学堂40所，吏胥学堂18所，在校学生总数不下十万人。

清末最后几年，兴办新式学堂的成效是较为显著的。各省一般均在省城设高等学堂，府、厅（按：相当于现今的地区一级）设中学堂，各州、县设小学堂。1904 年，仅湖南长沙一地，即有各级各类学堂 34 所，其中一所女学堂便有学生 184 人。在江苏省，这一年的新式学堂数为 99 所。1909 年，全国有各级各类学堂 58896 所，学生人数达 1626720 人。

在国内新式学堂不断设立的同时，向国外派遣留学生的数量也在明显增加。由于新兴的邻国日本迅速强大，兼之同文同种和留学费用相对较少等原因，很多省份都派出了公费留日学生。与此同时，自费前往日本留学的中国青年也为数不少。留日学生最多的时候，达 6000 余人。因各省新式学堂师资的不足以及兴办各种实业的需要，还有少数青年被派往美国、英国、比利时、德国等国深造。

新式学堂在中国的大量开办，学生人数和留学生数量的迅速增长，以及随之而来的新学和新思想的广泛传播，客观上形成了数量较为庞大的新式知识分子群。这个新式知识分子群所了解的西学知识较多，容易接受新思想，所受的封建思想的束缚也相对较少，爱国热情较高，较为关心国事、家乡事，实际上为清朝末年和民国初年的中国近代化进程准备了人才条件，为中国政治舞台上的革命派、立宪派提供了骨干力量和社会基础，也为辛亥革命的酝酿提供了较好的群众基础。就某种意义而言，清王朝所推行的新政实际上是在自掘坟墓，造就了一批自身的掘墓人。所有这些，都是与清朝统治者开办新式学堂的初衷大相径庭的，也是清朝统治阶级所不愿看到的。

练兵，即编练新军，是清末新政的一项重要内容。新军始自 1895 年后袁世凯所编练和控制的北洋新建陆军及张之洞编练的南洋自强军。当时，这两支新军规模不大，但较有成效。其士兵入伍条件、装备、训练、营制、薪饷等，均与清政府原有的绿营军、巡防军有了明显的不同。1904 年 9 月，练兵处主要依据袁世凯所控制的北洋新建陆军的标准，颁布了全国统一的营制饷章。其后，各省大多按照军、镇（师）、协（旅）、标（团）、营、队（连）、排、棚（班）系列组建常备军。一镇之中，还有步队、马队、炮队、工程队、辎重队等 5 个兵种。每镇官兵、夫役人数共12000 余人。

清政府计划在全国编成 36 镇，并于 1907 年将应编新军镇数名额分至各省，同时还设定了编成新军的年限。至清朝灭亡为止，共编成新军

26 镇，约 30 万人。清朝所编练的新军，虽然在装备、训练、官兵素质等方面与欧美国家的军队尚有较大差距，但基本上还算是一支正规的近代国家常备军。

在编练新军的过程中，各类军事学堂也有较大的增加。1904 年以后，不少省份均开办了陆军小学堂、陆军中学堂，陆军武备学堂。与此同时，一些省份为编练新军的需要，所派出的留学生中就有专门学习军事的。这些国内外军事学堂的毕业生，大多担任新军的中下级军官或在军事学堂任教。

新军的编练和新式军事学堂的设立，是清朝军队走向近代化的重要步骤。但是，也与新式学堂的大量开办类似，在增强封建统治力量的同时，也造就了自身的不稳定因素甚至反对力量。学习军事的留日学生及国内的军事学堂的学生中有不少的同盟会会员，他们在新军中也发展了一定数量的同盟会会员，掌握了部分新军。而在孙中山和其他革命者所领导的数次武装起义中，新军官兵更是重要的参与者。

清末新政的第二阶段或曰第二个重要内容是预备立宪，即宣称采取渐进措施以实行君主立宪制度。在中国实行君主立宪制度，在戊戌变法运动时期尤其在运动失败之后数年间，呼声日益高涨。流亡海外的康有为、梁启超自不待说，他们不遗余力在海外华侨和留学生中奔走呼号，在海外形成了颇有影响的立宪团体政闻社。1904 年至 1905 年日本在日俄战争中的胜利，使中国人似乎再次看到日本式的君主立宪制度的优越性。这不仅使当时不少知识分子和青年学生在震惊之余，进一步了坚定向日本学习、走日本明治维新道路的兴趣和决心，连清朝政府内部的部分中高级官员、驻外使节也要求仿行日本，在政治体制上进行改革，实行君主立宪制度。而革命风潮的盛行，也使清朝的决策者们感到立宪可能成为抵制革命、应对国内外压力的良药。因此，清王朝的预备立宪从其开始，便基本上是作为一种非常手段而不是终极目的予以施行的。同时，"预备"这种表述，便说明在时间上、内容上并无规定，可以由统治阶级中的决策者视国内外局势的具体情况而定。

清末新政预备立宪的第一个重要举措是派出"五大臣出洋"考察宪政。1905 年 7 月，镇国公载泽、户部侍郎戴鸿慈、兵部侍郎徐世昌、湖南巡抚端方、商部右丞绍英等 5 人，奉派准备出国。9 月 24 日，在北京正阳门车站，革命党人吴樾为反对清王朝的立宪，炸伤载泽、绍英，自己也被炸身亡。11 月，清廷设政治考察馆，作为专门的筹备宪政的机构。年底，载泽、戴鸿慈、山东巡抚尚其亨、出使比国大臣李盛铎和端方分两路成行，他们先后到日本、美国、英国、法国、德国、奥地利、俄国、意大利等国考察。回国时，这些官员带回了不少关于西方宪政制度的书籍资料，其后又编写了一些有关宪政的书籍。少数公开出版的介绍宪政的书籍引起了社会关注。

西太后多次召见这些出使回国的大臣，载泽、戴鸿慈和端方三人也数次上奏，请求朝廷以日本为榜样，实行君主立宪制度。特别是端方于 1906 年 8 月在《奏请宣布立宪折》中列出了立宪的三大利，即"皇位永固""外患渐轻""内乱可弭"，打动了决策者。而该折中"今日宣布立宪，不过明示宗旨，为立宪之预备，至于实行之期，原可宽立年限"等语，又使统治者感觉到可以慢慢来，先应付各方压力再说。于是，在少数高官重臣的推动下，在立行立宪与缓行立宪的争论中，清廷终于选择了后者，决定"预备立宪"。

1906 年 9 月 1 日，清王朝宣布了预备立宪的上谕，内称："时处今日，惟有详析甄核，仿行宪政，大权统于朝廷，庶政公诸舆论，以立国家万年有道之基。"由于"民智未开"、制度不健全等原因，又不能贸然立即施行宪政，因此"必从官制入手"，整顿和兴办财政、法律、教育、武备、巡警等为"预备立宪基础"。从上述可以看出，清廷宣布的是，先立预备立宪的基础，而且没有时间的限制。不过，可以肯定的是，清王朝多多少少有了改弦更张的打算，朝廷上下似乎也有了一些新气象。

中国的资产阶级革命派一贯认为，清政府的立宪是假立宪，是应对革命的手段。对立宪派人而言，这些使他们既看到了一线希望，又不满意清廷的拖拉。即使在统治阶级内部，也不乏反对者。清廷的预备立宪的总体思路，实际上主要着眼于"皇位永固""内乱可弭"两个方面，对于立宪派要求尽快、真正、彻底立宪的呼声，并未认真关注。因而清政府后来的预备立宪举措，在一定程度上导致立宪派人对清政府的不满、愤懑甚至离心离德。

预备立宪的第一个重要举措是官制改革，包括中央和地方官制，由新设的官制编制馆主持。11 月，新的中央官制尘埃落定，仍设内阁和军机处，设立外务部、吏部、民政部、度支部、礼部、学部、陆军部、法部、农工商部、邮传部、理藩部、都察院、大理院等十三部。在这些部门中，满族贵族执掌实权，占据了重要职位。在地方官制改革中，打算增设各级审判部门以为独立的专门司法机构，增设若干职位以为着手进行地方自治的官员。此外，将省一级的按察司改为提法司，增设巡警道、劝业道等。这些举措，有促进地方司法、警政、农工商事务发展的作用，但还不是真正政治意义上的制度改革。同时，在官制改革过程中，各派政治势力之间的权力争斗有所激化，中央政权与地方督抚之间的裂痕有所加大，也在一定程度上使执掌实权的满族贵族有所孤立。从武昌首义前后官员的心态和动向来看，保官的、保命的、捞钱的，甚至脚踏两只船，实则不为大清王朝出死力的，为数不少。

预备立宪的第二个重要举措是《钦定宪法大纲》的出台。1907 年 8 月，设立宪政编查馆，作为总管筹备宪政的机构。其后，又派出大臣赴英、日、德三国考察宪政，即考察这三个国家的君主立宪制度。出国的官员带回了一些介绍政治制度的书籍，也编写了一些有关宪政的读物。1908 年 8 月，仿照日本的《钦定宪法大纲》出台。这个《钦定宪法大纲》共二十三条，其中关于"君上大权"的有十四条，涉及"臣民权利义务"的有九条。按照这个大纲，皇帝被赋予了无限的权力，拥有颁行法令、召开和解散议会、任免官员而议院不得干涉、统率全国军队等权力。显然，《钦定宪法大纲》以实行宪政为由，着眼于君权，着眼于清王朝的万世一系，披着近代宪政的外衣进一步加强封建专制制度。

在这个大纲的附件中，还宣布了预备立宪的"预备"期限为九年，即从 1908 年到 1916 年。这个期限，进一步显示了清王朝应对真立宪所实施的拖延战术思路，引起了海内立宪派人的极大不满。《钦定宪法大纲》公布三个月后，光绪皇帝和西太后先后死去。因光绪无子，由醇亲王载沣之子溥仪入继为皇帝，是为宣统皇帝。溥仪时年三岁，即由载沣监国摄政，人称摄政王。载沣监国，意味着满族贵族的权力再次增强，使朝廷中的满汉矛盾明显加剧，给辛亥革命时期的政局又增添了若干变数。

清廷宣布预备立宪之时，革命派表示坚决反对，而立宪派则一度抱有希望。梁启超等海外立宪派，于 1907 年在日本成立政闻社，但他们不能在国内公开活动。在国内，则由江浙地区的立宪派人张謇、汤寿潜等人于 1906 年成立"预备立宪公会"。该会在 1908 年夏发动了第一次国会请愿运动，参与此次请愿的还有来自湖北、湖南、安徽、河南、广东、山东、山西、贵州、直隶、四川等省的立宪派人士。他们齐聚北京，向都察院递交请愿书，要求迅速召开国会，但未有结果。1909 年，各省咨议局纷纷成立，立宪派在国内的声势和力量有了明显的增强。1910 年 1 月，在江苏咨议局议长张謇的鼓动组织下，由各省咨议局代表三人组成的"国会请愿同志会"在北京请愿，要求"速开国会，组织责任内阁"，被清政府拒绝。6 月，该会组织的第二次国会请愿，再次被清廷拒绝。

1910 年 9 月，由"钦选议员"和"民选议员"各 100 人组成的资政院成立，再次为立宪派人扩大了声势和力量，也增加了合法活动的场所。一些立宪派政党，如"宪友会""宪政实进会""辛亥俱乐部"等，先后成立。由于资政院的成立，各省咨议局代表又举行了第三次国会请愿。此次请愿终于迫使清廷下诏：将预备立宪的时间由 9 年缩短为 5 年；定于宣统五年即 1913 年召开国会，国会未开之前先设立内阁。清廷的让步并未使所有的立宪派人满意，部分立宪派人坚持要求速开国会。这些请愿代表有的被押送回原籍，而直隶议员温世霖则被发往新疆充军。清廷的高压再次引起立宪派人士的不满，离心离德的倾向又有所加大。

1911 年 5 月 8 日，清政府任命了 13 个国务大臣，组成了责任内阁。在这 13 个国务大臣中，满族 9 人（其中皇族 7 人），汉族 4 人，因此，这个责任内阁在当时就被称为"皇族内阁"。皇族内阁的成立，是清政府再次集权于满族贵族的重大举措，是对立宪政治的否定，使立宪派人对清廷的期盼进一步落空，迫使部分立宪派人开始考虑应变措施。其后，"皇族内阁"所下达的政令，尤其是"铁道干线收归国有"的政策，遭到了全国人民的强烈反对，也为革命派、立宪派所一致声讨和批驳。大清王朝这个本已枯朽的大厦，终于在一片怒斥声中，轰然倒下。

如同全国其他省份一样，四川省（含现重庆市）按照清政府的有关规定，也在逐步推行新政。清末新政期间，先后实际担任了四川总督或代理四川总督的有奎俊、岑春煊、锡良、赵尔丰、赵尔巽、王人文。

早在 19 世纪末，四川省即爆发了有相当规模的由余栋臣领导的二次反洋教斗争，后被镇压。1900 年北方义和团运动兴起后，四川又有小规模的反洋教斗争。1902 年四川再次爆发了较大规模的反洋教斗争，四川总督奎俊将主要精力放在镇压此起彼伏的群众起义事务上，还来不及推行新政，因此四川新政的推行相比其他不少省份要晚一些。不过，奎俊为了上缴清朝中央政府摊派给四川每年的庚子赔款 220 万两，设立了按粮（即田赋，类似农业税）分摊的"新捐输"，以及其他一些杂税。因此，清末四川的新政主要是其后的几个总督负责实施的。

四川的新政最早推行的是新式警政。在省会成都，先后开办了警务学堂，设立警务局，1907年设立四川通省巡警道。新式警政的施行，培训出一批新式警察，用以负责维持地方治安、清洁卫生，管理妓院和戏院，开办乞丐工厂和罪犯习艺所以收容乞丐及罪犯。此外，还设立了消防队，以应对突发火灾。新式警政的推行，是四川警政近代化历程上的一次革新，在一定程度上有益于城市的公共管理。但因额外征收经费及警察的专横等，其"卫民防患"的职能并不为一般群众所肯定，其强化封建的国家机器的功能也被后来的事实证明是不成功的。

编练新军一镇是清朝中央政府下达四川省的指令性任务。四川原有军队主要是绿营80营，兵丁33000余人，分属总督、成都将军、四川提督及四个镇的总兵统领。岑春煊任四川总督时，曾编练新军四营，但他赴任署理两广总督即将这支新军带走。锡良任四川总督后，着力整顿旧军、编练新军。至1910年，四川编成不足额的新军第十七镇，下辖步队两协，另有炮队三营，马兵、工兵、辎重各四队，总计官兵8000余人。此外，四川还先后开办了数所新式军事学堂。1903年，设立四川武备学堂。

四川兴办新式学堂的成效则是比较好的。1902年，开办省城高等学堂，由翰林院编修胡峻任总理，另有中等学堂一所。1904年，省城高等学堂招收的第一批学生达500人。据陈澍涛教授主编的《四川近代史稿》统计，1903年兴办师范学堂、高等小学、两等小学、初等小学、中学28所，学生人数为1550人。1904年，四川有各类学堂150所，在校学生人数为6308人。1905年有学堂6301所，在校学生人数73219人。1906年，学堂数为4897所，在校学生人数145876人。1907年学堂数为7755所，在校学生人数242782人。1908年，学堂数为8700余所，在校学生人数277000余人。1909年，学堂数为8762所，在校学生人数268382人。1910年，学堂数为11387所，在校学生人数411738人。1911年，学堂数为11085所，在校学生人数320340人。新式学堂的门类，除一般的小学、中学、师范学堂外，还有军事、蚕桑、铁路、矿务、法政、商业、医学等专门学堂，也有专为女生开办的女学堂。据《教育杂志》1906年以《四川学界发达》为题载，川督锡良"自到蜀以来，即行督催各属，认真兴学，立定年限，一律开办。现在已经开学者，除省城高等学堂外，各府厅州已设者，如成都府师范，泸州川南师范各一堂，师范传习所一百一十堂，中学八堂，高等小学一百五十二堂，初等小学堂四千零一十七堂，两等小学三十八堂，半日小学三十四堂。或由公立，或由私立。其办而未成者，或未经报告者，均不在此数内"。

新式学堂的开办，与派游学即公派出国留学生有较大关系。1903 年，四川派出 20 人赴日本学习师范。1904 年，又派出 160 余人赴日本学习师范。1905 年，派出若干学生出国学习各种专业。这些较早出国学习的留学生以及通过其他途径出国学习的留学生，回国后大多成为各级各类学堂的教员。至 1911 年，四川省内各类学堂的男女教员人数有 15291 人。

仅从人数上看，四川新式学堂的在校教员、学生人数在 1910 年就达到 40 余万人。如果再加上已经毕业的学生人数和未在新式学堂任教的留学归国学生人数，则四川省受过新式教育的人数估计在 50 万人以上。这些受过新式教育的青年学生和知识分子，是近代四川的新式知识分子群。这个庞大的新式知识分子群体，不仅为数众多，有专门知识功底，而且社会地位较高，政治参与欲望较强，爱国热情高，分布的地区广。其中的大多数人，在清末四川新政的实施过程中逐渐崭露头角，不少人又在政治、经济、教育、文化等领域成为领军人物或骨干力量，在相当程度上影响了四川的近代化进程。仅就对四川保路风潮和辛亥革命的直接影响而言，他们中的很多人在几年的时间内就成为四川资产阶级革命派和立宪派的骨干力量，其中的佼佼者则成为领导核心。

遵照清朝中央政府关于预备立宪的安排，四川省于 1908 年初成立了宪政筹备处。依据《各省咨议局并议员选举章程》，四川于 1909 年选出咨议局正式议员 105 人。能够参与选举的，须为本省的官员、士绅、有科举功名的，或新式学堂中学以上的毕业生以及拥有 5000 元以上资产的。照此规定，四川全省有选举资格的人数仅为 19 万余人，大约每 1000 人只有 3 人享有选举权。能够当选为议员的，除上述条件外，还必须年满 30 岁。10 月，四川省咨议局在成都正式成立，四川总督赵尔巽即赵尔丰之兄出席成立会并致辞。来自广安的归国留日学生蒲殿俊当选为议长，来自涪陵的归国留日学生肖湘与来自西充的罗纶当选为副议长。1910 年，6 名四川咨议局议员入选资政院。

1908 年，四川省按照《城乡地方自治章程》成立了四川全省地方自治局，统一安排各地自治事宜。至 1911 年 3 月，四川全省共成立城会 110 处、镇会 130 处、乡会 67 处，共 307 处。这些成立了地方自治会的城、镇、乡一般均设立了自治公所与议事会，以地方士绅为乡董即负责人或参与人。按照乡会 20 人、城镇会 40 人的规模，这些参与地方议事会的主持人或骨干人员，总人数在 10000 人左右。

从四川省咨议局议员的选举人与被选举人的资格以及地方自治会人员的组成来看，士绅、有科举功名的人、受过新式教育的人以及有相当财产的人，实即在当时有一定社会地位的人，占据了绝大多数，而他们中的很多人又因交纳各种铁路股款而与筹建中的川汉铁路有经济上的联系。同时，也因清末新政在四川的实施与清朝末年的四川政局有了关联，更因他们大多并不同情或不参与反清革命，在实际上成为四川立宪派形成的重要因素。

必须强调指出的是，赵尔丰、赵尔巽兄弟在 20 世纪初分别主持了两次四川地方政府召集的重要会议，即川汉铁路公司与四川省咨议局的成立大会。这两次会议均与后来的四川保路风潮的走向有较大关系。而保路风潮的走向，又在相当程度上与以赵尔丰为首的四川地方官员甚至四川地方政府对保路风潮的态度及举措相关。

第三章

四川官绅与川汉铁路的筹建

一、官办川汉铁路公司的开办

川汉铁路的筹办是 20 世纪初四川社会"最普遍最彻底的资本主义化的表现"[1]。自其发轫，即与反对帝国主义的侵略相联系。

第二次鸦片战争后，列强开始向四川渗透。重庆设关（1895 年）后，四川因洋货输入而流失的白银年平均达 1300 万两以上。至 1903 年，清中央政府、四川地方政府乃至个人与列强订立的有关四川的不平等条约竟有 13 种之多，其内容涉及川省的矿产、川江航运权、圈划租界等；帝国主义列强先后在川省开办的铁矿、煤矿、火柴、卷烟、银行、保险公司等企业约计 19 家。令人倍感忧危的则是列强阴谋取得四川境内铁路的借款与铺设权。远在 1888 年（清光绪十四年），英、法等国就要求揽办四川境内铁路。1901 年，法国派队测量云南成都线。1903 年，英、法两国公使四次照会清廷外务部，要求磋商铁路借款并强求修筑川汉铁路。

帝国主义对川省铁路"群思揽办""计取强求，百端纷扰"的强盗行径，理所当然地受到全川人民，包括爱国士绅和尚有民族正义感的清朝四川地方官吏的坚决抵制。1903 年 7 月，新任四川总督锡良于离京赴任途中，以"各国互争雄长，铁路所至之地，即势力所及之地。从未有让人修筑，自失其利而自削其权者。中国处此危局，欲变法自强，政固多端，而铁路尤不可缓"，奏请设立官办川汉铁路公司，力主自办川路，"以辟利源而保主权"。值得注意的是，锡良主张尽早"官设公司，招集华股"，如"息借洋款，或许人修筑，必至喧宾夺主，退处无权"[2]。锡良关于设立川汉铁路公司的奏请，很快得到清政府外务部的同意，批准的理由也类似锡良的奏请："非修铁路以利转输，恐商务难期畅旺"；"深恐外人揽办，自失利权"；待商部成立后，由商部大臣"切实招商，专集华股，力除影射蒙混之蔽；以资抵制而保利权"。[3]

锡良（1853—1917 年），镶蓝旗蒙古族人，姓拜岳特氏。同治十三年

---

[1] 《郭沫若选集》第一卷《自传》，成都：四川人民出版社 1982 年版，第 194 页。

[2] 《四川总督锡良奏请自设川汉铁路公司折》//戴执礼编：《四川保路运动史料》，北京：科学出版社 1959 年版，第 1 页。

[3] 《外务部具奏议复锡良自设川汉铁路公司折》//戴执礼编：《四川保路运动史料》，北京：科学出版社 1959 年版，第 2 页。

中进士后，以知县分发山西。后在该省为官20余年，历任知县、候补知府、知府、按察使等。光绪二十五年，补湖南布政使。八国联军侵华期间，受命带兵北上入卫北京。途中，赶上已逃离京城的慈禧太后和光绪皇帝，不久即被任命为山西巡抚。锡良是一个有爱国主义思想的官员，在山西巡抚任职期内，曾力主对来犯的法国军队予以还击。后来在东三省总督任上，亦对日本、美国的侵略企图有所抵制。他也是一个比较积极推行清末新政的官员，在四川、云贵、东三省总督等任上，在倡行新式学堂、严禁鸦片、整顿吏治、革除弊政等方面做出了一定的努力，也收到了一些实效。同时，锡良也是一个善于在履新之初采取措施，对即将赴任的省份有重大影响的官员，如在河南巡抚上任之初，上奏设立大学堂；他未到四川，即奏请自办川汉铁路。锡良奏请自办川汉铁路之举，受到了四川人民的普遍赞颂。

不过，长期为研究者所忽视的是，锡良奏请自办川汉铁路之举，除了爱国主义思想这一重要因素之外，有无技术、专门人才、设备、资金的支撑？从目前中外修筑铁路史以及日后川汉铁路的筹建过程观之，答案是否定的。换言之，锡良是在没有任何技术、设备、资金的保障，甚至也并不了解国内有无高水平的工程技术人员的情况下，提出修筑川汉铁路之议的。单从现代工程技术的角度来看，锡良没有经过任何可行性论证，就提出了一个工程难度相当高、修建经费也非常巨大的工程，已经近于荒唐。仅从筹建川汉铁路过程的种种艰难这个角度来看，锡良对日后四川经济、社会和政治等方面的影响非常之大。如果再从四川保路运动以及清王朝覆灭的角度来看，锡良或功莫大焉，或难辞其咎。

锡良的奏请，还给我们留下了一个难解的谜团：除了他本人的爱国主义思想之外，有无对清廷高层意图的揣度？一般而言，新升迁的大员的第一个举措非同小可，应当在很大程度上能够得到清廷中央政权的首肯，实即西太后在锡良奏请前后的态度。李细珠教授在其所著《张之洞与清末新政研究》一书中，论及清末新政的内在动力时写道："庚子事变给慈禧太后留下了难以弥合的心灵创伤，从而也强烈地刺激着她动了改弦更张的念头。据曾经随扈的岑春煊回忆说，'太后虽在蒙尘，困苦中尚刻意以兴复为念。一日诸人于召对之际，太后忽顾问；此耻如何可雪？'众未有应者。余独进曰：'欲雪此耻，要在自强。'……两宫卧薪尝胆，亟求自强雪耻之志，此时亦为最切矣。"①《清史稿》亦称："辛丑，两宫回銮。以创深巨痛，力求改革。"

修筑川汉铁路的可行性，还可以从新中国修建的类似铁路看出来。

《成都商报》2010年12月20日据新华社报道，宜（昌）万（州）铁路将于2010年12月22日正式通车。该条铁路创造了我国铁路史上的四个之"最"：其一，是我国铁路施工难度最大的山区铁路，穿越了"筑路禁区"，集"西南山区铁路艰险之大成"；其二，是我国单公里造价最高的铁路，每公里造价6000万元；其三，桥隧长度为世界之最，该路有桥梁、隧道400余座（条），占线路总长的74%；其四，是我国单公里修建时间最长的铁路，该路总长377千米，耗时7年，年平均进度仅为50余千米。笔者以为，该路从湖北宜昌至重庆万州，与20世纪初曾筹建的川汉铁路之宜万段类似。

《成都商报》2010年12月22日报道，据成都铁路局相关人士介绍，宜（昌）万（州）铁路"仅贯通齐岳山隧道就花了6年时间""最困难的时期一个月只掘进了4米"。该路桥墩"平均高50米，墩高超过100米的桥梁5座，渡口河大桥主桥墩高度128米，为世界铁路桥梁墩高之最"。每千米造价"已经超过了建设青藏铁路的每千米造价3500万元，是我国铁路建设历史上单价最高的铁路"。

显而易见，在20世纪初修筑川汉铁路是不可能的，不仅中国不可能，外国也不可能。明白了这个问题，应当有助于我们客观地评价有关四川省内川汉铁路的人和事，有助于我们评价列强试图取得修筑川汉铁路的真正动机，有助于我们评价后来清政府出台的"铁道干线收归国有"政策，尤其是有助于我们评价当年川汉铁路公司的工程进展及相关问题。

尽管如此，这个在当时不可能办到的工程还是经过清朝中央政府、四川地方政府和四川绅民的同意启动了。

经过一段时间的筹备，1904年1月24日，官办川汉铁路公司在成都岳府街成立。它明确宣布不募外债，不招洋股，开我国自办铁路之先河。从爱国爱家乡的角度来看，这是应当予以高度评价的。是日，参与并主持官绅签字仪式的是赵尔丰。

赵尔丰（1845—1911年），字季和，汉军正蓝旗人。兄弟四人，其他

---

① 李细珠著：《张之洞与清末新政研究》，上海：上海书店出版社2003年版，第82页。

三人均进士出身，独尔丰以捐纳步入政界，先后在广东、山西等省任职。后因见赏于山西巡抚锡良，遂较长时间随其调迁而擢升。光绪二十六年起，时在丁忧期间的河东监制同知赵尔丰，被锡良考评为"清勤果敢，勇于任事"，奏委办理山西固关营务处。翌年，又以赵尔丰办理河工时，"勤朴耐劳，任事勇往，尤为人所难能"，奏保赵尔丰送部引见。此后直至四川任职，锡良总是奏调赵尔丰随其就任新职。从1903年锡良任四川总督后，赵氏先署理四川永宁道。1904年9月28日，锡良以赵尔丰"志趣坚卓，识断宏毅，遇事以趋避为耻，规求久远，不辞艰苦"，又奏派为川汉铁路公司督办，"专办川汉铁路"，得获朝廷批准。在此之前，锡良已经于1904年1月和1904年5月先后委任了两个川汉铁路公司督办，即时任署理四川布政使的冯煦和新任四川布政使的许涵度。再委赵尔丰为川汉铁路公司督办，明显地表明了锡良对冯煦和许涵度的不甚满意，以及对赵尔丰的器重。事实的确如此。1905年1月，锡良奏称，他已经"令赵尔丰交卸永宁道篆，来省专办公司，与之日夕讨论"[①]。正是在锡良的全力保举下，赵尔丰才有日后升迁至川滇边务大臣、护理川督、驻藏大臣等要职的机遇。而赵尔丰本人，亦确如锡良所言，是一位能够审时度势、相当干练的官员，他与锡良在四川积极推行清末新政、关注外国侵略者对中国的侵扰和窥视等方面不乏类似之处。而且，从上述还可以看出，赵尔丰是参与了官办川汉铁路公司的重大决策的。

官办"川汉铁路公司"成立后，锡良任命署理布政使冯煦为公司督办，又另行安排会办数人以辅之。不久，公司派出通晓工程的人员，赴上海考查轨政；又派出廉干耐劳之员，分赴川东一带测量。1905年，免去冯煦公司督办之职。原拟派赵尔丰接任，因其赴川边任事，即以成绵龙茂道沈秉堃代理，是为官总办。同年，任命刑部郎中乔树枏为绅总办。乔树枏升任学部左丞后，被任命为川汉铁路公司驻京总理，负责京外集股及公司考查事务。乔氏所遗绅总办一职，由尚在国外考查轨政的在籍翰林院编修胡峻接任。又电调前户部司员施典章回川，在公司综理出纳。

官办川汉铁路公司的成立及其举措，立即引起英、法等国的强烈关注。英国要求预定川汉铁路借款，法国则提出包揽川汉铁路路款和路工

---

① 以上见中国科学院历史研究所第三所主编：《锡良遗稿·奏稿》第一册，北京：中华书局1959年版。

的要求。不过，他们的要求，均为川汉铁路公司"以自办为主义"为由，予以拒绝。[①]

二、川汉铁路公司集股章程的出台

官办川汉铁路公司面临的最大困难，是如何筹集修筑铁路所需的巨额款项。按照梁启超1904年在《为川汉铁路事敬告全蜀父老》一文的说法，当英、法两国一再逼要川汉铁路借款权和修筑权时，锡良竟只有称病，避而不见。

根据笔者现在所能见到的资料，正是梁启超为川汉铁路筹款问题的解决提出了最基本的思路和办法。在《为川汉铁路事敬告全蜀父老》一文中，梁启超以商量的口吻提出了以下看法和建议。

1. 控制中国铁路是列强的灭国新法

"何谓灭国新法？……握其政府财政之权，夺其人民生计之路，剥肤吸血使之奄奄以尽，而国非其国矣。""列强以铁路政策谋我也，始于俄罗斯之东三省铁路，德国胶济铁路继之，俄法比同盟之卢汉铁路继之，英德联合之津镇铁路继之，俄国之正太铁路继之，英国之滇缅铁路、德国之滇越、滇桂铁路继之，美国之粤汉、萍醴等铁路继之，英国之沪宁、苏沪、淞沪、粤港等铁路继之。""列强谋所以瓜分中国之政策不一端，其最坚牢而最惨烈者。莫铁路政策若。"

2. 自办川汉铁路关系全国安危

"四川铁路入他国手之日，即四川全省土地人民永服属于他国之日也。"在当时全国十八行省中，"入于各国铁路势力范围者十四省，其最完全最磅礴而稍可为我黄帝子孙立足者，有一四川，四川之关系于一国，以此思重，重可知矣"。更由于四川出产丰饶，有天险之固，为他省所不

---

① 以上参见戴执礼编：《四川保路运动史料》，北京：科学出版社1959年版，第4-6页。

能相比,"我族终有蜀,则中国虽亡犹可以图存,非过言也"。

3. 号召四川各行各业人员踊跃认购川汉铁路股份

梁启超在这篇文章提出:"我全蜀绅商民庶,各宜自量其力,尽之于至无可尽,以认买股票。""举办铁路所需资本,不论多少,我蜀绅商民庶,总宜设法认其股份之过半。"他提及的行业人员包括工人、农民、可能有地为铁路征用之人、行商、小贩、妇女、儿童、西商(即经营洋货的中国商人)、票号、钱业(即旧式钱庄和新式银行)等,甚至还有寺庙的公产。同时,他还希望外省在四川经商的人也大力认购铁路股份。

4. 提出了川汉铁路应有的几种股份

前述梁氏号召购买股份,即为日后的购股。他号召四川省的"农民宜举其所积,以附铁路股",这是关于日后成为川汉铁路主要股金来源租股的最早建议。川汉铁路"以小半归官股",这就是后来的官本之股。"地方公款存商生息者,最宜以附铁路股",这是日后设立公利之股的建议。这些股份,"可以展(按:辗之误)转售卖,惟不得售之于本国人以外"。

5. 举办川汉铁路必是营利的事业

梁启超在文中专门谈及,投资铁路必能营利。他认为,获利最大的事业首推铁路本身。要修铁路,必然使用大量人工,可解决数十万人的工作。而铁路修成之后,货运通畅,物价上涨,资本流通频繁,有利于省内外各行商人。有钱人家广置田产谋利甚微,而且有水旱之患,铁路"则永远有盈无亏"。至于寺庙公产,有充公改办学堂之忧,不如投资铁路,既支持了铁路新政,又为地方政府和民众所嘉勉,还可为庙产"居积致赢"。

此外,他还提出在省城开办一所铁路学堂、"各有力之家,宜速遣子弟往欧美日本学习铁路"的建议。[①]

必须指出的是,梁启超的这篇文章所提出的基本思路和办法,通过四川留日学生达于四川官方和民众,开辟了川汉铁路征集股款的途径。

---

① 梁启超:《为川汉铁路事敬告全蜀父老》//《饮冰室合集》(文集25)第3册,北京:中华书局1989年版。

以后，我们还将看到，这篇文章关于铁路与国家兴亡的论述，在川汉铁路的筹建过程中和保路风潮时期被川汉铁路公司、四川立宪派人所广为运用。由此，我们又可以更加清楚地感受到，身在海外的梁启超对清末川汉铁路的筹建、对四川立宪派人、对四川保路风潮的巨大影响。

四川留日学生不仅将梁启超的这篇文章以他们的名义排印发行，还多次聚会商议，成立有 230 余人参加的川汉铁路改进会，起草有关成立商办公司、募集股款等致四川总督的函电以及白话宣传品。四川留日学生的一些建议，还刊登在由梁启超在日本主办的《新民丛报》上，进一步扩大了拟议中的川汉铁路以及四川留日学生的社会影响。尤其是在当时爱国须从爱家乡始的风潮影响下，四川留日学生这个群体在四川省内名声大振，给人以强烈的有新学知识、有爱国爱家乡情操的印象，这也是四川立宪派人士在四川政坛甚至中国政坛迅速崛起的重要原因，同时也是四川立宪派人士与其他省份的立宪派人士的重大不同之处。

在省内外有关人士的大力呼吁和督促下，坚持"自办者即不招外股、不借外债"的原则[①]，四川于 1905 年 1 月拟定了《川汉铁路总公司集股章程》五十五条。该章程规定了四种股款：认购之股、抽租之股、官本之股、公利之股，并重申"非中国人股份，一概不准入股，并不准将股份分售与非中国人"[②]。商部、外务部、户部联合审议后，认为该章程"尚属周妥"[③]。随后，川路股款便陆续开始征收。

考虑到筹办铁路还需专门人才，锡良于 1905 年 10 月上奏，在川籍自费留日学生中挑选 17 人学习铁路专业，所需常年费用由铁路公司筹给。同年，在成都文庙前街设立二年制铁路学堂，委任举人王又新为学堂监督，考选学生，延聘教员。该校是四川省最早兴办的实业学堂。

1905 年 9 月，四川官方决定延聘专门人才为川汉铁路的工程师，派员先后到日本、美国，最终在美国的一所大学请到了二位专学铁路工程的人为川汉铁路勘测线路。1906 年 5 月起，二人开始从成都勘测到宜昌，又从宜昌勘测到成都。至 1907 年 5 月，来回勘了两次，才算有了大概。

① 《锡良奏陈"川汉铁路总公司集股章程"折》//戴执礼编：《四川保路运动史料》，北京：科学出版社 1959 年版，第 30 页。

② 《川汉铁路总公司集股章程》//戴执礼编：《四川保路运动史料》，北京：科学出版社 1959 年版，第 32-40 页。

③ 《商、户、外务等三部会奏议复"川汉铁路总公司集股章程"折》//戴执礼编：《四川保路运动史料》，北京：科学出版社 1959 年版，第 32 页。

平心而论，官办川汉铁路公司成立后还是有所作为的。它基本解决了川路股款的来源这个极为重大的问题，尤其是关于抽租之股即租股的征收，后来连续征收了 6 年之久。若不是"铁道干线收归国有"政策的出台以及清王朝的覆灭，租股这个川路股款的主要来源极有可能存在下去。不过，官办川汉铁路公司因其固有的弊端，还是受到了省内外有关人士的强烈指责。

三、川汉铁路公司的演变

1906 年，四川留日学生就川汉铁路"成与不成及必如何而后可以成之两大问题"提出若干重要意见与建议。其一，他们认为，依据颁行的《公司律》，川路已收股款的主要部分为租股，"川汉铁路以租股为大宗，租出于民而不出于官，则路不属官而属于民，虽欲谓之官办，不可得也"，因而川汉铁路公司理应改为商办股份有限公司；其二，官办公司存在"股票滞销""股本挪用""租股无限"，公司内部"官绅混杂、权限不明"等弊端，因而必须在征收总额、每股金额、股东权利、征收办法等方方面面进行重大改革。[①]

1906 年 2 月，因川汉铁路关系重大，又涉及湖北、四川两省，有人提出特派督办大臣，以划一事权。针对此议，锡良与湖广总督张之洞等四川、湖北"两省督绅筹议往返多次"后，"由川主稿"，以四川总督锡良的名义上奏予以驳斥。锡良的结论是："该原奏即于情事均未得实，故持论辄多隔膜，应请勿庸置议。"他的奏折得到了朝廷的认可。

锡良的上奏，不乏文过饰非之处，如官权尊重，主要并不是官绅数量的多寡，而在于主其事者是官还是绅。在征收租股时，因其本身即具强制性，没有民怨似无可能。此外，某些问题，如铜元局挪用亏损尚未完全暴露，但并不意味着川汉铁路公司不存在虚耗股款之事。事实上，随着时间的推移，上述问题更加突出。

---

① 《四川留日学生改良川汉铁路公司议》//戴执礼编：《四川保路运动史料》，北京：科学出版社 1959 年版，第 44-54 页。

不过，值得注意的是，锡良的上奏反对以任何借口由朝廷向湖北、四川派出铁路督办大臣。他以为，如果以统一事权为由派出铁路督办大臣，不仅于事无补，反而有害。他还强调了川汉铁路与卢汉铁路的重要区别在于，后者是借款修筑的，而川汉铁路没有对外贷款；前者是自办铁路，后者是官办铁路。锡良的这些言辞，与后来保路运动时期的四川官员和士绅乃至民众所使用的语言已经极为相似，颇令人深思。仅就四川地方官员而言，他们坚持川路自办、反对由中央政府官办的立场是一贯的，而四川地方官员日后能不同程度上纵容、支持保路运动也不是偶然的。

锡良的上奏，还有可注意的是，他与张之洞等"电商数事"，将川汉铁路定分三段修筑：宜（昌）万（县）段，渝（重庆）万段，成（都）渝段。宜昌以上湖北省内铁路，由"川省代修，定期二十五年，由鄂省照章备价收回"，宜昌以下湖北省内铁路，经由荆门、襄阳达广水，与京汉铁路连接。同时，他们均将广水至成都的路段称为"干路"，而将京汉铁路视为"大干路"，以示两条铁路的区别。[①]这也使人不得不想到，此时的四川地方官员，从未承认川汉铁路是国家铁路干线。

必须指出的是，此时的张之洞显然是赞同自办川汉铁路的。他和湖北的官员及绅商，还将四川省原来计划在湖北境内修建的铁路先分去一段由湖北省修。

调任督办粤汉兼鄂境川汉铁路大臣后，张之洞的态度有了重大改变。1905 年 10 月，他向外务部提出："川汉铁路在川境者二千余里，半系大山，工费必数千万，集款甚非易易，其于鄂境之路，川省更无能为力矣。"而在湖北省境内的铁路也有 1200 余里，湖北"民力困竭，万万无从筹此巨款。鄂路不成则川路无出路，无利可获，川民岂肯输资集股"。因此，湖北省内的铁路"非借款万不能成"。1909 年 6 月，张之洞与英、德、法三国订立了湖北、湖南境内粤汉铁路及湖北境内川汉铁路借款合同。也就是在当年，张之洞又提出湘鄂两省铁路永远官商合办。张之洞前后的主张和反复，实际上卡住了川汉铁路的要害之处，开了涉及川汉铁路借款的先例，为以后向英、德、法、美四国铁路借款埋下了伏笔。

事情还远不止如此。按梁启超所记，盛宣怀之所以能日后执掌中国

---

① 以上见中国科学院历史研究所第三所主编：《锡良遗稿·奏稿》第一册，北京：中华书局 1959 年版，第 560 页。

铁路事务，张之洞起了较大的作用。《马关条约》订立之后，李鸿章为众矢之的，而盛宣怀为李所信任，亦遭舆论斥责，其天津海关道一职被开缺，交南、北洋大臣查办。时北洋大臣系王文韶（夔石），袒护盛宣怀；南洋大臣为张之洞，却与盛素来不和，盛只得请张转圜保全。因张所办汉阳铁厂开销甚巨而无成效，当盛面见张之时，张出示两折，一为弹劾盛，一为保举盛，并称盛如能接办铁局，则可保举，否则将弹劾，盛只得应允。盛更进而请曰："铁政局每岁既须赔垫巨款，而所出铁复无销处，若大人能保举宣怀办铁路，则此事上可勉承也，张亦不得已而诺之。遂与王联名保盛督办铁路。"[①]而盛宣怀执掌邮传部后，英、德、法、美四国铁路借款以及"铁道干线收归国有"政策的出台，事实上与张之洞此前的举措已较相似。于此而言，张之洞与四川保路运动及清王朝的覆灭关系甚大。

1907 年 3 月 4 日，锡良上奏朝廷称，"遵照'商律'"将川汉铁路公司"定名为商办川省川汉铁路有限公司"。同月 9 日，《商办川汉铁路公司续订章程》颁布。长期以来，有关四川保路运动研究的论著，也大多将此后的川汉铁路公司视为一般意义上的商办公司。但证诸史实，却大谬不然。搞清楚 1907 年 3 月至 1909 年 11 月川汉铁路公司的性质极其重要，因为这涉及时人和今人对 1909 年 11 月后商办川汉铁路公司的评价、川路筹建过程中出现的弊端的责任归属、1911 年 5 月清政府出台的"铁道干线收归国有"政策的评说。

笔者以为，1907 年 3 月以后两年多时间内的川汉铁路公司是商办其名，官督商办其实。

首先，清政府有铁路官督商办的规定。锡良等四川地方官员之所以这样做，有一定的依据。清政府所颁布的《简明铁路章程》第 16 条即载："总督有酌核办理之权。"显而易见，中央政府赋予了地方督抚等要员掌控铁路公司的权力。

其次，锡良认为川汉铁路公司是官商合办之公司。1905 年 7 月，锡良在奏调京中官员办理铁路时即称，筹建川汉铁路事务繁杂而工程艰巨，"事之非官莫办者，必任其主持"，表明了应由官方主管的基本态度。而多用士绅名流参与铁路管理事宜，"因思官民合股，即应官绅合办"。

①《记芦汉铁路》//《饮冰室合集》（1）（《文集》之四），北京：中华书局 1989年版，第48-49页。

再次，四川官方实际上也掌握了川汉铁路公司的管理大权。前已述及，所有的督办、官总办、绅总办，均系锡良任命后再报朝廷批准。在更名为商办川省川汉铁路有限公司的同时，又规定"另刻关防，以昭信守。所有重大事件，由该公司禀承督臣办理"。在《商办川汉铁路公司续订章程》之第一章总则中，亦再次予以重申："重大事仍禀承总督办理。"这表明，所谓商办公司的权力并没有由股东接管，仍在官方手中。有关公司的重大事务的决策权，一如既往地操在四川地方政府手中。

最后，所谓的"商办川汉铁路公司"并没有成立股东会。虽然锡良仿照"浙江等省铁路公司通例"，裁撤了官总办，任命乔树枏为"川省川汉铁路公司总理"，胡峻为副理，也规定了日后要召开股东会，但川汉铁路的第一次股东会迟至 2 年 8 个月之后的 1909 年 11 月才召开，12 月才组成董事局。乔树枏总理、胡峻副总理，不是由股东会推选的，与此前的绅总办并无二致。1907 年 2 月，锡良又以"川汉铁路出入款目至巨且繁"为由，奏调翰林院编修余堃、丁忧在籍河南候补道费道纯"襄办路政"，包括修订章程一类的重大事务，亦应"经股东会议决，呈由总督查核"[①]。这就规定了四川地方官员不仅有川汉铁路公司的管理大权，而且也将凌驾于股东会之上。

更名为"商办川汉铁路公司"后，公司在有关股份购买的宣传、未动用的铁路股款的生息、聘用工程师等方面做了一些实际的工作。不过，也是在官督商办期间，发生了千夫所指的施典章倒款案，致使川汉铁路公司存放在上海三个钱庄的 110 万两钱款无法追回。

四、川汉铁路的勘测与施工

1907 年 2 月，锡良调任云贵总督，赵尔丰出任护理四川总督。5 月，赵下达关于前四川总督锡良任命官办公司的驻京总理乔树枏、绅总理胡峻分任总理、副总理及《商办川省川汉铁路有限公司章程》获批的公文。

---

① 以上参见中国科学院历史研究所第三所主编：《锡良遗稿·奏稿》第一册，北京：中华书局 1959 年版，第 65 页、497—498 页、第 560 页、第 63 页、第 72 页。

赵尔丰任职期间，川汉铁路宜昌万县段的购地、施工等事务提上了议事日程。在此之前，川汉铁路分为三段的设想，即成都—重庆、重庆—万县、万县—宜昌，是基本没有分歧的。但是先修哪一段，却有较大的争论。按照1934年《四川月报》第5卷第2期所载的《四川川汉铁路与辛亥革命之溯记》一文所记，由于众说纷纭，后在上海采取投票方式决定，主张先修宜万段的占多数，最终决定先修宜万段，并在湖北宜昌设立了工程局。先修路段确定之后，川汉铁路公司又派员将宜昌至万县段勘测一遍。赵尔丰在铁路公司完成勘测后，同意宜万段先行开工和购地的计划。不久，赵尔丰再赴川边，其兄赵尔巽就任四川总督。

赵尔巽（1884—1927年），字次珊，又名次山、无补，奉天铁岭人，隶汉军正蓝旗。1874年中进士，授翰林院编修。先后任安徽、陕西按察使，甘肃、新疆、山西布政使、护理山西巡抚、湖南巡抚、署理户部尚书、盛京将军、湖广总督，1908年3月调任四川总督。1909年10月，又兼署成都将军。1911年4月，任东三省总督。

1908年8月，赵尔巽任命在籍邮传部参议李稷勋继任驻宜昌总理。1909年3月，赵尔巽任命学部郎中曾培接替病故的胡峻，充任驻省总理即前之绅总理。曾培到任之前，由留日毕业生、即用知县邵从恩代理其职。

先修路段确定之后，川汉铁路公司又计划详细地派员将宜昌至万县段勘测一遍。胡朝栋与陆姓工程师两人分头勘测后，在巫山会合。还尚未完成勘测之时，已经是1908年初。时任护理四川总督的赵尔丰在铁路公司完成勘测后，同意宜万段先行开工和购地的计划。两个月以后，邮传部又派了京汉铁路的李姓副工程师勘测川汉铁路。5月起，李工程师会同原有的两位工程师开始勘路。这位李工程师对其他工程师所勘路线较为满意，他本人将线路长度缩短了100多里，并避开了一二处难修之处。1908年11月，中国著名的铁道工程专家詹天佑被聘为川汉铁路的总工程师。但他兼有京张、京汉两条铁路工程事务，难以分身。经詹天佑的推举，1909年8月，川汉铁路公司又聘请颜德庆为副总工程师。他率领一些铁路工程人员对线路进行了实地考察和勘测，重点在成渝段。

完成宜万段勘路的当年，邮传部又对川汉铁路的账目进行了核查，结论是与公司的上报情况相符合。之后，邮传部上奏朝廷称，该路段需银3000余万两，虽然川汉铁路公司已收股款除历年所用外，还有880余万两，仅为所需款项的四分之一，"然铁路系营业性质，只患开工无资，坐耗资本。若赶紧兴筑，有此存款先应急需，而长年又有租股等项二百余万两进款以为抵注，陆续延筑通车养路之资不患无着。该路前未动工，实因工程无人主持，碍难着手。现该路总工程师到后，与总协理核办"。换言之，邮传部认为，川汉铁路已经具备开工的条件。不久邮传部路政司报部批准后下文称："查宜万一段经覆勘定线，自应准其建筑。"因正在修订路律，暂无法颁发开工执照。但"公司先行动工兴筑可也"[①]。该文由四川总督赵尔巽转至铁路工公司。

从上述我们不难看出，邮传部对川汉铁路公司的经费、线路是了解的，而且也同意宜万段先行开工；此时的邮传部的决定应当是较为谨慎的，因为经过了部派人员的查核和勘测；邮传部认为，川路久未开工的原因是工程技术人员没有到位；所有这些经由邮传部派员查核、反复勘测以及邮传部同意宜万段开工，赵尔丰、赵尔巽这两位四川总督是知情的。所有这些，对于四川省方方面面而言，均是好事，尤其是筹集股款越来越艰难之时，必然通过各种渠道为广大的四川民众所得知。所有这些，又进一步确立了四川民众自办川汉铁路的合法性，对四川省地方政府和官员、士绅以及民众的影响是不言而喻的。邮传部日后若要反悔，它怎么能服众？四川民众日后若要与邮传部软磨硬抗，不是更有理由了吗？四川地方政府和官员日后若要应对"铁道干线收归国有"政策，不是可以上谕和部批为据吗？

1909 年 12 月 28 日，川汉铁路公司在宜昌举行了开工典礼，正式动工修筑川汉铁路。

从 1904 年 1 月官办川汉铁路公司成立，到 1909 年 12 月川汉铁路开工修筑，历经近 6 年之久。在此期间，有关川汉铁路的大小事务，基本由四川地方政府决定，或由四川地方政府报请中央政府批准后实行。在此期间，川汉铁路筹建过程中的进展，与四川地方政府及主要官员的辛劳密不可分；同时，川汉铁路所出现的弊端，显然应由官方负主要责任。对于批准筹建川路公司、同意川路集股章程、核查了川路股款、派员勘测了川路、批准宜万段施工的清政府的有关部门，尤其是邮传部，亦有劳绩，也有责任。邮传部岂能出尔反尔，指鹿为马，将川路筹建过程出现的弊端强行扣在名为商办、实为官督商办的川汉铁路公司头上呢？

① 戴执礼编：《四川保路运动史料汇纂》上册，台北："中央研究院"近代史研究所史料丛刊第 23 种，1994 年版，第 373 页、第 375 页。

迟至 1909 年 11 月，四川省咨议局提出《整理川汉铁路公司案》，指责官督商办公司"树商办之名，而无商办之实，总理由选派奏委，不由股东会公举，其他一切用人行政，多未遵照商律办理。出股份者未得商律上应享之权力"，要求"议改章程以期公司组织完善，而举商办铁道之实益"。对于公司账目不清楚的，要求清查；对于动用股款达 50 余万两而"寸路未修"的，要求整理财政。[①]同月，川路公司于成都召集第一次股东会，12 月成立董事局，川汉铁路公司才成为真正的商办股份公司。不过，完全商办后的川汉铁路公司所面对的，除了股款尚有很大的缺口外，还有极为棘手的购地、施工等难题。而这些问题，实际上从锡良提议修筑川汉铁路之日起即已存在，并长期困扰官办公司、官督商办公司和商办公司。于此而言，把路工迟缓的罪名加于成立才一年多的商办公司头上，显然是不公正的。而且，正如本书前述，由四川地方政府首倡、清朝中央政府批准的、长期官办或官督商办的、在当时根本办不成的工程的进展缓慢问题，作为又一项重大国家政策出台的依据，作为给予英、美、法、德修筑的理由，是根本站不住脚的。

决心已经坚定，舆论已经造就，万难已经知晓，摊子已经铺开。开弓没有回头箭，四川人民只有含辛茹苦，期盼着铁路修成的那一天。

过去研究者一般长期认为，至 1911 年 5 月清政府出台的"铁道干线收归国有"政策为止，川汉铁路仅修成铺路轨道 30 余里。但是，按照《广益丛报》所刊，至宣统二年（1910 年）三月十五日，即开工还不到半年，川路宜万段工程进展为："码头界内并零号至四十八号正线土方现筑成七成半之谱""车站界内现筑成六成之谱""八十五号至二百四十号土方工程现筑成三成之谱""五十五号四尺涵洞工程因旁设小轨道暂为停筑""二百十六号揎桥工程现做成四成之谱""三百三十六号揎桥工程现做成六成之谱""五百十六号颜家河大桥工程揎桥工程现做成六成之谱""五百三十号杨家河工程揎桥工程现做成七成之谱""南首石级码头工程现做成八成之谱""北首石级码头工程现做成八成之谱""小溪塔一万方石渣现因水涨停工""第一段正道土方"开标填土 126000 余方尺（工价 88900 余元）已开工，四百号至五百四十号椿开标填土 117000 余方尺（工价 67600 余元）已开工。此外，已经完成第一段线路购地，含上、中、下田地以

① 《四川省咨议局整理川汉铁路公司案》//戴执礼编：《四川保路运动史料》，北京：科学出版社 1959 年版，第 79-82 页。

及山地、荒地共约 420 余亩，迁屋 60 余间，迁坟 200 余塚。按上所述，从 1909 年 12 月 28 日到 1910 年 3 月 15 日，才开工不到 4 个月的宜万段工程，成效还是不错的。至 1910 年 8 月，在工程第一段中，有 9 处土方工程、7 处涵洞工程正在施工，1 处涵洞工程、8 处桥工程已经告竣，另有小溪塔车站月台已经完工。在工程第二段中，15 处土方工程及河改堤工程正在施工。在第三段中，7 处土方工程正在施工，2 处涵洞工程告竣，1 处擅桥工程完成 9 成之谱。此外，完成购地 200 余亩、青苗果木 366 株。数万人在宜万段的辛苦劳作，不能以 30 余里就简单带过。

第四章

四川官绅与保路运动基础的铺就

一、保路运动思想基础的铺就

川汉铁路的修筑，技术难度很大，所需款项甚巨。锡良在奏请自设川汉铁路公司时，主要出自"辟利源而保主权"的考虑，其反对外来侵略、为地方谋利的动机是无可非议的。但是，其时的他，对于所将面临的难题考虑甚少。外务部基于"深恐外人揽办，自失利权""议归自办"的思路，在批复锡良的奏折时，已经意识到"该路绵亘数千里，需费数千万"两大难题了。①

赴川就任途经湖北时，锡良特地在宜昌舍舟而走陆路，查看由宜昌入川之路，实即拟议中的川汉铁路的线路。此时，锡良比较清楚地意识到修筑川汉铁路的艰巨性："川汉轨道，迂回修阻，以及山径之逼仄险峻，咸视芦汉（即卢汉铁路）为过之，明知款巨之艰，只以事势危迫，不容缓办。"②1904 年 1 月，官办川汉铁路公司成立。其后，除川路总公司外，又先后成立了驻渝办事处、驻宜分公司、驻万办事处、驻沪办事处、驻汉办事处、驻京公司。在成都，还组建了董事局。③官办川汉铁路公司除了组建办事处、分公司，任命官员，杜绝外人纷扰外，筹款之事在毫无把握的情势下提上了议事日程。主要源于四川留日学生实即梁启超的建议，一年之后，即 1905 年 1 月，才拟定了《川汉铁路总公司集股章程》，确定了四种铁路股款：认购之股、抽租之股、官本之股、公利之股。在锡良看来，"综此数项，虽尚无实在确数，然按年皆为有着"，而且，修筑川汉铁路的技术难度很大及所需款项甚巨的两大难题，较之于"若借外款，应者争至；则亦未为甚难也"④。换言之，借外债势必引起的纷扰

---

① 《外务部具奏议复锡良自设川汉铁路公司折》//戴执礼编：《四川保路运动史料》，北京：科学出版社 1959 年版，第 2 页。

② 《锡良奏请照章集股设立川汉铁路公司折》//戴执礼编：《四川保路运动史料》，北京：科学出版社 1959 年版，第 3 页。

③ 参见《邮传部统计表》，按该表之"四川川汉铁路支出表"所示，至宣统元年即 1910 年，川汉铁路总共支出 549 万余两。当年全年支出最多的是驻川总公司，为 98 万余两。其次是驻宜分公司，为 36 万余两。而在 1908 年即光绪三十四年，驻宜公司仅仅支出 6 万余两。这从另一个侧面说明宜万段开工前后的支出大不相同。

④ 《锡良奏陈"川汉铁路总公司集股章程"折》//戴执礼编：《四川保路运动史料》，北京：科学出版社 1959 年版，第 29-30 页。

与交涉，其麻烦和难度还远甚于以己之力克服这两大难题。如是观之，有了《川汉铁路总公司集股章程》和士绅们的称颂及支持，锡良似乎有了点底气。

修铁路究竟需多少银两？梁启超估计需 5000 万两，6800 余万四川民众只要齐心协力，人人踊跃入股，则可以集腋成裘，成此巨款。四川官方及各方人士反复会商后，一般也均估计为 5000 万两左右。实际上，四川近代工商业不甚发达，这为数巨大的款项，当然不易筹集。加之四川辟处西部内地，民众见识有限，对于股份、股份公司等新事物不甚了了，则集股更难。锡良本人也清楚地知道："中国招集民股，最为难事。川省地居僻远，耳闻拘隘；昔为邻省办矿等股，寸效未睹，至今多畏之。骤欲集数百万股之多，此诚难之又难者也。"因而，集股过程中必须进行有目的的宣传，以使集股难度能有所降低。锡良在奏报"集股章程"时，即为这类宣传定下了基调："一则将修路关系全川之故，利害得失，详明晓谕；一则民间恒虑出资后，事或辍于半途，款或移于他用，兹将公司官款、民款，悉作股本，无论异日有何项急要，决不提挪。一则自办者即不招外股、不借外债之谓也，而士民尤恐持之不坚，将来中外分歧，利权受损。"[1]锡良所定基调实际涉及三个方面，即爱国主义、爱家乡、股金专用。

四川留日学生在宣传爱国主义方面，进行了较为系统的工作，也取得了较好的成效。早在《川汉铁路总公司集股章程》颁布之前，四川留日学生即认为："苟铁路为他人所办，则四川省必蹈东三省覆辙，川人即为英人奴隶矣。"1904 年 10 月，留日学生自认筹募股金达 30 万两。

实际上，锡良所定的宣传基调没有超出梁启超和四川留日学生的思路。在《川汉铁路总公司集股章程》颁布之前，四川留日学生就已经进行了较有成效的宣传。因此，有关修筑川汉铁路必要性和可能性的宣传主要是由四川留日学生和川汉铁路总公司进行的。从时间上看，始于1904 年。

关于爱国主义的宣传，实即反对外来侵略的宣传，贯穿于川汉铁路筹建的全过程甚至于保路风潮的始终。

1904 年 9 月，在接到有关英、法两国派员至四川勘测铁路的消息后，

① 以上参见《锡良奏陈"川汉铁路总公司集股章程"折》//戴执礼编：《四川保路运动史料》，北京：科学出版社 1959 年版，第 29-30 页。

留日学生连续数月在东京留学生会馆开会商议对策。除了将梁启超那篇《为川汉铁路事敬告全蜀父老书》以四川留日学生名义刊出外，他们还拟定了《为修川汉铁道告蜀中父老书》《致四川总督锡良愿倡导集股的电报》《四川留日学生同乡会上川督锡良开办川汉铁路公司意见书》《四川留日学生急修四川铁路白话广告》《四川留日学生铁道利害详告》等一批宣传品。

在《四川留日学生铁道利害详告》一文中强调，外国人修中国铁路有三大害：

其一，"灭国之害"。"近数十年来，西人灭人之国，又变出一种最辣手段，不以强兵大炮示其威，而以远虑深谋制其命，则铁道是也。"

其二，"灭种之害"。"泰西各国，皆行殖民政策，灭国之后，彼之百姓源源而来，土地财产，任意占领，若敢与抗，概行剿杀。""久之彼种人日益多，此种人日益少，而种遂灭矣。"

其三，"身家生计之害"。即使国家和种"幸而未灭，而身家生计已不胜困难矣"。"西人于铁路所占之地，虽仍买于民间，然给价甚薄，不及原价之半。……而我之商货必于彼车运之，每岁所得之款，运归彼国，永不得出。……不出蛇年，而我之身家即彼之奴隶矣；我之财产，即彼之生计矣。"

四川留日学生大声疾呼："有此诸害，所以不得不图自办之利也。""蜀人不自救，谁肯救之。"[1]针对上述三大害，四川留日学生还明确号召全川民众，只有自办川汉铁路，才能实现"救国以存种""保身家以谋生计"。

在《四川留日学生同乡会上川督锡良开办川汉铁路公司意见书》一文中，他们指出："夫列强之待中国，各以铁路政策而定其势力范围，路权所及之地，即政权所及之地，中国失一省之路，即失一省之权。……路若失，则全蜀危，而全国随之。"

在《四川留日学生急修四川铁路白话广告》一文中，他们以高昂的爱国主义热忱呼喊："现在东京留学生，人人都怕法国把四川铁路争夺去，就要灭四川；且四川为中国大关系，四川一灭，各省也就难保了。……看看中国，今天失一城，明天割一省，都是由铁路的权教他夺去，然后灭亡。"全体四川人，"生也要修，死也要修，这个时候不修，想到灭四

---

[1] 戴执礼编：《四川保路运动史料汇纂》（上册），台北："中央研究院"近代史研究所史料丛刊第23种，1994年版。

川的时候，要想修也无地方可修了，也无钱来修了"。"望我们四川人，个个晓得灭种惨祸，毁家破产，争修铁路。"

在官方和民众认识高度一致的呐喊声中，自锡良上奏自办川汉铁路到《川汉铁路总公司集股章程》的拟定，以及后来制订的有关章程和宣传品，四川地方官员士绅和民众从未同意吸纳洋股，也不容许洋股变相成为川路股本。清政府颁布的《铁路简明章程》有允许附搭洋股的条文，锡良等官员和四川士绅也很清楚，但他们从未打算执行。锡良在奏报"集股章程"时强调："如非中国人之股，公司概不承认。"①在其后广为宣传的《川汉铁路总公司集股章程》的"总章"第一条中，明确写道："川汉铁路系奏明自办"，"专集中国人股份"，"其非中国人股份，一概不准入股，并不准将股份售与非中国人，以符奏案"②。商部、户部、外务部同意《川汉铁路总公司集股章程》的批文中也提及，四川"官绅均力主自办，洵为挽回利权之举"③。1907年3月拟定的《商办川汉铁路公司续订章程》"总则"的第三条也再次强调："本公司专集华股自办；无论整股零股，均为华人自购，不附洋股。"④

在四川官方的宣传品中，也高调宣传自办川汉铁路即爱国爱家乡的体现。《四川官报》1904年刊登的白话《开办川汉铁路说》一文强调："川汉铁路必自办，且必宜自办，若不自办，外人就要来办了。""世界上独立自主之国，其交通之权，均归自己掌管，不容他人干预。铁路是交通权之一大端，若入外人掌握，自己主权便失去了，主权一失，便事事受制于人。譬如一家之中，道路门户，俱被别人占去，自己出入行走，都要仰人鼻息，还能算个完全人家么！况四川一省，南接云贵，西连卫藏，高踞长江上游，如果路权属于外人，就可建瓴而下，沿江各省，尽失险要，后患何可胜言。""外国人有不战能侵略土地之法，得交通权就是其一了。""所以如今要保全中国，保全四川，保全我们自己的身家性命，

① 《锡良奏陈"川汉铁路总公司集股章程"折》//戴执礼编：《四川保路运动史料》，北京：科学出版社1959年版，第30页。
② 《川汉铁路总公司集股章程》//戴执礼编：《四川保路运动史料》，北京：科学出版社1959年版，第32页。
③ 《商、户、外务等三部会奏议复"川汉铁路总公司集股章程"折》//戴执礼编：《四川保路运动史料》，北京：科学出版社1959年版，第31页。
④ 《商办川汉铁路公司续订章程》//戴执礼编：《四川保路运动史料》，北京：科学出版社1959年版，第66页。

都不可不注重于自办铁路一事。"

关于爱家乡的宣传，除了保证四川不受列强的侵害的内容之外，还有使川内外国货贸易畅通，从而改变川省落后面貌和解决民众生计的宣传，这些也是四川留日学生、四川地方当局和川汉铁路公司的着力点。锡良从湖北宜昌入川之途中及就任四川总督之后，对此颇有感受："深讶川省百物蕃昌；而民间生计之艰，公家权厘之绌，皆因货不畅所致。"①

《四川留日学生铁道利害详告》一文，写出了修筑铁路过程中对于扩大四川下层民众就业和谋生的可能性："一路初设，常需土工数万人或至数十万人，工价则较别项苦工更长，及路即成，而随时增筑修补，亦常需数万人；且转运既便，商业日兴，行销日广，而货物之上车下车，进栈出栈，搬运之夫，更不知需若干人，恐贫民之尚不敷用也。"

《四川留日学生急修四川铁路白话广告》也有类似的较为乐观的宣传："你要晓得，铁路的事情繁得很，做土工的人，打扫的人，照料的人，搬运货物的人，不知要几千几万，只怕比从前要多[些]（原文缺字，疑为"些"字）钱了，好不好呢？"

《开办川汉铁路说》指出："西洋初办铁路的时候，也有人怕马车失业，到后来路成之后，马车生业反盛。这个缘故，因为未有铁路，出门之人不多，若有铁路，行路便易，出门的人就多了；铁路即使多修支路，亦不能遍地皆是，节节都有车站（火车停顿的地方名叫车站），预备附近地方的人，上车下车；走到车站及由车站到所到之处，仍须用车用轿，所以长路车轿虽少，短路车轿却多，铁路修成，车行轿行的生意只怕还要兴旺呢。""四川人多，过于日本全国，所以无业游民，到处皆是，铁路一开，不但不碍百姓生计，且站夫要用人，护送要用人，搬运要用人，小民都可借此获利，并可出外谋生，学习别项工艺，人人都有生计，自然，国民变富了。"

在当时的四川，与修筑铁路相关的，还必须破除风水迷信的影响和解决搬迁费用，类似在中国初修铁路的 19 世纪 70 年代的情况。因此，在筹建川汉铁路的宣传过程中，增加了关于破除风水迷信的内容。

《四川留日学生急修四川铁路白话广告》就铁路与风水问题写道："有说修铁路，逢山开路，遇水造桥，有碍风水。……我们中国人最信风水，

---

① 《锡良奏请照章集股设立川汉铁路公司折》//戴执礼编：《四川保路运动史料》，北京：科学出版社 1959 年版，第 3 页。

未见得好。……我们自己修，遇着房屋坟墓，尚可设法；若洋人修，他不管你先人的坟，祖人的墓，几百年的老房，才修起的新屋，只要在他的测线内，他便与你挖了毁了，连大气都不敢出一口，还说什么风水。"

《四川留日学生铁道利害详告》还进一步说明自办铁路在照顾民间风俗习惯方面的好处所在："吾蜀人办之，犹有乡里之情，若遇室屋坟茔等，但可弯曲以笔避之，逼不得已，而令其自行迁徙，亦必厚偿地价，不使亏折。"如果失去路权，"我等之身家性命尚且不保，更何论室屋坟茔耶！若论风水毁伤，民不发达，则吾蜀数千年未有毁伤，何以致今仍未发达，而反受外人欺侮也？"

前述《开办川汉铁路说》就这些问题娓娓道来："中国名山大川，列在祭典，倘照此办法（指修铁路时难免的逢山开路、遇水搭桥），惊动山川神灵，必招水旱之灾，此真妇女儿童的见识。圣天子百灵拥护，山川之神，受飨多年，便舍一点地方，给修铁路之用，为中国开利源。神也是肯的了。""铁路所过之地，地价必涨，公司买地给价必多，穷民出售一亩田，就可以在别处多买几亩；房屋所在，亦必给搬迁的费用，就可借以经营贸易，何致坐食成空？况大路旁边，谋生自必更易。至于坟墓一节，铁路有时可以绕道避之，即万不能避，可以多给迁葬之费，那地师风水的话，是万万不足信的，有何滞碍之处。"①

关于股金专用的宣传，实即在任何情况下均不能挪用已集股款的宣传，亦是当局和铁路公司反复强调的重点。锡良在奏报"集股章程"时即已说明，川路股金不能挪用。在《川汉铁路总公司集股章程》"总章"第五条又专门写道："本公司股份，奏明专为修筑川汉铁路之用，无论地方何项要公，不得动用此项股本。"②《商办川汉铁路公司续订章程》第二章第十六条也再次强调："所有股本遵'商律'七十五条，概不得挪作他用。"③

锡良所未强调，而实际上是铁路公司宣传重点之一的是，投资川汉铁路必能营利。还在尚未开始交纳股金之时，1905 年 1 月制订的《川汉

① 《开办川汉铁路说》//四川省档案馆编：《四川保路运动档案选编》，成都：四川人民出版社 1981 年版，第 123-126 页。
② 《川汉铁路总公司集股章程》//戴执礼编：《四川保路运动史料》，北京：科学出版社 1959 年版，第 33 页。
③ 《商办川汉铁路公司续订章程》//戴执礼编：《四川保路运动史料》，北京：科学出版社 1959 年版，第 68 页。

铁路总公司集股章程》"总章"即写明了，铁路公司要付股息和红利。

留日学生的宣传品通过各种渠道在国内外、省内外迅速扩散。在日本的《新民丛报》等刊物自不待言，在中国留学生及华人社会中有了影响。他们致四川总督锡良的电报刊登于上海各报，在国内影响尤大。此外，这些宣传品在日本刊印以后，来自各县、州的留学生纷纷寄往各自的家乡，嘱托当地有关人士翻印传播。现在可见到的翻印件，是四川叙州府邮政局一赵姓官员所为。他在翻印件后还特别注明："此说关系全蜀存亡，余忝司川南邮政，应尽速于传命之责，诚恐偏僻之地未能家喻户晓，愿急捐资排印，邮寄宣告，以广传闻。"①由此看来，四川留日学生的宣传还是起到了较大的作用，而一些有爱国心的四川地方官员在省内的接力传播又起了不可缺少的作用。

确定先修宜万段之后，宣传方面除继续原有的基调外，又增添了为什么迟迟没有动工和先修宜万段等方面的内容。1908 年，长达万言以上的《四川川汉铁路公司白话广告》就几个当时极为重要的具体问题进行了宣传说明。

其一，关于迟迟没有开工的原因。

"不消说列位第一个疑心，就是问怎么年年光收钱，尽不见开工。……什么缘故？讲修路是有一定的次序，错不得的。要修这条路，就得先把工程师请起来，把这条路从那（哪）里起，到那（哪）里止，中间走那（哪）些地方过，那（哪）塔要修桥，那（哪）塔要打洞，某处好高，某处好低，挨一挨二，都要细细地勘过，然后才能说买地段、买材料，动手开工的话。"因此，正如本文前述，确定先修路段以及勘测线路的时间前后就花了三四年。加之铁路公司费道纯总理于 1908 年 6 月病故，"急急又找不到人，所以就一直耽搁下来，这就是久不开工的原因"。

其二，关于先修宜万段的原因。

"因为我们这条路，就只有这一段最要紧，好比四川的咽喉一样。假如我们不先动手，设或三年五载有个这么变动，尽外人来占起去，就是我们成渝修起，也不中用了。那时候失悔就迟了。"而且火车部件笨重，单是车头上的蒸汽机，"至少也要二十吨的。每吨一千六百余斤，二十吨就是三万多斤。这个东西是走不得一丝气的，又拆不开的。我们川河的

---

① 戴执礼编：《四川保路运动史料汇纂》（中册），台北："中央研究院"近代史研究所史料丛刊第 23 种，1994 年版，第 315 页。

滩又多又险，请教拿什么法子运得到？""轮船只通得到宜昌，自然非从宜昌起不可，所以上年众人主先修宜万的多。"

其三，关于成立股东分会的好处。

"股东只有占便宜的，断断莫有吃亏的了。为什么现在的股东，还有多少未得便宜的呢？这也有个缘故，因为各州县的股东，大半都是居乡的人，一个在东，一个在西，不能团结一处大家商量，就是有些明明知道是吃了亏，也希图省事不出来说的。所以这股东的权力，也就有好多莫有得到了。因为这个缘故，公司才替你们想出一个最好最妙的方法，这方法就是要在你们各州县中，各立一个股东分会。""只要股东分会一成，这租股购股有了弊病，他就可以指出来改过。股东有吃亏的事，他也可以代管。"

其四，关于继续征收租股的原因。

按照1907年修订的章程，租股征收总额应为全部股份的五分之二。如果征收总额为7000万两，则租股当征收2800万两。如征收总额为5000万两，则租股征收额为2000万两。此外，购股数量很大的话，租股就不必再行征收，即便只收了不足2000万两。"如今每年租股只好200万，现今抽了4年，不是还要抽10年才够吗，而且余外的4200万，归那个出呢？还不是要我们四川人慢慢地凑。"股款收得少，公司的各种开支却不会减少，路工也会拖下来。"只要我们的钱多了，就可以两头一齐动手，要七年才修得起的，只要三年半就行了，修四年的只要两年，修三年的只要一年半。……去年制台（按指总督）告示说的有钱多便快、钱少则慢的话，就是这个意思。"所以，因为川汉铁路的股份还不畅旺，租股也才收了800万两左右，就不得不继续征收。从上述还可以看出，四川总督也专门出台了告示，鼓动民众踊跃交纳铁路股款或购买铁路股票。

这些宣传的最终目的，除了进一步激发民众的爱家、爱国热忱外，当然希望四川各界群众踊跃入股。

修筑川汉铁路的总经费，重新估计为7000余万两。"说起来骇人，似乎难得很。"当时，四川省内仅田房税款即田产地产的交易税一项，粗算一年就有2000多万两。因而"只要我们各位有钱的，把这笔钱不消买田买房子，大家拿来买股票，只要三年，这个钱也就够了"。此外，"我们四川的人，据户口册算起来，七千万人有多莫少。拿六千万人不上算，只要这一千万，每人买一张五两小票，就够五千万了"。

"就让说我们四川的苦朋友多，……只要大家发个狠，要买这股票也就不难。譬如我们这些做工的帮人的苦朋友，一年多的不过挣三几十串钱，少的不过挣一二十串。说是骤然要拿出五两银子来买票，那却很难。若一年一两银子，只消各位每天少吃碗茶，少买匹叶子烟，存上五六文钱，不消一年也就够了。""要晓得这个路是大家有关系的，全要大家鼓劲。一个巴掌是拍不响的，那（哪）管他有钱莫钱，只要我们一年余得一两，我们就去认买他一张，余得出二两，就去认买两张，钱多的多买，钱少的少买。把他当成买田置地切己的事，那就好了。"

当时，已经有了商办铁路要收回国有或改为官督商办的传言，"后来部里不是还有个电报来，说这些谣言听不得的，本部于商办各路，只有维持保护，绝不干预你们办事的，这个电报公司登过广告的，想来列位也都看见，这尽可以了然了"。"这阵我们国家单算赔款一宗，一年三千多万要还到光绪六十五年（指 1929 年）才还得清。况且还有许多应办的事都腾不出钱来办，那（哪）里说得到买路呢？列位尽管放心大胆买股票吧。""股票虽是见大利迟，却是很稳当的，一好大家好。"

上述白话广告还细说了"铁路是怎么个情景，列位莫见过的很多。是先把一路的地基筑稳当填平整，用五六尺长、五六寸见方的木头，离三四尺远横起一根一根的铺起作枕子，这就叫枕木。然后把这五六尺长的铁条，一边一根的钉在枕木上，这就叫铁轨。这个铁条同车轮子的宽窄，刚刚合式，一丝不错的。这个车子有六尺多高，一丈多长，两边是窗子，中间是座位，底下一边两个铁轮子，两头一头一个大铁钩一头一个大铁环，一轴一轴都挂得起退得脱的。无论你多少货多少人，可以三十辆五十辆挂起，一齐在这铁轨上来回地走。这走起来，不要人拉也不要牛拖，是用一个火轮车带起走的。怎么叫火轮车呢？因为这个车子比寻常的车子不同，里头装得有许多机器。最要紧的是用顶大的火力，将水烧得极热的，那些蒸汽就把机器冲动起来。弄得车轮活溜溜的转。只要一个火轮车，就能够拖着许多载货的车子载人的车子在铁路上飞跑。去年和今年机器局做的铁路模型，那就是铁路的大概样子"。

20 世纪 90 年代初，笔者在法国巴黎研修，在法国外交部档案馆看到一份记载有关 1907 年四川举办第二次劝工会情况的法文材料。其中，有一幅黑白照片表明，川汉铁路总公司在劝工会场（现成都市文化公园内）搭建了铁路路轨及火车车头、车厢的模型，车厢内还有模拟的乘客。当时的四川民众，绝大部分人都没有见过火车，更不知道火车是什么样的，因而在省城展出的这个模型会起到启蒙宣传的作用，也是一种号召民众踊跃投资铁路的渠道。这个展览是由四川官方举办的，由负责工商实业事务的劝业道出面组织的。这也从另一个侧面说明四川官方对于修筑川汉铁路的决心，同时，也告诉我们四川官方在宣传方面的良苦用心。

四川官方的报刊、川汉铁路公司的宣传品，则更可以堂而皇之地在四川的官员、新式知识分子和士绅中传播，使修筑川汉铁路一事成为当时四川社会舆论导向的一个重要方面。

可以肯定的是，在当时的中国，没有哪一个省份像四川这样，为修筑一条铁路而牵动全省上下官民的心。没有哪一个省份像四川这样，为修一条铁路而进行了如此全方位的宣传，而且形式多样，时间也达数年之久。其中，关于爱国、爱家乡的宣称，关于全力抵制外来侵略的宣传，更成为四川官方与民众一致的舆论，也在客观上将四川地方政府推到了借债筑路的对立面。由此，我们也不难理解，清政府涉及湖北、湖南、广东、四川等四个省的"铁道干线收归国有"政策颁布后，为什么只有四川一省一度形成四川地方政府与中央政府之间的对峙状态，为什么只有四川一省能掀起规模空前、愈演愈烈的保路风潮。

二、保路运动群众基础的奠定

声势浩大的四川保路运动，是辛亥革命的前奏与导火线，其历史地位向来为史家瞩目。探究四川保路运动终能独步一时的原因，不可不对这个运动广泛的群众基础进行探讨。而要探讨其广泛的群众基础，就必须对川汉铁路股款的主要来源进行研究。"川路股款独持人民租股为大宗。"[1]其征收范围之广，征收时间之长，征收数额之巨，征收方式之独特，因而对辛亥革命前的四川社会与辛亥四川保路运动影响之深，堪称史无前例。

---

[1]《邮传部奏折》//宓汝成：《中国近代铁路史资料》第三册，北京：中华书局1963年版，第1090页。

官办川汉铁路公司一文莫名，以致"资本久未鸠集，工程久未兴行"[①]。川路股款的来源，实为公司成立后所面临的首要问题。四川留日学生以为全省倡，带头认购股 6 万余两，愿另筹募 30 余万两，并于 1904 年 10 月提出铁路股款的筹集办法。在其关于地方公款的建议中，他们提出"分别上、中、下州县，酌照各粮户租亩多寡，劝令因粮摊认，由丁粮壹两以上起，不派小户"的集股办法。这是目前所能见到的四川人士关于川路股款按粮摊派最早的而又较为具体的建议。

如前所述，1905 年 1 月，锡良参酌湘省所议按租均抽之法，及川省初办积谷、办团、办捐成案，变通办理，并与川省有关人上熟商之后，奏定《川汉铁路总公司集股章程》五十五条。该章程提出川汉铁路股款的四种来源：认购之股、抽租立股、官本之股和公利之股。其中，抽租之股即租股，为重中之重，它奠定了日后保路运动的群众基础。

关于租股的抽收作了如下规定。"凡业田之家，无论祖遗、自买、当受、大写、自耕、招佃，收租在十石以上者，即抽谷三斗；一百石者，即抽谷三石，以次递加照算。无论公产、庙田，一律照收。其收租不及十石者，免抽。"其中所说"大写"，即先租进较多土地，然后又分租出去，以谋取利益，类似"二地主"。与《集股章程》同时颁布的《川汉铁路按租抽谷详细章程》进一步规定："其有佃户押重租轻，及债户以租抵利者，但有租谷可收，数在十石以上，均一律照抽。不专抽自业主，以昭平允。"租股每股银五十两，年息定为四厘，从收款之下一月初一日起算，次年十二月照股付息，总款数由现银支付。

这两个章程公布以后，各州县随即选派士绅二三人为代表成立租股局，并于当年（1905 年）秋忙后开始征收租股，各应交租股人家，将应交租谷，按照各地榜示的时价，折合为现银交纳。够五十两者，领取股票；不够者，领取收单，凑成整股后再换领股票。各地方官派员将所收租股银两分别汇交川汉铁路总公司或其驻渝办事处。自是，全川 140 余府、厅、州、县，除峨边、懋功、打箭炉（即今康定）、理番等少数极为穷僻之地，都开始征收川路租股，且征收对象及于农村各个阶级、阶层，其范围不谓不广。

1907 年，官办川汉铁路公司改名为商办。3 年间，围绕着是否继续征收租股的问题，川省各界舆论纷纷，互存歧见；但岁入 200 万两左右

[①] 戴执礼编：《四川保路运动史料》，北京：科学出版社 1959 年版，第 9 页。

的租股成了川路股款的主要来源，已为不可动摇之势。商办川汉铁路公司不得不继续征收租股。1907年颁布的《商办川汉铁路公司续订章程》除了重申过去有关租股的规定外，还增添如下新章：

（1）租股年息由4厘提高到6厘；

（2）增加一种面额为5两的租股股票；

（3）新设租股零数息折，适应银数零星不足5两不能换股票者；

（4）从1907年起，付息方式改为在次年应缴租股内坐扣；

（5）明确"租股为补助股份而设，其数目不得过股本金额五分之二"，即预定租股总额不得超过2000万两（按：以川路估款为5000万两计算）；

（6）尤为重要的是，《续订章程》增添了有关股东权利、股东会及董事的选举和组成的规定，纠正原《集股章程》内"不得因有抽租股份干预本公司（按指官办公司）路权"的规定。

上列新章，无疑是为了方便租股交纳者并取悦于他们，使其踊跃交纳，实际上起了维持租股作为川路股款主要来源的作用。1908年公布的《改订川汉铁路租、购各股草章》，还就租股局成员的人选资格、职责及各种成色银两对于库平银的折换，作了详细的规定。

为了续征租股，护理四川总督赵尔丰批准川汉铁路公司专门发出的白话广告称："铁路租股，有本有利，不是捐输，切勿疑虑。百分抽三，所取甚细，譬如众人，共本营利。所出之财，不为废弃，况乃铁路，所关甚巨。现虽改办，抽租无异，勿听浮言，妄生异议。……但闻各处，颇有流弊。零星小数，或不给据；或者单收，不与扣利；或不照章，拖延任意。种种弊端，亟宜除去。谕尔粮民，通知此意。按年上纳，按年取息，切勿拖欠，受人蒙蔽。须知路成，利更饶裕，年有年息，红有红利，权当积钱，未尝非计。"①

1911年因保路事起，当年租股亦自行停止征收。租股征收时间达6年（1905年至1910年），不可谓不长。

在实际征收过程中，各地皆以一定数量的地丁银（粮）额作为实收租谷十石的相应标准。但各地方官吏及租股局有"变通办理、酌夺更改"之权，因而各州、县租股起征点悬殊甚大。如温江县的起征点为条粮一钱四分，巴县为条粮一分，而彭山县则为条粮二钱五分。彭山县的租股起征点竟为巴县的二十五倍，无怪乎四川"最大之租股推巴县"。该县历

---

① 戴执礼编：《四川保路运动史料》，北京：科学出版社1959年版，第72-73页。

年征收数额为：1905 年，41 377 两；1906 年，41 377 两；1907 年，41 390 两；1908 年，41 790 两；1909 年，34 710 两；1910 年，34 250 两。

主要由于起征点的不同，四川各州县连续六年征收的租股总额不一，悬殊较大：三台，14 000 两；蓬溪，18 840 两；江津，23 324 两；涪州，20 000 两；宣汉，47 500 两；富顺，36 000 余两；合江，约 30 000 两；资州，200 000 余两；资阳，25 000 余两。①

自清政府举办新政以来，旧税、新捐名目繁多。上缴清朝政府的各款税捐，为数至巨，四川全省主要征收税目已有 28 项之多。仅就数量而言，租股亦大大超过前此任何一种捐税。当时，在四川农村征收的主要税种有正粮，即传统的田赋，津贴、常捐、新捐等是因为镇压农民起义加收的，或是清政府摊派到各省的对外赔款。如温江县，租股年征收额为 23 150 两，而正粮仅为 5 909 两，津贴为 5 909 两，常捐为 16 360 两，新捐为 9 000 两。在武胜，租股年征收额为 44 894 两，而正粮和津贴均为 4 276 两，常捐和新捐均为 25 700 两。

根据现时可见资料，可得三年全川全省租股征收数额。

1905 年：2 900 131 两；

1908 年：1 519 259 两；

1909 年：1 343 459 两。②

关于川汉铁路股款总额及租股的征收额，各种资料的统计不太一致。根据《四川文史资料选辑》第六辑所载《四川省志交通志（铁道篇）》编辑组撰写的《川汉铁路筹建经过》中的《总纂实收数目简明表》记载（川汉铁路总公司 1911 年公布）记载，川汉铁路股款总额为 11 983 005 两，租股的征收额为 9 288 128 两。租股的征收额占川汉铁路股款总额的 77.5%。《蜀风》第九期（按：当为 1913 年出版，）所刊登的《川路总公司宜万路工让归国有接收报告》则称："总计国家接收之数，成都直接用款六万七千三百八十一两九钱零，间接用款六百一十五万八千六百九十三两六钱零。连同宜昌直接用款六百五十万零二千四百七十六两九钱零，总共直间接用款共库平银一千二百七十二万八千五百五十二两五

---

① 鲁子健主编：《四川财政史资料》上册所载民国修各县县志，成都：四川人民出版社 1984 年版，第 500-507 页。

② 1905 年数字采自邓容：《废租股论》//《川汉铁路改进会报告》第二期。其余两年数字采自宓汝成所编《中国近代铁路史资料》第 1096 页内表，这两年数字当为铁路公司实收额，即未把截付的租股息银（年息六厘）计入。

钱零。"①按《蜀风》所述，川汉铁路总公司为筹建川路，仅直接和间接用款即达 1200 余万两，已经超过《总纂实收数目简明表》所载的川汉铁路股款总额。如果加上尚未动用的股款，那么，川路实收的股款总额当更多。

无论如何，仅租股六年征收总额 928 万余两，就相当于同时期川省地丁银额总数的 2.3 倍。超过以商股为主的浙路实收股总额 925 万两，多于湘路和鄂路全部实收股款总和 864 万两，亦接近于苏路、赣路、皖路、黑省、同蒲、洛潼等路全部实收股款总额 1030 万两。川路租股的征收数额不可谓不巨。

但是，租股征收过程中的弊端是非常明显的，主要表现在局绅的贪污挪用以及强行摊派过程中的随意性。

租股的征收带有政治方面的强迫性质。不管交纳者有无追求剩余价值的动机，亦不问人们是否自愿长期入股，一律绳之以官方或者半官方的命令，由封建政权的各级行政机构会同川汉铁路公司制订政策，选派租股局绅实行征收，并列为官吏治绩的考核奖惩项目。对于经手的绅士团保，"于开办第一年办理得法，查报公平，收解踊跃，准由地方官尤（优）禀请给予外奖，或赏功牌，或给匾额。以后如经但年无误，准给外奖一次。一段路成，准择尤（优）奏奖。若自开办之日起至全路告成之日止，始终任事，办理得宜，毫无贻误者，准详请按照异常劳绩奏奖，以示鼓励"。对于地方官，"如办理得法，一无骚扰贻误，首先全数收齐报解者，或予调署。其全数收齐报解在十月以前者，实缺详请记功，候补详给酌委，以示鼓励"②。

按照有关租股的征收章程，四川各地应成立专门的征收机构——租股局。主其事者当是"公正绅董"，而且除铁路公司外，"无论地方何事，不准动用分毫"。各县设立的租股局一般都具有封建政权基层税收机构所拥有的权力。因而，租股的征收方式与封建政权征收捐税的方式无甚区别。其征收过程中不可避免地出现中国封建社会所固有的种种弊端。尚未开征之时，有的地方即不准农户分家，果有分家者，"仍应照未分家立

① 当为 1913 年出版，文中有办理此种交涉"迄今一年有余"，而国家"还本付息"的起始时间为"自民国三年一月一号起至十二月末日止"。
② 戴执礼编：《四川保路运动史料汇纂》上册，台北："中央研究院"近代史研究所史料丛刊第 23 种，1994 年版，第 338 页。

收税总数照收，并当议罚"。地方官吏及租股局外在征收租股时，常与地丁同征，甚至"凡纳粮者，均勒令先上铁路捐（指租股）。如果无力同时缴纳正粮与租股，地方官及局绅则将所纳之正粮强指为租股""而严科以抗粮之罪，鞭笞捶楚，监禁锁押"。在这种专制手段摧残下，农村中"卖妻鬻子，倾家破产者不知凡几"。更有甚者，"其无力缴捐，加以拳匪之名被诛者，如开渠、新万、平武等县，时有所闻"。广安州牧顾思礼为记大功四次，先自加垫公款 30000 两为该县认办 1200 股，后强派购股未及半，遂额外按粮摊派并"出差锁押勒缴"，为"从来未有之苛酷"。在决定征收对象时，劣绅借此为收受贿赂、报复仇怨之手段。如地主为其亲朋好友，"则收租多者可以少报；如地主与之有嫌怨或未行贿赂，则收租少者可以多报"。

至于租股局绅"冒领股息""吞灭股票"，另如贪污、挪用租股银两的情况，所在多有。这种强制性征收方式，使"各州、县文告中亦有称租捐者，可谓谬妄极矣"。相当部分租股交纳者视租股"不以为利己之商业，而以为害人之苛政"，甚至"视同加赋，求免追呼而已"[1]。

川路租股是封建性的捐税，还是具有资本主义性质的有价证券，是需要特别予以说明的，因为这涉及对"铁道干线收归国有"政策的评价。

笔者认为，正是封建专制的国家权力，不自觉地推动着川汉铁路公司这个川省首屈一指的资本主义企业鹅行鸭步地缓慢发展，充当了资本主义生产方式的吹鼓手。但是，和封建统治阶级希图维持皇统万世的愿望相反，它种瓜得豆，用专制手段征收而来的川路租股，一进入资本主义经济领域，它的性质就完全变了，成了具有资本主义性质的有价证券。

马克思在谈到资本原始积累时强调指出，这种积累"在不同的国家带有不同的色彩。……在英国，它才具有典型的形式"[2]。劳动者（农民与小手工业者）与生产资料相分离的过程，早在鸦片战争前的中国封建社会中便已发生，但它主要没有被利用来作为资本主义生产关系的条件。从生产资料中游离出来的破产农民与手工业者，没有成为资本主义生产关系中的劳动力出卖者，绝大部分沦为农村的下层群众，甚至流离失所。鸦片战争以后，中国社会自给自足的自然经济逐步解体，无疑加速了这个劳动者与生产资料相分离的过程。殖民者的枪炮和西方文明摧折了中

---

① 戴执礼编：《四川保路运动史料》，北京：科学出版社 1959 年版，第 57-61 页。
② 《马克思恩格斯选集》第二卷，北京：人民出版社 2012 年版，第 326 页。

国社会原有的资本主义幼芽，并使这个分离过程主要为殖民主义者提供了劳动力市场和货币财富；而给本国资本主义兴起和发展所准备的财富积累，只是殖民者贪婪吸吮后的余沥剩羹。因此，一方面失去生产资料的劳动者绰绰有余，另一方面开办近代企业的资金严重不足，这就是近代中国社会畸形的资本原始积累所具有的基本特征。因此，中国社会资本原始积累的基本内容，在于积累起来的财富，是否转化为榨取剩余价值的垫支资本。

租股是完成了向垫支资本转化过程的。按照有关租股征收章程及实际征收情况，从阶级关系上我们可以把租股交纳者大致分为两类：一类是大、中、小地主；另一类是自耕农、半自耕农和佃农。因而就其来源性质而言，租股亦相应地分作两个部分：一部分是地主阶级剥削农民所得的封建地租；另一部分是农民小生产者的劳动所获。不言而喻，这两部分都是农村封建小生产经济的产物，它们同样以货币的形式被强迫投入近代资本主义工业经济之中。以租股为主的川路股款，从用途上亦可分为两类：一类是用于采办修建铁路所必需的机器、材料，雇佣四万多工人从事宜（昌）万（县）段的修筑，开办铁道学堂并派员出国学习铁道专业知识，聘用詹天佑等国内专业人才进行勘测、设计和施工，等等。此项用途花费 400 余万两；另一类是暂不动用的款项存入省内外的银行和钱庄，变成生息银两，与商业资本、工业资本和银行资本发生关系，此类款项在 700 万两左右。显然，租股是"当作资本来发生作用的价值量"，是垫支资本。[①]因此，川路租股是近代中国社会资本原始积累的一种独特方式，它所具有的资本主义性质，是显而易见的。

其次，将租股与前面所有的封建捐税相较，亦可看出其具有的资本主义性质。20 世纪伊始，清廷举办新政，其费用无不敛自民间，但全都有去无回。所谓"昭信股票"亦变成封建捐税。租股是有股息的。官办川汉铁路公司时期，租股股东于 1906 年、1907 年两年领取了四厘息银。1907 年商办川汉铁路公司成立后，付息方式虽改由次年所缴租股内截付，但股息在法律上却一直存在。租股股票是具有资本主义性质的有价证券，可以自由买卖或者转让，股东权利亦随股票的易人而让渡。零数租股，亦可添交现银而凑成小股或整股股票。从这点上讲，租股与购股并无多

---

① 从翰香：《关于中国民族资本的原始积累问题》//中国人民大学清史研究所编：《中国近代史论文集》上册，第 511 页。

大区别。甚至"土商完纳经费（指土药块茶股）与农民完纳租股情势相同。……不足五两者，仿照新定租股息折章程办法颁发息折"。川汉铁路公司多次重申，租股股票与购股股票同等价值，并无贵贱之分。一旦路成，它们都同样地具有分取红利即剩余价值的资格。

商办川汉铁路公司成立后，强调股东应享之权利，声明"凡附本公司股本者，无论有无官职，一律对待"，纠正官办时期租股股东不得干预路事的规定。《续订章程》并按公司律，专列三章明确股东、名誉董事、董事、查账人的权利及选举事项。规定"凡一整股以上之股东到会时，均有发议及选举他股东为董事、查账人之权；其联合小零股以成整股者亦同"。100整股以上股东有资格被选为董事，50整股以上股东可选为查账人。租股局绅的入选资格为"年人租股至三石以上者"，基本废除任意指派的陋规。这样，四川各地大大小小的租股股东都享有不同程度的股东权利。1905年后各县股东分会的成立，更为众多的股东提供了讲论路事、指陈弊端的机会。及至保路事起，由各属股东分会选派代表组成的川路特别股东会，更以股东利益捍卫者的姿态出现，反复与清廷、邮传部进行说理斗争。租股股东享有的这种资产阶级的权利，是封建赋税的交纳者所不可能享有的。这种来自农村的因而显得特殊的权利，连护理四川总督赵尔丰也承认："四川租股代表资格，……为万国各种公司股东会所无。"①

同时，我们亦应看到，租股远远没有完成向资本的转化。按照马列主义的观点，资本的一般公式是货币—商品—货币，最后阶段的货币应该而且必须比最初阶段上的货币有一个增值额即剩余价值。作为货币投放到川路中的租股，在公司的资本主义经济活动中发挥了垫支资本的重大作用。但是，由于种种政治、经济的原因，作为资本一般公式中"商品"的川汉铁路没有完成，租股尚未走完货币—商品这段行程，亦未带来由工业资本增值而带来的剩余价值。

四川著名的立宪派人士邓镕曾经对租股下过这样的定义："租股者，就于川人之有土地所有权者，附于国税，按亩加征，而以为公司营业之资本、立股份者也。"②除掉其关于租股征收对象的阐述不确定外，他对租股本质的认识是基本正确的。要而言之，川路租股是依靠封建国家权

① 戴执礼编：《四川保路运动史料》，北京：科学出版社1959年版。
② 邓镕：《废租股论》，《川汉铁路改进会报告》第二期。

力征收而来的资本原始积累。

川路租股的产生是有其历史必然性的，它是清末四川社会政治、经济情况的反映。

四川僻处内地，其资本主义的发生和发展，较之沿海省份约晚20年。20世纪初，四川的民族资本主义工业极为薄弱。据初步统计，1889年至1911年的20余年间，四川全省先后兴办的火柴、缫丝、纺织、造纸、制革、采矿、玻璃等厂矿企业仅有68家。其中拥有可观资本，长期开办者为数很少。在官办川汉铁路公司成立前即已开办的企业，仅有13家。对此，四川省咨议局在1909年的估计更显悲观："近年实业进展不大，全省生产事业，属于商者十二三，属于农者十七八。"四川民族资本主义工业的经济力量，实不足以挑起修筑像川汉铁路这样工险费巨的重担。然而，帝国主义者对于川省铁路"群思揽办"，特别是"英、法眈眈，垂涎相视，安危之机，间不容发"。帝国主义的侵略刺激全川人民决心防患于未然，义无反顾地决定自筹股款，自办川路。情形正是这样，资本主义列强对于落后国家所进行的侵略，"迫使一切民族都在灭亡的恐怖下采用资产阶级的生产方式"①。四川留日学生预计到川路股款筹集非常困难，只有商股不行，单有官款也靠不住，必须官商合办。然清政府对外赔款其巨，举办新政需费日亟，财政极为拮据，根本无力参与这个估款达5000万两以上的工程。连留日学生曾经设想过的官商合款兴办之议，亦付之东流。资金严重不足，而自办川路又势在必行。四川的官吏、外商甚至留日学生，不可避免地借助于前此征收捐税以为地方公益的先例和形式，强行提取封建经济的一部分作为近代资本主义工业的股本。于是，租股应时而生。其后6年，租股作为川路股款的主要来源，支撑着川汉铁路从勘测到开工的重担。

四川的官绅均知道租股在川路股款中举足轻重的地位。为了保证路股特别是租股的征收，四川官方及铁路公司出台了一些奖惩措施，如对地方官员以各种形式的奖励。

四川铁道学堂的成立，是奖励措施中最为特别的。

四川铁道学堂早在1906年就开办了，此时，川路的具体筹建才刚刚开始，纯粹为了激励多认多交铁路股款，其招生的名额与路股的多寡挂钩。其规定，按各厅州县交纳股款的多寡分配名额，多的三个名额，中

---

①《马克思恩格斯选集》（两卷集）第一卷，第13页。

等的两个名额，少的一个名额。"独认路股万金以上者，准自送学生一名与考"。学生的学历不要求中等学堂毕业，而且还设立预科。四川铁道学堂的生源及设预科的条款，与学部关于实业学堂的有关规定不相符合。"该学堂铁道本科既为造就高等工程师而设，自应按照高等学堂程度教授，其学生应由中等学堂毕业升入。今仍设立预科，实与本部奏案不合。"

《四川官报》第九册"督宪批提学司详铁道学堂呈复核该堂办法请咨部备案文"如下：

宣统元年九月初十日，案奉宪台札开本督部堂咨送四川铁道学堂章程一案，准学部咨称，该学堂分铁路本科、建筑专科两项。铁路本科分预科、正科。预科一年半毕业，正科三年毕业。建筑亦分预科、正科。预科一年半毕业，正科三年毕业。现在各项高等学堂业经本部奏准，应以中等学堂毕业学生升入肄业，不得设立预科。该学堂铁道本科既为造就高等工程师而设，自应按照高等学堂程度教授，其学生应由中等学堂毕业升入。今仍设立预科，实与本部奏案不合，且该学堂于光绪三十二年开办，未将月份载明。原开之业务班测量班本科三年班，俱于何年何月入堂入学，资格如何，入堂后按何种程度教授。现既分铁道本科及建筑科毕业，究竟以何项学生入铁道本科，何项学生入建筑科，是否径入正科，抑或先入预科。文内所开本科甲班预备学业已经修讫，不久升入正科之学生是否即原开业务班测量班，本开三年毕业，升入铁道本科之学生，建筑甲乙两班，现将次第毕业之学生，是否即原开业务班测量班，本科三年毕业分入建筑科之学生，抑系另行招选之学生。所云次第毕业，是否毕预科业，抑系毕正科业。究竟该学堂现有学生几班，每班有学生若干名。应饬该学堂将各班学生姓名、履历、入堂年月、现隶何项正科或预科肄业，习第几年功课及曾入何项学堂肄业几年，详细造册报部。章程所列功课，但列学科，未将分年程度、授课钟点、拟用课本，详细列载，无凭稽核。应并补报，考取学生应就学力，选择章程内所开，独认路股万金以上者，准自送学生一名与考，虽难为各处学堂办法所无，然为提倡路股起见，尚可通融办理，但所送学生应将资格订明，以免滥送。考选时亦不得意在迁就。光绪三十四年，本部曾经通行各省，凡关于实业教育之学堂事务，皆常则成提学司管理。不得因设立学堂之经费筹自他处，或学生毕业后应归他处任用，遂将该学堂管理之权划归他处，庶与定章相符，以收教育统一之效。铁路为实业之一端，既经设立学堂，应饬该公司随时禀承提学司筹定办法，将应行呈报之表册，呈由提学司核定详请送部备核。相应咨复贵督查照办理可也。等因。准此。

对于集股不力，甚至虚应故事的厅、州、县负责人，则予以通报申饬、记过、罚款等处分。

《四川官报》第二十八册"公牍""铁路公司详请筹办路政不力各员分别记过饬催文"如下：

为详请示遵事，窃为轨政之设，责在公司，公司之助，借乎牧令。本省抽集股份，一切文告章程迭经颁发各厅州县，通饬遵办在案。现在各属集股较多者，均蒙赏记大功或批示嘉奖，各有差等。第僚属不尽勤能，自应劝诫互用。矧轨开工之迟速，视各属股本之盈虚。公益有关，岂容忽视。数月以来，各属劝股抽租等事，固有过于审慎，不敢轻率禀报者，亦有习于因循，不知关系重大者。概以宽其责备，何能举此要工？除已奉饬免办或缓办各属不计外，其余于购股、抽租之股办法概未禀报者，拟请记大过三次；仅据含糊禀报并未切实劝办者，拟请记大过二次；或地方繁富商，劝募购股无多，其租股如何办法，始终亦未禀报，或原禀一切办法被批饬另筹而延不再禀者，拟请记大过一次。又如禀报购股若干，延未批解，并应严切札催，限文到五日分别遵章办理，依限解清。自此次札催之后，果能踊跃奋兴，力图后效，请准随时详请销记过处分。倘复仍前玩泄，应再详请分别惩处。如此功过分明，庶几克期奏效也。公司为慎重要公起见，所拟酌量记过以示薄惩之处，是否有当，理合具清摺，详请宪台俯赐核批示祗遵。俟奉批示，遵即分别札饬遵照。仅将劝办路股不力各厅州县，拟请分别记过札催缮具清摺呈，乞宪台察夺。计开越嶲厅同知塞丞念桓，蓬州知州戴牧赓唐，冕宁县知县吴令述曾，巫山县知县吴令鳞昌（本年七月十一日到任），云阳县知县武令丕文，万县知县汪令贲之，南江县知县陈令玉森（本年六月十八日到任），营山县知县韩令克敏，筠连县知县韩令嘉骏（本年七月奉旨赴任，尚未申报到任日期），以上各厅州县购股、租股如何办理，概未禀报，除到任未及三月各员，请暂免记过外，其余各员拟请记大过三次。洪雅县知县杨令锡澍（七月禀商农合卷三百股，奉宪批，悉心查办，另禀），庆符县知县陈令毓桢（七月禀请票摺六十份并无认股确数，又禀称租股遵章办理），大宁县知县梁令鸿鬐（五月禀请缓办租捐俾专力认股或抽租即免认股本，宪批租捐不准展缓，购股酌量劝办），资阳县知县霍令勤炜（七月禀租股设局，查办购股难，势必若干于先请禀摺三百张），蓬溪县知县许令曾荫（六月禀请劝集一百八十余股，今尚未解租的办法，亦未据禀，正月摺问适该县批解股本八十股，又禀明查租情形，免记过），以上各员，购股租股票报含混、忽略，除洪雅县知县杨令锡澍已另案改归教职，请免置议外，其余各员拟请记大过二次。中江县知县刘令宝泉（五月禀请宽以时日遵章细查，奉宪批饬依两月限期禀复未据绪禀，又称劝集三百二十股，亦尚未解），秀山县知县江令继祖（五月禀请缓办购股租股本。以上两员奉批饬驳延不再禀，除中江县知县刘令宝泉代理未久，业经交卸，请免记过，其余一员拟请记大过一次。酉阳州、资州、温江县、郫县、绵竹县、平武县、太平县、垫江县、昭化县、屏山县、纳溪县、仁寿县，以上各员购股已经劝认，惟租股办法未据禀报，请札催限文到五日内据实报查，又查昭化县禀购二十五股，仁寿县禀购二百股，亦皆分文未解，请一并札催限文到五日批解，以济要需。威远县、华阳县共九百四十股，金堂县四十余股（正缮摺间适据该县解到六十股，理合登明），罗江县八十股，名山县约七八十股，西昌县一百二十股，盐源县六十股，会理州四十股，邛州二百二十二股，蒲江县二十股，永川县约七百股，荣昌县约四百股，南川县一百股，涪州一千股据禀九月底先解四百股，铜梁县四月禀三百二十四股，批准秋后解六千二两，其余两年解清。七月禀连前共四百零四股，仍请三年分解。大足县约三百股，璧山县二百一十股，定远县九十六股，奉节县六十股，东乡县九百一十五股，新宁县七十余股，渠县二百一十股，大竹县二百五十股，忠县四百余股，垫江县八十股（七月禀催收解渝），黔江县四十一股，彭水县一百股（八月禀本年解六十股，来年解四十股），仓溪县十股，巴州二百股，南充县一百股，仪陇县一百二十余股，广安州一千股零，岳池县四百零八股，射洪县四十股，盐亭县六十股，中江县三百二十股，乐至县一百股，安岳县四百八十四股，长宁县六十股，高县三百余股（禀请限十冬两月批解），珙县三十股，兴文县二十四股，隆昌县二百余股，屏山县二百二十三股，井陉县八十股。以上各员先后禀报购股数目，今尚未据解到股本，请札催，限文到五日赶紧收齐批解，以应要需。江安县知县吕令森（六月禀俟秋后方能劝集股本，奉宪批该县富户尚多，必应多购，现未再禀报，请专札口催。以上开列各条，查至具折前一日为止，合并声明）批，据详已悉。勤奋固应记奖，息玩必当示惩。折开将筹办路政不力之各厅州县分

099

别记过饬催，应准照办。仰即分别饬遵并移司注册，饬缴记过银两，以彰实罚，缴折存。

川路股款的筹集，有若干与他省相异的规定。除前述租股最为明显外，其余官本之股、公利之股、认购之股亦不乏特别之处。

官本之股。《川汉铁路总公司集股章程》规定："凡以官款拨入公司作为股本者，即作为官本之股。"实指四川地方各衙门将公款作为股本投入川汉铁路总公司，但首批听命愿意持有官本之股的，仅有"藩库拨归公司的宝川局鼓铸存本银 28 万两"。官本之股亦以 50 两为一股，按股填给息票。自收款之下一月初一日起算利息，年息 4 厘。官本之股所得利息，均按年解归各个衙门，作为公款存候拨用。路成之后，也按股分给红利。

而官本之股的性质，却有别于租股。"凡借拨存放生息公款，只能作为本公司借款。""一俟股本充足，即先将借款提还；不得以借款作为股本，以免利息偏重，致损商本之利。"按此规定，官本之股与银行、钱庄的存款并无二致，与租股的性质也大为不同。

此外，在《川汉铁路总公司集股章程》中，有关官本之股的规定存在一些矛盾之处。如前所述，一方面将官本之股视为银行、钱庄的存款；另一方面，又规定"凡拨作本公司官本之股，无论何项要公需款，均不得向本公司提取股本"。加之路成之后有红利的规定，却又将官本之股视为具有资本主义性质的股票。上述矛盾的出现，表明当时四川官方及绅商对于有关股票的资本主义经济法规，还不完全了解。

不管怎样，总额仅为 28 万两的官本之股，在川路实收股款总数中只约占 2%，它的出现虽然体现了四川地方政府对川汉铁路的关切与扶持，但毕竟为数甚少，无关大局。因而在 1907 年 3 月颁布的《商办川汉铁路公司续订章程》中，官本之股再也没有名列其中。但是，在股款的实际筹集中，官本之股还继续存在。如自 1907 年 4 月至 1910 年 1 月，在川汉铁路公司的实收股款中，便有官股 184 800 两。

公利之股。《川汉铁路总公司集股章程》规定："凡因本公司现实筹款开办别项利源、收取余利，作为本公司股本者，即作为公利之股。"公利之股如同其他股份一样，亦以 50 两为一股，按股填给息票。自收款之下一月初一日起算利息，年息 4 厘。

与官本之股不同的是，公利之股所得利息可以投入公司作为股本。

但是，公利之股，虽是因铁路而开办，但只能提其余利作为股本，不能将所获之利为公司所有。换言之，公利之股所得利息或股本的所有者并不是川汉铁路总公司。公利之股每年应得 4 厘息银，及路成后应得红利，均按年照数提存，拨作地方紧要公用。

对于如何获取公利之股，《川汉铁路总公司集股章程》有如下规定：现拟试办铜元，业经本公司会同机器局总办详定提借当铺、盐局公款银壹百万两并在票号借银五十万两。在于重庆设厂试办。所得余利，除当商、盐局愿意认息银数目，按季报解，并提还票号息款外，其余全数拨作公司股本，仍按五十两一股，制给股票，新设之厂，暂归公司管理，收支账目，另行造册，按季详报，并移明机器局存查，不与公司出入款项相混，以清界限而免轇轕。仍俟股本充裕，即将重庆铜元局拨归机器局管理。""此外如制轨之铁、垫路之木、行车之煤皆系川省出产，若因开办铁路，由公司拨借本款开采；其中质料有非铁路所需，或为铁路用有余剩者，自应随时转售，所获余利，亦归公司。路成之后起，除借动公司原本，倘尚有余存，亦作为公利之股。惟川省所产之铁、之木、之煤，能否合于铁路之用，采取有无利益。仍当细加考察，再行详办。

按照《川汉铁路总公司集股章程》的规定，四川地方政府认为可能获利的项目是铸造钱币和铁路材料的附带开发。

铸造钱币。1905 年 2 月，《川汉铁路公司集股章程》被商部、户部、外务部会奏批准："该省铸造铜元应准设局试办。"当时，清政府屡次割地赔款，白银大量外流，国内货币流通量严重不足；同时，在未有银币之前，公私出纳、商业交易都用银锭，而成色有老票、新票、规银等之分，计量器也极不统一，有库种、九七秤、沙秤等多种。当时用作找补和小额交易用的制钱因商人、地主私自销毁改铸，多数已残缺粗糙、字迹模糊而成量轻质低的毛钱。在币制混乱的情况下，各省官吏为垄断地方经济纷纷设厂造币，四川亦仿照上海、天津、武汉等地在成都设造币厂，于 1904 年继机器局后正式铸造银元，继又铸造当十文、当二十文的铜元。开铸铜元之初，含铜较多，铸工亦精，为民间乐用。因此，铸造钱币既有利于币制的统一，从而有利于经济的发展，又有利于铸造者获利。

从理论上讲，锡良把造币厂设在重庆，也符合经济规律。首先，因为四川政治、经济、文化中心——成都已有造币厂；其次，因为重庆是长江上游较大集散市场，商业发达，对于铜元的流通需要量也较大，有市场前景。按当时的规定，铜元的含铜量不得低于 70%，含铅和其他杂质不得超过 30%。铸造银币，利润是优厚的。

锡良对造币厂进行了规划，在计划妥当后，旋即在川汉铁路股款中提拨银 80 万两，作为建厂及开办费用。锡良并饬藩台沈秉堃主持，购买了南岸苏家坝靠河田土近 200 亩为厂地，一面派人去上海向洋行洽购机器，并委托设计，但历时两年始签订合同，购妥英制和德制设备各一套。厂的建筑为中式平房，依倾斜地形成两台，上台为局址，下台就英制、德制设备各建厂房对峙，所以有英厂、德厂之称。厂房建成后，德制设备安装调试好，而英制设备则始终未进行安装。德机虽已装好运转，但终因主要原料——铜不能大量供给，所以始终不能正常生产。1907年春，重庆铜元局尚未建成，锡良即奉调赴任云贵总督。直到 1913 年在辛亥革命后才正式投入生产。以后，重庆铜元局成为各路军阀争夺的首要目标。

铜元局的经营结果：1905 年锡良札委蔡乃煌开办时筹办经费为 150 万两，是以川汉铁路公司的名义向当商、盐局及其他商号代借的（100 万两为藩库存入当商、盐商生息银，50 万两向其他商号代借）。铜元局因隶属川汉铁路公司，就可以向公司借支，公司还得代付本息款。截至 1907 年 11 月 22 日，从《邮传部奏王宗元等清查川汉铁路公司账目情况折》中得知，在重庆铜元局共用过公司银 212.6 万余两，收回铜斤变价银 129.3 万余两，灯捐、土厘抵银 612.3 万余两，筹还现银 20 万两。共收回 210 万余两，尚欠银近 2 万两。

对铁路材料的附带开发。为获公利之股而进行的这项投资活动仅存在于纸面上。1905 年内阁侍读学士承瀛条陈川汉铁路办法折也涉及这一内容："一、建铁厂：从前各路材料，多取外洋，不知造路以煤铁为大宗，川省煤炭，到处皆有，铁则鄂省大冶之产，汉阳之厂，在所必需。然道长费巨，领先在川省如綦江、江津两县所属之江口地方，修筑铁厂一所。该处煤铁俱佳，地势恰合。路在鄂省用大冶铁，在川省者用津、綦铁。且江口滨临大江，顺流而下，转动亦易；即重庆、内江、成都等处，亦可接济。铁轨既成，必须讲究行车，亦拟由成都机器局、汉阳铁厂添购机器，分头自造，不致利落外人，漏卮贻患。"[1]这些设想是极有远见的，

---

① 戴执礼编：《四川保路运动史料汇纂》上册，台北："中央研究院"近代史研究所史料丛刊第 23 种，1994 年版，第 371 页。

但到 1911 年武昌起义时，即到川汉铁路工程停止时，仅完成可供开行工程运料列车的线路 30 余里。工程量小，更谈不上对铁路材料的附带开发，这项公利之股的投资活动几乎为零。

由于重庆铜元局经营不善，物议纷纷。在 1907 年 3 月颁布的《商办川汉铁路公司续订章程》中，公利之股如同官本之股一样被取消了。

存款生息和对股票的投资。这项活动虽然在锡良的奏折中没有具体指明，但从公利之股的本质——"开办别项利源、收取余利，作为本公司股本者"来看，这项活动仍然符合公利之股的本质规定，考察川汉铁路公司的公利之股时也应考察之。

股款在创办之初，悉解官库代收。其后，铁路公司成立，即由公司经行收存。锡良当初奏定，铁路股款无论日后有何急要，绝不提挪。为什么川汉铁路公司后来又把股款用于存款生息和股票买卖呢？这首先是因铜元局开了动用公司股本的先河；其次是 1905 年以来，"岁收购股、租股均在三百余万以上，年息四厘、未筹保息之法。彼时开工无期，故将公司前后所收股银，陆续存放各商号生息"，旨在用存款所获得的利息支付股东的股息及维持公司的正常运作。川汉铁路公司存款生息分作两类：一类是存入金融机构，如存入钱庄、票号、银行。川汉铁路公司曾存钱于正元、兆康等钱庄和汇丰、利华、交通银行等；另一类是存入企业公司，川汉铁路公司曾存入戒烟总局、制革公司、湖北水泥厂、商务局纸厂等。对于存本生息这项公利之股投资活动的起因和效果，从 1908 年《四川川汉铁路公司白话广告》中也可得到答案："公司是从六月初一起才算是接管。中间因为各票号前年冬下存他们□□的一百万银子不认利，公司把这些钱一起提回来，跟倒又才放出去……""列位，还有句话，我们这个钱，不是净净的搁倒吃，是通通放出去在生利，还有点赚余贴补。从前汉口、上海两处，没有设局，我们的钱大半都放在成都重庆两处各票号；然而成都、重庆的生意小，莫得汉口、上海那么大，所以利钱也就赶上海、汉口的小，每月才四厘钱。从前还敷得住股息，如今拿六厘来比较，每万银子，公司一年要贴一百二十两，这么几百万，算拢来还了得吗！所以去年把上海、汉口两处设局，有了妥当经理人，就把我们的钱陆续往底下汇。这两处的利钱，长期短期一拉，总够按月六厘的光景，掉转来一算，一万银子一年要赚一百二十两了。如今上海的存款有三百多万，汉口也是三百多万。成都、重庆的也慢慢的涨成五厘了；

拿满盘合算起来，一年就有六七万银子的赚款……"①

上海管款员施典章还购买了兰格志火油股票 485 股，计价银 85 万余两，事前曾向公司报明，因此也应算作川汉铁路公司为筹公利之股而进行的投资。

为获公利之股而进行的存款生息和对股票的投资曾经产生过效益。查 1911 年 6 月 16 日以前的账目，有一项是生息及杂收入 330 余万两。虽然不能确定利息的具体数目，但曾获很大的利息收入是无疑的，但这项活动的最终结果是产生了 300 余万两的亏款。上海钱庄倒款计有：正元倒银 51.4 万余两，兆康倒银 39.7 万余两，谦余倒银 28.5 万余两，无源倒银 1.8 万两，裕源长倒款 0.6 万两，计上海钱庄倒款 140 万两以上。利华银行倒款 60 万两。购买兰格志火油股票共亏 85.2 万两。

值得注意的是，如果将川汉铁路公司因股票投资和存放钱庄的倒款，算作亏损，而存款生息及杂收入计作赢利的话，那么两项均为 300 余万两，则可基本持平。因此，川汉铁路公司已经实际进行的这些经济活动从总体上观之，并不是一事无成。更何况因上海钱庄倒款而导致的亏损，只能从清末的金融风潮中或钱庄方面寻求原因，其过主要不在川汉铁路公司或施典章个人。股票投资本身是风险投资，川汉铁路公司和施典章敢于冒风险的勇气，在当时的历史条件下的四川，并无过多被指责之处。如是，清政府和邮传部那种片面抓住股票投资失败和存放钱庄的倒款而大做文章的做法，并不可取。

在前述川汉铁路公司为实现对铁路以外的投资而筹集公利之股所进行的经济活动中，我们可以得出以下几点结论。

其一，从最初的《川汉铁路公司集股章程》观之，关于公利之股的规定依然有明显的不规范之处。既然公利之股的资本的相当部分是由川汉铁路公司支付的，为什么获利后再投入公司作为股本时股权却不为公司所有？照此办理的结果可想而知。如果成功了，主要获利的并不是川汉铁路公司，而是四川地方政府，它既可以得到热心提倡社会公益的美名，又可以手握川汉铁路公司的股票。如果失败了，官方可以不负责任，经济损失则由川汉铁路公司承担。事实上，其后的历史进程也体现了后一种结局：重庆铜元局经营不善而导致的亏损成为日后清朝政府收回川

---

① 戴执礼编：《四川保路运动史料汇纂》上册，台北："中央研究院"近代史研究所史料丛刊第 23 种，1994 年版，第 351-370 页。

汉铁路的借口，也是所谓"商办"川汉铁路公司的恶名。

其二，从重庆铜元局经营不善而导致亏损的结局考察，主要责任应在官方而不是川汉铁路公司。按照《川汉铁路公司集股章程》所载，试办铜元局的决定是由四川官方和川汉铁路总公司共同做出的。但是，那时的川汉铁路总公司是官办公司，权操在官方。同时，试办重庆铜元局的实际操作也全在官方。因此，失败的责任理所当然地应由官方承担。让商办川汉铁路公司承担重庆铜元局经营不善的罪名是不公平的。

其三，商办川汉铁路公司取消了官办川汉铁路公司有关公利之股的规定，事实证明是正确的。这主要体现在：一方面是对近代股份制企业在制度上的进一步规范化，使企业在经济活动中有了更多的自主权，部分地消除了政治权力对企业经营管理的干涉；另一方面，我们也应当看到，官办川汉铁路公司在关于公利之股的某些思路上，亦为商办川汉铁路公司所承继，即暂时不为铁路所用的股款可以进行别的投资以获利。因此，商办川汉铁路公司在省内外银行钱庄的存款所得利息能够弥补官办川汉铁路公司试办重庆铜元局出现的亏损，以及它自身在上海进行股票交易的失败。

关于认购之股。《川汉铁路总公司集股章程》规定："凡官绅商民自愿入股冀获铁路利益者，即作为认购之股。"认购之股亦为每五十两一股，从交款的下一月初一日起算利息。路成之后，也可分得红利。

从理论方面言之，购股股东是个人，因而有了一些近代股份制企业必不可少的规定和股东应当享有的权益。这主要体现在以下几方面。

其一，"凡属股东，如果确有见地，不妨条陈听候抉择""若公司在事人等及各州县分局员司暨董事人等有舞弊情事，但入有股份者，皆许指实证据，禀请确查惩究"。此条专为购股股东所规定，表明购股股东有对公司的经营管理发表意见的可能。

其二，"认购股票之人，只准取息分利，不准提取本银；倘一时需钱使用，准将股票转售与人，惟须将承售之人姓名住址详细报明本公司换给股票"。这表明购股股票可以进行自由买卖。

其三，购股股东的股票如有遗失，应尽快向公司挂失，说明有关认购时和付息情况以及股票号码等，在有担保人具保之后，"公司查对存根底簿相符，准予补填给执"。

不过，《川汉铁路总公司集股章程》在有关购股和购股股东的规定上，仍有若干显而易见的封建色彩。在对公司的经营管理发表意见时，"不得干预本公司用人行政之权，以免筑室道谋，事权旁落诸弊"。在有关筹集购股股份的条款中，不乏"劝令""摊认"字样。

此外，《川汉铁路总公司集股章程》也有一些较为特殊的规定。如因"公司开办伊始，利益尚未显见，认购股票之人，自不免意存观望；必赖有人提倡劝集，方能踊跃从事"。所以鼓励劝集的力度非常之大："凡能劝集股份五千两以上者，酬给银五十两；一万两以上者，酬给银一百两，劝集愈多者，以此递加。""凡劝集股份五万两以上者，汇报奏奖：五十万两以上者，专折奏奖；五百万两以上者，奏恳破格优奖，以示鼓励。"对于四川地方官员，有专条规定："川省官员亦当分等按年认股，以见官民合力举办。"这些条款，当然带有强制性，但当时人们对股份制知之甚少，兼之四川是地处偏僻的内地省份等，这些规定还是可以理解的。

从上述不难看出，川汉铁路公司的购股，在名义上是认购之股，但实际上是强行摊派、指令购买的因素起了较大的作用。

1907 年制定的《商办川汉铁路公司续订章程》仍然决定继续征收认购之股。但较之《川汉铁路总公司集股章程》，则有了若干重要的变化。

其一，取消了原章程中封建色彩的字句，取消了按年摊派、强令购买的条款。

其二，新添了一些资本主义色彩较浓的规定。《商办川汉铁总公司续订章程》将认购之股的名称改为"股份之股"；专门为"股份之股"增加了面额为五两的"零股"；年息由 4 厘调高为 6 厘，起息的时间也改为自收银的次日；增加了有关股东权益的条款，这是最大的变化，主要体现在《续订章程》的第三章、第五章。第三章系关于股东会的，决定设立股东会并分为定期与临时股东会两种，规定了"以五十整股为一议决权，余准五十之数递加"。第五章系关于董事和查账人的，规定了"董事限有本公司股份一百整股以上，查账人亦限于五整股以上之股东到会选举之。"董事任期为两年，查账人任期为一年。董事必须经常至公司，参与管理，半数以上董事到会时，可议决"重大事件"。查账人的职责是"监察总副理所施行，董事所会议，是否按照本公司章程及股东会所议决之事件"。"查账人本公司股份、银钱、地亩、材料、工程、支销及开车后客货运之运脚、利息之分派各项账目。"这些规定，又增加了部分股东应有的权力，而且股份越多者，权力越大。

为了促进购股数量的增加，护理四川总督赵尔丰和川汉铁路公司又专门发出了《川汉铁路公司购股告示》，宣称："川汉铁路，奏归商办；新订章程，极为妥善。事有人管，账有人看；永无隔阂，不虞欺骗。……大票五十，仍旧照办；小票五两，购买尤便。年息六厘，加增小半；……将来路成，分红照算；六厘之外，何止倍半。此等股票，买之何惮；不怕天干，不怕水患。又无摊捐，又无拖欠；比你买田，尤为合算。……士商军民，细心打算，公利公益，勿疑无玩；踊跃争先，是所切盼！"[①]

在实际征收过程中，认购之股或股份之股的名目较多，还有盐商股、茶股、土药路股、客籍股等。盐商股、茶股、土药路股，实即向经营盐、茶、土药的商人强行摊派。而客籍股则是在四川的外省籍人士支持修建川汉铁路认购的股份。

在所有的已收铁路股款中，除了前述租股、公利之股、官本之股、盐商股、茶股、土药路股、客籍股等购股以及存放银行钱庄而得的息银之外，川汉铁路公司还有名为报效款、土药厘金等收入。如1905年1月至1907年9月，有土药厘金220 761两，报效款6 628两。1907年4月至1910年1月，有土药厘金282 836两。此外，川汉铁路公司还有一种名为烟灯捐的入款，如在前述时间内，烟灯捐一项进账359 578两。但烟灯捐不是股款，"所有公司内修造、薪水、火[伙]食等项，系由烟灯捐项下开支，概未动用股本"。这从一个侧面说明，官方对商办川汉铁路公司的支持态度。

从上述川汉铁路征收铁路租股和筹集其他名目的铁路股款的情况不难看出，上至各级官员、绅粮大户，下至贩夫走卒，乃至城镇乡村的广大民众，出于各种原因，大多曾交纳铁路股款或购买铁路股票，他们均与川汉铁路发生了经济上的联系，也就构成了四川保路运动的群众基础。吴玉章就此写道，因为租股等川路股款的征收，"全川人民都和川汉铁路发生了切身利害关系""清朝政府要把铁路收归国有时，不仅遭到全川人民的反对，而立宪派士绅由于利害关系，也被卷入斗争，这就是为什么辛亥革命前夕四川铁路风潮能够成为全民性运动的原因"。

据《广益丛报》所示，从川汉铁路公司开办至1908年5月，"总计

---

① 戴执礼编：《四川保路运动史料》，北京：科学出版社1959年版，第73页。

所收官股、票股、租股、烟捐土厘各项，除前督部堂锡扎提烟捐土厘六十一万余两抵作重庆铜元分局还款外，实收库平银七百五十七万五千七百八十九两"。支出方面，"合奖资局用、解费扣息、出洋留学、调查、创建铁道学堂、勘路经费暨购置公司房屋、器具、刷印股票并成、渝、宜三年局用，共支库平银七十四万三千四百五十六两"。存款方面，"合成、渝、宜、沪四处共实存库平银六百八十一万二千九百三十九两"。因计入铜元局亏耗以及提烟捐土厘等项相抵，"计不敷不过一万九千三百八十余两"。邮传部所派查账官员王主政、费道纯"反复稽核至再三，委无侵蚀虚冒等弊"。在报告四川总督、邮传部后，以分登各地报刊、公示等形式公布了"实收实支实存细目"：

收款

官股	151 150 两
票股	2 381 475 两余
租股	3 950 069 两余
外省劝购股票	13 800 两
报效罚款并息银	303 063 两
土厘烟捐	719 688 两余
代铜元局借拨司道库款	670 197 两余
以上七款共收库平银	8 189 444 两余

除去锡良提拨 61 余万两烟捐土厘抵扣铜元局借款外，实收 7 575 793 两余。

支款

各州县奖资局用解费并付股本息银	291 172 两余
出洋学生、铁道学堂、调查并购置仪器经费	200 151 两余
勘路经费并购置仪器工兵月支银	81 079 两余
重庆分公司局用	5 267 两余
宜昌分公司局用	13 159 两余
以上七款共支库平银	743 461 两余

存款

| 成都各商号生息 | 3 664 389 两余 |

重庆各商号生息	1 395 965 两余
宜昌各商号生息	887 723 两余
以上四款共存库平银	6 812 942 两余

在存款项中，还应加上重庆铜元局尚欠之款 19 388 两。如此，则存款额当为 6 832 331 两。

三、保路运动组织基础的初步形成

（一）资产阶级革命派在四川的活动

按照同盟会章程的规定，它在国内外的组织分为国内五部、国外四部，均由同盟会本部统辖。四川与贵州、新疆、西藏、甘肃等省划归国内的西部支部，该支部计划设于重庆。但在实际筹组过程中，大多以省为支部，下又设若干支部。

在四川省内，同盟会会员童宪章、陈崇功、杨霖等"奉中山先生之命，征集革命党员"，回到重庆，在原有的公强会、游想会的基础上，于 1905 年率先成立同盟会重庆支部。川南地区各县的同盟会会员，大多以同盟会重庆支部为领导中心。

1906 年，同盟会派黄复生回川，任四川分会会长。同年，黄复生与熊克武、谢奉崎等在成都建立支部。此外，佘英与熊克武、谢奉崎等在泸州设立同盟会机关。谢持在富顺、李宅安在西昌等地也先后设立了同盟会的机关和组织。熊克武回忆道："四川留日学生有好几百人，加入同盟会的也有百数十人，归国后，大多数分散在省城和各县任职，他们在地方上有一定的声望、地位和影响，可以发挥不小的作用。"[1]

散处四川各地的同盟会会员，利用各自的社会地位和社会条件，进行了一系列较有成效的活动。他们在四川的新军中，在所控制或任教的学堂中，或在认识的会党中，发展了一些同盟会会员，也建立了部分同盟会的基层组织。一些宣传反清革命、宣传三民主义的书籍和刊物，也

109

[1]《辛亥革命回忆录》第 3 册，第 4-5 页。

通过散处各地的同盟会会员在四川省内传播。经过数年的努力，同盟会在四川有了一定的组织基础。特别是在四川会党中发展的同盟会会员，为同盟会组织的武装斗争的开展以及保路运动时期同志军的武装斗争奠定了相当的基础。

熊克武先生回忆，1909 年以后，"虽清吏之防制严急，而应和反清者乃愈众。其提纲挈领者，川东则有杨庶堪、朱之洪、谢持，川北则有曾省斋，川西南则有廖泽宽、张培爵、杨兆蓉；而熊克武、黄金鳌、张懋隆奔走内行，为之策应。成都之叙府中学、第二小学，重庆之府中学堂，尤为各道党人交通会聚之所"。上述表明，资产阶级革命党人在四川的革命活动在同盟会会员的组织领导下，进行了较有组织的革命活动，一些同盟会会员如杨庶堪、张培爵、卢师谛等人尤为活跃。杨庶堪"既入同盟会，教于成都、永宁中学，朋辈还多俊流，应识拔为优秀党员，蜀东南老成学人入同盟会，盖多自庶堪"。张培爵在成都创办成都叙府中学，"利用学监身份为掩护，发展同盟会员"。卢师谛在成都北门外珠市巷四号成立第二小学堂，作为各学堂同志联络之地，"每星期日，恒约同志郊游，纵论天下大势，研讨革命方略"。①

据隗瀛涛教授的研究，四川省的同盟会会员把学堂作为扩大组织和进行革命活动的基地。一些同盟会会员担任了这些学校的校长、监督。同盟会重庆支部就设在重庆府中学堂内，并在巴县中学、川东师范学堂、夔府中学堂、巴县女子师范学堂、重庆女子师范学堂、重庆体育学堂、重庆教育会等处开展革命工作。"重庆的教育机构几乎全为同盟会党人所掌握，……各校均有不少的教职员和学生陆续成为同盟会会员。"在重庆府中学堂，甚至还有供学生进行军事操练用的枪支，实为同盟会能够掌握的武装。在成都，成都叙府中学、成都第二小学堂、四川高等学堂、成都府中学堂、四圣祠法政专科学堂等处，也是同盟会的重要活动场所。张培爵、卢师谛等革命党人就在这些学堂任职，发展同盟会会员，宣传革命思想。在成都地区加入同盟会的，以中学学生为多，涉及铁道、师范、法政、陆军等学堂。到 1907 年，"省中各学堂学生加入同盟会者，以千数计"。

值得一提的是革命党人在四川军事学堂中发展组织的情况。中国同盟会在日本成立之初，川籍同盟会会员就以学习军事和警察的为多。在

---

① 隗瀛涛著：《四川保路运动史》，成都：四川人民出版社 1981 年版，第 128 页。

同盟会成立之初入会并有学历可考者，共有 34 人；而学习军事和警察的就有 24 人。他们回到四川后，一般在军界和警界任职，较为注意在军警界中发展同盟会会员。1906 年，四川陆军弁目学队成立招考，共录取 780 余人。黎靖瀛、余切等同盟会会员即在这批队员中发展会员 124 人，占弁目队总人数的 16%。在四川陆军速成学堂，同盟会会员也在学生中传播革命思想、发展会员，取得了一定的效果。四川军事学堂的毕业生学成后大多在新军第十七镇任职，成为该镇的骨干力量。因此，同盟会在四川的新军中还是有一定影响的。

在民主革命思想的宣传方面，四川同盟会会员也进行了较有成效的活动。邹容的《革命军》、陈天华的《警世钟》《猛回头》和《民报》《四川》《鹃声》等杂志和宣传品，通过各种渠道被秘密带回四川省内，在会员和一些非会员中传阅，孙中山的名字和三民主义思想为更多人所了解。在大竹县，肖德明、陈凤石组织的"大竹书报社"以传播民主革命思想为己任，在群众中秘密传阅《民报》《四川》等革命刊物，收效较为显著。黔江的"英雄铁血会"是同盟会会员领导并以革命党人为核心的革命团体，曾印发《革命军》万余册，广为散发，在川东南和紧邻湖北的一些县份颇有影响。

隗瀛涛教授认为，四川江津的卞鼒是最早将《革命军》《警世钟》带回四川的人，也是四川最早的日报《重庆日报》的创办人。卞鼒早年愤于清王朝专制腐败、国将不国，萌发革命思想。1902 年曾到北京，对清王朝及其官员的卖国行径有了进一步的了解。转游上海后，恰逢"《苏报》案"发生，曾亲自到监狱中探望邹容和章太炎，表明了他对革命和革命者的认同。从上海回到四川后，他倾其所有，筹资再到上海，与上海地区的革命党人取得联系。他还在上海购买了数百本《革命军》和《警世钟》，于 1904 年秘密带回四川省内散发。与此同时，他在重庆创办《重庆日报》、东文学堂、东华火柴厂，专事反清革命。卞鼒的活动引起重庆官方的注意，知府鄂芳对其恨之入骨，欲加之罪而后快。

1905 年，《重庆日报》转载《苏报》一个题为《老妓颐和园之淫行》的消息，点名直斥西太后。6 月 2 日，川督锡良授意，卞鼒被捕入狱并被押解成都，《重庆日报》也被查封。在狱中，卞鼒写了《救危血》《呻吟语》等文章，"皆救亡图存警钟"。1908 年 6 月 13 日，川督赵尔丰下令，清吏遂将卞鼒戕毙狱中，伤 73 处。清王朝之残暴于此可见一斑，卞鼒的英雄壮举也显露无遗。民众得知消息后，无不义愤填膺。报刊舆论则指斥清王朝官员的残忍，"此等官吏，亦世界所未有"。

以孙中山先生为代表的中国资产阶级革命派有一个突出的特点和优点，那就是在檀香山于1894年成立兴中会之后，就将武装斗争提上了议事日程。一部分四川籍的革命党人追随孙中山先生，参与了他所筹组的武装斗争。在四川省内的革命党人也是如此，他们筹划组织了一系列的武装斗争。

孙中山先生对四川寄予厚望，他认为："扬子江流域将为中国革命必争之地，而四川位居长江上游，更应及早图之。"熊克武奉同盟会之命回到四川的主要任务，就是伺机发动武装起义。他的计划是："先把散处各地的同志联络好，并设立机关，吸收党员，扩充力量，作为起义的领导和骨干。然后再组织学生，联合会党，运动军队，发动起义。"隗瀛涛教授认为："在辛亥革命前，除同盟会总部领导的华南各次起义外，就一个省区而论，资产阶级革命党人武装起义次数之多以四川为最。"由川籍革命党人在四川省内筹划或实施的武装起义，有五次之多。

四川革命人从1906年开始筹划，组织江安、泸州、成都、叙府（即宜宾）四地同时于1907年11月14日西太后生日之时发动起义。泸州起义的准备工作由佘英负责。他联络了军队和会党中人。计划先在江安动手，得手后直扑泸州。由于革命党人在制造炸药时发生爆炸，为清朝官员所察觉。提前于1907年11月5日起义的计划也为江安地方官得知，清军随即实行搜捕，革命党人不得不中止起义。江安起义，未能发动即停，泸州起义也只有取消。

在成都，张培爵等人积极进行起义的准备工作。江安、泸州的革命党人也纷纷潜至成都，使参与起义的人数大增。11月6日，各路会党4000余人集结于成都城内外。然而，起事的计划又为清朝官方得知，大批清军急调成都，并实行戒严，成都起义也未发而止。在清军的搜捕中，革命党人杨维等六人被捕入狱。

在叙府，谢奉琦等革命党人为起义做了相应的准备工作，一些革命党人也从成都奔赴叙府。又由于有人惧祸自首，官府捕杀了作为内应的叙府堂勇，起义又未发而败。组织起义的谢奉琦因叛徒出卖而被捕，在叙府被杀害。

川西南起义失败后，同盟会会员没有灰心丧气，转至川东北地区继续准备反清武装斗争。1908 年 3 月 1 日，同盟会在广安发动起义。熊克武所率队伍一度突入州署，但佘英所部被阻击不能进城。在清军的大力反攻之下，起义军败退。

广安起义失败后，同盟会会员转至嘉定（即乐山）地区。1910 年 1 月，税钟麟、秦炳曾率队攻打团防局得手，还缴获百余枪支。他们在新场宣布起义，并直扑嘉定城。在与前来围剿的清军激战数日后，因弹尽粮绝，只得突围，起义遂告失败。佘英事后试图再行起事，不幸于叙府被捕牺牲。此次起义，死难的同盟会会员和会党人员有 200 余人之多，是四川同盟会组织的起义中牺牲人数最多的一次。

在黔江，由同盟会员为核心的"铁血英雄会"也在秘密组织武装起义。1910 年 12 月，1000 多起义军曾猛攻把守要隘的清军，进逼县城。清朝知县弃城而逃，革命党人和义军占领县城。后因清政府调集四省军队围剿，起义军寡不敌众，这次遂告失败，义军领导人温朝钟、王克明亦先后牺牲。[1]

如同武昌起义前孙中山和同盟会筹组的武装起义一样，四川革命党人组织发动的武装起义均遭到了失败。平心而论，中国资产阶级革命党人的革命勇气可嘉，前仆后继的革命精神令人钦佩，他们的壮举在一定程度上打击了摇摇欲坠的清朝统治，也鼓舞了广大人民群众的信心。但是，这些武装起义无一例外是城市武装斗争，试图通过先占领城市而迅速取得革命的胜利，急躁冒进的情况非常突出。没有相当的准备和武装力量，没有适当的革命高潮时机基本成熟的有利条件，没有革命政党的有力领导，没有广大农民群众的参与，起义的失败是不可避免的。即便是一时取得局部的成功，也难以维持长久。

四川革命党人筹划的这些起义的失败，对日后的保路运动的影响是较为明显的。

首先，革命党人在四川省内外参与的武装起义中牺牲了一些精英分子和骨干成员。其中佘英兼有革命党人和会党成员的双重身份，曾专程到日本东京面见过孙中山先生，是不可多得的人才，他的牺牲更是令人叹息。革命遭受了挫折，也使一些同盟会会员灰心丧气，不再参加革命活动。

---

[1] 关于这些武装起义的概况，参见前引隗瀛涛著：《四川保路运动史》和向楚著：《四川党人大事记》（载前引戴执礼编：《四川保路运动史料汇纂》上册）。

其次，多次起义失败后，清王朝在四川对革命活动更加高度防范，尤其是在省会成都。在保路运动时期，同盟会员很难以革命党人的身份公开活动。这就从另一个侧面将广大民众推向立宪派人士一边。咨议局议员程莹度是同盟会会员，也是保路同志会的讲演部部长，他在保路运动时期的作为，同立宪派人并无区别。保路同志会的中坚分子刘声元，担任赴京代表，也是咨议局议员，他在保路运动时期的言行亦无任何革命党人的痕迹。

最后，当革命党人遭受重创之时，立宪派人的力量和影响却在明显增加，革命党人在保路运动中大多只能依附于运动之中，基本上只能拥护立宪派人做出的重大决策，而不能打出自己的旗帜。到后来四川宣布独立之时，革命党人基本被晾在一边。同盟会员向楚就此写道："各路同志鉴于三月广州之役，因无人民响应，致挫败，思乘机而起，附和争路鼓动民气，藉此起义。"①

（二）四川立宪派与保路运动领导集团的基本形成

活跃于近代中国政坛上的立宪派有无不同的派别和政见？他们的经济利益及活动特点有无区别？四川立宪派是如何崛起和形成的？这些问题是中国近代史、辛亥革命史研究中不容回避的，也令人颇感兴趣。

章开沅教授 1984 年在《辛亥革命与江浙资产阶级》一文中，率先就这些问题作了深入的论述。章先生认为，以张謇等人为首的江浙地区的立宪派在该地区拥有巨大的经济利益，为中国近代资本主义的经济的发展作出了较大的贡献，也同清朝政府和这些地区的官员有着较为密切的联系。所有这些，决定了以预备立宪公会为代表的江浙地区的立宪派的政治活动，是在保存清王朝的前提下推进清政府颁布的"预备立宪"。

章先生的论述，给我们很大的启迪。参照章先生的观点，结合四川的实际情况，本书将探讨四川立宪派的崛起和形成过程。四川立宪派与康有为、梁启超为首的海外立宪派不同，不是由戊戌变法时期的改良派改头换面发展而来，参与"公车上书"的四川举子均不是四川立宪派的

---

① 戴执礼编：《四川保路运动史料汇纂》上册，台北："中央研究院"近代史研究所史料丛刊第 23 种，1994 年版，第 129 页。

重要人物。20 世纪初，当康有为以帝师身份极力奔走保皇、梁启超一度伴吹革命之时，蒲殿俊、肖湘和罗纶还是中国政坛上名不见经传的人物，蒲殿俊、肖湘还仅仅是受到改良立宪思想影响的普通留日学生。但是，川汉铁路在筹建过程中的种种弊端，引起了蒲殿俊、肖湘等众多四川留日学生的关注，强烈的爱国自爱家乡始的爱国主义情结促使他们在日本成立了"川汉铁路改进会"。这是一个重要但又长期被忽视的社团，它在四川立宪派崛起的形成过程中有决定性意义。在《川汉铁路改进会报告》中，蒲殿俊、肖湘等四川留日学生无情地揭露了官办川汉铁路公司的封建黑幕，大声疾呼改官办公司为商办公司的必要性，宣传修建川汉铁路是四川人民的大利所在。1907 年，官办川汉铁路公司终于改为商办公司，虽然它还让人感到不伦不类，但以此为契机，蒲殿俊、肖湘等人在四川声名鹊起。

在 1909 年四川省咨议局议员的选举中，时任法部主事的进士蒲殿俊和肖湘顺理成章地当选，并成为咨议局议长、副议长的当然人选。来自四川教育界的新派人物、举人罗纶，也当选为咨议局副议长。四川省咨议局的成立，标志四川立宪派的形成。我们通过上述看出，留日学生群体和川汉铁路的筹建，是四川立宪派形成的重要原因。

蒲殿俊（1878—?），字伯英，四川广安人，书香世家，广有田产。长于旧学，20 岁为贡生。戊戌变法时期在北京受维新思潮影响，先后在北京和成都参与了一些维新变法活动。后在家乡与胡骏等人参与创办"紫金精舍"，传习新学和革新思想。因受人控告有康梁党羽之嫌，曾陷于诉讼数年，但名声也因此而起。1902 年，参加科举考试，得中解元。1904 年，赴北京会试，以进士授法部主事。随即与胡骏、肖湘等人官派赴日本留学，学习法政。在日本留学期间，组织川汉铁路改进会，任会长，对川路筹建多有建议，在省内影响甚大。1908 年回国，任法部主事兼宪政编查馆行走。1909 年，在四川广安原籍当选为四川省咨议局议员，随即被选为咨议局议长。

肖湘，四川涪陵人。1904 年中进士，后与蒲殿俊等一道官派赴日本留学，学习法政。在日本留学期间，参与组织川汉铁路改进会，对川路筹建多有建议，在省内影响较大。

罗纶（1876—1930 年），字梓卿，四川省西充县人。先世由农而商，颇有家产，14 岁入成都尊经书院，师从宋育仁等维新派人士十年，颇受维新思想影响，曾在成都参与一些维新活动。后中举人，先后在长寿、南充等地学堂任教，与邵从恩等四川教育界人士过从甚密。1908年，任成都绅班法政学堂斋务长，兼游学预备学堂国文教员。因袒护学生参与成都的国会请愿活动，被人告发，一度被免职，为此事件的"六君子"之一。1909年，罗纶先后当选为四川咨议局议员、副议长。罗纶之父曾中秀才，长于外科，有侠骨风，乐为乡人医治，口碑甚好。一般认为，罗纶敢于出头露面，在四川哥老会成员中颇有威望，或与其父和他本人的经历有关。

不过，在四川留日学生中，首先成为梁启超的信徒并且同梁启超长期保持联系的是邓孝可。

邓孝可，字慕鲁，四川奉节人。1903年赴日本留学，就读于日本法政大学。在日本留学期间及归国以后，邓氏长期从事于立宪政治活动。辛亥四川保路运动时期，他出任四川保路同志会文牍部长，主办《四川保路同志会报告》，对于四川保路运动的发展，起了较为重要的作用。

和同时代的先进青年一样，邓孝可早年向往西学，崇拜维新志士。还在赴日途中，他便邀约吴玉章"一定和他一起去横滨拜望梁启超"。甫抵日本，邓氏即投奔梁启超门下。时梁氏正在横滨大同学校讲学，邓孝可是留日学生中的常到者。受梁氏的影响，邓孝可积极投身于立宪活动。如本书前述，1904年年底，邓孝可在梁氏授意下，在四川留日学生中首倡旨在使光绪皇帝复位并施行立宪政治的"归政立宪"活动，要求慈禧太后"归大政以一主权"，恳请清朝政府"宣布立宪以定国是"，并拟定具体办法两条：发电"奏于北京，陈述意见"，派员"入京伏阙陈奏"。邓氏的活动在四川留日学生中曾产生了相当大的影响，但他进而谋求各省留日学生支持时，因同乡会反对而中止。

邓孝可学成归国后，经留学生考试，被授予度支部主事之职。不过，邓氏回国后仍积极参与立宪政治活动。当政闻社成立时，邓氏即为该社社员。政闻社本部迁沪之后，其仍以社员身份活动于国内。其弟邓少云亦为政闻社奔走效力。梁启超对于邓氏极为倚重，经常互通声息，在某些问题上还征求邓的意见，称邓为"吾所极念"之人。1910年6月，全国立宪派人进行第二次国会请愿时，邓孝可与四川省咨议局议长蒲殿俊等充任四川代表。同年第三次国会请愿时，蒲殿俊出任第二届咨议局联合会代表大会的副主席，邓孝可担任书记。此时，邓氏又兼任四川省咨议局机关报《蜀报》主笔，不遗余力鼓吹立宪政治。

如果说以邓孝可为代表的留日学生在日本学习时即成为立宪派人，那么四川省内更多的立宪派人士则是在清末新政与筹办川汉铁路过程中，尤其是因租股而投资川汉铁路而从封建士绅开始向资产阶级转化的。

川路所筹股款的相当部分，是地主剥削农民所得的封建地租的一部分，被强迫投入近代资本主义企业之中。这是因为，股款既按年计息，且股东享有分得剩余价值的权利，从而不能不使四川各地握有息折、收单、股票的人们，把自身的经济利益同川汉铁路的成败联系在一起。其中若干地主士绅更不可避免地把眼光从封建生产方式程度不同地、或迟或早地转向川汉铁路这个近代资本主义企业。所以，川汉铁路的议办以及大规模地筹集股款，成为四川一部分地主、官僚向资产阶级转化的杠杆。特别是四川近代工矿企业数量不多，而川汉铁路筹集的资金又较为巨大，因而经由这一杠杆作用转化的人们，在全川资产阶级中占有相当大的比例。从其社会地位、经济利益和政治态度等方面加以考查，则具有民族资产阶级上层的属性。

其一，他们依赖与封建政权的联系而最终把持路事。这部分人们原来就是封建阵营的成员，本人或其家庭一般是地主、绅商，大多兼有贡生、举人之类的封建科名，其中一部分还有做官的经历。至1909年川路第一次股东大会召开之前，川路公司均在官方的控制之下，公司所有的督办、会办、官总理、绅总理，均由川督奏委。官办公司本清廷颁发的公司律、商律所制订的有关章程，一直是管理路事的规章，即使商办体制完备后，也不能逾越。章程规定的各地租股局成员的组成，均不出"绅董团保"范围，且"各租股局举出之绅董，亦得举作董事和查账人"。这样，便开始了由绅富把持路政的局面。按照规定，股东权利分为选举权、被选举权和议决权。拥有50整股（合银2500两）才有被选举权和议决权。显然，投资多者，权力愈大。公司董事局董事有被选举权和议决权，凡公司事务均可干涉与议。由绅富组成的公司董事局，基本掌握公司的巨细事务，即便"公司大、小职员，必由董事及附股多之股东荐保总、副理酌量录用"。因此，他们既和地租剥削有密切联系，又需要依靠封建政权去把持公司事务。这样，他们就和投资、经营近代工矿企业的民族资产阶级上层有共同利益，即企图主要凭借与封建主义的联系来增值自己的经济财富。

其二，他们既不能摆脱与封建主义的联系，又不甘心忍受封建专制主义的桎梏和侵害，表现了较为强烈的资本主义经营意识。公司开办之初，川督以建立铜元局铸钱获利投资川路为由，挪移大量路款，致使辛苦聚集的资金虚掷，招致股东不满。而少数由官方所派劣绅趁机渔利，公司"账目繁杂，簿册零乱"，更使股东愤怒不已。以蒲殿俊为首的四川留日学生，运用他们所能掌握的外国资产阶级的经济法规及清政府制定的公司律、商律等，和全川有识之士一起争得商办川汉铁路公司的成立。商办公司对于封建政权的期望便是"对于公司有保护无干预"。诸如巨额川路股款的筹集、铁路用地、沿途民房墓庐的拆除，均须持官方的权力，"至于管理银钱、筹办工程，那全凭公司自己做主"。他们那种不能容忍封建专制主义侵害的坚决态度，则在辛亥保路运动中充分地表现出来了。

其三，这些主要因投资川路而渐次向民族资产阶级转化的人，其政治态度一般倾向君主立宪。省咨议局的筹办过程，表明了这部分人们对于立宪的渴求态度。咨议局自"筹办以来，官率于上，绅应于下，经营规划，不遗余力"①。他们积极参与从出谋划策、广为宣传到初选、复选、择址开办等事务。参加该局筹办处事宜的，有绅协理 3 人，筹办处各科员绅数人、各县初选司选员若干人。此外，尚有教育总会和总商会荐充的参议员各 20 人。从其所具有的财产、科名、学历等来看，大多是地主、官僚、商人；从其与铁路关系来看，均以租股或购股与川路有直接的经济联系。其中有川路的大股东，如后任第一届董事局主席刘紫骧，第二届董事局主席彭兰村、董事杨用楫，川汉铁路公司驻川总理胡峻，在特别股东大会上被选为驻宜公司副理的邵从恩等人。著名的立宪派人士、川路股东蒲殿俊和罗纶分别当选为议长和副议长。郭沫若先生甚至认为，由于川汉铁路的筹建以及川路租股的征收，"可以说是地主阶级的资本主义化，四川的大小地主都成为铁路公司的股东了"②。

咨议局的成立，给因川汉铁路的筹建而崛起的四川民族资产阶级上层的代表人物提供了登上政治舞台的有利条件。立宪派人以咨议局为重要阵地，在宣传鼓吹立宪政治思想、参与国会请愿、筹组宪友会的同时，着意开展了对川汉铁路公司控制的活动，以维护其本阶层的经济利益，从而在实际上形成了辛亥四川保路运动的领导集团。

---

① 戴执礼编：《四川保路运动史料》，北京：科学出版社 1959 年版。
② 《郭沫若选集》第一卷《自传》，成都：四川人民出版社 1982 年版。

1909 年，商办川汉铁路公司开始采取真正商办的举措，第一次股东代表大会也得以召开，川汉铁路宜昌段亦终于开工，立宪派在四川进一步名声大振。在征收租股的过程中，地主阶级手中剥削农民阶级所得的封建地租被强迫投入资本主义工业经济之中。长达六年的连续征收，必然使他们付出相当数量的银两。历史唯物主义的基本原理告诉我们，社会存在决定社会意识。如果说租股是封建性的捐税，那么它的交纳者不可能也不敢过问所交租股的来龙去脉，更谈不上有本有息，给交纳者本人带来任何经济上的利益。正因为租股具有资本主义性质，租股息折、收单、股票还在他们手中，就不能不使四川各地的大、中、小地主对于川路抱有希望，从而把自身经济上的利益同川汉铁路的成败联系在一起，不可避免地把眼光从封建生产方式程度不同地、或迟或早地转移到川汉铁路这个近代资本主义企业上。四川地主阶级以租股为主要纽带同川汉铁路的经济联系，当是他们转化的起点和维持这种转化的经济动力。因而，川汉铁路的议办以及大规模地筹集股款，亦成为四川民族资产阶级及其政治代表立宪派人形成和发展的重要经济原因。四川立宪派人基本上都是川汉铁路的股东。其富有资财者俱为铁路公司的董事和股东会的负责人；其核心人物皆是维护民族资产阶级上层利益的政治家和社会活动家，"好些都是咨议局议员兼租股股东"[①]。上述情况从表一种可窥见一斑。

表一　四川立宪派核心人物简况表

姓名	科名	新式教育	曾任职务	是否股东
蒲殿俊	进士	日本法政大学	法部主事，咨议局议长	川路特别股东会发起人
萧　湘	进士	日本法政大学	法部主事，咨议局副议长	第一届股东会董事
罗　纶	举人		咨议局副议长，四川保路同志会交涉部长	第一届股东会临时会长，川路特别股东会发起人
邓孝可		日本法政大学	度支部主事，四川保路同志会文牍部长	川路特别股东会发起人

[①]《李劼人选集》第二卷，上册，第 41 页。

张 澜	贡生	日本弘文学院		川路特别股东会副会长
彭兰村		日本弘文学院	拣选知县，咨议局选举科员	第二届股东大会主席董事，川路特别股东会发起人
颜 楷	进士	东京帝国大学	翰林院编修	川路特别股东会会长
邵从恩	进士	日本法政大学	咨议局筹办处绅协理，山东即用知县	
胡 嵘		京师大学堂仕学生	民政部主事，四川电报局长	川路特别股东会发起人
蒙裁成	举人		成都府学教授	川路特别股东会发起人
王铭新	举人		铁道学堂监督	川路特别股东会发起人
叶秉诚	举人		咨议局议员	川路特别股东会发起人
汪世荣	附贡生		咨议局议员	第一届股东会董事
沈敏政	廪生		咨议局议员	第一，二届股东会董事
王大侯	秀才		咨议局议员	第二届股东会董事
冉崇根			咨议局议员，县丞	第二届股东会董事
范 涛			咨议局议员，州同衔	第二届股东会董事
杨用楫	秀才	四川法政学堂绅班	咨议局议员	第二届股东会董事
郭策勋		留学日本	咨议局议员，资政院议员，云南候补道	第一届股东会临时副会长
江 树	秀才	日本弘文学院	咨议局议员	第一届股东会董事

从上述可以看出，四川立宪派有自己明显的特点。

（1）川汉铁路的筹建过程就是四川立宪派崛起的过程。四川的资本主义经济兴起晚，数量不多，规模也小，除了是川汉铁路的较大股东之外，四川立宪派人基本没有别的经济利益。同时，因为川汉铁路的筹建，四川立宪派的首脑人物得以名声大振并崛起。这是四川立宪派人与江浙地区立宪派人的重大区别之处。

（2）四川立宪派形成的时间比海外立宪派、国内江浙地区的立宪派晚。海外立宪派自不待言，早就闻名于国内外。而预备立宪公会成立于1906年，还早于各省咨议局的成立。当预备立宪公会倡导并实施国会请愿运动时，蒲殿俊、罗纶等人还不为他省立宪派人士所熟识。

（3）四川立宪派首脑人物年龄稍小，其中一些人有过在日本留学的经历，更有朝气，更激进一些。他们中的一些人在日本学习法政，对政治、法律等方面的知识相对要熟悉一些，随时可以从法政的角度与清朝中央政府和四川地方政府争辩甚至对抗，在合法斗争中给官方难堪，而一些合法斗争在官方看来就是非法的手段。四川立宪派人，尤其首脑人物所具有的这个特点，是他们日后在保路风潮中得以大显身手的重要原因。

（4）相对而言，四川立宪派人与清朝政府和地方官员的联系层次低些，时间短些，密切度也当然不如张謇等人。四川立宪派人一般没有开办新式企业，与四川官方说不上有经济上的联系。他们与四川地方政府发生关系，主要因为川汉铁路的筹建和咨议局的成立。而从川汉铁路的筹建过程和四川省咨议局成立后的情况来看，提意见、道不是，甚而对抗的情况并不罕见。

（5）四川立宪派人锐气尚存。在保路运动开展之前，四川立宪派人在政治上基本上是一帆风顺，不像海外立宪派、预备立宪公会派那样，受过不同程度的挫折。

（6）主要由于地理位置的原因，四川立宪派人的对外联系较少。除了邓孝可同梁启超、政闻社有联系之外，蒲殿俊、罗纶等人很少有外部联系。在声势颇大的国会请愿运动中，难觅四川人的身影。但是，主要由于邓孝可的缘故，四川立宪派人在筹建川汉铁路的过程中的思路，甚至语言，都与梁启超非常相似。

但是，在四川省内，因为咨议局的成立以及在成都市组织了国会请愿活动，再加上咨议局机关报《蜀报》的宣传等原因，蒲殿俊、罗纶等四川立宪派首脑物人的名气越来越大，"他们先在由封建社会转移到资本制度的一个时代，成为那个时代的新兴阶级的代言人，特别是在四川，他们是当时新兴势力的领袖"。在郭沫若先生看来，当时"蒲殿俊、罗纶的声名差不多就像列宁之于苏俄一样，四川人恐怕没有一个人不晓得他们的"①。

四、四川咨议局的成立与资产阶级立宪派的形成

川汉铁路的筹建、四川省咨议局的成立，以及日后四川保路运动的勃兴乃至清王朝的覆灭，都与清朝末年的四川官绅关系有很大的关联。总体而言，绅权的伸张和扩大，意味着官权的退让和缩小。综观川汉铁路的筹建过程以及保路运动各方面基础的铺设，可以明显地看出官绅关系的这种变化。如果说川路股款的筹集、使用和保全是一条纽带，那么四川省咨议局的成立和其后川汉铁路公司股东会的组成就是官绅关系变化过程中令人瞩目的枢纽。

四川地方政府和四川官员意识到了官绅关系必将和正在发生重大变化。在咨议局的成立会上，四川总督赵尔巽在训辞中首先肯定咨议局的成立是"官率于上，绅应于下，经营规划，不遗余力"的结果，继而称颂咨议局议员确为绅界中的精英分子，他们或是学界之美贤，或是缙绅之表率，或曾在官场任职，或曾留学国外，"而奋然投身应选，思有所效力于乡国者，济济跄跄，备极一时之选"。但是，他强调了"惟是咨议局创办之始，一切无所观摩，而国民与闻政事，亦正在练习之初"，告诫议员们"必当慎谋于始"。他希望官绅一体，维护之前已经基本形成的良好关系，共谋四川和国家自强。在他的通篇训辞中所讲到的"融珍域""明权限""图公益""谋远大""务实际""循秩序"六条中，其实他最为注重、也是第一提及的还是第一条。"咨议局既经成立，则官绅之感情益臻联络。""咨议局之前，官有所困难，而不能谋之于绅，绅有所疾苦，亦不能诉之于官，故始则相疑，继则相远，终遂成痞隔之症。若咨议局既经成立，则官有所困难者，绅得而共谅之；绅所疾苦者，官得而维护之；

---

① 《郭沫若选集》第一卷《自传》，成都：四川人民出版社 1982 年版。

官与绅隔阂尽除，方互相亲爱，互相扶助之不暇。""今日之绅，即异日之官，此省之官，即彼省之绅，本属一体。"

不过，咨议局的议员们该说的还是要说，他们在第一次年会上就提出议案 18 个，涉及地方财政、税收、教育、军事等多个方面。其中最为重要的是《整理川汉铁路公司案》。而四川总督所提出的咨询之件 12 个中，也有《川汉铁路宜筹巨款以保路权案》。

四川省咨议局成立后，1909 年 11 月即在第一次年会上提出《整理川汉铁路公司案》。他们认为川汉铁路尚未开工的主要原因是所集股款不多，而要筹集相当股款尽快开工，必须克服现有弊端，从"筹济股本""修订章程""清查账项""整理财政"四个方面着手。他们对 1907 年成立的名为商办、实则官督商办的川路公司极为不满："公司奏归商办，而种种锢习时且较官尤甚。""领其职者必以监督为名，下至队官兵勇，一切依仿官场，惟恐不像惟肖。商界骇然，股东侧目非不由此。其他冗人滥费沿袭旧日局所者，中病尤隐而深。"该议案还指控公司不组织董事局和选举查账人，"川汉铁路开办至今，不设斯席，丛弊误工，厥由乎此"。

该议案经讨论后略做修改，形成决议案，又将决议案二读、三读之后，在咨议局以 92 票全票通过。从原议案在会上提出到决议案的形成，历时 8 天。出席会议的地方官员有四川布政使、劝业道等。四川总督赵尔巽在决议案上批复称，即将召开的股东会上"自应由股东会照章将董事、查账人按定额赶紧选举成立，再由董事局、查账人将应行整理一切办法遵照迭次奏案禀承本督部堂主持核办，以仰付朝廷振兴路政之意"。赵尔巽的批复有两点值得注意：原议案和决议案都得到了他的认可，即川汉铁路公司完全商办也得到了他的同意；股东大会日后形成的办法还要由他本人审核，即四川官方并未完全放权。此外，批复中的"振兴路政""猜疑渐泯，而速路工之成，实深至盼"等语，则表明四川官方和立宪派人在尽快修成铁路一事上的观点是一致的。

在《川汉铁路宜筹巨款以保路权案》中，赵尔巽代表四川官方表达了对川汉铁路公司仅筹得股款一千余万两，以致川汉铁路迟迟不能动工的忧虑。希望"一面迅将宜昌动工以坚信用，一面由公司总分各会召集股东会议，劝办铁路银行"。总之，要想方设法，"务期骤集巨款，立成大工"。在赵尔巽"保川省之路权而不至有既得复失之虞"的呼吁下，咨议局通过了该提案。①

比较上述两个提案，两者相似的是在保路权、筹路款、坚信用等涉及川汉铁路的重大事务上，在召开股东大会和成立股东会和各地分会一事上，意见也较为统一。这是官绅关系能够维持的重要原因，也是四川立宪派人能够在四川民众中影响日益增大的途径。但是，立宪派人士较为注重的是完全商办，赵尔巽却对此未予提及。实际上，川汉铁路公司重大政策的出台，也还须四川总督的核准和批复后才予以公示。换言之，即便是其后名义上完全商办的川汉铁路公司也是不健全的。

尽管如此，在咨议局的提倡与领导之下，也是在四川官方的支持下，川汉铁路公司首次股东代表大会于 1909 年 11 月在成都召开，副议长罗纶和议员郭策勋分任股东大会的临时正、副会长。12 月，川汉铁路公司成立董事局，副议长肖湘，议员江世荣、沈敏政、江树、邓孝然等十三人等当选为董事局董事。刘紫骧当选为董事局主席兼铁道学堂坚督。1910年 11 月第二次股东大会按时在成都召开以改选董事，主席董事为彭兰村，都永和为副主席董事，咨议局议员沈敏政、王大侯、冉崇根、范涛、杨用楫等当选为董事，立宪派人控制了股东大会及其选出的董事局。从而，具有咨议局议员或候补议员、铁路公司董事或股东这样双重新式身份的立宪派主要人物，确立了以咨议局为核心的咨议局、川汉铁路股东大会、川汉铁路公司董事局三位一体制。既是倡导宪政的政治利益集团，又是以川汉铁路为中心的经济利益集团的四川立宪派人，崛起和活跃在四川乃至全国的政治舞台上。

从建立遍及全川的保路运动组织而言，咨议局的成立是第一步，立宪派人要求的川汉铁路完全商办的目的在法理上基本实现。股东会的召开是第二步，商办川汉铁路公司的基本格局的架构得以完成。通过这两个步骤，立宪派人在四川省一级的组织系统得以建立，那就是咨议局、川汉铁路公司董事局和川汉铁路公司股东会。而这三个机构的负责人就是日后四川保路运动的发动者和领导者，在保路运动时期发挥极大作用的四川保路同志会和川汉铁路特别股东会实际上是这三个机构的变身，它们的领导人都是著名的四川立宪派人士。而其中的咨议局更是起到了主导作用，即咨议局正副议长蒲殿俊、罗纶是主要的策划者和领导人。

---

① 以上关于四川省咨议局第一次年会资料，见隗瀛涛、赵清主编：《四川辛亥革命史料》上册，成都：四川人民出版社，1981 年版。

从这个意义而言，这就是四川立宪派人所能控制的以咨议局为核心的省一级的三位一体制的机构。

除了省一级的三位一体领导机构外，立宪派人还铺陈了遍及全川的股东会、租股局和地方议会系统。其中股东会系统、租股局系统为川省所特有，地方议会系统较他省完备。

股东会系统。1908年，川汉铁路公司要求各地成立股东分会。《四川川汉铁路公司白话广告》专门提到了要在各地建立股东分会之事。为了避免股东对自己的权益不甚了解，"公司才替你们想出一个最好最妙的方法，这方法就是要在你们各州县中，各立一个股东分会。什么叫股东分会，就是在你州县城内，寻一块地方作为会所，然后邀集阖邑的股东，择其不嫖不赌不吃鸦片烟，无劣迹，又公正又通达的人，选举一位正会长、一位副会长、一位庶务员。各场各镇，举一二位评议员，替公司发布报告条件，替股东保护利益，这就叫股东分会"。1909年后，各地股东分会相继建立，"因为各州县的股东，大半都是居乡的人"，所以各股东分会掌握在有地位有势力的租股股东手中。在股东分会未建立之前，"这股东分会的详细办法，你们可到租股局去看公司所定的章程就明白了"。股东分会建立较晚，其封建性少于租股局，它受股东大会及其常设机构董事局的控制。由各地股东分会选派一两名代表组成的股东总会权力较大，可以在很大程度上决定公司的政策。保路运动时期，立宪派人便很注意争得各股东分会的代表资格，实为取得能够左右股东大会的权力。在四川各地的股东分会中的正副会长、庶务员，加上各个场镇的评议员的人数当有数千人之多。保路运动时期被推举而参与特别股东大会的，就有六百余人。此外，尤为重要的是，股东分会是一个合法的常设机构，是四川地方政府和川汉铁路公司要求成立的，也是经过强势宣传以后得以成立的。这对于长期生活在封建制度下的一般民众和川汉铁路公司的股东而言，合法性的重要程度更是不言而喻。

据《广益丛报》关于"铁路分会成立之确数"：

本馆接各属访函言铁路股东分会之成立者，除成都华阳而外，共计四十四处，其余正在组织。今将各分会成立之处所登录如下。尚希未成立者速为成立，以达完全之目的则幸甚。附于劝学所者六处：新繁、筠连、盐亭、青神、西充、中江等县是。在文昌宫者五处：东乡、内江、夹江、奉节、达县等处是。在武庙者三处：盐源、蓬溪、璧山等县是。

德阳县则在考棚，乐山在龙神庙，资阳在天上宫，广元在关帝庙，仪陇在禹王宫，安岳在办公总局，新宁在保甲局，定远在六里公所，岳池在乐善堂，南充在三会公所，隆昌在行台，峨眉在铁路局，安县在三会公所，郫县在火神庙，屏山在租股局，井研在炎帝庙，遂宁在萃文公所，长寿在自治研究所，渠县在三局公所，减州在天庆观，荣县在万寿寺，合江在禹王宫，南部在城隍庙，蓬州在学署，射洪在木城公议所，合州在三费局，垫江在学务局，至新都、三台、石泉三处，亦已成立，但地名未详，查实再报。

四川总督赵尔巽在川汉铁路总公司第一次股东会开会时发表的演说词如下（又见《四川官报》第31册"演说"）：

今日为川路公司第一次股东会，是最可庆幸的事，是最有名誉的事，是最有希望的事，是最有关系的事。庆幸者何？公司创办将近六载，中间经历多少阶级，在事官绅受多少困难，直至今日始能联系多数股东在此会集，谋完善之方法，为共同之研究，将见此莫大之营业，日有起功。而一般股友，亦可永享此无穷之利益。其为庆幸者何？如名誉者何？各省铁路非官款即外款。以江西三百余万之路款，尚且为难，惟我川路不动官款，不借外款，专靠众人齐心，竟集款至千万有余。这是在中国最有名誉的。但是开工以后，用项尚多，总望同心同力，保守此常年抽收之股租（按当为租股），并多方招徕购股以为后劲。庶使我川路永不失此名誉。希望者何？四川为天府之区，铁路通后必为商业大世界，即以交通论，已少冒若干之险。至于调兵运饷，有利国家，尤非他省可比。但川中风气迟开，此等绝大之事业，若费官为提倡，不易具此规模。迨基础既立，锡帅乃奏改绅办，以为同系乡人，情愫易通，较官办必为得力。为得力乃绅办，复有绅办难处。既无权力，号召即因之不灵。有时困难万状，因应俱穷，仍须本督部堂为之处理。现在股东会既已开会，董事局不日成立，从此敦促进行，必有以慰股东希望之心。关系者何？川汉铁路为中国干路西南上游，此路一成，即就出产货物论，亦足矣灌输东南，不知公司内容者，多疑当事者把持靡费，议论不免过激，今各处股东既经会集，自以先举出董事、查账人为第一层办法。举定后即可查明账目。凡已办未办各事一一了然于心。归里后告之乡人，使众人疑团尽释，于股份必有大增进。若以个人之私见，而以破坏为主义，则不特无以对国家提倡之心，抑且陷全省路权于危险之地。当日奏定章程，原定租股不得过股份五分之二，因近年购股未能发达，不得不姑恃租股以资接济。这是万万动摇不得的。一动摇，则铁路立受影响。岂只为天下所笑而已哉。至众人所不满意于公司者，一疑开工太缓，一疑存款不实现，已于十二月二十八日开工，人疑其迟，我尚嫌其稍早。因路款需要七八千万，总需有权路三分之一，定其开工乃是正办。今因众人希望之故，不能不迁就开工。至于存款项，上年已查过一次。本督部堂在宜昌时，费竹心曾与我熟商生息抵补之法。川省地处边陲，交通不便，不能不多存款项在沪、汉商业发达处所以资营运。竹心由守有为，真是可惜。雨岚诚笃君子，人所共谅。我常惜其不能放手做去，雨岚言不放手尚招疑致谤，言之辄为长叹，其意非股东会成立不可。今会已成立而彼不及见矣。至于公司办事，岂能人人欢喜。含糊敷衍无以对股东，过于认真其不便于己者又将怨之，此更无足怪者。茂□在京办事对付之难，惟我知之。公司人亦有不尽知者。不至今日，我亦不肯言之也。总之，以前办事之人，已历尽艰难，不敢居功，何忍言过？现在两总理皆新任，更无过可说。各股东疑团既破，无不可以和商。今日开会，以后举董事、查账人，均照章应办之事。查账如有不合，公是公非自有定论，无所用其竞争。同为绅办之事，我亦何能有所偏向。但不可吹毛求疵，别生意见。必谓现在公举奏派之三总理犹或不满人意，安见复举者后之更胜于前。且安知后举者之又不受指责，徒事翻复正事，恐多停滞。章程有必须改者，改之。但不以违反奏章为是。奏章不备，求之公司律，公司律不可通行者，参之于公议，公议不能定者，取决于本督部堂。总期无所窒碍。本督部堂另有宣布大意，随后刊出。以上演说之辞已毕。另有一说，闻有主张废租股停租息之说者。组股之收，照章须满成本五分之二。此为现时路股以大宗，势不能废，不待赘论。停租息一层，此在个人，志在急公。暂不取息，可也，或自愿，俟铁路发达而后取息，可也。或自劝其乡里，将息入股，以速路之告成，亦无不可。若有公司发表，使各属租股股东一律停息，则万不能行。股息由四厘加至六厘，犹虑来者之不踊跃，若一经停息，何处再得如此巨款？前途危险，岂可胜言？我亦股东一分子，不能不详言之，况租股终有满足之期，将来全靠购股，此等风声一博，谁不裹足？川省情形复杂，将来举定董事、总办各事，总要使人肯购股为主旨，有不以予言为然者，请起而言其理由，众皆赞成，既而复言本督部堂政务繁多，以后开会恐不能亲到，即有藩台、巡警道、劝业道及忖派委员代莅以昭慎重。[①]

租股局系统。租股局始设于 1905 年，一般驻县城。其初由地方官吏选派士绅担任租股局成员。鉴于少数地方尚未设立，1908 年 10 月，商办川汉铁路公司颁布的《改订川汉铁路租购各股草章》规定：各个厅、州、县均应成立租股局，并统一名称为租股分局，与购股分局同列；由铁路总公司呈请四川总督发给各个租股局章，于租股票折上盖用；租股局绅的入选资格为：不吸洋烟；无劣迹；年入租股至三石以上者；各个租股局的局董人数，至多不能超过三人。清末的《成都日报》曾载奉节县改选租股局绅消息：租股局绅"届更换之期，地方官绅特于日前在两湖会馆投票选举租股局总董，以陈辅之、陈玉全占最多数""随由地方官当众宣布并加委札"[②]。这样，便基本革除了任意指派的陋现。但年入租股三石以上，则局绅地租收入当在百石以上，无疑亦由当地有势力的租股股东任其事。因为四川地方官员的政绩考评甚至升迁，都与该州县征收的租股数额有关，地方官员必然重视租股局及其局绅，也必然看重川汉铁路公司及其后来成立的董事局和股东会。集股章程中还有专条规定，各处租股局局董，如果办事实心，收解踊跃，经理三年无误，铁路公司会呈请四川总督给予奖励，一段路成之后，更要奏奖。就此而言，租股局是带有一定的官方性质的。租股局上承川汉铁路总公司及其董事局旨意，负责有关租股征收事宜，与农村的社会接触面较广。从人数来看，四川各州县租股局局绅中的总董、董事等当有数百人之多。因其成立时间早、经选举后还要由地方官批准，租股局的合法性更为明显。

地方议会系统。各省咨议局成立后，清政府即着手筹办省以下行政单位的地方议会。川省各属的筹办进度，颇为清廷赏识。1910 年 11 月奕劻等奏称："现查各省办理成绩，则以四川为最。……综计该省城乡等会成立者多至七十余处。"[③]次年三月，川督赵尔巽奏称："川省共已成立城会一百处，镇会一百三十处，乡会六十七处。"[④]在筹办地方议会的过程中，四川各地向资产阶级转化的地主、绅商中又有一大批人登上政治舞

---

① 《四川官报》第 31 册 "演说"。
② 《成都日报》，"本省近事"，宣统二年八月十日（1910 年 9 月 13 日）。
③ 《宪政编查论奏遵限考核京内外各衙门第三年第一次筹备宪政成绩折》，四川省档案馆藏线装单行本。
④ 《清末筹备立宪档案史料》下册，第 793 页。

128

台，成为各地立宪派人的骨干力量。简阳州议会有议员 40 人[①]，巴县的议事会议员有 59 人[②]，成立了镇、乡议会的江津县，其议员人数竟在 450 人以上。[③]如以前引赵尔巽奏折所说 100 处计，则全省县级议员在 4000 人左右（每会以 40 人计）；镇、乡议会 197 处，也有镇、乡议员 4000 人左右（每会以 20 人计）。这 8000 余名各级议员不失为一股较大的政治力量。与其他省份相较，除了议会的分布面广，议员人数众多外，这些议员一般均是川汉铁路的股东，与铁路有直接的经济联系，易投身于保路运动。

四川省咨议局、股东会、租股局这三个系统的陆续建立和健全，使川汉铁路公司甚至四川地方政府关于修筑川汉铁路的重要性、必要性等方面宣传的渠道更加多元化，更能深入城镇乡村，其宣传内容会更加深入人心。于此而言，保路运动发生之前就基本形成的组织系统与川汉铁路公司、四川地方政府的宣传是相辅相成的，组织系统越健全，宣传成效越好。宣传成效越好，组织系统也就越来越健全。

四川省一级和各州县的股东会系统、租股局系统和地方议会系统，均是四川立宪派人所能基本控制的合法阵地，亦是四川保路运动得以广泛深入城镇乡村的组织基础。更由于这三个系统所具有的合法性和一定的官方色彩，其在宣传群众和组织群众等方面更容易着手，更容易为城乡各界群众所接纳。在清末，四川各地组成了不少的新式团体，但只有这三个系统有相对稳定的会所，即办公场所和办事员是现成的，又与川汉铁路是直接或间接相关的。这些条件，在客观上就为日后的保路事宜提供了较为便捷的路径。换言之，四川保路运动时期所形成的登高一呼、四方景从的态势，与保路运动发生前的这三个组织系统有莫大的关联。后来保路运动时期各州县成立的保路同志协会的会所，大多数都设在租股局、股东分会或自治会[④]，而负责人也一般由这三个系统中的热心路事

---

① 引自隗瀛涛：《四川保路运动史》，成都：四川人民出版社，1981 年版，第 101 页。
②《巴县志》卷八《选举表》。
③《江津县志》卷九＂选举志＂内"城镇自治会"与"县议参事会"。
④ 笔者据现存的《四川保路同志会报告》所作不完全统计，以股东分会首倡的，便有双流、大足、遂宁、洪雅、雅安、青神、大邑、筠连、彭山、南充、宜宾、犍为等 12 个县协会；以股东分会及租股局为同志会会所的，即有江津、隆昌、三台、富顺、内江、阆中、东乡、温江、崇庆、金堂、荣县、名山等 12 个县协会。

的人员出任。而相当一部分州县的地方官员能够在保路同志协会成立时参会，以表示对运动和民众的同情与支持，也与这三个系统的合法性和所具有的一定的官方色彩有关。这也从另一个侧面表明了四川官绅之间在保路运动之前所有的合作关系，不仅在省一级层面存在，在各地方州县也存在。因此我们也就不难理解，为什么在保路运动时期依然可以看到不少州县的官绅合作关系还能够继续下去，这与保路运动能够在各州县的兴起与发展又有很大的关系。

用强制手段征集巨额川路股款，是辛亥四川保路运动勃发的经济原因；由于租股的征收和它在川路股款中占有举足轻重的地位，从而把全川城乡各阶层人们的利益程度不同地同川路的成败紧密地联系在一起，为保路运动准备了广泛的群众基础。租股的连续六年征收，促使四川一部分地主、官僚、商人或迟或早地向民族资产阶级上层转化；咨议局的成立，造成了立宪派势力的崛起和活跃。立宪派人建立了以咨议局为核心的三位一体制，还铺陈了遍及全川的股东会、租股局、地方议会系统，这又为保路运动准备了领导集团和组织基础。而四川省地方政府和官员们为了川汉铁路的修筑和川路股款的筹集所进行的持续数年之久的宣传和铁路的筹建工作，在某种程度上也将他们自己逼到了几乎无路可退的境地，使他们在"铁道干线收归国有"政策下达之后的相当一段时间内难以接受。辛亥四川保路运动发动较迟，但声势迅猛、成效特著，直接催发了武昌起义，从上述各方面不难找到原因。

第五章

『铁道干线收归国有』政策与保路运动的兴起

一、指鹿为马的"铁道干线收归国有"政策

"铁道干线收归国有"政策是在 1911 年 5 月 10 日的上谕中发布的。此外，5 月 11 日批准邮传部关于取消商办铁路前案的奏折和 5 月 22 日停收川、湘两省租股上谕也是这一政策的组成部分。在这几道谕旨中，清政府罗列了商办铁路的诸种弊端，认为继续下去，"恐旷时愈久，民累愈深，上下交受其害，贻误何堪设想！"所以"干路均归国有""除支路仍准商民量力酌行外，其从前批准干路各案，一律取消"。川、湘租股"系巧取诸民"，故"一律停止""以稍纾民困"。①

稍一分析，清政府并未从正面论证铁路国有之"是"，只是从反面指责商办铁路之"非"。而这些指责，看似言之凿凿，仔细考察，则大谬不然。

首先，清政府指责各省商办铁路公司路工太慢，"开局多年，徒资坐耗"。这一指斥不尽符合事实：广东的进度就不能说慢。到 1910 年，詹天佑担任商办广东粤汉铁路公司经理兼总工程师后，工程进展迅速，到清王朝覆亡后的 1916 年就全线贯通，而当年美国合兴公司几年时间也不过修了几十里支线。其他几省，湖南修路 51 千米，四川修路 17 千米。湖北寸路未修，可以说进展不够快。但路工迟缓是不是仅仅因为商办所致，我们以由官办转为商办的川路公司为例细加分析。

1903 年，锡良由热河督统调任四川总督，赴任至正定途次，奏请设立川汉铁路公司。1904 年 1 月，川汉铁路总公司在成都成立。创设伊始，锡良即开始调派人员，筹集款项。从用人看，公司督办、会办均由总督奏委，且委任者皆为政府官员，如几任督办中冯煦、许涵度为藩司，赵尔丰为永宁道，会办沈秉堃为成绵龙茂道，公司"财政隶属于藩司"，股东"不得干预公司用人行政之权"，只可"条陈听候选择"。显然，此时的川汉铁路公司是行政、财政、人事诸大权均操于政府之手的官办公司。这个官办铁路公司在筹款上却全无起色，至 1904 年 10 月，仍"资本久未鸠集，工程久未兴行。"②有鉴于此，四川留日学生 300 余人在东京召

① 戴执礼编：《四川保路运动史料》，北京：科学出版社 1959 年版，第 117-118 页、第 139 页。
② 《四川留日学生同乡会上锡良开办川汉铁路公司意见书》，光绪三十年九月一四日。见戴执礼编：《四川保路运动史料》，北京：科学出版社 1959 年版，第 9 页。

开同乡会，自募、劝募银共 30 余万两，并上书锡良，提出了他们的集股办法并主张改官办公司为官商合办公司。锡良仅采纳了"因粮摊认"的建议，并未接受官商合办的主张。

1905 年，四川绅商亦强烈要求改川汉铁路公司为民办。在留日学生和在川绅商的内外呼应下，锡良于同年 7 月奏称，川汉铁路"官民各股，即应官绅合办"，并奏派官绅总办各一人。川路公司虽表面上成了官绅合办，但股东并未享有当时公司法所规定的权利，实权仍操于锡良为首的官府之手，四川绅民当然不满意。1907 年 3 月，在四川留日学生和四川绅民的进一步斗争下，川路公司遵商律改为商办川汉铁路有限公司，并制定了《川汉铁路公司章程》。但公司的总理、副总理仍由川督奏派，公司"重大事件，仍禀承总督办理"。此时的川路公司实际上是官督商办公司。

迟至 1909 年 11 月，四川省咨议局认为川路公司自 1904 年创办以来，"组织实未完善。树商办之名，而无商办之实，总理由选派奏委，不由股东集会公举，其他一切用人行政，多未遵照商律办理"，故提出《整理川汉铁路公司案》，要求"议改章程以期公司组织完善，而举商办铁道之实益"。[①]同月，川路公司于成都召集第一次股东会，12 月成立董事局。至此，川路公司才真正获得了商办性质。

从 1904 年 1 月到 1909 年 12 月，经 6 年时间，川路公司方具商办规模。商办公司组成后，还不到一年半时间，朝廷便颁布了"铁道干线收归国有"政策。故把路工迟缓的罪名加于商办头上，显然是不公正的。

其次，上谕申斥各商办铁路公司"侵蚀""虚靡"股款，尤其提到川汉铁路公司"倒账甚巨，参追无着"。这里具体所指是"重庆铜元局案"和"上海施典章倒款案"。

先分析铜元局案。1905 年 1 月的《川汉铁路总公司集股章程》，把股份分为四种：认购之股，抽租之股，官股之股，公利之股。其中公利之股系川路公司筹款开办别项利源、收取余利作为股本之股份，当时设想有试办铜元，开采、制造"制轨之铁、垫路之木、行车之煤"等。随即着手进行的只有试办铜元。按《集股章程》规定，提借存放在当铺、盐

---

① 《四川咨议局整理川汉铁路公司案》，宣统元年十月七日。见戴执礼编：《四川保路运动史料》，北京：科学出版社 1959 年版，第 80 页。

局的公款银 100 万两，在票号借银 50 万两，由川路公司会同机械局于重庆设厂试办。

从这一规定看，铜元局所需经费与川路股款无涉，只是利润充作川路股份，但实际上确由川路已筹股款中拨付银 200 余万两给铜元局，遂惹得议论纷纷，指责官府违背了"无论异日有何项急需，决不挪移"的承诺。但在《川汉铁路改进会报告书》第 2 期中，已载明此款项为借款。而且此项借款基本收回，至 1907 年 10 月，尚欠款仅 19000 余两，邮传部并已令"四川督臣饬局设法还清"。即便是亏损，也与商办公司无涉。

再看施典章倒款案。1905 年《集股章程》订立后，一年可收股款 300 多万两。由于一时间铁路不能开工，各类股票均要按时付息，所以川路公司遂将股款存入商号生息。以成都、重庆、汉口、上海等地为主，基本存在钱庄里，另有少量借拨一些政府部门、企业以生息。

1910 年 7 月，上海正元、谦余、兆康三钱庄破产，进而引起大批钱庄倒闭。此时钱庄倒闭风潮，系各钱庄竞相参与"橡胶股票"投机所致，川路股款也因此大受损失，所涉款项包括存在 10 家钱庄的银 140 万两。此外，又有购买兰格志股票的银 85 万两在此次风潮中也受损失。

暂时不用款项放于钱庄生息，是寻常办法，此点邮传部亦承认。因钱庄倒闭而受损，只能说是商家胜败常情。1910 年上海有钱庄 91 家，1911 年倒闭 42 家，几近半数。况三家钱庄中洋款被倒也有银 140 万两，上海道在钱庄中所存公款也大受损失。

钱庄倒闭，不等于所存款全部化为乌有。"三庄股东家产素称殷实，本有自行清理之议"，并非邮传部所说的"本非上等商号"。况三钱庄倒闭后，两江总督张人骏即令上海道台蔡乃煌出面，向各国银行借款 350 万两以维持市面，应该说能挽回很大一部分损失。但具体经办的上海道台蔡乃煌却横生枝节，令三钱庄先还洋商存款，导致川路股款损失不能挽回。

至于投资股票，行情本有涨落，也不能以此作为证明铁路商办不能的证据。

当然，从重庆铜元局占用股款到施典章倒款，川路公司所筹股款在保管、使用上也不能说没有漏洞。拨款至铜元局确实违背了《集股章程》，投资铜元局也不是一个很好的选择。施典章在存款和投资股票中也确有营私舞弊的行为。问题在于，这应归责于谁。

铜元局案发生在川路公司官办时期，当时主管的商部、户部和外务部就有所怀疑，在对川督锡良的奏折的复议中就说："所提当铺盐局公款百万两，究竟是何公款，提用后有无窒碍，臣部所凭悬疑，应令该督转饬查明，详细声覆。"①而铜元局亏本，和官场腐败有直接关系。当时铜元局经办人之一蔡乃煌就颇受非议。若非四川绅民的斗争，此项亏挪不知要到何时。

同样，施典章也系 1907 年由川督奏派。若不是 1909 年四川咨议局提出议案和随即召开第一届股东会，还不会有查账的决定。

最后，清政府认为川湘路租股扰民，"名为商办，仍系巧取诸民"。租股一宗，为川、湘两省独有。湘省收取租股很晚，1910 年始征收，筹款数额也不大。川省租股，为时既久，范围又广，数额巨大，为川股大宗，引致争议也大，在川汉铁路筹建、修建中作用突出，亦是国有政策出台后中央与四川地方矛盾的焦点之一，实非"巧取诸民"所能概括，亦非"一律停止"所能打发。

川路公司于 1904 年初创办后，筹资无路，锡良遂于 1905 年初采纳留日学生建议，在《川汉铁路集股章程》中作出抽收租股的规定："凡业田之家，无论祖遗、自买、大写、自耕、招佃，收租在十石以上者，即抽谷三升；一百石者，即抽谷三石，以次递加照算。无论公产、庙田，一律照收。其收租不及十石者，免抽。"又在同时颁布的《川汉铁路按租抽谷详细章程》作了进一步规定，并于当年秋忙后开始征收，涉及全川 140 余府、厅、州、县。1907 年颁布的《商办铁路公司续订章程》中，又作了提高租股年息（4 厘增至 6 厘），增加方便租股的股票面额，改变付息方式（在次年租股中坐扣），预定租股总额上限（占川路总额预算的五分之二），设定租股股东权利等意在刺激租股交纳者积极性的新规定。

租股对川路股款筹集的作用是巨大的。1905 年当年即征收达 290 万两。有据可查的 1908 年和 1909 年，坐扣上年利息后亦达到 151 万余两和 134 万余两，分别占当年全部股款的 80% 和 81%。到 1911 年停收租股，6 年合计的租股数额达 928 余万两。可以说在当时的条件下，无租股即永不可能有川路。是故，虽各界对征收租股议论纷纷，但始终未能停收。

至于租股扰民，也确非虚言偏见。晚清举办新政，其费主要来源于

---

① 《商、户、外三部议覆川督奏折》// 宓汝成：《中国近代铁路史资料》（三），北京：中华书局 1963 年版，第 1061 页。

增加捐税。清末四川全省主要征收税目有 28 项之多，征收额数亦巨，"川省财赋，占全国十分之一，滇、黔、甘、新四省协饷，皆仰于川，川糜烂，四省不保"。以一省养五省，已属支绌，而租股又大大超过此前任一种捐税。由于租股征收情况是考核地方官的一个尺度，同时"许各地就本地情形据实禀请酌夺更改"，在征收过程中自然会有各种弊端。即使支持租股的人士也并非不清楚这一点，但由于租股对于川路，进而对于国家主权的重大意义，"租股可废而不能废"。只言扰民，不顾大局，就有以偏概全之嫌。

更重要的是，租股虽是强制征收的，但本质上大不同于各类新捐旧税。早有研究者指出，租股有股息，租股股票是具有资本主义性质的有价证券，租股股东享有公司律规定的权利，故川路租股是近代中国资本主义原始积累的一种独特方式。因此，清政府把租股当成寻常捐税，一纸上谕，一免了之，反认为是皇恩浩荡，实则指鹿为马、李代桃僵，当然不能服人。

以四川、湖南、湖北等省民间实力，自筹资金修建铁路确有些勉为其难、力所不逮。那为什么各省绅民热切要求自办铁路呢？这充分反映了在民族危机日益加深，而清政府又日趋软弱的形势下人民的爱国热情。看待各省人民有些"自不量力"地争办本地铁路的问题，不应该不考虑到这个大的背景。

一部分中央大员、地方大吏，也有利用民众的热情和财力，以保存或收回利权的认识。这也是收回利权运动能开展起来的重要原因。

早在 1898 年 11 月 19 日，矿务总局公布的《矿务铁路章程》即说："矿、路分三种办法：官办、商办、官商合办，而总不如商办。……此后总以多得商办为主。"[1]不到一个月，这个措施就和其他的维新政策一起被慈禧太后废除了。

在新政中，商办铁路的提议再度被提起。1903 年，商部尚书载振上奏，认为侨商张煜南请办潮汕铁路，可"开风气而保利权"，地方官"不得以事属商办，稍存漠视之意，致拂舆情"[2]，尽管他仍认为商办只适宜

① 《矿路总局暨总署会奏矿务铁路章程疏》，光绪二十四年（1898 年）十月初六日，见《清总理衙门档案》

② 《商部上书载振请准办潮汕铁路折》，光绪二十九年（1903 年）十月二十四日。见宓汝成：《中国近代铁路史资料》第三册，北京：中华书局 1963 年版，第930 页。

工费有限的铁路。

如果说最早提议地方自筹资金修筑铁路的是一些商人,锡良奏请筑造川汉铁路则表明各地督抚开始赞同这个主张。锡良上奏说:"四川天府奥区,物产殷富,只以限于运转,百货不能畅通,外人久已垂涎,群思揽办,中人亦多假名集股勾结外人,若不及早主张官设公司,必至喧宾夺主,退处无权。"随即,各省纷纷请办铁路。1904 年 11 月,江西京官李盛铎等请准开办全省铁路,认为"近年铁路之利,觊觎者多,江西完善之区,尤宜及早自行筹筑"。1905 年 8 月,浙江京官黄绍箕也请办浙路,他说:"浙江商埠繁盛,倘非及时筹筑铁路,殊不足自保利权。"1907 年 8 月,河南官绅王安澜等表达了更急切的心情:"铁路为生民命脉,中州绾铁路枢机,非急筹自办,不足以杜觊觎。"①

各省铁路公司章程也详细落实了自办的主张。川汉铁路公司《集股章程》中规定:"不招外股,不借外债,专集中国人股份;其非中国人股份,一概不准入股,并不准将股份售与非中国人。"湖南省开办粤汉铁路的《招股章程》中也规定:"公司股票只招华人,凡洋人概不得附股。如有代购或转售抵押与洋人,以及本为华人,而购票后改注洋籍者,均作为废纸。"②其他各省铁路公司的章程中也都有类似的规定。

单纯看各省铁路公司对洋股的态度,似乎太过极端,有盲目排外之嫌,但结合列强强修中国铁路的咄咄逼人之势和一些中央官吏的"保"利权之法,就不难理解他们的困难处境和良苦用心了。

如前所述,1895 年甲午战败后,西方列强加上新兴的日本掀起了在中国划分"势力范围"的狂潮,掠夺筑路权是列强瓜分中国主权的重要手段和表现形式。其具体手法就是强迫中国向他们举借筑路款,同时获得出售原料、设备,提供工程技术人员和开采沿线矿产等特权,更深一层的后果则是扼住了中国的生命线,路到一处地方,即控制了一处地方。1896 年,沙俄攫取了黑龙江、吉林两省的筑路权;1897 年又联合法国,让比利时出面夺得卢汉铁路的贷款权,在德国支持下取得南满铁路的独占权;随即又在 1898 和 1899 年抢夺了正太铁路的修筑权和北京至长城以北的铁路贷款优先权。1898 年,德国取得山东铁路的独占权;在西南

① 宓汝成编:《中国近代铁路史资料》第三册,北京:中华书局 1963 年版。
② 宓汝成编:《中国近代铁路史资料》第三册,北京:中华书局 1963 年版,第 1034 页。

边陲，法国将云南、广西的筑路权据为己有。老牌资本主义强国英国更是四处插手，先后试图把粤汉、沪宁、津镇、广九等数条重要铁路纳入囊中。日本则插手福建、江西铁路。同时，各国一方面攥紧到手的地盘，另一方面不断插手他国的势力范围，整个中国几被瓜分豆剖。即使在各省已开始筹划自办铁路后，列强仍不放弃，以各种手段，包括威胁、恫吓来进行阻挠。如川汉铁路公司甫一成立，英、法、美三国立即要求让于该路贷款权。英公使在 1904 年向外务部提出按照 1903 年 7～8 月往返函件，"所需外款皆在英美两国借用"；驻重庆法国领事也在 7 月向锡良要求由法商包揽路款和路工。

面对危局，有些人提出了"均利止贪"、以夷制夷的办法。盛宣怀的主张最为典型，他认为："各国窃保护之名，分占边疆、海口，渐入腹地。一国起争，数国效尤。牵制之法，不足破其阴谋；通商之利，不足抵其奢欲。处今日而欲散其瓜分之局，惟有照土耳其请各国共同保护。凡天下险要精华之地，皆为各国通商码头；特立铁路矿物衙门，统招中国及各国股份，聘请总铁路司、总矿物司，职分权力悉如总税务司。似此悉毕路成，英、德不患俄独吞；缅滇路成，俄、法不患英独噬。"[1]此种办法，不啻开门揖盗，引虎驱狼。虽然盛宣怀接着又列举了大局定后一系列自强之法，但实际上举国被瓜分之后，再好的设想也终是虚言。

可见，各省铁路公司在明知自筹资金有困难的情况下，仍坚决抵制外款实在是事出有因、迫不得已，是在以一种很悲壮的，甚至堂吉诃德式的方式护卫国家主权。上谕对官民的爱国热情只字不提，实则予以否定，联系清廷以前的态度，实是出尔反尔。

清廷和盛宣怀等中央大员们不该忽略的另一点，是 1911 年的中国已不是最高专制统治者可以随心所欲、为所欲为的时代了。清末新政，特别是 1905 年开始的立宪运动，已使一批从中央到地方的中高层官吏的观念发生了很大变化，尤其在 1909 年各省咨议局和 1910 年资政院成立之后。在新政的各项措施中，影响最深远的是编练新军、废除科举和预备立宪，后两者对当时官绅士子在思想观念上影响尤深。

1905 年，始于隋朝的科举制被废除。一项实行了 1300 年之久的制度一旦终结，其影响绝非决策者可以完全预料。就在这一年，赴日留学生

---

① 宓汝成编：《中国近代铁路史资料》第二册，北京：中华书局 1963 年版，第 522 页。

人数有 6000 人之多，为此前此后历年之最。留日学生在后来立宪派的主要活动机构咨议局和资政院中起着决定性的影响，也在川汉铁路的修建中发挥了重要作用并最终领导了四川保路运动。对于晚清"四民社会"的解体和知识分子的边缘化现已多有论述，但其实知识分子只是在传统的范围内边缘化了，在一个新的话域内仍处在舞台的中心。新式知识分子的大多数不能像传统的士人那样在政权内立德立功立言，但他们开辟并占领了报刊这一近代舆论工具，臧否时事，评论国政，宣扬民族主义，鼓吹立宪，逐渐地掌握了舆论的主导权。一批思想开明、头脑清醒的封疆大吏的观念也在不同程度上发生了变化，逐步倾向立宪。三次国会请愿运动迫使载沣同意预备立宪缩短至 1913 年，足见立宪派已可以在一定程度上对中央决定产生影响。同时也预示着，中央政府如果在哪项政策上自食其言，必将遭到激烈的反对。

按咨议局章程，凡"本省应兴应革事件""本省权利之存废事件""本省担任义务之增加事件"等，均应经咨议局议决；按资政院章程，凡"国家岁入岁出预算事件""国家岁入岁出决算事件"等，均应由资政院议决。向外国举借巨款，交资政院审议是必经程序，铁路国有政策所涉各省的咨议局也有权质询。盛宣怀当然知道这个规定，但由于交资政院审议各案，"资政院认为可行者，方能照办；一经否决，势须取消"，他也知道借款合同在资政院肯定通不过，"如果交议，资政院认为不应借贷，彼时国家有此权力销毁四国合同乎？"[1]索性硬着头皮，不交院议。他估计不足的是，招致的反对如此激烈。1911 年 10 月 25 日，资政院第二次会议专门提议"内忧外患，恳请本标兼治，以救危亡具奏案"[2]。从会议记录看，可谓群情激昂。随即上奏弹劾盛宣怀，导致盛下台。

清朝灭亡后，有遗老曾指斥新军、留学生和立宪为"亡国三妖"。抛开他们的遗老立场，倒不可谓不切中要害。

不考虑人民的爱国热情，不按资政院、咨议局章程办事，逆历史潮流而动，从这点来说，"铁道干线收归国有"政策的出台是不合时宜的。

借款合同之不交院议，盛宣怀的另一辩解是此笔借款他并非始作俑

---

① 见盛宣怀档案资料选辑之一《辛亥革命前后》，上海：上海人民出版社 1979 年版，第 171 页。

② 见盛宣怀档案资料选辑之一《辛亥革命前后》，上海：上海人民出版社 1979 年版，第 174 页。

者，最初的策划者是两湖粤汉铁路和鄂境川汉铁路督办大臣张之洞。

粤汉铁路之兴建，由来已久。早在1898年，美国合兴公司即与清政府订立《粤汉铁路借款草合同》，取得了粤汉铁路的修建权及沿路矿山开采权及其他特权。1905年，在收回权利运动中，时任湖广总督的张之洞主持，中国以675万美元赎回。由于资金原因，自建步伐蹒跚不前，1907年，只好又寻求借外债筹款。几经周折，1909年5月，张之洞于英国汇丰银行代表熙礼尔、法国东方汇理银行代表贾思纳、德华银行代表柯达士订立草合同二十五款，名为"中国国家湖北湖南两省境内粤汉铁路、鄂境川汉铁路五厘利息借款"。借款总额550万镑，作为建设官办湖北、湖南两省境内粤汉铁路干线、鄂境川汉铁路干支两线之用（川汉铁路干线指京汉线上之广水经荆门至宜昌，支线指荆门至汉阳段；干线长约1千里，支线长约300千米）。草合同签订后，俄、美、日亦闻风而至，最终美国插入进来，三国银行团遂成四国银行团。1910年5月，四国银行团达成协议，并于8月照会清政府要求速订立正式借款合同。

从1908年张之洞着手谈判时起，两湖人民就发起了轰轰烈烈的拒洋款斗争。1909年10月张之洞去世，两湖粤汉铁路、鄂境川汉铁路事宜由邮传部接管。以上两个因素阻碍了清政府正式签字的步伐，同时迫使清政府于1909年末和1910年初先后准许湘境粤汉铁路和鄂境粤汉、川汉铁路商办。

为尽快正式签订借款合同，1910年4月，四国向清政府重申反对中国粤汉、川汉铁路商办。8月，四国公使又照会清朝外务部要求速订借款合同。9月、10月、11月又接连照会清政府，要求"妥速了解"。迫于压力，邮传部从1910年底开始和四国重开谈判，最后于1911年5月20日和四国正式签订了借款合同。

铁道干线的筹划，有明显的随意性。铁路国有还是商办，本非原则问题。但清政府在借外款的同时匆匆抛出国有政策，令人不免生疑。通盘筹划全国铁路，并作出干路、支路的划分，始于1906年，是当时掌管铁路的商部为进行全国线路的规划提出的，但未提出具体方案。1907年，两广总督岑春煊上奏，主张以北京为中心的四大干路计划：京汉、粤汉至广州为南干线，京张、库张至恰克图为北干线，北京出关到爱晖为东干线，京陕、陕新抵伊犁为西干线。进而又划分了各干线的支线。邮传部尚书陈璧基本同意这一主张，并指出这是从政治地理角度的划分。1909

年，邮传部有人提出，把已建好的汴洛路向两边延伸，"东达徐海，西展至陕甘、新疆，成东西一大纬线"。1910年，邮传部再次上奏，主张"以自开商埠之海州为尾闾，西连汴洛，以达甘新，为中原东西一大纬线"。但并未说明此"纬线"是否就是"干线"。同年，锡良上奏中始称川藏铁路为干线，次年郑孝胥的四大干路说帖中也把川藏铁路列入了干路之列。[①]但两人的主张未见邮传部的反应。此时旧事重提，显然不是深思熟虑之举。宣统三年（1909年）闰六月十七日，云贵总督李经羲还致电内阁，询问滇路到底为干为支。李经羲是主张铁路国有的，他的意图是想把西南边陲的滇桂列入干路之列。到保路运动已不可阻挡的9月30日，邮传部又生花样，提出既有川路商办，另筑一路由陕入川归国有。轻率随意至此，若铁路干线国有政策真的实施，不知又会造成何等混乱。

出台国家政策去适应一个对外借款合同，有劫路误国之嫌。借款合同中引人注目的一款，是用宜夔段替换了荆汉段。从地理位置上说，宜昌至夔州在鄂境，但由于湖北财力不厚，而这段又关系川路的出口问题，经两省协商，由四川省修筑，借款草合同亦只言宜昌到广水一段。为什么在正式合同中加入呢？盛宣怀的解释是："原合同借款用法，于湖南、湖北干路之外，今干路既定国有，支路自应听鄂人自办，以符奏案，而洋人以成约在先，汉荆支路里数不能让减，持之甚坚。本部调停办法，特以宜昌至夔州之干路六百里，以换汉荆支路六百里。"之所以以宜夔段换，是因为这一段"为世界第二险工""非用专门洋工程司不能建妥"。[②]

西方列强对川汉铁路觊觎已久未果，这次铁路借款又给列强提供了机会。1909年8月10日，费莱齐致美国国务卿电中谈及："中国反对提及延长入四川。"可见，四国银行团早就想把川汉全线纳入借款合同，但遭到了张之洞的拒绝。1909年10月5日，张之洞去世的次日，费莱齐又致电美国务卿，称"不论在中国派定另一官员接替张之洞代表中国后，目下这样的合同能否立即签订，抑或此案须全盘重新商讨，而我国对川汉铁路的既定立场是不能动摇的"[③]。这里的"重要立场"，主要的一点显然是把借款合同中鄂境川汉铁路延入四川境内。1910年5月23日，英、

---

① 宓汝成编：《中国近代铁路史资料》第三册，北京：中华书局1963年版，第1161-1165页。

② 见盛宣怀档案资料选辑之一《辛亥革命前后》，第173页。

③ 宓汝成编：《中国近代铁路史资料》第三册，北京：中华书局1963年版，第1191页。

美、法、德四国银行团达成妥协，其中对川汉全路如何瓜分已有详细约定。在1910年重新开始的借款合同谈判必然会涉及这个问题，只是慑于两湖人民反借款的压力，邮传部始终未敢公开这一点。1911年5月2日，四国公使照会外务部，称关于借款合同，"现在他项各节，皆已妥协议定"。"他项各节"应该包括将宜夔段纳入借款合同。盛宣怀自己也说得明白："查四国借款合同不能消灭，所有提议铁路国有。如铁路不为国有，则借款合同万不能签字，是铁路国有之举，其原动力实在于借款之关系。"[1]以此看，铁路国有即为了一项不合理的对外借款合同而出台的并非必要的国内政策。

进一步分析，借款合同共借600万英镑，除去用于赎回美国合兴公司金元小票的50万镑，剩下550万镑，约合银4000多万两，根本不敷粤汉、川汉两线所需，以后必然要续加借款，同时扼住出川咽喉，为以后将带来无穷之弊。

而且，铁路国有仅指干线，声明支路仍允民自造，难道就不怕再重复"路工缓慢""侵蚀""虚糜"的问题吗？又说保留民力，"以造支路，其工易成，其赀易集，其利易收，使其土货得以畅行，亦如河南之芝麻、黄豆，岁入数千万之多，民间浙资饶富。此支路之可归民办又一也"。[2]既可"岁入数千万"，就不能修干路吗？粤路、夔州至成都之川汉路，民又可附股，又能说是国有吗？前后如此自相矛盾，进一步反映了国有政策出台的仓促。

二、湘、鄂、粤三省保路风潮的兴起与平息

清朝政府的"铁道干线收归国有"政策颁布后，首先在两湖地区引起了极大的反响。

以湖广总督瑞澂为首的湖北地方当局，对待保路运动的态度是比较强硬和严厉的。当他得知湖南民众起而争路时，"即电劝湘抚勿以退让酿

---

[1] 见盛宣怀档案资料选辑之一《辛亥革命前后》，第170页。

[2] 宓汝成编：《中国近代铁路史资料》第三册，北京：中华书局1963年版，第1234页。

事"。后来在武汉一些地方出现"屡有演说国债路政等事,言词过涉激烈",瑞澂便特命巡警道"传知商学绅民,嗣后遇有开会演说,应遵章先期报知,警区派员旁听纠察""如有私行集会、言语谬妄情事,立予禁阻,以杜谣惑而保治安"。在此种高压政策的钳制下,进京请愿的代表回到湖北以后,"因瑞督禁止路事集会,故久未开会"。经一再请求,瑞澂终于铁路协会召集一次会议,"惟须定一限制:凡开会只准会员及各股东与议,不准号召毫无关系之人为激烈演说,致肇事端"。于是,好不容易于7月20日在汉口帝王宫召集的这次会议,与会者必须持有入场券才能赴会。[①]

湖南保路运动初兴时先后任湖南巡抚的是杨文鼎和余诚格。

先后呈文请湘抚代奏的,有咨议局、教育会、商会、自治会、湘路协赞会等团体。湘抚杨文鼎"以语太激烈,未及代奏"。他只将咨议局的呈文代为上奏,但受到朝廷的申斥。对此,杨文鼎不仅没有怨言,还颇为自得。他在致盛宣怀、端方、瑞澂的电文中写道:"不得不允为代奏,以平其气,而懈其心。迨解散之后,相机操纵,委曲求全,或能于事有济。"杨文鼎处理湖南保路运动的措施,受到瑞澂的青睐,称其为"以不拂舆情为宗旨,亦是急脉缓受办法"。

湖南保路运动的发展,并没有完全按照杨文鼎所想象的那样,"湘人见咨议局被谕旨申斥,愈益愤激,该局议员有多数辞职者,以致不能开会"。5月,万余名株洲铁路的筑路工人,停工进城,声援保路斗争。6月,徐特立等领导长沙城内数十所学校师生,"皆用学堂真笔板油印纸发行,暗中串通,竟至同时罢课"。湖南当局采取了严厉的防范与镇压兼举的政策。"行政官防备甚周,每日巡防队、警察队及加募之侦探队,手撒枪械,如防匪寇。街市行人,皆不敢偶语。"参与罢课的师生于是"纷纷各回原籍,沿途演说,秘密开会……各属风潮相继而起者,指不胜屈"。湖南地方当局进一步"出示禁止开会,取缔印刷店,凡有广告等事,皆须巡警道派人核阅,方准付印。又取缔信行邮局,凡有外来信札送学界、军界者,皆须检阅;又请各学堂监督检查学生信札"。于是,湖南保路运动在地方当局的高压下渐趋沉寂。直至四川已经倡行抗粮抗捐之时,湖南保路运动一度呈现出复苏的迹象。是时,"各团体拥至总理余肇康寓所,要求向巡抚代陈,请巡抚电部主持"。

① 武汉大学历史系中国近代史教研室编:《辛亥革命在湖北史料选辑》,武汉:湖北人民出版社1981年版,第510页。

此时，继任湖南巡抚的是余诚格。他"派员向绅民婉劝，暂行解散。随救学司转行各学堂监督堂长，严加管束，不准干预路事"。他还"不准民间开会结社，并电告鄂督，请调常备军两营，驻扎岳州，以备不测"。由于湖南当局的严厉措施，咨议局副议长胡璧"鉴于川事，托故离省"。后湖南绅民拟定致资政院的电文，但"电局以前奉邮传部示，凡关于路事各电，非有印文，勿得代发，且以电中语意，过于激烈，坚辞拒之"。

两广总督张鸣岐曾是倾向准备执行铁道国有政策的，但稍后在国有政策的具体执行上又有较大的改变。1911 年 9 月 9 日，他对度支部、邮传部和督办铁路大臣的会奏的国有政策的实施细则，尤其是对广东的处理办法提出了若干针锋相对的见解。盛宣怀认为："坚帅为主张发给半成之人，今复要求给还全股。迭次来电，坚执不移。"

张鸣岐还告知他们，粤路股票若不全部发还现银，他宁可丢官也在所不惜："请于愿附股、愿还款两项，听各股东自由，不必执一还股。办法既定，即可定期接收，股东无可借口，纵有奸人煽惑，自可以强权制之。倘不蒙鉴察，鸣歧自问才力万不足以奉宣德意，制服粤民。惟有恳大部奏参，请朝廷另拣贤员，当能有济。"①

盛宣怀等人的高压政策，虽然一度使湘、鄂两省的保路运动受到压制，但在广东，尤其是在四川，基本没有推行。而且，"铁道干收归线国有政策"更没有得到贯彻实施。相反，他们在短短几个月时间内的举措，将封建王朝的专制蛮横充分暴露出来，引起全国民众的普遍反对，也在统治阶级内部引起了严重的分歧。所有这些，又使清王朝的统治危机空前尖锐，清政权处于风雨飘摇之中了。

湖北、湖南、广东三省保路运动的起伏与沉寂，非常有助于我们理解四川保路运动能够迅猛发展的原因，有助于我们从另一个侧面研究清王朝覆灭的内部因素。湖北和湖南两省的保路风潮发动较早，但是在官方的高压之下很快归于沉寂。由于两广总督的态度变化，粤汉铁路广东段以商股为主等原因，广东的"铁道干线收归国有"政策基本未得到执行，日后四川保路同志会派赴广东的代表也受到欢迎。换言之，保路运动的兴起与演变，与各地方政府和要员的态度密切相关。清政府中央及

---

① 以上关于湖南和广东的资料见宓汝成编：《中国近代铁路史资料》第三册，北京：中华书局 1963 年版，第 1060 页、第 1061 页、第 1241 页、第 1249 页、第 1250 页、第 1251 页。

在各地的重臣，无论他们支持、同情、纵容保路运动，或严厉禁止、无情镇压保路运动，或尽可能地企图置身局外，均使民众的愤懑、仇恨和反抗的情绪日益加深，都在从不同的角度将清王朝推向覆灭的境地。这也表明"铁道干线国收归有"政策之不合时宜以及封建王朝必将倒台的历史趋势。

三、四川立宪派的最初应对

"铁道干线收归国有"政策的出台是突如其来的变局。如何应付这个变局？在没有全部了解"铁道干线收归国有"政策出台情况之前，四川立宪派人只能依据已知的一鳞半爪信息加以判断，并予以研究分析，寻求对策。因此，他们最初是一部分有条件地同意"铁道干线收归国有"政策；一部分仍然希望政府收回国有成命，坚持商办之局。

邓孝可的《川路今后处分议》，较为典型地表现了部分四川立宪派人在"铁道干线收归国有"政策出台之初的心态和打算。他在这篇论文中，提出了他的见解："愚意所拟我路公司处分案有二：一曰对外处分；一曰对内处分。对外处分，复分为二：一曰，确查借约之性质；二曰，须负条件之收回。"

邓孝可所谓的对外处分，即关于四国借款合同问题，实际涉及两个问题：四国借款合同没有经过资政院的同意，借款是否以路作抵，尤其是否涉及川汉铁路。他写道："今政府借款既未求协赞于资政院，其蔑视国民、蔑视法律太甚……今惟问此项借款，是否以铁路作抵？即非抵以铁路，是否与铁路有关系？所预拟筹偿之方法如何？偿还之方将来不应手时，是否将波及我川路？……宜请邮部明白宣示，此政府应负之责任也。"他所谓的对内处分，是在清政府不以铁路作为借款抵押的前提下，同意"铁道干线收归国有"政策。但是，清政府收回川汉铁路，又必须保证"赶期速成"川汉铁路、修筑"川藏铁路""用川人、购川材"。在他看来，之所以有条件同意"铁道干线收归国有"政策，是因为"吾川路公司成立之性质，记者始终认为谋交通利益而来，非为谋路股息而来者，故听'国有'便"。至于川汉铁路公司尚有的数百万两股款，可以百万用于"力扩川航事业"、以五百万"充地方殖业银行资本"、以二百万"为川省教育基金"。对于他省激烈争路的态势，邓孝可以为，"至谓他省反对正烈，吾不可不从同，则彼此情形不同，岂可不自察内情，盲从他人"。

与前述基本相同的语言及要求，在当时的四川可以随时听见。川汉铁路公司驻宜昌总理李稷勋向成都总公司提出："鄙意谓路权可归国有；若归外人，则土地人民受损其巨，当拼力拒之。"但对尚余路款，李以为"应照数拨还现银，若尽空言搪塞，苦我川人，当拼死争之"。

而另一部分立宪派人，则仍然希望政府收回国有成命，坚持商办之局。5月16日，川汉铁路董事局致电邮传部，内称："川路自蒙先朝允改为商办，民间异常感奋，如股踊跃争先，得有今日；虽未告成，万端有绪。忽闻国有之命，众情惶惧，深恐阻其急公之心。敢乞大部俯顺民情，请予仍旧办理，俾竟全功。"5月22日，四川京官议决，"蜀路无收回国有理由，立具公呈代奏"。5月23日，川汉铁路董事局再致电邮传部，宣称："查光绪三十三年国定干线，并无川汉在内，似不在收回之列。"四川省咨议局也呈请川督代奏："川汉并非邮传部从前奏定干路，且不在正支之列，乃部咨一并牵连收回，似尤未允协。"5月27日，川汉铁路公司呈请川督代奏称："租股，经始于官办时代；且系奏奉朱批允准，已成法定之款。"公司还不无威胁地写道，四川民众"人心固结，股款过巨，股东过多，尤未便操切从事，致酿变端"。同日，川汉铁路公司董事局也呈请川督代奏："川汉铁路集款，皆民膏民脂血汗所成，与寻常营利迥别。一旦收回，众情惶骇，热念冰消，譬如婴儿之失乳，不特购股之富商呼嗟叹息，即乡里穷民，铁校学子，藉筑路谋生，望毕业求业者，亦皆垂首丧气，无复有人生之趣矣。"[①]

以铁路公司、董事局、咨议局等合法团体的名义，三番五次地表明抵制态度，诉说"铁道干线收归国有"政策的种种不是，显然是经过商量的。他们试图晓之以理、动之以情，希望清政府体恤民情，收回成命。他们引先朝上谕，言之凿凿，甚至连严重后果也述说得非常清楚。这也表明，他们一方面希望所呈之辞能打动政府；另一方面已经做好不能说服政府的准备，对策也成竹在胸了。

147

戴执礼编：《四川保路运动史料》，北京：科学出版社1959年版，第120-146页、第139-140页。

第六章

『非法』的四川保路同志会及其『合法』抗争

一、四川保路同志会的成立

经过一段时间与清朝中央政府的软磨及内部反复商讨对策之后，四川立宪派人终于决定实施公开对抗的方略。他们采取的第一个重要步骤，就是成立保路同志会，发动全川民众奋起保路。

当年，郭沫若先生在成都南较场旁边的四川高等学堂分设中学就读，因他的一个堂兄在铁路公司任科员，所以他能经常到铁路公司。1911年6月17日是川汉铁路公司第七次股东会召开的日子，他去了铁路公司看堂兄。他在自传中写道，保路运动的主持者就是咨议局的一批新人，在开股东会之前就鼓动着反对的空气。铁路公司设在成都市岳府街原清朝的一位大将军岳钟琪的公馆内，股东会就在这里召开。会场不算宽敞，做讲坛的是一个戏台，前面摆一个方桌，靠壁和两侧摆放着太师椅。摇铃之后，会议开始，议题就是铁路国有问题。

咨议局议员程莹度称，今日不敢以议员资格来，不敢以国民资格来，是以亡国民资格来，他疾呼借款亡路，路亡国亡，声泪俱下。

《蜀报》主笔邓孝可在发言中，将借款合同逐条批驳，淋漓痛切。

《蜀报》总编朱山认为，非召集股东大会，无以为抗争的有效手段；非鼓动国民军，无以拒外国借债的野心。他讲话时，激动得将茶碗砸碎，满手是血。

年逾六十的成都府学教授蒙裁成老先生声音嘶哑，演说路亡川亡国亡，泪流满面，痛心疾首。

咨议局副议长罗纶是一位白皙的胖子，人并不很高。他一登坛，向满场的人作了一个揖，然后以洪亮的声音讲道："我们四川的父老伯叔！我们四川人的生命财产——拿给盛宣怀给我们出卖了，卖给外国人去了！川汉铁路完了！四川也完了！中国也完了！""接着他就号啕大哭起来，满场也都号啕大哭起来——真真是在号啕，满场的老年人、中年人、少年人都放出了声音，在汪汪汪地痛哭。"连在场的警察、杂役以及像郭沫若这些在一旁参观的人，也在哭。之后，台上台下就是一阵阵反对铁路国有、痛骂盛宣怀、痛骂邮传部的叫骂声。

与会人员的爱国爱家乡的情绪完全被鼓动起来了，保路同志会也就在愤怒、激动与坚决抗争的气氛中成立了。川汉铁路公司第七次股东会也就成为保路同志会的成立会。

郭沫若先生的自传，还有时在成都就读的李劼人先生在《大波》一书中均写到，保路同志会成立后，与会人员随即纷纷报名，分别在四个早已准备好的签名簿上登记，分别参加保路同志会设立的文牍部、交涉部、总务部、讲演部。会议要求各地都要成立保路同志会的分会，由总会派出联络员前往办理，不少州县的联络员当场就已落实。

保路同志会成立后，马上就组织了到督院街的四川总督衙门的请愿活动。一大群气派十足的绅士从铁路公司的会场缓缓而出，弃用轿子，一路步行。领头的人被两个跟班模样的人搀扶着，他就是四川著名人士、八十多岁、胡须发辫全白的翰林院编修伍崧生。其后是罗纶、刘声元、江渭北、池汝谦等咨议局议员兼租股股东，也有彭兰村、曾笃斋等铁路公司的人员，还有叶秉诚、王又新等学界人士，以及樊孔周等商界人士。此外，蒙裁成、朱山，还有《蜀报》主笔邓孝可也在请愿队伍之中。他们中不少人身穿公服靴帽，帽子上的顶子从二品、三品、四品、五品都有。警察在前面开路，包括跟随服侍的工役、跟班、小职员等，人数约有百人。但是，在这支队伍后面的人，穿着各色长衫，却如潮涌。一路上，不断地有人加入跟随的人群中。

到了总督衙门，保路同志会交涉部长罗纶先进去面见护理四川总督王人文，递交请愿书。随后，王人文出来与众人见面。他态度温和，满脸笑容，表示只要是与国计民生休戚相关的事，都要据理力争。这次川人争路的事，他要向朝廷力争到底。

王人文的态度，实在出乎众人意料。郭沫若先生认为："有了官府的这一道护身符，他们还有什么顾虑呢？于是乎保路同志会的气势便正好像在火上加油了。"

毫无疑问，四川保路同志会曾经组织、领导四川人民掀起了规模宏大的"破约保路"斗争，为武昌首义的爆发以及辛亥革命的成功，作出了卓越的贡献。长期以来，几乎所有的关于四川保路运动的论著在介绍该会时，都说该会设有会长、副会长，而且认定蒲殿俊、罗纶分别为正、副会长。这种说法与史实不符，需要纠正。

第一，《四川保路同志会简章》规定："同志会事务，由总务部、讲演部、文牍部、交涉部负责"，没有提到会长、副会长这样的职务。石体元先生曾回忆说："保路同志会的组织，不设会长，只设总务、文牍、讲演、交涉四部，各设部长一人。"咨议局议员江三乘任总务部长，咨议局机关报《蜀报》主笔邓孝可任文牍部长，咨议局议员程莹度任讲演部长，咨议局副议长罗纶则出任交涉部长。

第二，遍阅有关四川保路运动的史料，均无四川保路同志会有会长、副会长以及蒲殿俊、罗纶即为正、副会长的记载。四川保路同志会的重大活动，大多由交涉部长罗纶和文牍部长邓孝可等人出席和主持。《四川保路同志会报告》第 7 号在谈及该会为"破约保路"所付出的辛勤劳动时称："会中职员人等，除四部长等区区不才外，各职司数十人无不更阑不眠，未明即起。"很明显，这条材料说明四川保路同志会机关仅由四部长和数十名工作人员组成，没有提及会长、副会长。在欢送刘声元等 3 人赴京请愿这样重要的群众集会上，"即以四部长为临时四主席"①。川路特别股东会在选举正、副会长时，亦以保路同志会交涉部长罗纶担任主席，选举颜楷、张澜为正副会长。

第三，四川保路同志会不设会长、副会长的原因之一，是受较早兴起的湖南保路运动的影响。1911 年 5 月 16 日，湖南各界曾议决保路办法 15 条，其中第 9 条为："湖南各界热心路政之士，全体团结，分作四部：甲部筹集股款；乙部进行建设；丙部联络人心，共谋抵制；丁部担任文墨，鼓动舆情。"②邓孝可在四川保路同志会成立前 5 天发表的《卖国邮传部！卖国奴盛宣怀！》一文中称，"吾有前驱之湘人在"，号召全川民众奋起保路，并全文转载了湖南所议保路办法 15 条。四川保路同志会所设 4 部，与湘省拟建的保路团体组织形式极为相似，亦不设立会长、副会长一类的职务。从四川铁路租股的征收受湖南议论的启发，以及四川保路运动的开展包括抗粮抗捐多仿湖南保路办法的实际情况来看，四川保路同志会不设会长、副会长之类的职务，确为湖南保路办法影响所致。

第四，四川保路同志会不设会长、副会长职务的另一原因，是由四川立宪派人预定的策略决定的。咨议局副议长罗纶出任同志会交涉部长，另一副议长萧湘赴京参与咨议局联合会，而议长蒲殿俊却不出头露面，不担任保路同志会的任何职务。按照立宪派人在保路同志会成立前夕的

---

① 以上见隗瀛涛、赵清编：《四川辛亥革命史料》（上），成都：四川人民出版社 1981 年版，第 297 页、第 298 页。
② 《湖南历史资料》，1979（1）。

筹划，"蒲殿俊之不在同志会内任职，是打算留咨议局作后盾，议长暂不露面，作幕后的主持者"。赵尔丰在拘捕四川保路运动领导人后致其兄赵尔巽的电报中亦称，川人争路之热至于极点，皆由邓孝可、罗纶、颜楷、张澜等鼓吹而成，而蒲殿俊暗中为主谋，以为后援。川路特别股东会代表张知竞为营救被捕诸人出狱，特致函查办大臣端方，申明未加名同志会、全省民选代表咨议局议长蒲殿俊，应予无罪释放。四川立宪派人这种预定的策略，表明他们既要同蛮横专制的清朝政府作斗争，又对封建势力存有幻想，还不愿同清政府决裂。但无论如何，蒲殿俊没有在同志会中公开任职，可以作为四川保路同志会确未设立会长、副会长的有力佐证。

四川保路同志会成立以后，在组织民众、宣传民众、对外省内的联络等方面做了大量卓有成效的工作。

鉴于保路同志会在成都成立时，仅有少数外地股东和成都市民了解，因此有必要在省内建立同志会的分会，以与省城呼应。为此，专门制订了分会即协会的成立办法：将总会的宣传品在各处张贴；择地集会，宣讲川路筹建始末及借款问题；四川保路同志会的成立缘由及办法；讲演完毕即组织协会。

总会强调，对于处理与地方官的关系，不可脱离地方官，亦不可专倚地方官，讲演及成立协会二事，必须事先与地方官商议，届时必请临场（不至亦听之），又必派警兵数人以资弹压。为了尽可能得到地方官员支持，总会还专门致函各府、厅、州、县的官员，述说保路同志会的宗旨与办法。为了得到各地社会团体的大力支持与参与，总会又专门致函各地的城会、县会、教育会、农工商会、股东分会等团体，希望他们指导协助总会派赴各地的讲演员成立协会，或自行成立协会。当时，成都各学堂已开始陆续放假，不少热心路事的学生就被委任为讲演员，分赴各自的家乡，进行宣传组织活动。

二、"破约保路"宗旨的提出

四川保路同志会成立以后，在派员分赴各地组织保路同志分会、协会的同时，筹划了宣传的思路与策略。其中，尤为重要的是提出了"破约保路"这个保路运动的口号。这是四川立宪派人的得意之作、成功之作。

"破约保路"这一具有深刻爱国主义和反对封建专制主义内涵的口号，是四川保路同志会的宗旨。领导运动的四川立宪派人为何提出这一口号并将其作为保路运动的宗旨？

1911年7月5日出版的《四川保路同志会报告》第9号，全文刊载了《四川保路同志会宣言书》，正式提出了该会的"破约保路"宗旨："保路者，保中国之路不为外人所有，非保四川商路不为国家所有。破约者，破六百万镑认息送路之约；并破不交院议违反法律之约。"显然，领导保路运动的四川立宪派人将反对所谓"铁道干线收归国有"政策与废除《四国借款合同》视为一事，把清政府劫路卖国与其施行的蛮横专制相提并论，从而赋予四川保路运动以深刻的爱国主义和反对封建专制主义的内涵。但是，正式宣示"破约保路"宗旨的7月5日，距清政府颁布"铁道干线收归国有"政策的5月9日，时间已近40日；距四川保路同志会成立的6月17日，亦有半月之久。这就不得不使研究者探讨，为什么四川立宪派人迟至保路运动兴起一段时间后才提出运动的宗旨？综观有关四川保路运动的档案、史料，立宪派人之所以较晚提出"破约保路"口号，是对《四国借款合同》详尽研究并反复推敲了实现"破约保路"的必要性特别是可能性之后。

众所周知，清朝"皇族内阁"于1911年5月9日以上谕式颁布所谓"铁道干线收归国有"政策。翌日，邮传部、度支部电致湖北、湖南、广东、四川等省督抚，明示川汉、粤汉铁路均属干线，当在收归"国有"之列。但是，丧权辱国的《四国借款合同》的正式签订时间为1911年5月20日。在得知该合同的全部内容以前，四川立宪派人在以咨议局、川汉铁路公司及其董事局、驻省法团等名义，要求四川护理总督王人文向朝廷代奏关于收回"铁道干线国有"成命的呈文中，均未涉及《四国借款合同》。在5月28日召开的川汉铁路公司临时股东总会准备会上，铁路公司董事局董事、四川立宪派核心人物之一彭芬（兰村）称："此回四国借款，支配本路若干？能否敷用，尚不可知……借款内容，与本路有无关系，亦不可知。"迟至6月11日的《川汉铁路公司呈请川督请电奏川汉铁路收归国有问题俟股东大会议决后请旨办理文》中，仍只涉及"铁道干线收归国有"政策和关于停止征收租股的上谕，要求"速行宣布借款合同"①。

四川官绅是什么时间得知《四国借款合同》全部内容的？立宪派主要人物、四川省咨议局机关报《蜀报》主笔邓孝可在其《卖国邮传部！卖国奴盛宣怀！》一文中写道："十七日（即6月13日）得读盛此次借款合同原奏，始恍悟其奸。夜乃读其借款。"川汉铁路公司称："十八日（即6月14日）又奉宪檄发下粤汉、川汉铁路借款合同。"这表明，《四国借款合同》公布之日，仅是四川保路同志会成立前的三四天。正是《四国借款合同》的公布，才使四川立宪派人认识到，尽管"铁道干线收归国有"政策颁布在前，《四国借款合同》正式签订在后，但由盛宣怀的借款原奏得知，前者完全是为了适应后者的需要而颁布的，其卖国卖路的本质一目了然。此后，立宪派迅速筹组成立了四川保路同志会，以期掀起更大规模的反抗行动。但在6月17目的四川保路同志会成立会上，"破约保路"的宗旨尚未提出。当时在成都读书的郭沫若先生参与了该会的成立大会，他在《反正前后》一文中回忆了四川保路同志会成立的全过程，但无关于"破约保路"宗旨在当日提出的记载。在《忆成都保路运动》一文中，曾任职于四川保路同志会文牍部的石体元先生对四川保路同志会的成立记述甚详，亦未提及"破约保路"宗旨已经宣布。

事实上，最早提出"破约保路"设想的是邓孝可。他在研读并逐条驳斥《四国借款合同》后，向全省绅民公开号召："内抗政府，外联华侨。债票不售，合同自废。即我四省人民、我全国人民一线生机也。"6月27日，四川护理总督王人文代奏《罗纶等签注川汉、粤汉铁路借款合同》。罗纶为四川省咨议局副议长、四川保路同志会交涉部长，以他为首的四川绅民2400人在该文中全面揭露了《四国借款合同》的危害性即"破约保路"的必要性："除抵押两湖五百二十万部有之厘捐外，至路线工程、用款、用人、购材、利息等项，凡路政所有权限，一一给与外人，不容国家置喙者且四十年。损失国权，莫此为甚。"而且，清政府施行借债收路，"使人民生宪政上之缺望，增财政上之疑沮，一切新政皆躇废而不能进行"。他们对于"盛宣怀蔑弃钦定资政院章程，不以外债交院议决；又蔑弃钦定公司律，不容股东置一词"的横蛮行径极为愤慨，提出"收路国

156

① 戴执礼编：《四川保路运动史料汇纂》中册，台北："中央研究院"近代史研究所史料丛刊第23种，1994年版。

有之命，川人尚可从；收路而为外人所有，川人决不能从"，要求"速将邮传部所订借款合同即行废弃"。在 6 月 28 日出版的《四川保路同志会报告》第 3 号上，开始出现以"破约保路"为运动宗旨的提法。7 月 4 日，川汉铁路公司在致宜昌公司的电文中，亦谈及"破约保路"宗旨的酝酿形成与人们对《四国借款合同》的认识有密切关系："川省未见合同时主张收回实银、兴办实业者甚多。及见合同种种失败，路权、财权送之外人。群情异常悲痛，注重拒债破约。"

上述表明，立宪派人"破约保路"宗旨的形成是在对《四国借款合同》仔细研读之后，因而该宗旨的正式宣示迟至 7 月 5 日当不足为奇。同时，立宪派人在得知《四国借款合同》之前，不可能认识到清政府"铁道干线收归国有"的卖国卖路本质，从而注重收回实银，进行"文字之争"，亦在情理之中。邓孝可的转变就是其中极为典型的例子。他最初也注重川路已收铁路股款能否收回，而在研读《四国铁路借款合同》后，不仅最早提出"破约保路"的宗旨，还进行了大量的、卓有成效的宣传活动。因此，四川立宪派人在"铁道干线收归国有"政策下达至《四国铁路借款合同》公布之前的态度是正常的，不应当被看成是妥协的。

立宪派人在提出"破约保路"宗旨时，不仅反复强调其必要性，而且还指出了实现这个宗旨的可能性，这又是我们研究四川保路运动时不可忽视的关键所在。

《四国借款合同》第 3 款称："自合同画押以后，于六个月内，在武昌、长沙、广水、宜昌四处，同时开工。该银行等亦于此期限内，须备六十万镑，知会邮传部。"第 16 款称："倘于未发此次借款招贴以前，遇有政治上或财政上意外之事，以致大清政府现在市面之债票价值有碍，银行等以为此次借款，未能按章程办理，准予银行等展缓公道期限。如于商准期限内，仍未发行此次借款，则本合同即行作废。"[①]上述两款提出了：（1）列强修筑川汉、粤汉铁路的开工期限为签字后六月内即 1911年 11 月 20 日以前；（2）该合同在一定条件下可以废除；（3）该合同可以废除的必要条件是中国出现"政治上、财政上意外之事"。

上述有关条款和认识，立宪派人极为重视，并据此提出了"破约保路"宗旨实现的可能性。7 月 7 日，即正式宣布"破约保路"宗旨后两天

---

① 戴执礼编：《四川保路运动史料汇纂》中册，台北："中央研究院"近代史研究所史料丛刊第 23 种，1994 年版。

出版的《四川保路同志会报告》第 11 号刊登的一篇署名文章写道："彼四国银行与我邮部订立合同时，其第十六款已明载'遇有政治上或财政上意外之事致债票不能发行，则本合同即行作废'等语。只要万众一心誓死进行，当无不可能者。"刊登在《报告》第 18 号上的另一篇署名文章在重申上述观点后，进一步提出，如《四国借款合同》废除后，"大清政府除按本合同第三款应交还预支款六十万镑及其应有之息外，毫无他项酬费。据此则此合同亦非铁案不可移者"①。7 月 8 日从成都出发的赴外省的联络代表龚焕辰，于当年 9 月在广东发布的《敬告全粤同胞书》中写道："我父老我伯叙我兄弟姊妹，其亦知共处积薪之上，厝火将焚；过此六十日内，皆我生死存亡，千钧一发刻不容暇之日也乎？……今者，卖国贼盛宣怀与四国订立合同二十五款……所订六月有效之期限，计不及六十，效期即满。"②蒲殿俊等四川立宪派核心人物在 11 月中旬被释放后所写的《哀告全川叔伯兄弟》中，更是明白地宣称："今全川政治上变动如此其大（借款合同载，我国若有政治上之变动，则此约作废），则借款合同当然作废，决不使路为外人所有。然则保路同志会之目的，实已贯彻无阻。"

实际上，《四川保路同志会简章》第十条就写明"本会以达到第一条所定的宗旨时为解散"，而第一条的内容就以"破约保路"为宗旨。

立宪派人关于实现"破约保路"宗旨的可能性的认识，也影响到四川地方官员。1911 年 9 月 1 日，成都将军玉昆、署理四川总督赵尔丰等主要官员在致内阁的电文中也提出："合同第十六款载明如有政治上、财政上意外之事，合同即行作废等语。现在大局如此，即不提出修改合同，已有万难履行之势。"③

从上述不难看出，"破约保路"宗旨形成于四川保路同志会成立之后；在立宪派人看来，着意造成"政治上、财政上意外之事"，是实现这个宗旨的不二法门。其后，我们可以清楚地看到，保路运动的进行实际上即有意制造"政治上、财政上意外之事"思路的实施过程。

---

① 隗瀛涛、赵清主编：《四川辛亥革命史料》上册，成都：四川人民出版社 1981 年版，第 215 页、第 224-225 页。

② 宓汝成编：《中国近代铁路史资料》第三册，北京：中华书局 1963 年版，第 1277 页。

③ 戴执礼编：《四川保路运动史料》，北京：科学出版社 1959 年版，第 490 页、第 293 页。

三、保路同志会的空前发展

四川保路同志会的安排，非常细致周到，成效也颇为显著。据戴执礼先生的不完全统计，四川各地成立了保路同志协会或分会的，达 120 余处。总会之外，成都市内还有成平四街、锦江街、太平兴隆两街、九眼桥、西玉龙街、满城八旗、后子门、走马街等处；成都以外有重庆、城口厅、渠县、隆昌县、三台县、筠连县、彭山县、盐亭县、涪州、雅安、阆中、东乡县、嘉定等处。与会人员往往有数百人或数千人之多。少数民族如满族、回族，也成立了协会。机械厂工人、印刷厂工人、军人、商人、小学生，以及旅沪、旅京、宜昌的四川人，妇女等也成立了保路同志协会。当时有报刊记载，在一天之内成立的保路同志协会就有"清真保路协会成立二十余处，染房街成立保路同志协会，他如玉龙街、陕西街、走马街、染锭街、君平街、梨花街，满城八旗、红照壁、丁字街及外县什邡、新都，皆设保路协会。此不过记一日之间所纷纷成立者，由此而推，可见当时川人爱国之热烈，为如何矣"[1]。

当时，就有人较为客观地肯定了保路同志会在组织四川民众参与保路的作用：在该会的鼓动下，"民情之踊跃"——"万众皆泪不可仰（按：仰疑为"抑"字之误），均曰起起起！均曰死死死！"6月17日那天，"成立之迅速"——"诸人士即时商定宗旨及其办法遂定其名曰保路同志会""组织仅四小时"；"四部长之才清望高"——"不能不谓吾川之杰出者也"；"各府厅州县之协会热"——总会成立不久，"而州县人民，闻风兴起""四川百四十余州县，虽协会尚未普立，然查该会逐日报告，盖已达于大多数矣"；有"女同志小学生同志会"——"弱女竟许同仇，儿童亦知爱国，我须眉男子对之能无汗颜！"[2]

四川保路同志会非常注重报刊和书面宣传品的作用。为此，新办了《四川保路同志会报告》。该报从 1911 年 6 月 27 日发行第一号，仅在四川保路同志会成立十天之后，足见其筹办效率之高。该报为不定期刊物，

---

① 杨开甲著：《川路风潮之演变》//戴执礼编：《四川保路运动史料汇纂》上册，台北："中央研究院"近代史研究所史料丛刊第 23 种，1994 年版。
② 戴执礼编：《四川保路运动史料汇纂》中册，台北："中央研究院"近代史研究所史料丛刊第 23 种，1994 年版，第 715-720 页。

一天或两天出一期，有时三天出一期，一般略收工本费，在登载特别重大新闻时就免费送出。《四川保路同志会报告》非常受四川民众的欢迎，发行量非常大，常常供不应求。第一号印出 3000 份，仅两小时即卖光。第三号刊登送别赴京代表及到各省联络代表，以及悼念殉路烈士的追悼会的消息，交由昌福、文伦两印书公司共排四版，四部印刷机赶印了将近 30000 份。该报告一般每日印出万张，也不够分配，经与印刷筹商，想方设法每日争取多印 5000 张。

《四川保路同志会报告》为民众所喜读喜爱。远在 700 里之外的四川保宁府所属的阆中县的绅商，"闻盛奴夺路劫款，愤恨如烧，立欲悉其详情，特专捷足兼程星驰三日有半抵成都，购买保路同志会出版报告各件"。因不知保路同志会会所，"即于各处凑得报告一份，立时驰返"。西藏学务公文信件处也来函，要求得到报告，以"鼓动舆情"。由于印力有限，不得不请求寄往外地之人少购一些，并希望他们的乡人择要刻出转送。还有的人担心订不上而预交邮寄费，总会赞赏其爱国之举，但寄费仍不收取。一妇女每天必读报告，"每日望本报如望岁，及得报展读，涕泗横流，且阅且哭"[1]。

7 月 26 日，立宪派人又新办了《西顾报》。该报也是四川保路同志会机关报，日出一大张，报社设于成都会府北街 22 号。从其《发刊词》判断，这是一份注重立宪政治、法律法令的报纸。它没有重申"破约保路"的宗旨，却声称该报的天职是"监督政府，代表舆论"，"防护人民权利自由"。《西顾报》发行时间较短，就全川而言，影响不如《四川保路同志会报告》。但是，一些较为激进的文章就刊于该报。刊于 7 月下旬至 8 月初的《对于保路同志会之评论》一文就认为，该会"过于审慎""以如此大会。如此大问题，岂舍去维持秩序四字而外，别无良法耶？"该文认为："同志继国会请愿团而起矣""保路同志会，为四川之大会，更可为中国之大会""同志会者，即外国之政党也"，应负起监督政府的责任。[2]在对参与特别股东代表大会代表的欢迎词中，《西顾报》表示："股东准备会所提之四大议案，尤为拒约保路唯一不二之法门。"如果"竟有二三

① 戴执礼编：《四川保路运动史料汇纂》中册，台北："中央研究院"近代史研究所史料丛刊第 23 种，1994 年版，第 690-692 页。
② 戴执礼编：《四川保路运动史料汇纂》中册，台北："中央研究院"近代史研究所史料丛刊第 23 种，1994 年版，第 715-720 页。

反对，影响所及，皆足为目前之缺陷，而碍将来之进行"。同时，股东会期只有十来天，假如"大都议决……各归乡里""一旦横蛮之政府，胁我董事，据我公司，收我簿籍，掠夺我工程，攫取我存款，雷霆万钧之力，将谁为诸君拒抗者？然则诸君当甫开会之日，即不能不为闭会后之计矣"。①非常明显，《西顾报》希望，特别股东会准备会所提的激进的议案应当得到一致通过，并且立即实行。在另一篇文章中，《西顾报》强调川民不可不争的最大理由是："借债不交资政院议，收路不交咨议局、股东会议，违法律，劫人民，背先朝，欺皇上，从根本上破坏吾国宪政。"②《西顾报》这种激进的态度和文字，使它在当时与《四川保路同志会报告》的风格相异。后者注重有关运动的客观报道，着眼于"破约保路"；前者则注重发议论，着眼于宪政。一些保路同志会不便提出的设想，如稍后关于练民团、造军火之类的宣传，也是《西顾报》提出的。从其后署理四川总督赵尔丰和少数地方官员盯住所谓"西顾国"而大做文章，进而逮捕四川保路运动的领导人来看，该报被认为激进甚至出格是重要原因。

四川保路同志会的领导人带头在成都市区（辖成都、华阳两县）讲演，从 6 月 26 日起，连续六天，罗纶、彭兰村、王又新等人分别在提督街三义庙、内城（按即当时的满城）、东门火神庙、南门延庆寺、北门火神庙、东门外文昌宫等地讲演。在这些讲演之前，他们均预先广而告之，号召绅商及各街居民踊跃听讲。

除了事先安排的讲演之外，在保路同志会和特别股东会上还有更多的讲演。仅四川保路同志会成立半月，陆续开会就不下十次，每次参会人数不下千人。每会必有人讲演，而且会场气氛热烈、悲壮，爱国爱家乡的情感、保路保国的决心被充分释放出来。

7 月 2 日，刘声元在四川保路同志会送别赴京和外省代表的大会上发表演说："声元此去，守定本会宗旨，作秦庭七日之哭，冀朝廷有悔，以达破约保路之旨，约不破，声元有死而无生还。"刘声元的陈词，不啻是生离死别的豪言壮语，引起"台上台下，无不痛哭失声，一字一恸号，

---

① 戴执礼编：《四川保路运动史料汇纂》中册，台北："中央研究院"近代史研究所史料丛刊第 23 种，1994 年版，第 803-804 页。四大议案是《遵先朝谕旨保四川川汉铁路仍归商办案》《请停征新常捐输以便宽筹路款案》《创办一文捐以筹路款案》《关于设立清算机关案》。

② 戴执礼编：《四川保路运动史料汇纂》中册，台北："中央研究院"近代史研究所史料丛刊第 23 种，1994 年版，第 807 页。

一语一鼓掌。最惨者，无数乡间老农，握其半收遮雨之伞，向台上连连作揖，且咽且言曰：'我们感激你！我们感激你！'"那天，天下大雨，"到者数万，沉挚悲恸""最足动人者，则下等社会贫苦人"。

8月2日，张澜在四川保路同志会发表演说："吾辈为爱国而来，今爱吾国，必破约以保路，故能赞吾人破约保路则爱吾国，虽仇亦亲之；不赞吾破约保路则国之贼也，虽吾亲亦仇之。事固起于盛宣怀，今则不止在一盛宣怀，有障碍吾等破约保路者，非盛宣怀亦盛宣怀。吾股东代表等与同志会诸君同一爱国，同一破约保路，是一是二，是二犹一。果有障碍吾等破约保路者，远处之盛宣怀吾等誓死仇之，近处如有盛宣怀吾等亦誓死仇之。果盛宣怀今悔而赞吾破约保路也，吾等亦转而亲之。"他的讲演引起听众一片赞同声、鼓掌声。

8月13日，四川保路同志会在成都开会，与会者六七千人，大多为各协会代表。发言人中还有数位小学生，"报告其成立协会之理由及其办法，惨戚之容，悲感之声，沉勇之状，热挚之忱"，会场上人人感动，蒙裁成还登台抱一小学生痛哭，他泣告与会人员："我辈所以必争路爱国者，实为此辈小兄弟计也。今小兄弟等热诚惨苦有如此，吾辈焉得不痛。"蒙老先生的话，引起台上台下一片痛哭，"在场之兵，在场之巡警，均莫不痛哭。兵中有攘臂哭且喊曰：'我亦四川人！我亦爱国者！'"①

在对省外联络方面，同志会成立之初，即决定派出咨议局议员刘声元赴京，会同已在北京的咨议局副议长肖湘向在京四川人士说明抗争的决心："如政府必欲执行该合同，强收川路，派美工程司，则四川人无论如何横决，全川死尽皆所不顾。"同时，又派出四人分赴湖北、湖南、广东等省，联络四省人士，并拟定如下办法："各举代表赴京死争""恳请疆吏络绎奏争""大联各省咨议局开临时会力争，争不得，则全体一律辞职"。7月2日，四川保路同志会就在成都召开大会，送别刘声元等三位代表出省。这些代表在各地诉说四川人民破约保路的缘由、办法和决心，使四川保路运动的基本情况传播开来，扩大了运动的影响。不过，因为湖北、湖南、广东等省的保路风潮已经趋于平静，原定的各有关省份联合力争的希望没有实现。

---

① 戴执礼编：《四川保路运动史料汇纂》中册，台北："中央研究院"近代史研究所史料丛刊第23种，1994年版，801-803页。

四、保路运动中的四川各界民众

自四川保路同志会成立以后，广大四川民众的爱国主义热忱空前地迸发出来，四川各界民众以各种方式参与、支持"破约保路"活动，形成了群众性的保路风潮。

参加保路同志会，直接投身于保路运动，是四川许多民众的选择。

保路同志会成立"半月以来，无日无会，无会不数千人。报名者十五日内，无日不纷至沓来，近万未艾。无论男女，无论老少。无贫富贵贱，无知愚不肖，无客籍西籍，莫不万众一心，心惟一的，惟知合同失利，惟知破约保路，直提出其灵魂于躯壳之外，以赴破约之一的。如狂如痴，如醉如迷，如是喷涌无丝毫偏激，严守秩序，死力进行"。1911年8月上中旬《西顾报》刊出的一篇连载文章称："省城同志会之设立，不旬日而签名者二万余人，每开会一次，到会辄数万人。重庆同志协会，亦集会至数万人。各厅州县同志分会，集会亦各数千人不等。民气之澎涨，热潮之激发，自蚕丛开国以迄于今，未有如斯之盛者。"

为加入保路同志会而不顾身家性命，不少人做出了可歌可泣的英雄壮举。

保路同志会成立时，年逾六十的老先生蒙裁成明知当保路同志会领导人与生命攸关，却与人争当交涉部长，以死为众人倡。他虽然未能如愿，但其精神为会众所敬佩。

巴州一小学教师，5天步行1100里，专程到成都加入保路同志会。

仪陇鲜星一老先生，本已打算终老林泉，当保路事起后，毅然加入同志会并为职员。其妻表示，鲜老先生如有不测，以身殉国，她誓以身殉夫，保路同志会就是她殉身之处。

万县李自雄，是成都绅班法政学堂学生，担任保路同志会讲演部职员。在送别赴京代表刘声元的大会上，破指血书，字大如酒杯，交与刘声元带至北京。

回族青年学生马某，家住马道街，家境贫寒，以小买卖为生。他在同志会任事，"不分宗教，竟至任事忘餐，挥汗如雨"。他还张贴有关路事的广告，"四处演说，几于且行且讲"。

四川的小学生也不甘落后，成立了小学生保路同志会。以黄学典为代表的成都市小学生 200 余人，拟定好会章，派出代表，曾多次到四川保路同志会会所，要求借一场地，成立小学生保路同志会。最初，鉴于他们精神可嘉，但年纪还小，罗纶、邓孝可等人劝他们以读书为重，养成大国民资格，以备将来爱国之用。黄学典等人以章程已经发出，决不食言，坚持要成立。最终，他们达到成立小学生保路同志会的目的，黄学典当选为会长。他们的签名册中，还有破指血书的，令保路同志会的领导人和围观者感叹不已。小学生参与政治活动，是近代四川乃至近代中国的新鲜事，非常罕见。

成都的工人群众积极投身于"破约保路"之中。机械工人表示："如有反对本会，妨碍进行者，本会认为公敌。无论酿成如何巨案，在所不顾。必达破约保路目的而后止。"

四川各地的少数民族人士也行动起来，参与"破约保路"。茂州陇木土司何某，羌族，他专门赴成都，到保路同志会静听演说。他告诉保路同志会领导人："吾辈自宋属中国者，已千余年，今忽遭此送给外人之惨！"语未毕，泣不成声。成都回族有 400 余人，在东鹅市巷清真高等小学堂聚会，成立清真保路同志会。成都的满营（族）保路同志会由协领带头发起，"办法概照外城（即满城之外）保路同志会章程"。

即便是平时不问人间凡事的宗教界人士，也热心路事，投身于"破约保路"风潮之中。6 月 27 日，就有四川各县七十余座寺庙僧人要求加入同志会。汉州基督教徒自保路事起，每天晚上都向上帝祈祷，希望天父"多降圣灵于君王头上，使之觉悟，不听佞臣之谋，取消借款之约。再施能力辅助我保路诸君，使之达其目的，不至龙头蛇尾"。

成都地区的一些警察和防营士兵，受民众爱国热忱的影响，也以不同方式参加到运动中来。保路同志会成立当天，警察还在民众请愿途中维持秩序，劝说所见到的乘轿之人下轿，以示支持。在街上站岗的警察和防营士兵声称，站岗是为了保路同志会的活动免受破坏，决不会去杀老百姓。罢市罢课后，有的巡警见到有小学生背书包去上学，就劝他们不去学校，还说："日来争路潮流所及，万众一心，罢市罢课，无老幼妇孺，均废所业，奋起力争，两君独漠不关心，从容就学耶？"温江一警察，还致信保路同志会，表示"限于法律，不能来会效驰驱"，但愿意每日捐十文钱。他还希望得到有关筹集路款的章程以便能在亲友中宣传，建议专为此事派出宣讲员，广为宣传。

妇女参与保路同志会，是四川保路运动时期的特别风景线。7月28日，四川保路女同志会在成都新玉沙街十七号召开成立大会。当天，阴雨绵绵，与会者裙带尽湿。有左手扶娘、右手牵妹的，有白发苍苍的老年妇女，还有眼睛失明的妇女手持拐杖而来。此后，成都女界保路同志会、成都外东区女界保路同志会、重庆女界保路同志会接踵成立。8月13日，成都外东区女界保路同志会在观音阁成立。与会者甚多，尤以女性为最踊跃。会上，有人讲演铁路国有实为外人所有，听者中有听而吐血的，有愿捐银百两的，有愿赴京请愿的，有失明妇女急求人代为报名入会的。会议还决定每逢三、六、九等日子，就在观音阁讲演，当场报名者达200余人。

还有的妇女直接投书保路同志会，或要求入会，或怒斥盛宣怀。

成都淑行女子学堂教员张女士，因教务长叶某有不准女子入会的限制，她竟辞职入会。南江县张女士，听说女子保路同志会成立，感愤而起，碍于远距成都千里，不能亲自赴会，特别请人带信到成都，要求入会。

女子走出家门参与政治活动，而且人数较多，是四川历史上空前的，也是表明近代四川妇女政治觉醒的里程碑。

在保路运动时期引起巨大反响的是，郭树清以身殉路。郭树清，四川资阳人，32岁，家极贫寒，有妻女。因赴成都考试，暂住东御河街，得知盛宣怀卖路事后，愤极而病，又担心保路一事不能坚持到底，投井而死。其留下遗书称："破约保路，关系全国存亡，所虑者死志不坚，虎头蛇尾，吾国危矣！清请先死，以为坚诸君之志。"保路同志会专门为他举办了追悼会，数以千计的四川各地民众参与了追悼会，纷纷表示要以郭树清为楷模，抱定路亡国亡的信念，不惜以身殉路。《四川保路同志会报告》还连篇累牍地刊登了各界群众的悼念文章，促使更多的人投入路事。

为保路同志会或修川汉铁路捐款，是四川民众的又一具体行动。

资州一小茶馆老板订婚一个多月，得知保路事后表示："时事如此，死所难知，何以妻为？"他还打算捐出全部家产，报效国家。

重庆一张姓画家表示，要以自己的得意之作出售，所得之钱充作保路同志会经费。四川保路女同志会干事朱某，愿将自己往日所做的美术品，售卖作为该会经费。成都某女士将画扇80个捐出，每个售价半个银元，用作同志会经费。

崇宁县保路同志会成立后，苦于无经费，所用笔墨纸张均系赊取。于是，该县端淑女子学堂二名女教员，特制手工成品售与会员，所得均充作同志会经费。

家住成都会府东街的某女士，特地到同志会捐出两个银元，共去了两次，捐出四元，坚决不留姓名。

大邑吴先生，本在峨眉山避暑，听闻保路同志会成立，特地赶至成都报名入会，并愿捐出全部旅费作为《四川保路同志会报告》经费。

成都陕西街机行工人议定，每人每日捐制钱一文，作为保路同志会报纸经费，"永久继续，以路回会解为止"。

成都学道街一徐姓妇女，遵夫遗言，将丧葬费40两送至保路同志会会所，捐为会费。后因该妇女有三个幼女，无其他亲朋，才为同志会所拒收。该妇女再三恳请收下，后只得含泪而去。其夫和她毁家纾难，不忘国事的义举，感人至深。

还有妇女在号召组织女子同志会的告白中写道："共捐出无用之首饰，集为巨款，作破约保路之费；于家无损，于国有益。以我四千余年无用之妇女，化为保国保种之柱石，并可造子孙之幸福，俾不至受外人之嘲笑。"这个告白，情深深，意切切，境界高而语言朴实无华。

小学生也积极地为"破约保路"捐款。一位13岁女童，认捐银百两为女同志保路同志会经费。后经劝说，待路权争回，自由购股，同样表达爱国爱川的心意。还有华阳小学堂的二名小学生到同志会所，拿出铜元49个、小钱10个，共500文钱，捐作同志会经费。总务部长以同志会不收捐款为由，再三婉拒。但这两名小学生哭诉道，这些钱不过是几天的零花钱，不算什么，他们只有这个能力赞助诸位。在旁的群众听后，皆大哭不能作声，总务部长只有暂行收存。嘉定一位10岁幼女，将积攒的银元5个，请人寄至成都，捐给保路同志会。

商人也积极行动起来了。成都城守东大街仁厚永等12个商店老板，代表全街商人，请求联合成立保路同志会，"愿以一人一钱之忱，协助保国保种之会"。成都"西东大街商家，为争路废约起见，公议无论男女老幼，每人每日慨捐制钱一文，以助同志会经费，响应者中颇有争先恐后之势"。成都北门外木行商家约定，无论男女老妇，每人每日捐当十铜元一个，作为同志会经费。

演艺界的人士也唯恐落后，愿为"破约保路"尽一份力。戏剧演员杨素兰"为保路拒债，毁家急公"，向保路同志会写了书面志愿书，将她在蓬溪县的"生平蓄积薄田六十亩，尽数输与贵会，以保路权，以拒外债，尽川人之义务，动同胞之观感"。后杨素兰的地契未被接受，待将来铁路仍归商办时，由其自由变价购买股份。还有四位盲人，平日以弹道琴、算命为生，代表成都市 260 余名道琴、洋琴、算命等业的人士写下愿书，声讨卖国卖路的盛宣怀，表示："我等目虽废而心未废，盛宣怀等则心尽废，而耳目与之俱废矣。"他们还不无讥讽地写道，因为路途遥远，否则将摸盛宣怀的骨相，"不收他相礼分毫，试试他盛宣怀等奸骨媚骨，果如何生法？"他们还"将揣骨相面，齿积余资银元五大枚，上呈总会收纳，以代在会诸君解渴壶浆"。

一些下层劳苦大众，也愿为"破约保路"效力。成都马王庙街的轿铺力夫 24 人议定，"我辈愿将血汗之资，能可齿积一钱之助"。他们在铺内置一竹筒，每人每日捐一文钱，按日收齐后，交与保路同志会。商业场一绣花铺的一余姓伙计，将他的长衫当得铜钱五百文，到保路同志会全部捐出，被婉拒后"痛骂盛宣怀，掩面痛哭而去"。青神县一女乞丐，愿将自己辛苦积攒的 600 文钱捐与保路同志会作为会费。富顺县李姓、毛姓两名妓女，激于义愤，分别捐银元 600、200 元，当地保路协会"初拒不肯收，二妓哀求不已，始允暂存，留作将来购股之用"。

一些外省籍人士也为四川民众的爱国主义热忱所感动，愿捐款为"破约保路"助力。成都实业学堂英文教员牛某，来自陕西，专门写信给同志会痛斥盛宣怀，表示誓将下学期的一半工资捐与同志会。

仿效四川保路同志会成立就到总督衙门请愿的先例，一些成都民众组织了同样的请愿活动。

8 月 26 日，200 多名小学生会聚四川总督衙门，头顶光绪皇帝牌位，跪于堂下，痛哭不止。后派出代表 8 人，呈上事先写好的请总督代奏的要求邮传部"废约保路"的呈文。沿途所经过之街巷，他们还讲演光绪皇帝"颁布立宪好处，谓政府违先皇破坏宪政""街人闻之，大为感动"。一吴姓贫民，买来大蜡烛一对，捐给小学生，用作顶敬光绪皇帝之用，实为支持小学生热心路事的义举。

在知道《创办一文捐以筹路款案》在股东大会上通过前后，四川民众就积极地投入到宣传、实行筹集路款的行动之中。

上西顺城街保路同志协会专门制订章程，议定会员分为四等集资购买铁路股份：每日以当十铜元一个；每二日以当十铜元一个；每三日以当十铜元一个；每日小钱一文。如有特别集资，均听其便。

成都兵工、机械两个工厂的工人在东门外燃灯寺开会，倡议捐款修路。有的工人还表示，愿意参与修铁路而不要工钱。

成都一公馆的雇工得知街上发起一文捐之后表示要捐款，还说："我是一个帮人的，饭碗打脱也不要紧，难道我都怕事吗？"[①]

在《四川保路同志会报告》等刊物上发表短小精悍的时评、感想，是四川民众参与运动的又一种方式。

署名"大江东"的《铁路国有歌》写道："我们的同志会，好比一个纺织厂，棉花越纺越见长。""这合同一笔拴定四川两湖和两广。""卖国奴恰是这一样，挖我们的肉来补他的疮。""抱定宗旨向前往，废约两字同主张。""同志会犹如黑夜提灯亮，一路人都望着这一点光。"

在众多的挽联中（悼郭树清），署名为"蜀南老秀才"所作的挽联为"恨只能将敢死心去催同志；惜未得取汉奸首来祭先生。"

署名为赖心子的《修铁路歌》写道："修铁路，修铁路，此是眼前直急务。华人铁路华人修，不可外人来资助。民间股本集多年，竭尽脂膏为何故。……今何朝议忽然更，直道家贫邻里富。英日美法四面低头求外处。各洋何肯复相资，瓜分主义公然露。未知政府是何心，利令智昏终不悟。"

署名刘四的《盛宣怀卖路卖国罪状》一文，在批驳了将川汉铁路收归国有的理由，历数了盛宣怀的罪状后，愤愤地写道："盛宣怀不想得扣头，岂肯去丧这宗卖路卖国的大当？生有冤家，死有对头，盛宣怀就是我的生冤家、死对头了；就是我们四川人的生冤家、死对头；就是我们中国四万万同胞的生冤家、死对头，莫得二个。各位谨记呀！"

署名陈价藩的《保路同志会唤起国民长歌行》历数了列强对中国的侵略，指出"借债修路是虚名，实欲攘夺我疆里""倘若苟且任偷安，亡国之祸在眼底"，号召民众"不如及早纡筹策，保路破约作准备"。

署名华阳张继留的《铁路醒心歌》更是别出心裁，以"立会保路""联合全川""联合外省""协力进行""保路保国""盛奸罪状"等六个部分，将保路的原因、方略等以通俗的语言予以表述。

---

① 以上关于保路中的四川民众情况，见戴执礼编：《四川保路运动史料汇纂》中册，台北："中央研究院"近代史研究所史料丛刊第23种，1994年版。

四川各地的民众所写的，还有《铁路国有词》《阅保路同志会报告书有感》《创一钱捐修铁路歌》《同志歌》《闻成都罢市罢课凄然有感》《失路谣》《快办民团歌》《蜀道难》《哭路权》《哭先皇帝歌》《咏女同志会成立》《咏小学生组织同志会》《西顾报出版祝词》《盛奴罪状歌》《保路歌》《来日大难歌》《送保路同志会代表》，等等。诗歌、对联、词赋、散文、竹枝词、儿歌等，风格多样，应有尽有。这些民间通俗读物，反映了保路运动各个阶段的大事，以及四川民众对保路运动的认识、体会和设想。从这些作品中不仅深切地体会到四川民众高昂的爱国主义激情，为保路保国众志成城的决心，还可以清楚地看到四川保路同志会和《四川保路同志会报告》等刊物卓越的宣传效果。[①]

成都市内的各界民众还首创了一种宣传"破约保路"和推行宪政的方式，即遍街搭牌坊、设光绪皇帝牌位、供奉光绪皇帝，牌位两边是黄纸写成的"庶政公诸舆论""铁路准归商办"。

"庶政公诸舆论""铁路准归商办"，这两句话是从光绪皇帝的上谕中摘录而来的。郭沫若先生认为："这两个口号把当时的那个社会革命的精神表示得相当完备。前一个是参与政权的要求，后一个是保卫产权的斗争。两个一合并起来，正好是经济斗争与政治斗争打成了一片。"这两个口号，言简意赅，易于记忆，很快普及到各界民众中了。这是四川立宪派人结合保路斗争的宣传需要，考虑到既要破约保路又要求实行宪政，同时也要以合法斗争方式动员更多的民众参与而大力宣传的。

按照郭沫若先生的回忆，写有"大清德宗景皇帝之神位"（德宗景皇帝即光绪皇帝）和这两个口号的黄色长条纸，都是由铁路公司发行的。牌位在中，口号在两边。每家每户，每个商店，都把这种黄纸条张贴在自己家的门上，一早一晚都焚香点烛，行礼膜拜。

此外，除"满城"（即当时八旗兵丁及其家属的聚居区，以现成都长顺街为中轴及邻近街道组成的片区）之外，成都每条街道都要扎"圣位台"。这个圣位台，就是在街中间搭一个临时的过街台子，也同样供奉光绪皇帝的牌位。人们搭圣位台非常虔诚，煞费苦心。有的圣位台装饰得非常辉煌，张灯结彩。民众每日每晚都要大香大烛地三跪九叩首。当时街道狭窄，搭上圣位台以后，两边就无法通行。而圣位台又比较低矮，

---

① 戴执礼编：《四川保路运动史料汇纂》下册，台北："中央研究院"近代史研究所史料丛刊第 23 种，1994 年版。

从下面通过时必须低头弯腰。可以想象，当时的成都市充盈着庄严、肃穆、悲壮的气氛，民众誓死保路的决心可见一斑。在四川的各个州县，情况也类似成都。据吴玉章的回忆，"成都血案"发生后的第二天，他在从成都回家乡荣县的途中，"见沿途各城镇都高供着光绪皇帝的牌位"，牌位两边也是"庶政公诸舆论""铁路准归商办"的口号。

当时，成都的市内交通对于官员和有钱人家而言，主要是坐轿子。圣位台的出现，给坐轿子的人带来极大的不便。四川的绅士们早在保路同志会成立之初去总督衙门请愿时就不坐轿子了，圣位台搭了以后更不会坐了。只是苦了习惯坐轿以体现派头的一班官员。按照当时全国性的规矩，有皇帝圣位牌之处，任何人都必须下轿、下马，而圣位台因其低矮也不能通过轿子和马匹，官员们出门坐轿、骑马就行不通了。

郭沫若先生写道，成都将军某天出行时，看见圣位台时连说："这是咱的主子。回轿，赶快回轿！"当他另走一条路时，仍然看见圣位台，又只得回轿。如此再三，他始终没有走出满城，"他在事变中就一直没有出满城一步"。成都将军如此，其他官员的威风也就只有暂时扫地了。对民众而言，官员们有苦说不出，只得忍气吞声，岂不是一见令人窃喜的事？民气也就在这种情况下聚集起来了。

受到长期封建束缚的民众，最怕的就是"犯上作乱，不忠不孝"的罪名。以供奉先皇和要执行先皇上谕的形式，来反对"铁道干线收归国有"实即为外人所有的政策，达到"破约保路"和实行真正的立宪，又不背上"乱党"的罪名，把民众在一个统一的目标下最大限度地团结起来了。所谓的"合法"斗争，在这里显示出巨大的作用，使四川各界民众"不期然而然地大家竟造起反来了"。

五、四川保路同志会的合法抗争

四川保路同志会是否是合法团体？合法与不合法甚至于非法，谁来认定？是依当时清政府的有关法令来认定，还是由人来认定？人们对这些问题的回答事实上存在巨大的分歧。

在四川人民看来，他们所做的是事关四川和全国生死存亡的大事，是正大光明的。修川汉铁路，是四川总督提议的，是经过光绪皇帝同意的，清朝中央政府的多个部门也是批准了的，数年来交纳铁路股款是官方提倡并鼓励的。他们含辛茹苦、节衣缩食，为的就是爱国爱家乡，为中国留一个没有外人染指铁路的省份。如此多的理由，事实也俱在，不能朝令夕改。当然修路就是合理合法的，保路的目的是不为外人所有，也是合理合法的。

不过，四川立宪派人深知，决不能给当局以任何取缔、镇压的口实。他们在保路同志会成立之初，反复强调要"文明争路"。在同志会讲演部拟定的关于讲演及组织协会办法中，为免生意外，会场要设报名处，规定与会者写下姓名、住址。讲演可以语言激烈，但"万不至有暴动"。在致各府厅州县官员的信函中，更是清楚地写明："特恐借债亡国之说一倡，不无好事之徒，借此煽惑人民，生出意外事端，反碍本会正常进行。"而四川地方政府也专门向各地官员发出函件，允许保路同志会的讲演员到各地讲演，但须持有保路同志会的委托书，不得下乡讲演，地方官必在场，每州县限一名讲演员等。同时，"如有激动乱机，破坏秩序之意思言论，即可随时截止，不令讲演"①。实际上，在相当一段时间四川地方官府的态度与保路同志会的"文明争路"的打算是基本一致的，这是四川保路运动与其他三省保路风潮的不同点之所在，也是四川保路运动的显著特点之一。

保路风潮初起之时，"文明争路"好不好？有无必要性？我们可以试想，如果保路同志会成立之时就号召民众与政府进行激烈的对抗，甚至进行武装斗争，其结局肯定会被取缔，运动自然就会被扼杀在襁褓之中。从其后运动的进程来看，正是初期的"文明争路"，不仅没有为四川地方当局提供取缔、镇压的口实，还使四川地方政府允许保路运动进行，使四川地方政府的主要官员有理由为"破约保路"向中央政府陈情，也使四川各地的官员以不同的角度和程度，观看、参与甚至听任保路同志协会的成立并开展活动。尤为重要的是，这时期的"文明争路"使保路运动基本按照立宪派人预定的设想及办法在步步推进。四川保路运动的组织、宣传活动也是在这一时期取得极为显著成效的，四川各界民众的爱国爱家乡的热忱亦是在这一时期被充分地激发出来的。可以认为，如果

171

---

① 戴执礼编：《四川保路运动史料汇纂》中册，台北："中央研究院"近代史研究所史料丛刊第 23 种，1994 年版，第 684-688 页。

没有这一时期的"文明争路"，就没有日后保路同志军的武装斗争。

即便是四川地方政府和官员，他们也同样清楚川汉铁路的由来，也曾经在官方的刊物上宣传川汉铁路与四川乃至全国存亡的关系，从锡良、赵尔丰、赵尔巽到王人文几位四川总督，谁没有过问过川汉铁路公司的事务？四川地方的州县一级的所谓父母官，有几个没有催收过铁路股款？成立四川保路同志会，护理四川总督王人文至少是没有反对的，在民众看来也就是官方同意的。而且正如本书前述，四川地方政府还专门致函各地官员，有一定条件地允许保路同志会的成立并开展活动。因此，就四川地方官员而言，四川保路同志会是合法的。也正因为如此，四川一些州县的保路同志分会成立时，地方官员是到会了的。

清朝中央政府，特别是邮传部尚书盛宣怀，督办川汉、粤汉铁路大臣端方，度支部尚书载泽等人，是将四川保路同志会视为非法组织的。

盛宣怀与那桐、徐世昌商议，责成民政部下令不准电报局拍发有关路事的电报，报刊不得刊登有关路事的消息。成都民众在电报局聚集数千人抗议，迫使电报局发报，但盛宣怀将电报局总办撤职，另委新的总办。

端方在致盛宣怀、载泽的电报中就提出："如系报章所传之同志会，纠合一两万人，反抗政府，妨害治安，按之警章，应行切实禁止""倘有抗违，应将倡首数人立予拿办"。[①]

四川立宪派人不怕威吓，继续抗争。同时他们还把保路斗争的最终目的，"反复推论，归宿于宪政"。这是立宪派人的得意之作，亦是他们所筹划实施的"政治上意外之事"。

《四川保路同志会宣言书》公开宣称："我新内阁之蛮横专制，实贯古今中外而莫斯为甚！吾人当此不争，则宁缄口结舌，永永不置立宪二字于齿牙。"对于《四国借款合同》和清政府的"铁道干线收归国有"政策，"不拒则永不再言立宪，不再言国会，不再开咨议局、资政院"。显然，立宪派人认为借债不交资政院议，川路收归"国有"不交咨议局议，是清政府假立宪面目的再次暴露，从而以此为契机，要求实行真正的立宪政治。值得注意的是，立宪派人此时主要不再以叩头请愿的方式，而是利用正在兴起的群众运动的声势，企图造成某种程度上的独立态势，胁迫清政府实行立宪政体。

1911 年 8 月 2 日，也就是特别股东会召开前夕，以川汉铁路公司名

---

① 戴执礼编：《四川保路运动史料》，北京：科学出版社 1959 年版。

义刊出的《路事问答》一文强调，有关争路"极重要必知之点二端"是："此事系全国存亡""吾辈为大中国要求立宪之国民，非徒为四川一隅之省民"。在所举出的不可不死争的三大理由中，第一就是："借债不交资政院，收路不交咨议局、股东会议，违法律，劫人民，背先朝，欺皇上，从根本上破坏吾国宪政。"关于争路的方法，列出了三个：本省人士不断上奏；联合全省个州县，各省咨议局、教育会、商会等法团据理死争；各法团至京，仿外国国民大会办法再争。如果以上办法均不能奏效，即"若政府仍不觉悟，则继之以舍身与贼臣拼死"。言下之意，将以非常手段对待政府，以达到争路的目的。此前两天，赴京代表刘声元在致股东大会和邓孝可等人的函件中，也提出了"问内阁以假立宪欺人民，而为最终之激烈手段"①。

立宪派人试图"以独立要求宪政"由来已久。早在1898年，梁启超在《上陈中丞书》一文中，便明确提出："必有腹地一二省可立自立，然后中国有一线之生路"，力劝湘抚陈宝箴拥湘自立。1900年的唐才常自立军起义，亦显受梁氏此种打算的影响。1907年成立政闻社，梁启超将"确立地方自治，正中央地方之权限"作为该社宗旨之一，强调在地方自治基础上，成立联邦制立宪国家。梁氏的思想对四川立宪派人的影响很大。四川立宪派的首脑人物中，有不少是留日学生。梁氏在日本横滨大同学校讲学时，"留学生来见者甚多，如杨皙子（即杨度）、邓孝可、廖仲恺等，皆常到者也"。政闻社本部迁沪后，邓孝可以社员身份活动于国内，徐炯（子休）以非社员身份赞助社务。邓孝可之弟邓少云亦在汉口为梁氏和政闻社奔走活动。

1910年，部分立宪派人士在国会请愿屡屡碰壁之后，曾在北京秘议"将以各省独立要求宪政"一事，而四川省咨议局议长蒲殿俊是参与了此议的。②其后，四川立宪派人的言论，不仅对清廷的假立宪表示强烈的不满，而且以"趋重地方政治"方式透露了他们准备更换手法以求宪政的意图。蒲殿俊指斥清政府所谓立宪是"予其名，夺其实"③。立宪派人还告诫人们"夫国会犹属理论，而自治则征诸事实"，号召"趋重地方政治"，

173

---

① 戴执礼编：《四川保路运动史料汇纂》中册，台北："中央研究院"近代史研究所史料丛刊第23种，1994年版，第807-810页。
② 林增平：《评辛亥革命时期的立宪派》，《湖南师范学院学报》，1981（4）。
③ 蒲殿俊：《流年之慨》，《蜀报》第7期。宣统二年十一月十六日出版。

奉行"设城乡议会以议政，设董事会以行政"的宗旨。这样，立宪派人虽暂时丢开国会，并没有放弃立宪主张，他们着眼于地方的立法权和行政权，试图另辟促成宪政的途径。至翌年夏初，为抗议"皇族内阁"的成立，各直省咨议局联合会在京召开第二次会议。据报道，属于"宪友会"系统的立宪派人"已深知咨议局、资政院之不足恃，放成趋重于自卫之一途。其所提出的方案，有商量国民军办法及民立炮兵工厂云云"，显示了"对于时势有一种紧迫之卫之意"。①四川省咨议局的正、副议长蒲殿俊、肖湘、罗纶俱为宪友会重要成员，列名四川支部的发起人，"（保路）同志会宣言本根据于宪成会（应为宪友会，无宪成会）"②。这表明，四川立宪派人"以独立要求宪政"的企图源于"宪友会"系统立宪派人商讨的对付清廷假立宪的对策，与梁启超倡首的"自立"和"地方自治"亦相吻合。

为达到"以独立要求宪政"，亦即造成"政治上意外之事"，四川立宪派人有计划地进行了宣传与实施。

首先，他们以坚定的态度、意存威胁的言辞表达了追求真正立宪政体的决心。邓孝可提出："惟以政府以痛击，使其惕然有所惧，幡然有所悔，使知吾民所畏者非死也，畏法律也；使知徒持其专横野蛮，一步不能行，则宪政可以固而国基巩矣！"他还效法当年谭嗣同，疾呼不惜流血以促成真正的宪政："试一撷全球宪法史，何者非血腥况出其光芒璀璨？吾宪政史今读开卷第一页矣！此正寻人当以血腥力洗之日也。""欧美人之文明伟福，皆欧美人无限之酸泪热血肝脑涂地换而得之。吾辈果足以贻吾国人以永久文明之伟福也，吾又何憾焉。"以立宪派人为主体的川路特别股东会准备会在《遵先朝谕旨保四川川汉铁路仍归公司商办案》中，更是以明确的语言写下了将以某种强硬方式来达到宪政目的的态度："（政府）既明明破坏宪政，厉行专制，普天臣民，靡不共债，必有起而利用此机会以借达确定宪法之目的者。美洲立宪，纯原于烟税；日本立宪，半激于外患。果能同声俱起，不特路权问题可望收桑榆之功，即宪法问题亦可得协定之效，人力可以胜天，恶因每结良果，愿吾国同胞勿志行薄弱为也。"此案于8月8日的特别股东会上，获得与会800余股东的一致通过。8月24日特别股东会议决罢市、罢课后，成都市区的市民

---

① 林增平：《评辛亥革命时期的立宪派》，《湖南师范学院学报》，1981（4）。
②《报告》第21号。

普遍设置光绪皇帝牌位，两旁配以木牌，上书"庶政公诸舆论""铁路准归商办"，即可表明四川立宪派人这种宣传的效果。

其次，立宪派人还公开号召群众拿起武器，进行训练，但并不向政府主动出击的宣传。曾任《蜀报》主笔的朱山在保路同志会公开宣称要"鼓励国民军"。立宪派人主持的《西顾报》于9月6日毫不隐饰地写道："练民团制造好军火，习武艺一齐供达魔，农工商不要久抛业，读书的半日上课半日执戈。我们又有本事又有联络，不怕官府那还怕差大哥。倘有那不肖官吏来捕捉，鸣锣发号我们蜂一窝。一家有事百家来聚合，他的手快我人多。钢刀砍不完七千万人脑壳，哪怕尸骨堆山血流河。有死心横竖都战得过，战胜了我们再打收兵锣。"蒲、罗等立宪派首脑人物被诱捕后，《四川保路同志会声讨赵尔丰檄文》再次表露了立宪派人的这种打算："我七千万同胞，趁我戈，砺我刃，众志成城，兵勿乱动，彼来则击，彼败勿追""要谨守秩序，不可夺城池，侮官长，打教堂，扰平民"。蒲殿俊等被释放后所写的《哀告全川伯叔兄弟》一文中，一面谈到"保路同志会之目的，实已贯彻无阻"，一面又呼吁"当初之宗旨，不可以不回头"。[1]"贯彻无阻"之目的，当然没有翻悔的必要，而"当初之宗旨"不就是趁保路之机，起而要挟实行宪政吗？公开鼓动"练团民军""练民团制造好军火"，与宪友会系统立宪派人商讨对付清廷假立宪的对策，连言辞也极其相似，不就是为配合"以独立要求宪政"所做的宣传与实施吗？

最后，与"练民团制造好军火""练国民军"一类宣传几乎同时出现的《川人自保商榷书》，则更全面地表述了立宪派人"以独立要求宪政"的企图。《商榷书》虽然斥责清政府"夺路劫款，转送外人"，但仍言明按该书所列去办是为了"厝皇基于万世之安"，强调"皇家之所以万世，其大端要不外此"。《商榷书》所提出的"现在自保条件"，即"保护官长""维持治安""一律开市开课开工""经收租税"四个办法，俱要由立宪派人士所能控制的咨议局、保路同志会及地方议会执行。其中，"经收租税"已由特别股东会议决实行。散发《商榷书》之时，罢市、罢课仍在进行，因而所谓"一律开市开课开工"是立宪派人用以达到"以独立要求宪政"的讨价还价的砝码。《商榷书》所提出的"将来自保条件"15个，包括开

175

---

① 戴执礼编：《四川保路运动史料汇纂》中册，台北："中央研究院"近代史研究所史料丛刊第23种，1994年版。

办各类实业、工厂、教育，乃是立宪派人一贯的主张。其中，"练国民军""设国民军炮兵工厂"两条，与本文前述各直省咨议局第二次会议所议，如出一辙。《商榷书》所提"筹备自保经费"5 条中，"停办捐输""停止协饷"已经为立宪派人议决实行。显然，立宪派人较之过去提出了更多的权力要求，涉及政治、经济、军事、教育等方面。他们再次摆出不惜诉诸武力的姿态，仍不出"以独立要求宪政"的预谋。署督赵尔丰认为，该书"条件隐含独立，尤为狂悖"，上谕亦称该书"倡言自保，意在独立"①，当有一定道理。只不过他们未认识到，四川立宪派人要求的"独立"，是以保留大清王朝为前提的，与革命派推翻清朝统治而独立的意图是迥然相异的。

---

① 戴执礼编：《四川保路运动史料》，北京：科学出版社 1959 年版。

第七章 『合法』的川路特别股东会及其『非法』抗争

辛亥四川保路运动时期，四川立宪派人既首倡成立了遍及全川的四川保路同志会，又成功地发起并召开了川汉铁路总公司特别股东会。有关四川保路运动的论著大多将关注点放在保路同志会上，而缺乏对特别股东会的系统研究。纵观四川保路运动的全过程，特别股东会是继保路同志会之后，四川立宪派人士筹划并实施激进保路方略的重要阵地，其历史地位和作用并不亚于保路同志会。

一、川路特别股东会的召开

前已述及，川汉铁路股东会是依照清政府所颁布的《商律》组成的。川汉铁路总公司第一次股东大会召开于 1909 年 10 月。该会是四川立宪派人士在宣传鼓吹立宪政治的同时，着手进一步控制川汉铁路公司的重要步骤。川汉铁路公司自 1904 年 1 月成立以来，初为官办，继则官督商办，1909 年改为商办。不论官办、官督商办，抑或商办，修铁路所需大量资金均"独恃人民租股为大宗"。公司多次申明"专集华股自办……不附洋股"，全川人民"按租出谷，百分取三"，不论贫富，全川六七千万人民，与民办铁路都发生了经济上的联系，成为川汉铁路公司的大小股东。1907 年，《川汉铁路公司续订章程》确认了股东之权力，然而"公司成立虽亦历有年所，而其组织实未完善。树商办之名而无商办之实"。1909 年 10 月，四川咨议局成立，立宪派人士对此名为商办实则官督商办之"商办川汉铁路公司"的局面极为不满，指出《川汉铁路总公司续订章程》"久过实行之期，而按之事实则无一条曾经遵守"。在四川咨议局第一次年会上，他们提出了《整理川汉铁路公司案》，要求"议改章程以期公司之组织完善，而举商办铁路之实益"。立宪派人士认为，召开股东大会，组织董事局，选举查账人尤为重要，而"川汉铁路公司自开办至今，不设斯席，丛弊误工，厥由乎此"。遂议决于当月初十日召集各地股东开第一次股东总会。

正是在咨议局的提议与领导下，川汉铁路总公司第一次股东大会在成都召开，各地股东代表到会共 600 余人。四川咨议局副议长罗纶和议员郭策勋分别担任股东大会的临时正副会长。咨议局副议长肖湘，议员汪世荣、沈敏政、江树等当选为董事局董事，立宪派人士铁道学堂监督刘紫骥当选为主席董事，著名立宪派人士邓孝可之弟邓孝然亦当选为董事。显而易见，第一次股东大会的召开，使商办川汉铁路公司粗具规模，同时，通过股东大会及其选出的董事局，立宪派人因势利便地取得了对川汉铁路公司的控制权。

1910 年 11 月，川汉铁路公司第二次股东大会改选董事局。著名立宪派人士彭芬当选为主席董事，咨议局议员沈敏政、王大侯、冉崇根、范涛、杨用楷等当选为董事，继续了立宪派人士控制川汉铁路公司的局面，从而奠定了与清政府"铁道干线收归国有"政策作斗争的组织基础。

因为有法律上的依据，川汉铁路股东会从其成立起，就得到了四川地方政府和官员门的承认与支持。即便是清朝中央政府和各有关部门，也不能将其视为非法组织。而特别股东会，则是在特别重大而紧急情况下召开的会议，同样是合法的。事实上，正是因为它的合法，清政府和中央各部门担心特别股东会做出反对"铁道干线收归国有"政策的决定，从股东的角度煽动四川各地的股东及民众群起反对，使局面进一步失控。

川汉铁路特别股东会，在川汉铁路面临存亡的紧急关头，于 1911 年 8 月所召开的一次股东会，这是川汉铁路公司历史上召开的第三次特别股东大会。

1911 年 8 月特别股东会之召开，纯因"邮传部卖路劫款，特开股东总会筹议一切"[①]。筹组召开临时股东会以解决路事的建议，为四川咨议局议长蒲殿俊所提出。1911 年 5 月 9 日清帝宣布"铁道干线收归国有"政策，5 月 12 日护理四川总督王人文召集川汉公司主席董事彭芬、副主席董事都永和等商议收路办法，"莫得端倪"。彭等认为："咨议局为四川人民代表机关"，即到省咨议局去见正副议长蒲殿俊与罗纶。蒲谓："铁路公司有股本、股权关系，非另行开会，不能解决，咨议局只能纠举其违背法律手续。为公司计，莫若先号召旅省各州县人，集众研究，咨议局亦可加入，后此再召集临时股东会。"[②]蒲氏此议提出了以下问题：其

① 戴执礼编：《四川保路运动史料》，北京：科学出版社 1959 年版，第 275 页。
②《中国近代史资料丛刊·辛亥革命》第四册，第 332 页

一，以法律为依据，指出咨议局只能从民意机关的责权出发，提出事关借债收路大事，应先交资政院和省咨议局议决，方可定制；其二，因铁路公司有股本、股权关系，按公司章程，改变公司权益，非经股东大会决议不可；其三，提出先召集在省各州县股东，预先研究准备，在此基础上再召开临时股东大会。川汉铁路公司遂援引《商律》第 3 节第 49 条："公司遇有紧要事件，董事局可随时召集众股东举行特别会议"，川汉铁路原为"商办，而复更为国有，自系特别紧要重大事件"，要求于闰六月初十日（公历 8 月 4 日）召集临时股东大会（即后来的特别股东大会），"以便取决众议"，并以公司名义呈请川督通饬示谕全省各州县转知各股东分会派代表赴成都开会。

这次特别股东会正式召开前，曾有两次准备会。第一次是 1911 年 5 月 28 日。参与这次准备会的是在省股东、驻省各法团和四川咨议局议员，到会代表共 722 人。当时四国借款合同尚未传到四川，且度支、邮传两部电旨也称股款由部筹还，或另办实业，或附着国有铁路股金，听民自便。因此，此会仅集中讨论了如何对付清政府接收川路问题，"情绪尚不过激"。除少数股东表示不能"拱手退让"，反对接收外，以邓孝可为代表的部分立宪派人士认为，当前"只有条件上之要求，无事根本上之反对"。他们仅在承认清廷国有前提下，提出了照数偿还路款，免受经济损失的六条要求：（1）清帝宣布借款契约；（2）限定若干年筑成；（3）曾否以路作抵？有无妨害别人？（4）本路除倒款以外，胥要求照数偿还；（5）学生养成之人才，务要录用；（6）所有工役材料，须先尽吾川招集购置。故会议在是否坚持川路商办问题上未形成一致意见，只议决两点：（1）定于闰六月初十日召开股东大会；（2）有关路事问题，均待股东大会决定。值得注意的是，会上咨议局议员江三乘曾提出："各州县之代理赴会人（即大会代表），请先事斟酌。盖承认不承认，即须表决不表决，中间之议决权生焉。所以要斟酌。"意即提醒与会人员，在选举临时股东大会代表时，要尽量考虑其对"铁道干线收归国有"政策须持反对态度，实即意使拟议召开的股东大会能对清廷的"铁道干线收归国有"政策持相左立场。

四国借款合同传到四川后，民众"见合同种种失败，无异举四省路权、财权送之外人"。四川绅民吁请川路商办，废除借款合同的奏呈一再碰壁，清政府不但拒还已用款项，反以"国家股票"方式夺取现存之路款。清政府卖国卖路、夺路劫款之专制面目暴露无遗，在路事问题上，川省绅民同帝国主义及其走狗清王朝已势不两立，毫无调和余地。当初并不反对铁路国有，只求经济上保住路款，政治上尊重资政院、咨议局权利之议员、股东，迅速转变到"注意拒债破约"[①]。

6月16日，即四川保路同志会成立前一天，四川立宪派人士密商，准备以"股东会为大本营，依期召开特别股东会（即前称临时股东大会），并预定一些中坚分子去争开股东分会的代表资格"[②]。这说明，自此立宪派人士便为特别股东会预先确立了保路运动"大本营"的地位，并使其能够成为立宪派人倡导的"破约保路"宗旨赞同者的聚会。

由于此次特别股东会事关重大，会前召开了几次准备会。

7月26日晚8时，特别股东会第一次准备会在铁道学堂举行，与会的有蒲殿俊、程莹度、罗纶、邓孝可等17人。此次准备会议主要是为特别股东会准备有关材料和安排接待事务。

7月28日（闰六月初三）下午，咨议局正副议长蒲殿俊、罗纶等主要立宪派人士在铁道学堂发起并召开了特别股东会的第二次准备会议，到会者200余人。会议从7月28日至8月1日共开5天，除制定了会议的例行规则，如大会规则、入场规则、议案类别，定出"会议事件逐日由会长编定"议事日程外，确定了特别股东大会的四大正式议案：（1）《遵先朝谕旨保四川川汉铁路仍归商办案》；（2）《请停征新常捐输以便宽筹路款案》；（3）《创办一文捐以筹路款案》；（4）《关于设立清算机关案》。此次准备会以公举方式，决定分别由蒲殿俊、程莹度、罗纶、聂丕成、彭兰村、江渭北等人为四个议案的起草人。其中，蒲殿俊为第一、第四两个议案的第一起草人。从上述不难看出，特别股东会从其发起、酝酿直至召开，立宪派人士便逐步将其作为旨在全面而又激烈地对抗"铁道干线收归国有"政策的重要阵地。

罗纶在准备会上的一番话颇有意思："吾辈今日所开之会，系特别股东会，系研究铁道国有问题，与前日吾辈所开之同志会，绝不相类。同志会亦研究铁路国有问题，何以不同？因二者注重点不同。彼为广义之研究，注重在国家存亡；此为狭义之研究，注重专在路事。""今日所当

① 戴执礼编：《四川保路运动史料汇纂》中册，台北："中央研究院"近代史研究所史料丛刊第23种，1994年版。
②《辛亥革命回忆录》第三集，第47-50页。

研究者，应从路事着想，保路而已，保款而已。"笔者以为，罗纶的这番话，说出了保路同志会与特别股东会的区别与联系：保路是共同的；保路不为外人所有，是同志会注重之处；保路为四川所有股东会注重之处；股东会是股东参会，同志会则不限于股东；股东会既保路又保款，合理合法，责无旁贷，即为狭义之研究；同志会保路不为外人所有，即为广义之研究；同志会重在破约，股东会则不提破约之事。股东会的议案明显要维持商办之局，要求废除清政府原来规定的临时性捐税用以充作铁路股款，要继续征集铁路股款。

四川立宪派人非常清楚，废除四国借款合同需要三个条件：60 天以上时间；"政治上意外之事""财政上意外之事"。特别股东会预订召开之日，距四国铁路借款合同的签订将超过 60 天，"政治上意外之事"即群众性的保路风潮已经造成，只缺"财政上意外之事"了。于此而言，特别股东会就是专注财政之事的会，其抗粮抗捐的议案一旦通过，影响之大，后果之严重，不言自明。

特别股东会第二次准备会召开之际，四川保路同志会已成立将逾两月。一个群众性的以"破约保路"为宗旨的爱国运动已在全川城乡蓬勃开展，四川人民"万众一心，心惟一的"。人民群众的声势和爱国热情，无疑给出席特别股东大会的代表以重大的心理影响，而四川立宪派人士的苦心安排，更将与会代表推到了保路运动的第一线。

清政府严责四川护理总督王人文，频频电催赵尔丰履任，限特别股东大会只能讨论遵旨交路附款之事。7 月 28 日，端方致电盛宣怀称："川人对于路事，确定初十日开会，所刊《蜀报》暨各种传单，嚣张狂恣，无可理喻。""诚恐乘届期开会反抗之举，经多数赞成，更难收拾。"但是，"如系遵章之股东会，尚可准开"。7 月 30 日，盛宣怀在致四川布政使尹良的一封电报中称："惟地方官应准其股东开会。其他聚众反抗政府，按迭次谕旨，似可出示禁止。"7 月 31 日，清廷以皇帝的名义催促赵尔丰尽快赴任，严令"除股东会例得准开外，如有借他项名目聚众开会情事，立即严行禁止，设法解散，免致滋生事端。倘敢抗违，即将倡首数人，严拿惩办"①。从上述可以看出，他们不得不承认特别股东会是合法的，却又非常害怕特别股东会干出他们这班官员以为是非法的事，也使特别股东大会不得不处于与清政府对抗的地位。

---

① 戴执礼编：《四川保路运动史料》，北京：科学出版社 1959 年版。

1911 年 8 月 3 日，川汉铁路特别股东会在高等学堂外操场召开万人大会，欢迎由各股东分会推举的 600 余名与会代表（股东及股东代理人）。在此次万人大会上，"股东代表中争欲陈述意见者甚伙"，以股东代表身份与会的咨议局议长蒲殿俊和保路同志会各部长等，均在会上发表了慷慨激昂而言词犀利的反对"铁道干线收归国有"政策的演讲，纷纷指斥盛宣怀的卖国罪行，揭露四国借款合同丧权辱国的本质。南充代表张澜谓："吾辈为爱国而来，今爱吾国必破约以保路。故能替吾人破约保路则爱吾国者，虽仇亦亲之；不赞成吾破约保路则国之贼也，虽吾亲亦仇之。"①张之演讲"字字血忱，语语精神"，把与会股东们的激愤心情表达得酣畅淋漓，以致"万众且泣且呼"，极大地鼓舞了民众拒债争路的斗争热情。

因为天下大雨，特别股东会顺延一天。8 月 5 日（闰六月十一日），特别股东大会正式召开。②四川地方政府各个部门及成都府、成都县、华阳县的官员出席会议。咨议局副议长罗纶担任会议临时主席，主持选举正、副会长。经过投票，选出立宪派人士颜楷、张澜分任特别股东会正、副会长。午后，通过了会议规则，并由各州县分别选举产生了会议审查员。此后，特别股东会开一天大会，即续开一天审查会，遂成为定例。

二、恃法斗争局面的形成

特别股东大会召开期间，主要做了以下几件事。

（一）通过了准备会预定的抗争议案

8 月 8 日（闰六月十四日），通过《遵先朝谕旨保四川川汉铁路仍归商办案》，此案指出了川路不可不争的四大理由：（1）借款收路不交资政

---

① 隗瀛涛、赵清主编：《四川辛亥革命史料》上册，成都：四川人民出版社，第 323 页。

② 原订闰六月初十日开会，"初十因雨改期，十一开会"。见前引戴执礼编：《四川保路运动史料》，北京：科学出版社 1959 年版，第 250 页。

院、省咨议局议决，对"吾国宪政直从根本上破坏无余"。（2）清政府假铁道国有政策劫路夺款，"专横野蛮，实为古今中外所未闻"。（3）四国借款合同"将原议汉荆铁路截去，以吾川之宜夔铁路抵补配卖"，违反先朝谕旨。（4）清政府所颁收路办法，独薄待四川，"既夺我路，又不偿款"，四川官员、绅民呼吁再四，政府充耳不闻。强调"此次合同，既直接以夺吾股东权利，复间接以制吾国民之死命""惟争路可以拒约，不争路并难保款"，既阐明了此路不可不争之道，又拟定了三条具体的争路办法：（1）质问邮传部、吁请代奏、提回存款。（2）如不果，则联络他省咨议局、商会、教育会等法团"联合力争"。（3）各法团同聚京师"照外国国民大会办法"行事，认为"果能同声俱起，不特路权问题可望收桑榆之功，即宪法问题亦可得协定之效"。

8月11日，特别股东大会又通过《请勿庸展办新常捐输以便宽筹路款案》，号召"从今年起，各地方官请议捐输，凡绅士粮户一律不应召集"，如有"不肖绅士承迎官意，率请展办捐输者，又不肖官吏以此陷害绅粮者，皆作为四川之公敌，必以吾人之全力对付之"。要大家拒交清政府在四川征收的固定捐税——常捐和新捐，而由各州县议会将这些每年 300 万两的款项充作铁路租股，以便继续修路。同时，立宪派人还打算把收取新、常捐输的权利掌握在手，规定：征收之责，由"各州县会（按指议会）任之"，所纳款项移作路款后，"准前此相股章程办理"，直到"路成之日为止"。其有不愿以新、常指输充作租股者，"即由其州县会联合城镇乡会，公议处罚并通告全省"。该决议的言辞，俨然以官府自居。议案中明确提出"以捐充股"，奠定了以后抗粮抗捐的斗争基础。

8月12日，又顺利通过了《创办一文捐以筹路款案》。该案号召全川人民日捐一文，继续筹集路款，以维持川汉铁路之商办局面。8月14日，通过《设立清算机关案》，以清理账目，规划路政，继修川汉铁路。至此，特别股东大会准备会所规划的旨在对抗清政府"铁道干线收归国有"政策的斗争目标、措施和方略，经大会一致通过后迅速传遍全川各州府县，对遍及全川的四川保路斗争而言是一种极有效的催化剂。在它的倡导、促进和鼓励推动下，四川保路运动更加迅猛地向前发展。

除策划通过上述四个议案之外，特别股东会还筹划并实施了更为激进的保路方略。

第一，撤销李稷勋川汉铁路总公司驻宜昌分公司总理职务。8月8日讨论通过《商办案》后，会长宣读赵尔丰送来之内阁和文：派川路公司驻宜总理李稷勋为"国有铁路"驻宜总理，仍用现存路款续修宜归一段路。这一电报内容，遭到众股东的一致反对，实际上是反对盛宣怀收买川路驻宜总理李稷勋以强行劫路夺款。李初时曾表示要争回路款，继而在盛宣怀、端方的重金厚禄诱买下，不通知总公司，擅自同意将川汉铁路现存路款附于国家路股，甚至以宜昌川汉铁路董事局名义，致电股东会，建议附款筹路，停止争路。8月9日，股东会在一片愤怒声中，议决撤销李稷勋驻宜总理职务，并限其十日内将官防和经手事务交出。不久，另选颜楷为驻宜总理，以维护川民利权。

第二，组织罢市罢课斗争。载泽、盛宣怀蔑视川民申述，仍旧固执己见，更与瑞澂端方密电谋划：由瑞、端二臣联衔奏请，由清帝钦派李稷勋仍留任宜昌分公司总理。清帝准奏并谕饬赵尔丰严行弹压争路川省绅民。8月23日，股东大会宣读了赵尔丰送来的这个上谕，顿时会场上"满场烈焰欲烧，愤恨几狂"，哭声、喊声混成一片，罢市、罢课、罢工、罢耕的喊声此起彼伏。"有喊不纳厘税者，有喊以租股抵正粮者。……每闻会场中一议出，众无不以声应之。"次日，正式讨论表决，会议主席声称要实行罢市、罢课以抵制邮传部违法丧权之专横政策。话犹未完，会场内狂呼声、鼓掌声一齐响起。一致议决，自即日起罢市、罢课，同时推颜楷、张澜去向赵尔丰申明理由，请赵代奏，要清廷取消违反川省民意之决定。

会议尚未结束，"各街关门闭户已过半矣"，繁华的成都市面，立时沉寂。全省许多地区亦很快响应，"南自邓、雅，西迄绵州，北近顺庆，东抵荣隆，千里内外，府县乡镇，一律闭户，风潮所播，势及全川"①。特别股东会组织领导的罢市、罢课斗争，把四川保路运动斗争推进到一个新的阶段，给清政府以极大震动。

第三，倡导并实施抗捐抗粮。罢市、罢课实行后，受到异常震动的清政府对川民呼请仍无动于衷，坚持"惟铁路国有，势难反汗"。盛宣怀甚至"要挟罢市罢课即是乱党"，清帝仍然谕令赵尔丰严行镇压。清政府"不察舆情，必欲施其横决无伦之压制，逼之于无可退缩之地"。意欲通过罢市、罢课迫使当局收回成命的幻想破灭，立宪派领导人不得不采用

①　参见前引戴执礼编：《四川保路运动史料汇纂》中册，台北："中央研究院"近代史研究所史料丛刊第 23 种，1994 年版。

激烈的抗捐抗粮手段与清政府分庭抗礼。他们认为清政府"违背先朝谕旨，夺吾路权，卖与外人，吾人誓死力争，以展发其爱国热诚，以道理论，逆在政府"。而罢市、罢课"徒损于己"。遂议决并通告全省："一、自本日起，即实行不纳正粮，不纳捐输。已解者不上兑，未解者不必解；二、将本日之议案提前交公司咨议局，照例呈院，并启知各厅、川、县地方官；三、布告全国，声明以后不担任外债分厘；四、恳告全川人，实行不买卖田地、房产。"四川人民由罢市、罢课进而抗粮抗捐，标志着四川保路运动向纵深发展。

以租股利息抵扣正粮，意即川路股款中仅租股存入省内外银行、钱庄的利息每年有 60 余万两，与清政府每年在四川省额征之地丁银数 66 万两相近，号召民众将应交之田赋充作铁路股款。不纳捐输，意即按《请勿庸展办新常捐输以便宽筹路款案》办理，新、常捐输移作路款。相约不买卖房地产，意即断绝川省每年因田地房产交易而上交之税款 300 余万两。自今年起，清政府无论借外债若干，四川不承认负担一钱。其根本目的在于断绝清政府在四川征收的主要税收款项，"以租股利息抵纳正量，展缓捐输，不卖田宅三事，实能制彼（指清廷）之死地"。端方谓曰："川人此议，手辣而理甚长。"四川官员惊呼："不纳丁粮、厘税、杂捐，二千数百万岁入顿归无着。……四川的一切行政固惟束手，而京部、洋偿、解协等款，全无所出，贴误实大。且滇、黔、新、甘、边藏，向皆仰给于川者，亦将坐困。川一动摇，中央根本，西南半壁，无不受其影响。"[1]显而易见，特别股东会所倡导和实施的抗粮抗捐斗争所给予清政府的震慑，并不亚于一般的武装起义或暴动。著名革命党人宋教仁赞曰："川人之抗争川汉铁路，而知以全体罢市不纳租税为武器，盖已觉平和手段之不能有效，而将逐渐以合于政治现象原则之手段，对付之（指清政府）者。"

特别股东会还以全体股东名义，以呈请署理总督赵尔丰及其他四川官员代奏的方式，再次较为全面地表述了四川民众抗争铁路的决心和理由。

特别股东会召开期间，他们先后呈请赵尔丰及其他四川官员代奏的

---

[1] 以上参见戴执礼编：《四川保路运动史料汇纂》中册，台北："中央研究院"近代史研究所史料丛刊第 23 种，1994 年版。关于正式议决抗除抗捐的时间，目前有两种说法。戴执礼、隗瀛涛认为是七月初九日（9 月 8 日），本文认为是七月初三日。

有：《川省川汉铁路股东会复端大臣佳电》（8月7日）、《川汉铁路公司特别股东会呈赵尔丰请代奏川路仍归商办文》（8月8日）、《川汉铁路公司特别股东会请赵尔丰代奏纠劾盛宣怀、李稷勋文》（8月10日）、《为谨遵先朝谕旨声明四川川汉铁路仍归公司自办》（8月16日）、《赵尔丰致内阁陈川人仍主路归商办并将修路交资政院议决电》（8月27日）、《玉昆等致内阁请代奏川汉铁路公司请将修路交资政院、咨议局议决然后接收电》（8月28日）、《玉昆等致内阁请代奏参劾盛宣怀操纵酿变请斥罢斥电》（9月1日），以及《股东总会交公司转详文》等。这些呈文反复声明如下几点：

（1）川人争路破约系卫国保权之爱国行动。川人争路乃"争国有不为他国所有，非争商路不为国有。拒违法损权之债，非拒有利无害之债"。

（2）奏明严惩"盛大臣以谕旨害民之罪"。邮传部大臣盛宣怀违旨盗权，悍然"与一分公司总理私相授受"，操纵酿变。其夺路劫款卖国罪行，上违立宪国体和先皇谕旨，下欺黎民百姓，奏明撤职并从严治罪。

（3）借款修路诸事请交资政院、咨议局详议。"募借外债，未经资政院议决，废除本省权利，未经本省咨议局议决，有违先朝庶政公诸舆论之意。""借款乃国债问题，不经议会通过，即属有违宪法"，故请遵法律将借款修路诸事交资政院、咨议局评议，而后方可言接收。

（4）《四国借款合同》是个丧权辱国之约，理应废除。"合同失败，举全路用人、购料、理财之权，悉受制于外人。""国权尽失……将贻全国大患。"请协力以图挽救。

（5）川汉铁路并非干路，"原约并无四川在内"，要求"皇上俯念民依，仰承先朝钦颁法律，将四川川汉铁路照常暂归商办，一切议事用人匆任邮传部妄加干涉"。

此外，在众多恳请代奏的呈文中，股东代表们还义正词严地驳斥了端方认为四川保路运动是"地方喜事之人参与鼓煽"的诬蔑，呈明"此次路事由于部臣违宪卖国，普天共愤"，召开特别"股东会议，他未遑及，其开幕第一日所首当解决者，即应是否争路问题。……吾人即不为现在争铁路，宁不为将来寻生路乎！惟争路乃可拒约，不争路并难保款"；表示"惟有舍弃自家，亟图挽救"。以上充分表现了四川人民"破约保路"斗争的正义、自豪及反对帝国主义侵略的大无畏爱国主义精神。

恳请代奏，这是四川立宪派人"文明争路"的既定方式，特别股东大会召开期间，在 8 月 24 日以前，基本上遵循四川保路运动领导人所规划的叩头请愿、文明争路的框框，未有任何超越雷池的举动。可是，在封建专制王朝清政府的统治下，对于一贯待"圣谕"匍匐称"礼"的中国黎民百姓或达官贵人、绅商们来说，在这样短短的时间内，敢于对皇帝钦命"圣旨""上谕"多次据理力争，一而再、再而三地反复上奏、恳请、抗议，要求清廷改变既定国策等，已成大逆不道的大辟之罪。尽管圣谕、部令、阁旨，一再斥饬或假意"剀切开导"，终因"铁路国有，势难反汗"，四川立宪派人士也不得不改变"文明争路"的初衷，发动了遍及全川群众性的罢市罢课甚至抗粮抗捐斗争。

特别股东会与保路同志会在本质上是相同的。它们均以"破约保路"为宗旨，都是由四川立宪派人士首倡反抗"铁道干线收归国有"政策而发起的，并为立宪派人士所能控制，而且都一样具有相当广泛的群众基础，等等。但是，二者之间却又存在明显的重大区别，因而特别股东会又起着与保路同志会不同的历史作用。

首先，按照上谕和清廷要员的言论，成立四川保路同志会是非法的，而召开特别股东会是合法的。端方曾扬言："如系遵章之股东会，尚可准开；如系报章所传之同志保路会，纠合一二万人，反抗政府，妨害治安，按之警章，应行切实严禁。倘敢违抗，应将倡首数人，立于拿办。"清帝上谕也宣称："除股东会例得准开外，如有籍其他项名目聚众开会情事，立即严行禁止，设法解散，免致滋生事端。倘敢违抗，即将倡首数人，严拿惩办，以销患于未萌。"①四川保路同志会在宣传民众、组织民众方面的功绩无疑是巨大的。但由于它的"非法性"，立宪派人士从未以保路同志会的名义与清朝中央政府和四川地方政府函电往来，而用咨议局、铁路公司、驻省法团名义，轮番上书、请愿。特别股东大会召开前是以咨议局、各法团或铁路公司对外；而该会召开后，保路事宜便都以特别股东会名义出面。四川立宪派的头面人物均以股东的身份参与了特别股东会，出席最初几次会议的还有赵尔丰等四川重要的地方官员。未在四川保路同志会中担任任何职务的四川咨议局议长蒲殿俊，此时却公开露面，发起该会准备会并为会议事先定好基调，顺利地将特别股东会纳入预定的轨道。因为特别股东会的"合法性"，立宪派人士在清政府允许的

---

① 戴执礼编：《四川保路运动史料汇纂》中册，台北："中央研究院"近代史研究所史料丛刊第 23 种，1994 年版。

条件下，运用清廷"立宪"招牌，组织了这样一个与其"铁道干线收归国有"政策相对抗的合法机构，为保路运动的发展设立了组织决策基地。值得特别提出的是，四川各州县的地方官员在保路同志会成立及其活动中，可以纵容保路同志会的各种活动，省一级的官员却不涉足该会。但省一级官员在赵尔丰的率领下，却数次参加了特别股东大会的会议。正是因为特别股东会拥有这种合法性，从5月下旬酝酿召开到9月初"成都血案"前，历时三月余，清政府的"铁道干线收归国有"政策在此期间因股东会的否定而无法实行。

其次，特别股东会实际即保路同志会的决策机构和核心组织并相得益彰。早在保路同志会成立之时，立宪派人便密谋在同志会内部成立以蒲殿俊为首的参事会，作为不对外宣布的内部机构，并定下了以特别股东会为"大本营"的谋略。预留咨议局以便转圜，议长暂不露面，作幕后的主持者。于同志会内另设一参事会，推蒲殿俊任会长，罗纶副之，常驻议员皆作参事，将参事会作为内幕机构，对外不宣布。因此，从保路同志会内部的参事会、特别股东会准备会直至特别股东大会，立宪派人有计划有步骤地将参事会扩大，从而使特别股东会成为保路同志会的参事会，即决策机构和核心组织。四川保路同志会在特别股东大会召开后，其保路方略俱由后者提出，而出面在全省号召实行的则是四川保路同志会。保路同志会的机关报《四川保路同志会报告》亦将特别股东大会召开前后的准备情况，通过的议案及保路方法等公诸公众，极力鼓吹。特别股东会所编写的《罢市罢课后进行歌》《乐捐乐》《停办捐输歌》等通俗宣传品亦在《四川保路同志会报告》和《西顾报》上刊出，积极鼓吹特别股东会所作出的各项决议和方略，使这些办法能在群众中广为流传。如抗粮抗捐通告一出，《四川保路同志会报告》就刊印了许多通俗简明的诗歌、白话文等，把抗粮抗捐斗争的具体做法、意义详加阐述。如《罢市罢课后进行歌》称："有四个条陈曾经通过，重言申明大家要记心窝。第一条租购股息无着扣粮课，他用抢来我用拖。第二条津贴捐输从今不乐，盐厘两抵差不多。第三条我们买卖田房暂且搁，经征局的委员就没有米下锅。第四条一切的税厘齐蹉跎，哪管他债台高到万重坡。这四条妙计牢记着，就是我们抵制政府的绝妙歌。"①经此宣传鼓动，民众斗争愈坚，斗争更趋高涨，一些州县还注意统一行动，"相约不纳钱粮，

①《西顾报》第四十一期。

不上捐输，学堂停课，商民罢市"①。

再次，虽然四川保路同志会与特别股东会在如何实现"破约保路"宗旨上始终是联手进行、相辅相成的，但后者以股东的名义，注重在铁路股款上借题发挥，却又是四川保路同志会不能办到的。《四国借款合同》规定画押后六个月必须开工。第十六款谓："倘于未发此次借款招贴以前，遇有政治上或财政上意外之事，以致大清政府在市面之债票价值有碍，银行等以为此次借款，未能按章程办理，准予银行等展缓公道期限。如于商准期限内，仍未发行此次借款，则本合同即行作废。"在立宪派人看来，"此合同亦非铁案不可移者"，即六个月内，只要造成政法上或财政上之意外事并使其维持六月之久，便可达"破约保路"目的。保路同志会"专向全省民众宣传工作方面努力"②。通过其对四川人民的组织宣传，在全川掀起了一个规模浩大的群众性爱国运动，已在相当程度上造成了"政治上意外之事"。特别股东会披着"合法"外衣，在立宪派人的筹划下，全力实施对抗性措施，贯彻同志会意旨，着意造成"财政上意外之事"。诸如提回存款、罢免李稷勋、罢市罢课、不纳捐税粮赋等激烈措施均出自特别股东会，尤其不纳丁粮之斗争，实已推进至武装起义前夕。戴执礼先生认为："保路同志会的成立是把保路运动扩大成全民性的斗争的转折点，而特别股东会的召开，又是把保路运动进一步推向武装起义的一个转折点。"③

最后，在是否提出君主立宪问题上，"两会"有重大区别。7月28日准备会上，罗纶报告开会大意为："今日所开之会，系股东准备会，系研究铁道国有问题，与同志会绝不相类。同志会为广义之研究，注重在国家存亡；此为狭义之研究，注重专在路事，即应从路事着想，在保路保款而已。"毫无疑问，"两会"宗旨均在"破约保路"，但两者因其组织构成人员身份有别，合法与否，斗争策略即侧重点又有区别。保路同志会组成人员包括股东及社会各阶层，除股东利益外，作为国民一分子，对于"借款收路一事，在吾人认定为宪政前途根本上之破坏属第一义"。邓孝可明确指出："盖剥夺川民者，损在川省一隅；丧失路权者，损在路政

---

① 《大清历朝实录》之《宣统政纪》卷 59，宣统三年（1911 年）七月十九日。
② 参见《辛亥革命回忆录》第三集，第 47-50 页。
③ 戴执礼：《〈四川保路运动史〉若干问题之商榷》，《四川大学学报》（社科版），1983（3）。

一事；至本根上破坏宪政，则举国永永陆沉矣！……宪政可以固而国基巩矣！……协定宪法，长期国会皆后日手续也。"《保路同志会宣言书》开篇首句就称："国无万数人，日奔走狂呼以求立宪者……立宪则政府不得横施葬送吾民死地之政策哉！……吾人当此不争，则宁缄口结舌，永永不置立宪二字于齿牙。"①可见，四川保路同志会是把君主立宪的国家宪政问题放在首位，主要要求借款收路交资政院、咨议局、股东议决，即遵从法律议程办事，要求在形式和内容上达到完善国家宪政之目的。特别股东大会所议决的，要求公司自办川汉铁路、解决修路股款、提回存款、查审账目、议决罢免及选举分公司总理等及至罢市罢课，进而抗捐抗粮，"注重专在路事"。不可否认，"破约保路"是"两会"的共同宗旨。前者从"广义之研究"志在期宪政实现；后者"专在路事"，意在争路保款，这种区别只是斗争策略不同而已，目标是一致的。正如四川署理布政使司尹良向盛宣怀报告的那样："表面上组织虽殊，而机关之内容则在若离若合之间。"②

综上所述，特别股东会是一个具有资产阶级性质的，"合法"其外，"非法"其内的，以"破约保路"为主旨的群众性反帝爱国之保路团体。它在辛亥四川保路运动的整个发展过程中，严厉抨击清政府"铁道干线收归国有"政策与《四国借款合同》，力主川汉铁路继续商办，掀起空前的保路政治风潮，筹划罢市罢课乃至抗粮抗捐斗争，既粉碎了帝国主义以借款夺路的《四国借款合同》，又在政治上给腐朽的清王朝致命一击，还在经济上困厄清政府，进一步把四川保路运动推向武装斗争前夜。其"引起中华革命先"的历史作用，是应当予以充分肯定的。

三、四川地方政府与中央政府的对峙态势

四川保路运动由文明争路到罢市罢课、抗粮抗捐，究其根源，自有政治、经济、社会等诸种因素，而保路运动时期任护理四川总督的王人

---

① 戴执礼编：《四川保路运动史料汇纂》中册，台北："中央研究院"近代史研究所史料丛刊第23种，1994年版。

②《辛亥革命前后——盛宣怀档案资料选辑之一》第130页。

文、成都将军玉昆、署理四川总督的赵尔丰等四川地方要员，对于保路运动的态度、立场与言行，尤其是"成都血案"前赵尔丰关于路事的言行也至关重要。

保路运动初起之时，任护理四川总督的是王人文。

王人文，云南大理人，白族。光绪十三年（1887年）中进士，在贵州、广东、陕西等地做官二十余年，后任四川掌管财政的布政使。1911年，因四川总督赵尔巽调任东北，清廷委任王人文为护理四川总督。接任才一个月，适逢清廷下达"铁道干线收归国有"政策，引起四川民众的强烈反对。在中央政府的新政策和民众的基本态度之间，王人文等四川地方官员不得不作出选择。

王人文对"铁道干线收归国有"政策是有不同看法的，他对保路运动的基本态度是理解和支持。

6月17日，四川保路同志会成立时，王人文接见了罗纶等代表人物，对同志会的成立没有表示反对。他进而向朝廷声明，当天"呼号于臣署者，至二千余人之多，臣实无术以空言曲解"。对于罗纶等呈上的2400余人联名草就的批驳《四国铁路借款合同》的文稿，王人文只有"直陈于君父之前"，如实向朝廷代奏。

6月19日，王人文本人直接上书，言明《四国铁路借款合同》丧权辱国，要求惩处邮传部尚书盛宣怀。他在奏章中写道，细读借款合同之后，非常震惊，大大出乎意料，"稍有识者，读此合同，无不痛哭流涕"。对于具体的合同条款，他予以逐条批驳。他认为，借款合同"于路权、国权丧失太大，内乱外患事机已迫"。四川民众为此奔走呼号，"人人皆愤盛宣怀之期君误国，既无一语怨望朝廷，尤无一人稍形暴动，又不可绳之以法"。他还提出，修改合同是唯一的出路。王人文的见解与罗纶等人及四川保路同志会赴京代表的看法，实际上已经非常相似。

此后，王人文对于四川立宪派人及四川民众请求代奏的呈文，是大多予以代奏了的。7月21日，以皇帝名义下达的上谕严厉地申斥王人文："该督一再渎奏，殊为不合"。如果发生变故，"定惟该护督是问"。

在王人文主政期间，四川地方政府还专门发出函件，允许保路同志会的讲演员到各地讲演。虽然此举以不暴动、守秩序为前提，但同意各地保路同志协会成立却是事实。也正是在他主政期间，四川保路同志会在组织上得到极大的发展，在舆论宣传上也收到显著的成效。而四川省及各地的官员，除极少数外，大多也在不同程度上采取同情、纵容甚至支持保路运动的态度。可以认定，四川保路风潮的基本形成是在王人文主持四川政务期间。①

成都将军玉昆，满洲镶红旗，从凉州副都统调署任成都将军，是四川省内另一个重要官员。他是末代王朝高级官员中的典型人物，想忠于朝廷却又以身家性命为重。他对"铁道干线收归国有"政策不满，认为是奸臣误国所致。他不愿看到民众对朝廷的群起抗争，但对保路风潮的基本态度又是不公开反对。

1911 年玉昆在成都写给北京家人的信件比较全面地反映了他的为人，他对四川诸多人士和事情的看法，以及他对保路运动的基本态度。

玉昆对刚刚离任的赵尔巽颇有微词。他在家信中写道，赵尔巽任四川总督的三年期间，带到四川的人员达百人之多，势力极大，飞扬跋扈。在四川官阶虽高的玉昆难以抗衡，只有忍气吞声，违心附和。即便赵尔巽离任，玉昆也担心他在北京不能为其说好话，影响他的地位。他手头并不宽裕，对官场的黑暗较为了解，对官场和政治已失去兴趣，但求无过与保命而已。

皇族内阁组成以及"铁道干线收归国有"政策公布之后，玉昆敏锐地感到："以上两件大事，今秋后必然由此取乱之萌芽生矣。国家大局甚危，内外大小官员心中惶恐，人心涣散，可畏而不可言之。"他打算节省开支以攒钱后回家用，"退之为上策，进者是祸，退者是福"。一方面，他加紧加快安排成都八旗兵丁及其家人的生活出路，贷款修戏院和公园，以为数千旗人的生活来源。现在的成都市人民公园（即原少城公园）就是玉昆督修，于在 1911 年 7 月 31 日开园的。另一方面，为了自身的安全，他添加卫队人员，少出满城。

保路风潮初起之时，他也看到了四川民众"众志成城，宁割头决不让路"的气势。对于"川省风潮顿起"的原因，他还是非常清楚的："本系朝廷失当，盛老（指盛宣怀）误国所致。""卖国贼盛宣怀，使海内外人人切齿痛恨也。"对于日后局势的发展变化，他忧心忡忡，继而又庆幸自己"无权甚好""敷一日是一日也"。

玉昆处于内心极度痛苦和矛盾之中。他想为朝廷尽力，却苦于无权。

---

① 上述关于王人文的内容，参见戴执礼编：《四川保路运动史料汇纂》中册，台北："中央研究院"近代史研究所史料丛刊第 23 种，1994 年版。

他不愿意看到大清王朝的末日，而这个王朝自己的举措却正在使它走向坟墓。他明知当时局势的根源所在，却又对保路风潮的日益强劲不满。他认为："起事之由，初起尔巽擅用，一味私事私心，他走让王采臣（即王人文）接署，不料采臣为人胆小识微，性过迂缓，见好百姓，以致酿成大祸。立同志会时，当力阻为是。而今会已成立，渐渐生翼，人心煽惑已动。在百姓人人感谢采臣，在朝廷大反对，为尝不痛恨也。"由此看来，玉昆对王人文也是极为不满的。

赵尔丰到成都就任署理四川总督后，曾经上书朝廷陈说四川民众的保路缘由以及四川没有暴动情形等。赵尔丰两次要他联名代奏，他又只有应允，但内心并不愿意。他在家信中写道："当时我本意实不愿为，乃都统（指奎焕）力阻，总以地方为要而言，不得不勉为其难，所以奏上。"他的如意算盘是，既不得罪赵尔丰，又博取体察民情的官声，但"圣上聪明，必然知悉我附和之意，勉强而为，非出本心"。而赵尔丰逮捕保路运动的领导人后，他又为之称快："此次肇祸之由，实因劣绅十数名暗中煽惑愚氓，心藏谋为不轨；加之行政诸公，胆识昏庸暗，题目未看清楚，所以乱萌忽起。幸蒙朝廷密旨，令赵督严拿首要。"

195

当保路同志军的武装斗争烽火燃遍巴蜀大地之时，玉昆对于四川民众造反的根本原因是看得比较透彻的："此番川民激变，可谓官逼民反。比年以来，将川民膏血搜掠殆尽，民贫财穷，所以与行政诸公结成敌忾之仇，上农士庶无不痛恨。俗云官清民自安，近来新政繁兴，建立局所，各项摊派无不应付，无不由民出资，因此愈结愈深，故而造意谋反之心生矣。"但是，他感到高兴的是："可喜者外面传闻，绅商士庶均称将军是好官，毫无为难之形。两次电奏给百姓恳恩，虽未允准，人人感戴。兼之又无行政之权，与民毫无干涉。"[1]

赵尔丰是四川保路运动时期最为重要的官员。他对保路运动的态度，不仅影响了运动的发展变化，也影响到辛亥武昌首义的四川政局。

赵尔丰随新任四川总督锡良到四川以后，以雷厉风行的铁腕手段而著名，人称"赵屠户"。不少人家小儿夜哭时，家人常用"赵屠户"来了，以使小儿不哭。加之赵尔丰与后来的"成都血案"有直接关系，容易给人留下赵尔丰一贯反对保路运动的强烈印象。

---

[1] 以上关于玉昆的资料，参见丘权政、杜春和整理：《蓉城家书》//《辛亥革命史丛刊》编写组编：《辛亥革命史丛刊》第一册，北京：中华书局，1980年9月。

但是，事实却非如此。

盛宣怀、端方之流认为，四川保路运动之所以不像湖南等省轻而易举地被压制，主要是"王人文放纵在前，赵尔丰纵容在后"，尤其是赵尔丰"养痈遗患"，导致"大局不可收拾"。

事实的确如此。成立四川保路同志会时，王人文不仅予以默许，还上奏历数"铁道干线收归国有"政策误国殃民的种种不是。王人文的放纵在客观上使保路运动有了初期、也是最重要时期的兴起和发展，不像湖南巡抚杨文鼎那样把襁褓扼杀在摇篮之中。

1911 年 4 月 20 日，清廷命赵尔丰以川滇边务大臣署理四川总督。赵氏接掌督篆以前，四川总督一职仍由布政使王人文护理。此时，距清廷"铁道干线收归国有"政策的颁布不足二旬。自是，作为清季重要的封疆大吏的赵尔丰更与四川保路运动结下了不解之缘。综观有关历史资料，可以断言：赵尔丰在"成都血案"之前对于保路运动的基本立场、态度是回护乃至支持的。

赵尔丰的这种基本立场、态度首先表现在其接掌篆前，即支持护理川督王人文关于路事的做法。赵尔丰曾致王人文电称："公为地方利弊，毅然上陈，如有转圜，全川蒙福，无不钦佩。"7 月 6 日，赵尔丰有"真"电致王人文："公（指王人文）既主张于前，丰必维持于后。公司为丰开办，关念尤切。"他的这两封电文，十分明白地表示支持王人文关于路事的基本态度与做法，以及他本人将效法王氏的原则立场。7 月 15 日，赵氏致电王人文，同意王关于川路已用款和未用款分别处理的意见，即将未用股款 700 余万两尽还川人，已用款除倒账外可换成国家铁路股票，并认为该法"正大切实，为国为民，两全之道"。邮传部不以此法为然，坚持劫路劫款。对此，赵尔丰亦赞同王氏看法，认为邮传部"一意专制"。同日，在接到川绅关于和平争路的电文后，赵尔丰回电称："诸君热心毅力，立同志会，纯以和平进行为宗旨，万余人会集而秩序不紊，闻之实感佩慰。较之剑拔弩张者，高出万万，必蒙朝廷嘉许。护帅代奏（指王人文），当易转圜。弟日内进关，初十日前到省，届时当快领各股东高见。"从这封电文可以看出，赵尔丰对成立保路同志会与和平争路的方略是支持的。7 月 23 日，赵尔丰在致王人文的密函中，再次声言"盛之乖谬，固不待言"。是时，王人文已受到清帝严厉申饬。而赵尔丰认为王人文"所陈皆为国至计，岂仅为争路，争款哉！乃不蒙见谅，阁、部（指内阁与邮传部）过矣"。赵还称赞王人文"正气特识，萃于一身，实为丰所钦佩"，希望他继续办理路事，"多留一正气以撑乾坤"。①

其次，赵尔丰于 8 月 2 日就任署理四川总督后，多次向朝廷代奏四川立宪派人的呈请或与盛宣怀等"劫路"大吏商讨处理川路善法。至"成都血案"前的 30 余天内，赵氏单衔或会同四川其他官员进行此等事宜的奏折、函电至少有 8 次之多。8 月 16 日，赵致电盛宣怀，建议处理四川路股办法须酌量通融。8 月 27 日，赵氏致电内阁，代奏川人仍主路归商办并将借款修路之事交资政院议。同日，再致内阁，要求"筹商转圜之策"，并声称立宪派人"每以合同善否，逐款向尔丰质问，亦殊难致辞"。翌日，赵尔丰会同成都将军玉昆等致电内阁，求其代奏川汉铁路公司特别股东会，请将借款修路事交资政院、咨议局议决，然后接收，并要求将立宪派人的呈请"发交内阁国务各大臣从速会议，宣示办法"。同日，赵尔丰致电邮传部，声明："路事前已出告示，晓以利害，晡见绅者又复百方譬喻，莫言予从，土庶工商，几成一致。"显然，该电文以川中保路运动已成燎原之态势，要挟邮传部必须改弦更张。8 月 30 日，赵尔丰致电内阁，力陈川人"破约保路"事关宪法且英国领事已表示让步，再次要求把川路事宜交资政院、咨议局议决。9 月 1 日，赵尔丰会同玉昆等四川官员，恳请朝廷准川人照原案办理，俟成（都）宜（昌）全路告成，再议收为国有。9 月 2 日再致内阁，力陈川路仍准归商办为宜。需要指出的是，清朝中央政府多次重申，"铁道干线收归国有"政策和四国借款合同"决无反汗之理"，护理川督王人文也因支持四川民众保路而两次受到朝廷申饬。在这样的情况下，赵氏竟多次代奏四川立宪派人的吁请或与中央政府商讨处理川路善法，实为对抗"铁道干线收归国有"政策，当是难能可贵的。

最后，是赵尔丰对于川汉铁路公司特别股东会所采取的合作支持态度。盛、端二人在催促赵尔丰赴任时，便明确电示赵氏，"川公司即使会议，只应准其遵旨妥议两项办法"，即"将工用实款核给保利国票，虚糜之款，除倒账外，另给无利股票"。但是，特别股东会在赵尔丰就任前便颁布的预定重要议案为：《遵先朝（指光绪朝）谕旨保四川川汉铁路仍归公司商办案》《请停征新常捐输以便宽筹路款案》《创办一文捐以筹路款

197

① 戴执礼编：《四川保路运动史料汇纂》中册，台北："中央研究院"近代史研究所史料丛刊第 23 种，1994 年版，第 784-787 页。

案》。这些议案显属对抗朝旨，意在筹划激进的保路方略。赵尔丰抵任之时，正是特别股东会召开之初。他与省中大吏多次参加该会，对于特别股东会筹划的激烈对抗行动并未制止，反而支持立宪派人在事关保路的重大问题上的见解。8月5日，赵尔丰亲临特别股东会，称赞与会人员"具爱国之热忱"[①]。8月7日，会议公布端方威胁拿办倡首保路之人的"佳"电，使出席会议的 800 余股东极为愤慨，要求出席是日会议的劝业道、巡警道请赵尔丰代奏抗议电文。两位官员当日"来述督宪意，谓端佳电诚无理，早已电驳之。今此电稿自当照转并更加严重语"。众股东"拍掌大呼欢迎之。人皆谓吾辈月来久处含酸忍泪中，今季帅（指赵尔丰）与吾人以小展眉矣！吾川可谓福星前得王护院，今得赵季帅"。8月8日，赵尔丰率省中大吏出席特别股东会。会议通过了《遵先朝谕旨保四川川汉铁路仍归公司商办案》，并议决具体实施方法 3 条。质问邮部，呈恳代奏，提回存款。是日会议，"川督监督在场，允为股东代奏"。翌日，特别股东会宣布由赵尔丰转知的盛宣怀假手川路公司驻宜总理李稷勋强行劫收川路一事，"众情愤甚，几无笔墨可以形容"。赵尔丰面对如此重大事态，一度"决意辞职"，再次同意为特别股东会代奏。[②]8月11日，特别股东会通过《请勿庸展办新常捐输以宽筹路款案》，策动抗捐，企图将清廷在四川的主要捐税移作修筑铁路之用。24 日，特别股东会议决在全省范围内实行罢市、罢课。26 日，该会又议决：以租股利息抵扣正粮；不纳捐输；相约不买卖房地产；自今年起，政府无论借外债若干，四川不承认担负一钱。[③]特别股东会还编印了白话《停办捐输歌》，声称把捐输银两"移作路款系正办"。他们还编印了《乐捐乐》，鼓动川民"化捐办股要踊跃"。特别股东会明目张胆号召抗粮、抗捐，实属"犯上作乱"。而赵尔丰在特别股东会8月26日关于暂时休会、静等拿办的呈文上批示："路事要紧，该会长等既经任事在前，仍当确切研究，以善其后，是为重要。"在全川已经实行罢市、罢课并号召进一步抗粮、抗捐的态势下，赵

① 戴执礼编：《四川保路运动史料》，北京：科学出版社 1959 年版。
② 以上见隗瀛涛、赵清主编：《四川辛亥革命史料》上册，成都：四川人民出版社 1981 年版，第 324-327 页。
③ 关于"以租股利息抵扣正粮"，据《商办川汉铁路公司白话广告》称，川路股款存在省内外银行、钱庄的利息，"长期短期一拉，总够按月六厘的光景""以租股利息抵扣正粮"，即指仅租股存入银行、钱庄的利息，每年平均 60 余万两，相当于清政府每年在川省额征的正粮 66 万余两。

氏仍要特别股东会"确切研究，以善其后"，并在其后又数次代奏川人吁恳，向中央政府陈述他本人对于路事的立场、态度，无异于公开为难清廷，为保路运动推波助澜。

尤其引人注意的是，赵尔丰曾多次对抗朝旨并顶住来自盛宣怀、端方以及湖广总督瑞澂等人的压力，迟迟不肯拿办四川保路运动的领导人。早在7月28日，端方即提出："同志保路会，纠合一两万人，反抗政府，妨害治安。按之警章，应行切实严禁。倘敢违抗，应将倡首数人立子予拿办。"盛宣怀和度支部大臣载泽随即命令四川署理布政使尹良严禁各种反抗性集会，企图取缔四川保路同志会。7月31日，清帝谕令赵尔丰迅速赴任，并明示："除股东会例得准开外，如有借其他名目聚会开会情事，立行严行禁止，设法解散。免致滋生事端。倘敢违抗，即将倡首数人。严拿惩办，以销患于未萌。"从目前我们所能看到的关于四川保路运动的史料来看，迄今尚未发现赵尔丰在"成都血案"前下令取缔四川保路同志会和各州、县保路同志会的材料。相反地，却有不少史料表明，赵尔丰是反对高压政策的。赵氏曾致电端方，明确指出："若纯用压迫，反动转增，于事未必有济，而地方反受其弊。"成都首倡罢市、罢课后，朝野震动。8月25日，清帝谕令赵尔丰厉行弹压，盛宣怀亦专电赵氏，扬言"要胁罢市、罢课即是乱党"。但是，赵尔丰却认为特别股东会"尚能维持秩序。并无滋扰情形"。在与立宪派首脑人物会商解决罢市、罢课问题时，赵尔丰表示："彼此须同心协力，大家商量。诚恐轻易决裂，反至不可收拾。我总当竭力维持。"赵氏还于谕令下达次日致电内阁，表明抗旨不办的强硬态度："川人因交路查款之电，罢市、罢课，声称实系不得已之吁恳，非敢图逞。对此本应严惩，然人民未滋暴动，碍难拿究。"8月27日，清帝再下谕令，责成赵尔丰严厉镇压。赵以川中兵力不足，且士兵多系川籍，恐酿激变为由，仍不遵旨行事。在端方看来，特别股东会是"不合规则之会"，应当"勒令解散"。但赵尔丰从未下令解散特别股东会，反而在该会自行解体后支持"官绅维持会"成立，放手让四川主要地方官员与清廷所欲拿办的保路运动领导人继续商讨路事。

8月30日、9月2日、9月4日，清帝又连下三道上谕，传旨申饬赵尔丰，令其切实弹压。9月4日，赵尔丰顶住各方面的巨大压力，再次致电内阁，说明四川民众抗粮、抗捐之举，事出无奈，系"川人因未奉谕旨，恐商办无望"所致。对于端方所说川民"变本加厉，诵经习拳之事，必将接邀而起"等镇压保路运动的借口，赵尔丰表示："实绝无其事，亦并无此等风说。"此时，清廷已经任命端方为查办大臣入川。清帝也已直接谕令四川提督田振邦动手镇压。9月5日，在多次吁请无效的情况下，赵尔丰被迫表示将顺旨行事，但仍流露出镇压必招致严重后果以及他本人不得已而为之的心情："惟有假兵力之所能及，尽力剿办，地方之损害则固所不免；外人之危险，更所在堪虞。尔丰既有主见，不敢不言之于先，恐将来必有藉此以为口实者。"①

作为一个封建官僚，赵尔丰在保路运动时期的上述举措实属不易。其中原因，确有研究之必要。

从赵氏的经历看，他是一个积极从事清末新政活动、有较强烈的抵御外侮的爱国主义思想和革新思想的官员。赵尔丰从 1903 年随锡良入川至 1911 年，在四川、川边（即现在四川、西藏、云南相邻的部分地区）、西藏等地任职 9 年，其中 7 年经略川边、西藏事务。众所周知，英、俄等列强侵略我国西藏地区由来已久，它们通过一系列不平等条约染指西藏事务。1904 年，英军还攻入拉萨，强迫西藏上层分子签订了《英藏拉萨条约》。面对如此严峻形势，清朝政府内部关于整治川边、西藏的呼声日高。赵尔丰亦提出"平康三策"，建议以改土归流、开发实业、西康建省等措施整治川边，威慑西藏，"以杜英人之觊觎，兼制达赖之外附"，避免英国把打箭炉（康定）以西现为西藏辖地，使四川、西藏两地"界限牵混"，连及四川"堂奥洞开"的情况。②1905 年，赵尔丰衔命赴川边。历任护边善后督办、川滇边务大臣，"巡行川滇各边凡六年，所至改土归流，设道二、府四、州县三十五，各治四十余部落"③。他还在川边招民屯垦，编练新军，设官治理，筹办矿务，整顿税收，兴修水利，拓展商务，建校兴学，进行了较大规模、较长时间改革，不无筚路蓝缕之功。曾被赵尔丰拘捕过的四川立宪派重要人物之一彭芬认为："赵尔丰治边有功，诚不可没。……自有边卫以来，未能有过之者。"清政府企图强行劫收川路，让外人染指，必将使四川乃至西南地区门户大开，这就同赵氏治理川边的宗旨相违，当是使他能支持保路运动的重要原因。

---

① 以上所引资料均见戴执礼编：《四川保路运动史料》，北京：科学出版社 1959 年版。
② 吴丰培编：《赵尔丰川边奏续》，成都：四川人民出版社，1984 年版第 1-2 页。
③ 丁士源：《梅楞章京笔记》，《近代稗海》第 1 辑，第 437 页。

就川汉铁路而言，赵尔丰曾参与创办与筹建事务。1903 年 7 月，新任四川总督锡良赴任途中，奏请设立川汉铁路公司，其通工惠商、抵御外患的宗旨至为明白。翌年 1 月 24 日，由赵尔丰主持，四川官绅聚议并签名，成立了官办川汉铁路公司。公司声明不招洋股，不借外债，在 20 世纪初收回利权运动中独树一帜。同年 11 月，因前两任铁路公司督办任事不力，锡良改派赵尔丰接任。在赵任铁路公司督办期间，《川汉铁路总公司集股章程》得以制定并颁布。该章程重申了不招洋股、不借外债的原则，奠定了日后川路股款的基本集股方式和来源。1907 年初，锡良调任云贵总督，赵尔丰任护理川督。他以川汉铁路"关系西南大局，未可轻率"为由，电致邮传部。请派国内著名的铁路工程专家詹天佑为川汉铁路总工程师，使川汉铁路宜昌段的勘测、施工得以进行。显然，川汉铁路不容外人染指的宗旨，铁路股款征集很艰辛。在铁路筹建过程中，官绅双方协商合作的传统方式，赵尔丰是十分清楚的。因而，赵尔丰能够在相当长一段时间内对保路运动采取合作、支持的立场，是他过去的作为在新形势下的继续与发展，当不足为奇。

正因为如此，赵尔丰对川汉铁路问题如何处理，是有自己看法的。对其中重大问题的认识，是同立宪派人基本一致的。换言之，是同"铁道干线收归国有"政策背道而驰的。

如何看待四国借款合同，是保路运动"破约保路"宗旨所涉及的重大原则问题。四川立宪派人详细研讨了该合同，指出如按合同行事，则有关"路线工程、用款、用人、购材、利息等项，凡路政所有权限，一一给与外人……损失主权，莫此为甚"。赵尔丰是赞同这一看法的，他还同意立宪派人关于张之洞与外人所议原约与四川无涉的说法，认为"草约本未及川，邮部漫为加入，既强之以必不能甘，复迫之以不留余地"，从而要求朝廷修改四国借款合同，以保四川铁路不为外人所有的初衷。他还进一步提出了不修改此合同的危害性："眼前不议修改，则以朝廷当内讧；将来不能履行，又以朝廷当外侮。"四国借款合同第 16 款称："倘于未发此次借款招贴以前，遇有政治上或财政上意外之事，以致大清政府现在市面上之债票价值有碍，银行等以为此次借款，未能按章办理，准于银行等展缓公道期限。如于商准期限内仍未发行此次借款，则本合同即行作废。"在立宪派人看来，有此条款，则借款合同"亦非铁案不可移者"，因而着意造成政治上、财政上意外之事，以达"破约保路"目的。

赵尔丰也向内阁提出了相同看法："合同第十六款载明如政治上、财政上意外之事，合同即行作废等话。现在大局如此，即不提出修改合同，已有万难履行之势。"为了使清廷纳谏，赵氏还说明了修改四国借款合同的可能性："驻川英领前日曾索股东会反对借款合同意见书，译成英文，报告驻京英领。昨复致尔丰缄，亦以民气固结为虑，代筹转圜之法。是外人已有修改合同，联合我国民团体之意。"

关于订立借款合同、铁路收归国有的法律程序问题，是四川民众反对"铁路国有"的主要理由。立宪派人认为："募借国债，载在资政院章；取消商路，一事系剥夺人民既得之权利，俱应由资政院议决。四川川汉铁路关系本省权利，存废应由本省咨议局议决。"他们还振振有词地强调，当此宣示立宪时期，"言论机关自当各保权限，以期宪政实行"。对此，赵尔丰亦持相同看法。8月27日。他向内阁提出，借款、收路事宜当交资政院议；翌日，与玉昆等会奏时再次将此看法提出。9月1日，赵尔丰更明确地指出："此次交院议，暂归商办，虽仅股东会出名，而实为全川人民一心合力，为法律上正当决意之请求。"

面对蓬勃开展的群众性爱国运动，赵尔丰从封建的忠君保国思想出发，企图避免激变，这是促使赵尔丰迟迟不愿镇压保路运动的另一重要原因。成都首倡成立四川保路同志会后，各地保路同志会接踵成立；为"破约保路"所进行的演讲，随处可闻；为续修川路所倡议的捐款活动，在各族各界人民中热烈进行。正所谓四川民众"如狂如痴，如醉如迷""万众一心，心惟一的"。立宪派等人筹划的川汉铁路公司特别股东会召开在即，抗粮、抗税与企图借保路声势实行宪政等强硬对策，已经提上议事日程。同盟会制定了借保路之名鼓动人民以行革命之实的方针，打算积聚力量，相机而动。会党或受立宪派人鼓动，或因同盟会员的宣传，亦纷纷投入保路运动，准备乘时而起。尽管赵尔丰对各种政治力量的活动不可能知之甚详，但他对当时形势的判断却已认为清王朝是"将倾之大厦耳"。

作为世受皇恩的封疆大吏，赵尔丰必然要为清王朝的生存盘算的。但是，如同前述，他在思想上又认为四川立宪派人的议论不无道理，因而他打定主意："我辈作事，上顾国体，下安人心，人心安则国家安。"不过，赵尔丰明白，清政府的所谓"铁道干线收归国有"政策与四川人民的"破约保路"斗争已势同水火，难以调和，"安人心"和"顾国体"

二者不可兼得。赵尔丰思之再三，认为"事势万分急迫，不容再缓，惟有先定人心，徐图收拾之策"。要先定人心，则只有朝廷让步："非朝廷稍变方针，万难解决。""如朝廷准归商办，大局或不致十分破坏。"在思想深处，赵尔丰是不同意施行镇压之策的。他认为，四川"会匪遍地，素好结社。自立宪之说鼓吹，人人有自由观念；自留东学生归来，多半狂悖言论。今藉口路亡国亡，浸润灌输于一般人民之心理，群情疑愤，矢志决心，其中有人欲利用此时机以实行改革主义，初犹存诸理想，近乃见诸事实"。若采取镇压之策，"然民气固结，已不受压制"，必无好结局。加之川中"实力不足，兵警难持"，因而"成败利钝。实不能臆计"。赵尔丰的这种看法，得到其兄东三省总督赵尔巽的支持："似不可再用压力，有类抱薪救火。"赵尔巽曾任四川总督三年有余，对四川各方面情况有相当了解。他与赵尔丰关于不能一味高压的见解，虽同是从忠君保国思想出发，却不能不认为是一语中的。事后结局，确不出赵尔丰所料："得民失民，激乱弭乱，全在此举""大乱一作，挽救已属无济"。这难道不也是清王朝覆灭的重要原因吗？

赵尔丰在保路运动时期的言行，对于保路运动的发展，客观上起到了较为显著的促进作用。

本文前已述及，赵尔丰在1911年7月6日致王人文的"真"电中，已经表明他对路事将要采取的原则和立场。7月10日出版的《四川保路同志会报告》第14号，全文刊登了赵氏"真"电。立宪派人对赵氏的态度极表欢迎："季帅（指赵尔丰）此电岂仅我川七千万人所当额手……四省人士所日夜祷祝，幸有大力者之能为吾人民请命也。季帅诚款实为全国大局、四省路权所关，不止系吾川一隅之同志会也。"他们还以川绅名义专电赵氏，企盼"此后一切进行全仗我公支持"。毫无疑问，赵氏表示将支持保路运动一事，以及立宪派人对此极表欢迎、十分欣喜的心情，必然通过各种途径传遍巴山蜀水。

仔细考察各地保路同志会成立的时间，不难发现，它们大多成立于赵尔丰"真"电公之于众之后。据笔者不完全统计，7月12日，即"真"电颁布2天后，就有46个州县先后成立了保路同志会。赵氏"真"电公布前，四川各州县成立的保路同志会约30个，仅占现时能够统计的各州、县保路同志会总数76个的40%。此外，在成都市区内，外东区女同志会、北暑袜街、成平等4街、九眼桥、东玉龙等4街、清真保路同志会等一批保路团体，也是于 7 月 12 日后成立的。显然，护督王人文即将去职，署督赵尔丰不日走马上任，使四川保路运动处于紧要关口，四川绅民必然注重赵氏对于路事的态度。而赵尔丰在"真"电中所表示将支持保路运动的原则和立场，当有助于四川民众继续投身运动之中。可以这样认为，赵尔丰"真"电公布后，四川保路运动的组织系统又有了一次大发展，全省范围的保路风潮才得以更大规模的态势席卷城镇乡村。

从大量的历史文献资料中还可以清楚地看到，王人文护理川督期间，四川保路运动所采取的主要斗争方式是"文明争路"，即大力宣传"铁道干线收归国有"政策如何不合法律程序，呈请代奏四川民众续办川路的要求，希望合理解决处理川路巨额股款，揭露四国借款合同的严重危害性，等等。赵尔丰就任署督后，川路风潮愈演愈烈，直至罢市、罢课、抗粮、抗捐，完全超越了所谓"文明争略"的范围。如前所述，特别股东会倡导了抗粮抗捐、罢市罢课斗争，震动了封建政权，引起清廷更大的恐慌。端方致电盛宣怀、载泽称："川人此议，手辣而理甚长。"

作为一省最高军政长官的赵尔丰在保路运动时期所采取的立场，不能不影响到四川其他官员。距成都较近的崇庆州保路同志会于 7 月 14 日，即赵氏"真"电刊市 5 天后成立的，州官薛某率各官参与，并同意同志会向租股局借银两充作经费。距成都不远的简州保路同志会于 7 月 21 日成立，该州官员在协会成立前夕，均表赞成。在永川，7 月 24 日筹商并于翌日正式成立保路同志会，"两日邑令周公俱临场演说铁路关系并劝民入股"。9 月 2 日，四川各地知府、县令及省城中下级官员 130 余人，仿赵氏成例，联名致电内阁，力陈"川民争约争路，志坚理足"，要求内阁从川人所请，"将路款各事，交资政院议决施行"。不少司、道官员紧随赵氏之后，多次出席特别股东会，让立宪派人议决一个又一个的激烈抗争方案。8 月 27 日，署布政使尹良等三位官员联名致电度支部，陈述四川民众要求将借款修路事交资政院议并暂由川人自办川路"系遵法律上之要求"。同日，成都将军玉昆、副部统奎焕、署提督田振邦、署布政使尹良、提学使刘嘉深、署提法使周善培、盐运使杨嘉绅、巡警道徐樾、劝业道胡嗣芬等省中要员，会同赵尔丰致电内阁，请代奏川汉铁路公司特别股东会关于将借款修路事交资政院、咨议局议决，然后接收呈文，并称"该股东会此次所陈，系为法律上之请求"，要求朝廷"准予暂归商办"。9 月 1 日，上述省中大吏再次联名致电内阁，请代奏参立宪派人关于路事的看法，再次要求川路仍归商办。①

　　赵尔丰在保路运动时期的举措，特别是迟迟不肯拿办首倡保路斗争的立宪派首脑人物，在相当一段时间内不愿镇压群众性爱国运动，客观上为四川保路同志军的大规模武装起义争取了时间。以赵尔丰8月2日抵达成都算起，至9月7日"成都血案"发生，其间历时达30余日。而这一个多月的时间，正是四川保路同志军酝酿、组织的关键时期。清廷和盛宣怀、端方等人，本寄厚望于赵尔丰。他们多次催促赵氏迅速赴任，"镇抚群情"，希望能很快遏制保路风潮。7且31日，端方还认为："非季帅到任严切干涉，路事必难就范。"半月之后，端方致盛宣怀、载泽的电文中便称："此次股东会词旨坚悍，季帅速为代奏，与采帅（指王人文）已同一机轴，川省大吏，已无望其恪遵迭次谕旨相机行事。"他还无可奈何地悲叹："前公与鄙人日日望季帅速来（指就任署理川督一事），今细审季帅情形，真出人意计之外。"②毫无疑问，在湖北、湖南、广东、四川四省之中，只有四川的主要官员对保路运动曾持相当的同情、支持态度，或者不公开反对的态度。在四川，正是前有王人文，后有赵尔丰，保路运动才得以旷日持久、愈演愈烈，并且成效卓著。

---

① 以上所引资料均见戴执礼编：《四川保路运动史料》，北京：科学出版社1959年版。

② 以上资料参见戴执礼编：《四川保路运动史料》，北京：科学出版社1959年版；戴执礼编：《四川保路运动史料汇纂》中册，台北："中央研究院"近代史研究所史料丛刊第23种，1994年版。

第八章 『成都血案』与保路同志军的武装斗争

一、赵尔丰拘捕保路运动领导人

在朝廷的再三严令下，在端方、盛宣怀等人的不断催促下，赵尔丰对保路运动的态度发生了突变。

在清政府看来，特别股东会召开期间，有人在会上散发的《川人自保商榷书》"隐含独立"，是叛逆的铁证。而特别股东会议决的一系列议案，明确地提出了抗粮、抗捐，是对抗朝廷，"目无法纪"。端方、盛宣怀等人从保路事起，就主张不惜镇压，采取他们在湖北、湖南等省所采取的曾经奏效的手段。

当时的四川，不仅清政府不能令行禁止，连作为四川总督的赵尔丰也已经不能控制局势了。在"破约保路"风潮中，全川许多地区已经罢市、罢课，不少地方正在推进抗粮、抗捐，一些地方政府上交的钱粮也被拦截。特别股东会似乎已经在操控四川的局面，人们对特别股东会议决的行动方案一致拥护，通过各种途径加以广泛宣传，并且开始认真地实行。狂热的情绪在迅速地蔓延，激进的方案一个接一个地提了出来。

自川汉铁路筹建以来形成的四川官绅会商、官绅合作的局面，已经不复存在。官想管，却又管不了。绅丢开了官，似乎什么都可以管了。老百姓只听绅的，不听官的了。四川立宪派人所能控制的四川省咨议局、川汉铁路公司董事局、川路特别股东会、四川保路同志会，以及各地的同志会、股东分会、自治会等社会团体，似乎就是民众的主心骨。赵尔丰、玉昆等四川主要官员也曾经在罢市、罢课期间，打算走出衙门看看街面的情况。但是，大街小巷搭的光绪皇帝的牌位使他们不能如愿。

赵尔丰处于两难之中。

一方面，民众"破约保路"的理由是充足的，反对"铁道干线收归国有"政策也在情理之中。赵尔丰能够理解四川民众呼声，也曾经多次为四川的绅民代奏过。对于保路同志会、特别股东会的举措，他也没有强力予以干涉。他希望局面能够控制在"文明争路"的范围内，对于再想方设法筹集铁路股款、维持商办局面，也基本同意。但是，他也很清楚，自特别股东会召开之后，"文明争路"已无可能。在出席了两次特别股东会后，他再也不去了。作为大清王朝的高级官员，他不能容忍如此混乱的局面再继续下去了，尤其不能让罢市罢课、抗粮抗捐的情况再继续发展下去。

另一方面，中央政府和端方、盛宣怀等人向他不断地施加压力，对他表示极大的失望。朝廷已经派出端方带领小部兵丁前往四川查办，大有取而代之之势。赵尔丰的兄弟、前任四川总督也多次催促他赶快动手，否则前途难料。加之四川绅民已经不同他合作，他已经感到极端孤立了。他和朝廷以及盛宣怀、端方等人，在特别股东会召开几天之后，在一个重大问题上取得了一致，那就是：争路是一回事，抗粮抗捐是一回事。争路是在文明范围内，而抗粮抗捐就形同叛逆。也就是在这个问题上，四川立宪派人及四川民众与赵尔丰有了重大的分歧。在立宪派人看来，罢市罢课、抗粮抗捐，就是为了制造"政治上、财政上意外之事"，是为了"破约保路"宗旨的实现。因此，争路与抗粮抗捐其实就是一回事。只要没有武装暴动，没有攻打教堂，秩序井然，也算是文明争路。

作为大清王朝的封疆大吏，赵尔丰在保路运动的紧要关头，最终还是站在四川民众的对立面。他以忠君为重，想保住官位，决心痛下杀手，其"屠户"的面目终于显露。

1911 年 9 月 7 日，赵尔丰以看有关路事电报为由，先后将蒲殿俊、罗纶、邓孝可、彭兰村、颜楷、张澜、胡嵘、王铭新、叶秉诚、江三乘等人诱骗至总督衙门，随即将他们五花大绑逮捕，因于衙门之内。另有蒙裁成被因于警务公所，阎一士在华阳被囚禁。

此外，还封闭了《西顾报》《启智画报》等报馆，查抄昌福公司，逮捕该公司学生数人，拆毁各街道所搭的圣位台，逼迫商家开市。又紧闭成都城门，不准出入，派出大批军警在市内巡查。一时间，成都市内如临大敌，人心惨淡。连续两天下大雨，使成都全城气氛更为悲戚。

赵尔丰在逮捕保路运动的领导人后，在致内阁的电报中，列举他们的罪名是："川人此次以路事鼓动人民，风靡全省，气焰嚣张，遂图独立。竟敢明目张胆，始则抗粮、抗捐，继而刊发四川自保传单，俨然共和政府之势。晓谕不听，解散不从，逆谋日织。"

四川省咨议局副议长肖湘被湖广总督瑞澂在武昌逮捕，罪名是煽惑保路，鼓动罢市罢课。

在赵尔丰看来，最为严重的反叛罪证是《川人自保商榷书》。但是，该书为何人所作，并没有任何可资佐证的证据。从该书的基本思路和行文来看，符合立宪派当时的动向，文中还有"厝皇基于万世之安"等语，因而笔者认为是立宪派人士所作，但也不能确定作者姓名。高等学堂学生阎一士、罗一士公开声明是他们两人所作。一些研究者和回忆文章，则以为是革命派人士所作。但是，笔者以为，革命党人显然不会写出"厝皇基于万世之安"一类的宣传品的。

赵尔丰的恶劣之处，就在于为平息保路风潮而罗织罪名，以莫须有的罪名强加于保路运动的领导人身上，他后来向朝廷报告保路运动领导人"倡乱"的罪证有两个。

其一，《川人自保商榷书》是保路运动领导人所作。

赵尔丰认为："此书虽未有主名，然实在会场宣布。散布此书之人，又为逆绅同党，内中条件，该绅曾倡言无忌，已属罪无可解免。"特别股东会到会人数有数百人之多，非股东人士也可旁听，在特别股东会会场散发的宣传品当然不能归罪于大会的负责人。此外，与立宪派人平时也就是保路风潮期间言行类似，也不能据此断定就是保路运动领导人所为。

其二，蒲殿俊住宅中搜出的保路运动领导人谋反的铁证。

赵尔丰在报告中强调，在蒲殿俊成都的住宅中搜出了罗纶收到的信件，内有"倡举大义"，愿资助枪炮、子弹、人员等语。还有歃血为盟的血书，上书蒲（指蒲殿俊）、罗（指罗纶）、肖（指肖湘）、邓（指邓孝可）、王（指王铭新）、张（指张澜）、阎（指阎一士）等十大统领之姓。更为离奇的是，还搜出了所谓保路运动领导人打算建立的"西顾国"的印信。

赵尔丰此举明显是诬陷。从四川立宪派领导人一贯的所作所为来看，联系的外地人士均为主张立宪政治的，从无有过私藏枪支以起事的打算，也没有建立"西顾国"的计划。而且搜查蒲殿俊的住宅已经在他被逮捕之后的第二天，并未当着蒲殿俊进行。所谓试图谋反的十大统领名单，与被逮捕的人员大多相同，显然是事后伪造。而据杨开甲的记述，罢市罢课以后，赵尔丰及一些四川官员就千方百计搜求保路同志会和特别股东会领导人谋反的证据，但多方搜求而不得。"又赶赴铁道学堂，于井内捞起黄包袱一、印信一，印曰'大汉西顾国之玉玺'，印件系由捞井人带入，因路广钟时任巡警四门总稽查，急于升迁，欲借搜求立功，自是此种证据，无日不闻，而卒无真实佐证，可以坐实被逮之九君子以轨外行动之罪名。"①

二、"成都血案"

保路运动领导人被逮捕的消息传出后，在四川全省引起极大的震惊。

成都市内的民众首先行动起来，呼吁当局释放被逮捕的保路运动领导人。各街的保路同志协会鸣锣聚众，号召民众前往总督衙门。数以万计的成都市民，主要是下层民众，头顶光绪皇帝牌位，一路哭喊，从各个街道奔向总督衙门。手无寸铁的民众在总督衙门内外跪哭，请求释放被逮捕的保路运动领导人。民众的哭求没有起到任何作用。赵尔丰不仅坚持不放人，还威胁要将所逮捕的人员就地正法。成都将军玉昆担心赵尔丰当众杀害保路运动领导人会激起众怒，局面难以收拾，予以制止。

玉昆的内心世界并不为民众所知，他在保路运动时期本不公开反对民众"破约保路"，也曾与赵尔丰联衔为川民代奏，再加上当众制止赵尔丰杀人的行为，给四川民众留下了极好的印象。这些在四川民众心目中的义举，客观上为成都独立后和平解决满城的问题打下了很好的基础，使成都市在辛亥革命时期没有发生"仇满"甚至"屠满"的惨剧。

赵尔丰见市民不放人不离开，下令开枪，当场击毙无辜民众数人。后又以马队冲击群众，军警在各街道又举枪屠杀，再死伤民众多人。当天晚间，成都城外的民众聚集城下，请求释放保路运动领导人，又遭军警枪击。赵尔丰此举，制造了四川保路运动时期震惊中外的"成都血案"。

---

① 戴执礼编：《四川保路运动史料汇纂》上册，台北："中央研究院"近代史研究所史料丛刊第 23 种，1994 年版，第 113 页。

据不完全统计，此次死难的成都市民，有名有姓的就有 26 人，均为中枪而死，死难地点在总督衙门内外。这些死难者基本是下层市民，内有机房和丝房的工人，饭店、绸店和纸店的学徒，还有裁缝、菜贩、肉贩、中医郎中、装水烟的、放马的、做纸花的，等等。受伤人员人数较多，无法统计。

赵尔丰制造了"成都血案"，得到了清政府的赞赏，皇帝下达的上谕命令赵尔丰："该会长（指特别股东会长）等竟敢存心叵测，实行抗粮、抗捐，并出有《川人自保商榷书》，其中条件隐含独立，尤为狂悖。"如果得到确实证据，无论是否是现任官员，可将首要先行正法。

著名的同盟会员宋教仁就赵尔丰在保路运动时期的言行举措写道："赵尔丰初任川督，与寅僚联衔入奏，代表民情，苟政府有悔祸之心，则事机之转圜极易。乃调鄂兵入川，以镇慑川民，示强硬之态度，赵尔丰遂迎合朝旨，顿变初心，枪毙人民，拘捕绅士，诬为乱党，斥为乱民，以致民愤难伸，民怨莫诉，革党土匪，乘机混合，兵民交战，全川骚动。"笔者以为，宋教仁的评说是较为客观的，符合历史事实。①

清朝统治集团和盛宣怀、端方等重臣没有料到，赵尔丰也没有料到，四川的局势并没有按照他们的设想发展。"成都血案"之后，成都市内暂时趋于沉静了。但是，成都附近州县的民众却迅速地武装起来，向着成都进击。

三、四川保路同志军的武装斗争

本书前已述及，赵尔丰在保路运动时期的举措，特别是迟迟不肯拿办首倡保路斗争的立宪派首脑人物，在相当一段时间内不愿镇压群众性爱国运动，客观上为四川保路同志军的大规模武装起义争取了时间。从赵尔丰 8 月 2 日抵达成都算起，至 9 月 7 日"成都血案"发生，其间历

① 戴执礼编：《四川保路运动史料汇纂》上册，台北："中央研究院"近代史研究所史料丛刊第 23 种，1994 年版，第 177 页。

时达 30 余日。而这一个多月的时间，正是四川保路同志军酝酿、组织的关键时期。其中最有名的，就是在哥老会首领、同盟会会员秦载赓的推动下，新津哥老会首领侯宝斋借 60 寿筵之机，于 1911 年 7 月在新津五爷庙召集四川东南哥老会的四方九成团体首领百余人聚议，"阴谋举义"。此次会议推举秦、侯为川东、川南武装起义领导人，确定了"各回本属预备，相机应召，一致进行。如兵力不足，不能一鼓下成都，则先据川东南，扼富庶之区，再规进取"的起义方略。[①]这次会议，加强了同盟会与哥老会的联系，保证了同志军起义的顺利进行。不少同盟会员，亦有组织地或自发地联合会党、民团，投身路事，伺机发动起义。从"成都血案"后四川保路同志军开展的武装斗争来看，起事迅速，人数众多、规模宏大，分布面广，攻击目标一般先指向省城。显然，这是一场经过精心组织、周密筹划的武装斗争，需要相当时间予以准备。如果赵尔丰遵旨行事，赴任之时便调川边防军随行，赴任后厉行高压政策，那么，将保路运动风潮遏阻并将保路同志军的武装起义计划扼杀于襁褓之中，是有可能的。而当武装斗争的烽火燃遍巴蜀大地时，清廷捉襟见肘，任何人也无回天之术了。

"成都血案"发生后，赵尔丰紧闭城门，封锁邮电交通，试图扼杀全川群众的反抗。为把"成都血案"的消息传送出去，同盟会会员龙剑鸣缒城而出，奔赴城南农事试验场，会同同盟会会员朱国深、曹笃等人，在农场工人的协助下，裁制数百张木片，上书"赵尔丰先捕蒲、罗，后剿四川各地同志，速起自保自救"21 字，涂以桐油，制成"水电报"，投入锦江。时值秋天，江水上涨，"水电报"顺流而下，迅速传遍川西南各地。各地保路同志会闻讯，纷纷揭竿而起，四川保路运动由此转入武装起义阶段。

保路同志军初起之时，首先围攻成都。

血案发生的当天，即 9 月 7 日晚，就有不少民众聚集在成都城外，声称为救被捕诸人而来，但被守军击退。按赵尔丰在一则告示中所说："中午元刻拿人后，民匪抵省以万数。同志号片订在肩，多称来把蒲罗护。

---

①《蜀中先烈备征录》第 2 卷，第 43 页。见隗瀛涛：《四川保路运动史》，成都：四川人民出版社 1981 年版，第 282 页。

东门流出油粉牌，沿江捞获无其数。"①

9月8日晨，同盟会会员、华阳哥老会首领秦载赓率1000多名同志军进抵成都东门外，向成都城内进攻。周围群众闻讯赶来参加战斗，到9月10日，即达万余人，并在城郊琉璃厂一带与清军发生激战。11日，秦载赓率部攻城。由于是临时组织的队伍，也未受过专门训练，未果，旋退至仁寿县，在借田铺设立了东路民团总机关，很快队伍就发展到了十多万人。

同盟会会员向迪璋在双流起义，杀知县汪棣圃。温江、华阳、郫县、崇庆等州县同志军也赶来加入，队伍很快发展到6000多人。新津侯宝斋也闻警率队向成都进发，与向迪璋所率同志军会师后，向成都挺进，在南郊红牌楼与清军遭遇，展开激战。

此外，温江罗宗经所率民军，黄茂勋、何祖义所率温江保路同志军，吴庆熙所率民军，也分别在校外草堂寺、文家场等地和清军战斗。

除上述主要同志军武装之外，还有众多规模相对较小的队伍，在几天之内，把成都团团围住。按照赵尔丰的情报所述："计西有温江、郫县、崇庆州、灌县，南有成都、华阳、双流、新津以及邛州、蒲江、大邑等10余州县。一县之中，又多分数起，民匪混杂，每股均不下数千人，或至万人。"②除成都周边外，较远的威远、荣县、峨边等地也组织了同志军增援。

经过侦查，赵尔丰把进剿兵力集中在两个方向。一是成都东五十里的龙泉驿，一是西路的犀浦。在东路，清军于9月14日夜"猛扑上山，占据山顶"，迫使同志军撤退；在西路，几千同志军"纵横于双流、郫县之间"，在赵尔丰的进攻下后退，退至郫县，又转而围攻双流县城。清军与同志军"接仗数次""相持一昼夜，城围使稍松解。但此时金堂、什邡、汉州同志军又起，迫使清军""分兵往救"，使赵尔丰感到苦不堪言。他在9月15日向清廷的奏报中诉苦："我军自16日（指9月8日）至今，连战七日，防内攻外，东驰西击，刻无暇晷""擒斩甚多，而民匪散而复

① 《劝民歌》//《四川保路运动档案选编》，第183-184页。
② 《赵季和电稿》第4卷，见隗瀛涛：《四川保路运动史》，成都：四川人民出版社1981年版，第296页。

合，前去后来，竟成燎原之势""迹其设伏守险，图扼东西要道，陷我于坐困之地"。①

围攻成都的战斗持续了 10 多天。由于保路同志军缺乏统一指挥，作战经验不足，武器陈旧，多是刀矛棍棒，最终未能攻克成都，但围攻成都的意义仍是巨大的：首先，由于成都是清王朝在四川统治的中心，各路同志军的战斗产生了巨大的政治影响，带动全川的武装斗争形成了燎原之势；其次，保路同志军断绝了成都和省内外各地的交通，使成都成为一座孤城。同志军砍断沿线电杆，截阻驿道公文。成都南路"沿途概系同志会匪把守关隘，虽有水路亦不能绕越，见人即搜，遇有公文报件，登时扯碎，将人捆缚，刀伤棍击无所不至。……新津至邛州沿河坎线路九十余里，又至眉州观音铺线路四十五里，概被匪徒砍毁殆尽"。东路"自龙泉驿起至临江寺计线路一百六十余里，概被砍毁"。②再次，清廷不知四川情形，只得大量增兵，削弱了其他地方的守备，间接支援了这些地方的反清武装斗争。最后，同志军的斗争，也引起了清军内部的动摇和分裂，尤其是受新思想影响较大的新军。有的新军私议归农，还有加入同志军的。赵尔丰不得不把新军调出成都，专持巡防军守城。

围攻成都失败之后，清军和保路同志军的战场转移到全川各地。赵尔丰发现，紧张的局势非但未能缓解，反而更加严峻和复杂起来。他在 9 月 18 日给清廷的奏报中描述："省中现已陆续开市、开课，人心略定。惟外县匪徒，纷纷继起，各处皆数千人、或万余人。虽分头派兵援剿，而匪多兵少，不易廓清。匪败则散居为民，兵去则聚集为匪，顾此失彼，疲于奔赴""我军虽屡战屡捷，然亦颇有伤亡。并本不足，死一人即少一人之用，难于补充，匪则前仆后起，遍地皆是。且此时所扰乱者，尚仅成都府十六属，及西南邛、蒲等州县，已有不暇兼顾之势。倘更蔓延勾结，川东北亦同时响应，则益难措手"。③

按照清军在四川各地的驻防制度，每个城镇只有三四十人，根本无法单独抵抗同志军进攻，而且枪支容易被同志军缴获，反倒壮大了同志

216

---

① 戴执礼：《四川保路运动史料》，北京：科学出版社 1959 年版，第 348 页。

②《辛亥革命前后·盛宣怀档案资料选辑之一》，第 154 页。

③ 戴执礼：《四川保路运动史料》，北京：科学出版社 1959 年版，第 366 页。

军的力量。面对这种情形，赵尔丰感到，如果还向前一段那样分兵进击，就会被各个击破，最终会有全军覆没的危险。他决定采用一方面集结重兵，扼守重要据点和道路；另一方面命令各地巡防军赶紧集合，驻扎于险要地段，同时每县招募练勇二三百名，以集结较强军队，重点进攻保路同志军力量较强区域的办法。据赵尔丰侦查，同志军"最有势力者，惟温江县、双流县两处"。双流县城曾一度被同志军占据，直到9月16日才在清军重兵攻击下放弃，退守彭家场、插耳崖等处，形成掎角之势，凭险坚守。在温江，聚集了一万多名同志军，环聚郫县、新繁、崇庆州的交界之区，在民众的支持下，凭河设伏，和清军战斗。所以，赵尔丰决定把成都西南方向温江、双流、邛崃、新津一线作为进兵重点，派大军进剿。

在温江一线，9月18日，第34协统领陈德麟率军抵达温江县城。此时县城周围同志军系从崇庆、郫县、灌县、崇宁等地汇聚而来，共约数千人。同志军凭借城周围河道众多，拆毁桥梁，借助地势和清军对峙。22日，经过几天准备，清军准备分头出击，不料同志军已做好攻城准备，于当日清晨向县城西门发起猛烈进攻。在城内内应的协助下，击毙守卫，打开门锁，一拥而入。清军猛烈反扑，同志军被迫退却，并放火阻止清军。双方交战几个小时，清军凭借火力优势占据上风，前进至羊马河。露营一夜后，清军继续前进，攻至崇庆州。由于桥梁被毁，同志军退路已断，大半被清军杀害在河中，清军也付出了十余人被击毙的代价，包括一名排长。至此，温江战线被清军控制。

在双流一线，清军在攻陷县城后，又继续追击20里，到达黄水河地面，遭到同志军的顽强阻击，后在清军大举进攻下且战且退。此后几天，清军虽攻势猛烈，但进军速度亦非常缓慢。直到9月23日，清军攻占彭家场，但黄水河战事仍在胶着。赵尔丰心急之下，派出提督田振邦亲赴双流，督师进剿，限期进击。24日，双方在黄水河展开激战，清军占据上风，同志军后退到新津花桥场。经一夜休整，同志军稳住阵脚，展开反攻，击伤清军第三营管带和13名士兵，又迫使清军撤回黄水河一带。

在这个过程中，围攻成都不克后相继撤离的多路同志军逐渐在新津集中。9月26日，侯宝斋率南路同志军与周鸿勋会师于新津。侯宝斋任川南全军统领，周鸿勋任副统领，军威大振。9月30日，川南同志军打毁新津城外新军营房，夺取军械，释放狱中囚犯。

在保路同志军和四川人民的斗争精神感召之下，清军军心开始动摇，有的毅然起义，加入同志军阵营。驻扎邛州的巡防军第八营兵变就是其中突出的代表。邛州兵变是由周鸿勋领导的。周是郫县人，曾在成都当警察，后因事被通缉。在云南逃亡期间目睹法国对中国的侵略和对华人的虐待，产生爱国思想。返回四川后加入巡防军，保路风潮起时担任第八营书记官。因周是哥老会员，在军中很有威望。保路事起后，周便谋划兵变以支持保路运动。9月12日，经过策划，周鸿勋号召士兵举事。160多士兵群起响应，掉转枪口，击毙营官黄恩瀚，宣布起义，开赴新津。虽然只有一百多人，但第八营是赵尔丰在川边起家的老本，在清军中产生的影响和对赵尔丰的震动不言而喻。装备优良、作战能力较强的正规部队的加入，也大大增强了同志军的力量，提升了同志军的信心。9月30日，会同川南同志军占领新津后，周鸿勋率部返回邛州，与城内同志军里应外合，击毙招募团丁妄图顽抗的州官文德龙。闻知清军进攻新津的消息，该部又马上赶回新津。新津一时成为四川同志军起义的中心，成为同志军和清军在围攻成都后的又一主战场，影响巨大的新津保卫战即将打响。

从位置上看，新津是成都西南门户，三面环水，地势险要。同志军占领新津，可以上逼成都，下控川南，扼雅安、西昌交通要道，在战略上处在很有利的位置。

赵尔丰也深知新津的重要性，不惜重兵也要夺取下来。经过几天休整，10月1日，赵尔丰命自己的心腹，新军十七镇统制朱庆澜率陆军四营及马炮各队，由双流左侧进攻花桥场，提督田振邦率巡防军于右路进攻插耳崖，分两路向新津进攻。此后又增调了新军1协兵力，可谓倾其全力，以争夺新津。面对清军的大举进攻，同志军一边阻截，一边退守。10月2日，清军推进到新津河东的旧县城，形成同志军与清军隔河对战的局面，新津保卫战开始。

从武器装备、战斗素养上看，清军处在优势地位，同志军的优势是人多，所处地势险要。在新津保卫战中，同志军充分利用地形优势，收集全部渡河船集于西岸，沿河筑垒，据山扼守。又将上游灌县都江堰掘破，使岷江水涨，连成阻敌渡河的天然屏障。清军渡河来攻，同志军便放土炮轰击，破坏清军架桥作业，并派兵潜渡，从侧后袭击清军，使清军束手无策，战局陷入胶着状态。

直到 10 月 10 日，清军才搜集 40 只船，试图凭借炮火优势，乘船渡河。同志军坚守河防，奋勇狙击，但清军炮火过于猛烈，只好退入城中继续战斗。10 月 12 日，清军焚烧东门外民房千余家，拼死攻城。同志军激战 3 日，由于饷械缺乏，于 13 日放弃新津，分路向外州县转移。侯宝斋率部向洪雅方向转移，不幸于 10 月 19 日被赵尔丰收买的侯部军需长刺死。周鸿勋率军向名山进军，攻占名山县城，并率所部千余人驻荣县，被秦载赓、王天杰等人推为川东南同盟军统领，合兵攻占自贡。1912 年初，他被自流井大盐商王禹平等人挑动的滇军杀害，时年 28 岁。

侯宝斋、周鸿勋同志军为保卫新津坚持战斗半个月，抗击和牵制了四川清军的主力，掩护了川东南各地同志军斗争的发展，推动了全川革命形势的发展。

大相岭阻击战是保路同志军组织的又一次较大规模的武装斗争。

当同志军围攻成都时，赵尔丰急调护理川滇边务大臣傅华封部边军（也称西军）、第 17 镇 66 标标统叶荃部陆军，以及驻守越西等地的巡防军 1 万多人，由傅华封节制，从打箭炉、泸定、宁远等地兼程集结于清溪县，企图越过大相岭，从荣经、雅安奔成都救援。傅华封部清兵如果进抵成都，势必大大加强赵尔丰的力量。

为了阻截傅部清军，荣经、雅安等地同志军，在清溪、荣经间的著名天险大相岭，扼其必经之路，凭高阻险，展开了大相岭阻击战。

1911 年 9 月 10 日，荣经同志军起义，公举李永忠集民兵编成荣字营五大哨，派人去雅安请当地同志军首领罗子舟率军来荣，共同抵御傅华封部。9 月 18 日，罗子舟派刘殿臣率兵 100 余人，与荣经同志军 200 多人会合，同清军激战于白马庙，揭开了大相岭阻击战的序幕。当天中午，罗子舟领兵到达荣经，在当地同志军的配合下，迫使驻守荣经城的清巡防军 200 多人投诚，获快枪 200 支，军威大振。罗子舟称"川南同志军水陆都督"，积极部署大相岭防务，调集各乡团勇分扎大关、鹅项岭、晒坪等要隘阻击清军，利用地形，坚守阵地，连日激战，打退敌军多次冲锋。清军虽有 2000 多人之众，屡次进攻，均不能越大相岭一步。

清军虽在大相岭被阻，但防守雅安的清军也有 2000 多人，如果让他们向成都靠拢，邛州、新津一带的同志军将受到严重威胁，大相岭也有后顾之忧。为了打击雅州的清军，罗子舟回师雅州，进攻雅安城。9 月 29 日，罗子舟会合邛州、芦山、天全、荣经等县同志军围攻雅安城，清军以东门出击与同志军大战于乾河。清军受到重创，龟缩在城中不敢出战。10 月 6 日，同志军猛攻东南门，州官存禄命令清军纵火焚烧东南门外民房，阻止同志军进攻，并令管带齐得胜率军由西门出击。同志军战斗受挫，牺牲 1000 多人。10 月 14 日，再战又败。罗子舟部围攻雅州 1 个多月，虽未攻下城池，但牵制了大批清军，有力地支援了新津保卫战和大相岭阻击战。其弟罗老十率领的少数民族同志军，攻入南门后，被清军包围，经过英勇激战，全部壮烈牺牲。

10 月 29 日，参加防守大相岭的降弁王廷权叛变，诱杀同志军将领谭载阳等人，纵火焚烧大关。大关失守，罗子舟被迫率部退走洪雅、嘉定等地。

220

大相岭阻击战同新津保卫战一样，是四川保路同志军武装斗争中又一次具有重要意义的战斗。赵尔丰所依靠的就是西军和新军，而荣经、雅安等地同志军和农民群众，当机立断，知难而进，扼险阻敌。民之富者出粮出财，贫者拿起武器投入战斗，英勇奋战，坚守了 40 多天，有效地阻击了赵尔丰的精锐部队。赵尔丰因援兵被阻，少数民族响应同志军起义，急得迭向朝廷军谘府拍电呼救。傅华封虽侥幸突破大相岭进至雅安，但已不能挽救赵尔丰的灭亡，并且立即落入同志军的包围之中，最后被同志军在雅安消灭。

同志军在大相岭流血牺牲，为四川各地的同志军排除了威胁，争取了宝贵的时间。当地人事后评论说，此次"讨傅之师，总额逾万，人民箪食壶浆，士卒秋毫无犯。父老至今尤谈为素所罕见"。

在席卷全川的保路同志军武装斗争中，一个突出的特点就是群众的广泛参与，这是清政府在四川虽有新军一镇，防军四十余营却显得身单力孤、处处被动、不敷使用的重要原因。当然，在这种广泛性也造成同志军成分复杂，泥沙俱下，以致四川人民起事虽居全国之先，在武昌起义之前和武昌起义之后一段时间没有打出推翻清王朝的革命旗帜，仅仅把斗争矛头指向清王朝在四川的代表者赵尔丰。但这并不能抹杀四川保路同志军武装斗争的巨大历史意义。应该看到，虽然有一些不良分子混入了同志军，但构成同志军主体的仍然是农民和其他劳动人民。作为被封建统治者压迫的最底层民众，他们自发地渴望从被剥夺和被束缚的状态中解放出来。这种自发的革命性，就为革命党人进行革命宣传提供了思想基础。

在旧秩序中，农民和其他劳动人民还是会党和民团的主体。在中国近代革命斗争中，会党是一支非常活跃的社会力量，无论是在反对外来侵略的斗争中，还是在反对清王朝的革命中，都有会党的身影。民团本是由封建统治者发起、控制的，但在辛亥革命的背景下，有些民团反而加入革命党组织的武装斗争中来。会党和民团投身到革命队伍中，农民和其他劳动人民自然随之加入，这就为革命党人进行革命活动提供了组织基础。在四川保路运动中，一些同盟会员即是会党头目或民团首领，在他们的领导下，农民的自发斗争意识就可以转化为自觉的革命意识，并成为推翻清王朝的主力军。正是在以农民和其他底层民众为主体的各路同志军的打击下，清政府在四川的统治风雨飘摇，岌岌可危。

四、清政府应对四川局势的举措与武昌首义的爆发

清廷闻知"成都血案"及其后四川保路同志军纷纷武装起义的消息后，迅速作出反应，命令赵尔丰严厉镇压，同时传谕四川周边各省，加强戒备，严防接济川民军械输入，"地方文武严密稽查，迩有藉川路为兵开会演说情事，即行解散禁止，免致暗中鼓惑"[1]，并令陕、甘、湘、鄂、滇、黔、粤各省派兵助剿，起用端方、岑春煊两位总督入川。动作不可谓不速，决心不可谓不大。但无奈人心已散，最终赵尔丰困守孤城，各省援兵只有少数到达，端方在资中授首，岑春煊中途折返，未敢入川，清廷的如意算盘全部落空。

---

① 戴执礼编：《四川保路运动史料汇纂》下册，台北："中央研究院"近代史研究所史料丛刊第23种，1994年版，第1491页。

"成都血案"发生后，赵尔丰随即致电清廷奏报情况。在电文中，赵尔丰污称川人意图独立："定谋于本月十六日聚众起事，先烧督署，旋即戕官据城，宣布独立。"9月9日，清廷闻知赵尔丰终于开始镇压四川保路风潮，表态首肯，称赵"办理尚属迅速"，谕令赵尔丰应剿抚并用，尽快平息事态。

除了封闭城门，戒严成都，镇压派兵外，还采取了一系列措施。第一，批准布政使尹良的建议，成立筹防处，统筹防务。筹防处设于布政司下，所有该司"应办一切防务事宜，统以该处为汇归之所"。按筹防处规定，成都被划分为四个区，每区设总稽查员1人，稽查员8人，2人一组，明确负责区段，昼夜不停，巡查各街，把成都民众置于严密监视之下。为方便控制，夜间十点至早晨五点宵禁，红白喜事不准放炮、鸣锣、击鼓，客店遇有可疑投宿者必须上报，外来人口必须登记等，搞得成都城内一片肃杀。第二，企图通过政治攻势，用金钱收买瓦解保路同志军。在报纸上鼓吹"士农工商各安本业，天下的事上有君主官吏为我治理""官吏的心就是百姓的心"等，接连发布告示，许诺"拿获著名叛逆聚众倡乱的大匪头目，每名赏银一千两""拿获砍断电杆电线的匪犯，每名赏银五十两""拿获拆毁公文、阻留文报的匪犯，每名赏银五十两"。第三，密调驻扎在甘孜的亲信傅华封部火速开往成都支援。

虽然单从武器装备、战斗力上看，正规军队要强于保路同志军，在局部战斗中，清军也往往占据上风，但军队数量毕竟有限，保路同志军则此起彼伏，一部被清军打散，另一部马上继之而起。被打散的也很快卷土重来，力量更大。实行戒严和宵禁也不能阻止成都城内人心思动，巨额悬赏也效果甚微。傅华封部虽得令迅即派兵驰援，如前所述，在大相岭被阻，远水救不了近火。

所以，虽然在围攻成都未克后，保路同志军相继撤退别图，成都的紧张局势却始终未能消除。除了新津保卫战和大相岭阻击战两次大规模的战斗外，成都周边各府县同志军始终此起彼伏，威胁着成都，迫使清军东奔西走，疲于奔命，却始终不能根本扭转局势。如赵尔丰在向清廷奏折中所哀叹的："兵力仅只此数，匪则遍地蔓延，兵来则散而为民，兵退又聚而为匪""不惟以乱地方，剿不胜剿，且东北表面虽尚安静，而同志会到处皆倡言设立集团、制械、听其自由，地方官坐拥虚名，随时随地皆可失守"①。沮丧恐惧之情，跃然纸上。面对危局，赵尔丰也只有坐困孤城，眼睁睁地看着局面日趋恶化，无计可施。

赵尔丰还担心"处处蜂起，兵分力弱"，请求清廷从临近各省份调数千兵力入川助剿。从四川相邻省份看，湖北调兵最为便捷快速，因此他又同时致电端方，请求尽快从湖北派兵入川。清廷应赵所请，饬四川周边各省派兵，尤其令湖广总督瑞澂"就近遣派得力统将，酌带营队，迅即开拔赴川，暂归赵尔丰节制调遣"。

虽然清廷做了周密部署和安排，各省也算积极响应，但执行起来却阻碍重重，颇不顺利。

粤督张鸣岐反应最速。9月19日，接旨第二天，张鸣岐即命令龙济光抽调两营新军，赴川助剿。因军情紧急，待两营全部集结完毕耽误时间，决定先在五六天内组成一营立即开拔，另一营也尽快组建，从速起程。由于龙济光为陆军统副兼统巡防营队，无法抽身，决定先由参将黎天才率领出发，待高州镇总兵委员吴祥建完成交卸，即赴川替代黎天才。②

从广州赴川，若走陆路，需日较多，遂决定乘轮船到沪，再沿长江上溯。粤军乘轮船招商局"广利"号到沪后，因长江商轮不得运载军火，只得和海军部协商，以兵轮运送。但海军一时又派不出舰只，最终这次意图镇压川路运动的军队，没有到达目的地，就无功返回了。

陕西派兵也不顺利。川陕边界甚长，陕西巡抚钱能训先推脱无兵可派，后在清廷催促下，调派驻汉中府防营六、七两队进驻靠近四川的宁羌镇守，又派新军步兵一队进驻汉中以为声援，但向清廷提出，派兵需要军费，每月需一千两，陕西财力匮乏，出资困难。若由陕西出费，要求事竣后"作正开销"。③

云南也表示派兵困难。云贵总督李经羲对镇压川路风潮很是尽心，几次发电报出谋划策，但谈到出兵入川，就不那么痛快了。他在致内阁电中称，首先，去年滇军裁撤了十余营，兵力减少。其次，若"在鄂变以前，协饷子弹可来，新军又未届退伍，亦可抽一标驻叙（指叙府，今宜宾）"，如今则防营无从抽调；"苗匪"众多，滇兵拟增募兵力，以经费

223

① 戴执礼：《四川保路运动史料》，北京：科学出版社1959年版，第432页。
②《时报》，1911年9月30日。
③ 戴执礼编：《四川保路运动史料汇纂》下册，台北："中央研究院"近代史研究所史料丛刊第23种，1994年版，第1500页。

不足而不成，自身兵力亦不敷使用。最后称，几个月后，或可派兵支援。清廷也只能认可，只望"如力能兼顾，即酌量派拨数营"。[①]

比较而言，黔军倒是行动较速。9月19日，贵州巡抚沈瑜庆即派管带董福开带枪队千人开赴重庆。9月24日，黔军抵达綦江，拟经江津、永川到成都。入川境之后，沿途百姓皆予以抵制，不卖饭食，不予留宿，使黔军行军困难重重，颇费周折。虽然计划10月12日前即可到成都，但最终也未能到达。[②]

在清政府的计划中，滇、黔、湘、粤、陕各省即使如数派兵，也只十三营之数，仅是辅助，助剿主力为鄂兵。而最终湖北新军虽由端方率领成行，却不但未能奏效，反而导致武昌守备空虚，爆发了武昌起义。

对于四川路潮，端方的态度自始即十分强硬，力主镇压，并上奏弹劾赵尔丰纵容川人。但一旦得谕令带兵入川进剿保路同志军起义，端方态度反而犹豫起来。端方态度的转变主要有几个原因：其一，"成都血案"之后，四川形势骤然紧张，川内各地武装斗争纷起，令他感到武力镇压难度增大，贸然入川，不但可能建功不成，反而适得其反，引火烧身。其二，端方对四川路潮的强硬态度，除他对事件本身的认知外，也有借此次机会取代赵尔丰，在政治上东山再起的意图。但朝廷虽令他领兵入川，却并未授予他制兵全权，到川后反要受赵尔丰节制，大大出乎他的预料，令他倍感失望，感觉被利用了。但朝廷旨意，不能公然违抗，所以接到谕令后，端方同时做了几个方面的工作，以应对形势可能的变化。一方面，积极为入川做准备。经与鄂督瑞澂会商，决定先派一支军队驰援四川，以解燃眉之急。最终确定驻扎宜昌的第三十一标三个营的兵力，携带全部武装，并新领毛瑟枪1500支，发给三个月军饷，立即束装开拔。全标总共1600名士兵，除留260余名留守外，其余全部派出。[③]端方则亲率新军两队自武汉出发。端方本人如何赴川，也颇费了一番周折。由武汉到宜昌，乘船最为便捷，但自宜昌取道重庆至成都，则水、陆两路均有不便之处。若由陆路，需耗时上月，日程过长。水路原本较速，但由于正值枯水期，原来通行宜渝的蜀通轮船搁浅。无奈之下，端方考虑

① 戴执礼编：《四川保路运动史料汇纂》下册，台北："中央研究院"近代史研究所史料丛刊第23种，1994年版，第1501页。
② 戴执礼：《四川保路运动史料》，北京：科学出版社1959年版，第393页。
③《时报》，1911年9月22日。

商借正停泊在重庆的外国兵轮。但外轮亦只能到万县，无法到宜昌，宜昌到万县还要另想办法。但这个计划上奏后也被清廷否定，因清廷恐外人介入，节外生枝，要求另行设法。几经周折，最后才决定乘海军军舰。[①]另一方面，致电盛宣怀，表示自己的为难处境，提出盛应和自己一同赴川，以"释川人疑虑"。若盛不肯，则要求盛向内阁副总理大臣那桐、徐世昌转达，另派人选，并表示将在宜昌等候回音。[②]端方明明知道，在此危机形势之下，指望清廷收回派他赴川的成命绝不可能，他不过借此以退为进，如果非要入川，也要取代赵尔丰，获得处理川事主权。所以，他还准备了解决川路问题的另一套方案，即现有川汉铁路仍归商办，清政府另外取道潼关、西安修筑国有入川铁路，试图既安抚川人，又不影响借外债合同的效力。[③]盛宣怀正焦头烂额，觉得端方的建议似可考虑，也为了稳住端方，促使他快速入川，立即答应斡旋。但因邮传部已无威信，遂由御史吴士鉴名义上疏建议。9 月 20 日，盛宣怀电告端方，内阁已准邮传部派员勘路。但这个方案毕竟是仓促之间做出的，盛心中无数。他提出三个不好解决的问题：一是改线仍要涉及修改借款合同问题。虽仍是借款修路，但由于增加了线路长度，"自路至成，期长款多"，外国银行可能反对；二是现川汉线将因款绌停工，工人不好安置；三是两条入川铁路比较，"商办必无成期，国有西道已通，国防已固，川汉变成商路，缓亦无碍，而议者必谓商民吃亏"。这样，四川民众非但不能安抚，外国银行也将因此诘难。[④]所以，改线之议固然看似可行，但真正操作起来难度颇大。盛宣怀担心端方因此踌躇不前，影响军情，除劝勉端方疾速入川外，又与瑞徵商议改派岑春煊赴川查办。这样，若端方听旨入川，则专任路事，由岑春煊处理四川路潮。若端方借故拖延，或竟因此撒手不管，也可有所预备。[⑤]

端方行抵宜昌后，果然停滞不前。他命令奉调入川的鄂军第三十一

225

---

①　戴执礼编：《四川保路运动史料汇纂》下册，台北："中央研究院"近代史研究所史料丛刊第 23 种，1994 年版，第 1507 页、第 1508 页。
②　戴执礼编：《四川保路运动史料汇纂》下册，台北："中央研究院"近代史研究所史料丛刊第 23 种，1994 年版，第 1509 页。
③　戴执礼：《四川保路运动史料》，北京：科学出版社 1959 年版，第 320 页。
④　戴执礼编：《四川保路运动史料汇纂》下册，台北："中央研究院"近代史研究所史料丛刊第 23 种，1994 年版，第 1520 页。
⑤　戴执礼：《四川保路运动史料》，北京：科学出版社 1959 年版，第 340 页。

标第一营先行赴川，以张声势，第二、三营停留原地待命，并致电内阁，再陈赴川疑虑，请求由岑春煊以川督身份入川，自己则留驻宜昌镇抚路工。①

尽管已决定岑春煊入川，但清廷同时亦不断催促端方不可徘徊，明令岑到任之前，端方仍需督师速前，"不得稍有诿卸"。身为铁路督办大臣，端方虽心有不平，却也无法再拖。此时重庆总商会也致电端方，称"使节奉命入川，群情欢跃，路事陡变，波及全川，追念祸由，惨痛曷极。刻下事机，万分危迫，仰恳使节速临，以定人心，而挽浩劫"，表达了对端方的欢迎和期盼。从重庆绅民角度看，其实和当初成都士绅对甫到成都的赵尔丰的态度相同，即先试图取得朝廷大吏的支持。但这毕竟比直接抗拒好得多，也让端方看到了一丝希望。从端方的立场来看，重庆绅商电报固然可能只是曲意逢迎，并非真心拥戴，但在全川路潮汹涌情况下没有公开抗拒，也属难得。如此看来，如果举措得当，路事未必不可以转圜。所以，他一面要求清廷速催湘、陕、黔三省援军"尅期进行，以资接应，而厚声援"；一面逐步改变了此前对川路风潮的强硬态度，试图安抚。

9月20日，端方自宜昌出发，取道思南，溯江而上，并命令原地待命的鄂军第二、三营即日开拔。清廷终于放下心来，奖掖端方"筹备进兵，均尚妥帖"，同时应端方所请，令黔军"迅抵成都"，鄂军继续增兵，粤军也尽快启程。

转变心意的端方加快了行程。9月27日，进入川境，行抵巴东；30日，进驻巫山、夔州。10月5日，到达万县；13日，抵达重庆。在夔州时，重庆教育会长朱之洪、刘祖荫作为重庆商务界代表进谒。这是端方首次和四川保路人士面对面接触。他观察到，二人"言及路事，语气尚近激烈，力为季帅逮捕九人辩冤。然默察其意，似亦颇想转圜，并坚以从速从宽为请"，心中已有打算，待见到重庆川路股东会主事之人，"当察夺情形，相机应付"。②

到重庆后，端方按部就班地发布告示，晓谕川人迅速解散，但主要精力并未放在军事行动上，而是频繁会见重庆各界人士，对川路风潮的

① 戴执礼编：《四川保路运动史料汇纂》下册，台北："中央研究院"近代史研究所史料丛刊第23种，1994年版，第1512页。
② 戴执礼编：《四川保路运动史料汇纂》下册，台北："中央研究院"近代史研究所史料丛刊第23种，1994年版，第1525页。

态度，"较之徒以兵力者不啻天渊"。10 月 19 日，端方应重庆绅商所请，上奏清廷，弹劾王人文、赵尔丰，把川路风潮激化完全诿过于王、赵，认为若非诸人贪功，"人民怨毒亦不致如此之深"；《川人自保商榷书》虽"语多妄诞"，但有"协助政府""皇基万世"之语，不足以作为谋逆的证据，因此应该释放蒲罗诸人。[①]

端方改剿为抚的方针转变，固然暂时缓解了重庆及周围州县绅民的敌视态度，但并不能根本解决问题，因为他并不能改变"铁道干线收回归国有"的既定政策。尽管他也提出了现川路仍归商办，另取道陕西入川修筑国有铁路，但既未得到清廷的正式认可，也为时已晚。如重庆海关代理税务司施特劳奇所观察到的："彻头彻尾的，干净利落的革命运动倾向取得更大的优势，也是十分可能的；同时武昌的暴动也不幸地有利于这发展""还有最大的恐惧，就是跟随端方阁下的湖北军要是同他们在武昌伙伴一样反叛，如果出现了这样的事，这才是一件大灾难"。[②]

此后事态的发展也确被外国观察家言中。随着端方继续西进成都，距离这次军事行动的彻底失败越来越近了，端方本人也终究未能避免身首异处的下场。

① 戴执礼编：《四川保路运动史料汇纂》下册，台北："中央研究院"近代史研究所史料丛刊第 23 种，1994 年版，第 1544 页。
② 戴执礼编：《四川保路运动史料汇纂》下册，台北："中央研究院"近代史研究所史料丛刊第 23 种，1994 年版，第 1529 页。

第九章

四川独立与立宪派的没落

武昌起义后各省纷纷独立，也促使四川保路武装斗争转向脱离清政府，建立革命政权。由于赵尔丰在成都负隅顽抗，四川新政权建立的特点是，先是各州县相继独立，推动了川东重镇重庆独立，建立了"重庆蜀军政府"，最终促成了成都独立，建立"大汉四川军政府"。清王朝覆灭后，两个政府经过和平谈判合并，使四川重归统一。

一、立宪派与"大汉四川军政府"的建立

　　四川最早宣布独立，建立革命政权的是位于川东南的荣县。

　　荣县同志军是由同盟会成员王天杰、龙鸣剑组织起来的。在荣县同志军参与围攻成都时，同盟会成员吴玉章回到了荣县，并承担起后方的全部工作，开设军事训练班，训练民团，不断扩大队伍。1911年9月25日，在吴玉章、王天杰等人的策划下，荣县宣布推翻清王朝县政权，自理县政。这是辛亥革命时期由同盟会员建立的第一个县政权，比武昌起义早了半个月。荣县首义，影响及于各县，促进了四川革命浪潮的蔓延。武昌起义后，推翻清政府，实现独立的浪潮波及全川各地。

　　1911年11月12日，曾省斋等人在广安成立蜀北军政府。曾省斋，四川筠连人。早在1907年，他就与同盟会成员佘英谋划在江安、泸州起义，不幸事泄败露，遂到川北继续广事联络，积蓄力量。1909年，又参加了佘英、熊克武等组织的广安起义。虽又失败，但他由此在川东北建立了广泛的联系，为时机成熟时再次起兵奠定了基础。武昌起义消息传来，曾省斋又开始积极筹划，于10月18日在垫江发动起义，并得到了在大竹起兵的李绍伊的支援。垫江官吏闻讯逃遁，起义军于10月27日顺利进入垫江县城，得到民众热烈欢迎，"燃爆竹，欢呼相贺"。入城后，整备扩军，达到3000余人。广安团练传习所"教习学生数百人，多属党员"，也闻讯前来加入。全体官兵"用新军法布勒，编为一团二营，日夜训练"。11月11日，曾省斋"誓师出发，连取大足、渠县、邻水、广安、岳池，而蓬溪、射洪、营山诸县，亦传檄而定"。蜀北军政府以十八星旗为旗帜，曾省斋为都督，张观风为副都督，下设军政、参谋、财政、总务、文牍等五部。蜀北军政府是辛亥革命时期四川第一个正式建立的军

政府。①

重庆周围各县也纷纷举起革命义旗。

11月18日，廖树勋在长寿起义。廖为四川三台（一说金堂）人，1906年加入同盟会，后到长寿高等小学校任体操教员。武昌起义后，恰逢长寿县购置一百多枝英国毛瑟枪，子弹数千发，交与高等小学校以供学生军事训练及办团练之用。廖遂与返籍的同盟会员涂德芬等人密谋起事。11月18日，廖等召开临时军民大会，宣布革命，廖树勋被推为总司令，傅春潮副之，涂德芬为参谋长。②

11月20日，江津独立。"成都血案"发生后，江津学界即"派人分途演说，谓时局将变，宜准备乡兵，扣留厘税，以得事机"，为起义做了舆论上和思想上的准备。11月17日，当地保路同志会士绅说服驻白沙观的盐防安定营营长夏寿廷，全营连夜赶造旗帜，次日遍插商铺。并组织盐兵、乡兵开赴县城。19日，同盟会员冉君谷自重庆归来，与县令吴良桐密商，一面再到重庆打探消息，一面准备起义。冉再赴重庆，得知重庆同盟会已有准备，回来后便与吴良桐宣布独立，建立蜀军政府江津分府。③

11月22日，涪州独立。起义领导人高亚衡在日本加入同盟会，并发展了李蔚如、郭香翰等一批人入会。武昌起义发生后，高等即密谋起事策应，并策反了驻涪军队长官和盐局委员、州议长等地方官员。长寿起义后，也向涪州派来了支援队伍。21日晨，长寿援军入城，高亚衡遂将知州戴赓唐召至考棚，迫使他交出州印，并于次日"开州民大会，议决军民分治，司法独立"。建立军政府，高亚衡被推举为司令官，郭香翰副之，下设秘书、参谋、军政、军需等处。"民事推冉价蕃为部长，潘士逸副之"，下设秘书、总务、民政、财政等处。随后，又派兵到丰都、忠州，彭水、酉阳、秀山等地也起兵响应。④

同一天，南川起义。保路事起后，重庆中学和川东师范学校任教和读书的川南籍同盟会成员即谋划起事。武昌首义后，熊兆飞、邓笃到南川县具体部署。11月21日，正逢雨雾迷漫，道路泥泞，两路起义军夜里分别从白沙井、石牛溪出发，中途汇合，天亮到达县城，由内应接入城

① 周开庆：《蜀北都督曾省斋》，《四川文献》月刊第二十五期。
② 《长寿县志》，民国三十一年（1942年）修。
③ 《江津县志·前事志》卷三，民国十二年（1923年）修撰。
④ 《涪陵县续修涪州志：民国纪事》，民国十七年（1928年）修纂。

内，拘捕了知县以下主要官员，推熊兆飞为统领，主持全局。邓笃职司法，并分设各机关，分掌各项民政事宜。①

周边各县的相继起义，使重庆城内的革命气氛也浓厚起来。保路运动初起时，同盟会员就参与其中，借机开展活动。虽然由于四川同盟会力量较弱，未能取得保路运动的领导权，但一直在寻找时机把保路运动推向武装起义阶段。同盟会员杨庶堪即指出："此非根本革命，无以拯救人民。保路云云，要皆枝叶耳。"②他与张培爵密切注意形势的发展，组织、联络各方革命力量，准备起义。一时间，"同盟会员纷集重庆，府中学堂学生中党人，亦群为革命效力奔走，巡防军、哥老会纷纷密约效命"③，整个重庆笼罩在革命将临的气氛中。重庆英美会秘书在书信中描写道："暴动渐渐迫近重庆，人人都在说他们什么时候来。但问他们是谁，谁也答不出。但确切地他们已经在这儿，而且也有好些时间了。"④夏之时领导的龙泉驿起义新军到达重庆，使重庆独立水到渠成。

夏之时，字亮工，1887年出生于四川合江县。中学毕业后赴日本入东斌学校，学习军事。在日期间加入同盟会。1910年回国后，任新军第十七镇步兵排长。保路同志军兴后，夏部被调至龙泉驿，担负保卫成都任务。夏趁机在部队中宣传革命，预备起义。11月5日，夏之时策动工兵排、骑兵排、辎重排和步兵一队誓师起义，向东路进军。行至简阳，守城孙和浦部加入，起义队伍由230多人扩大到600多人。至乐至，又有300多名士兵加入。

在龙泉驿新军起兵的时候，赵尔丰的督练官林绍泉奉命赴资中与端方接洽，正好在场。见军队哗变，意图制止，被士兵打伤，幸被夏之时劝阻，得免一死。夏并说服林绍泉顺应潮流，参加起义。同时以军职较低为由，推辞指挥一职，并推举加入起义队伍的林绍泉任总指挥官。到了乐至后，众人以夏起义以来发挥了巨大作用，还是留日军校生、同盟会员为由，一致拥戴他担任总指挥。

在乐至的另一个决定是明确了下一步的进军方向：东去重庆。几天

①《南川县志·前事》，民国十八年（1929年）修纂。
② 中国人民政治协商会议全国委员会文史资料研究委员会编：《辛亥革命回忆录》（三），北京：文史资料出版社1962年版，第76页。
③《辛亥革命回忆录》（三），第81页。
④《重庆英美会执行秘书（英）派尔克致成都英美会执行秘书启尔本的信》，第七函，1911年11月18日。

之后，军队即抵达重庆浮图关。此时先期联络上的重庆同盟会员张培爵、杨庶堪、朱之洪等人也做好了相应的准备，策应城外起义军。11月22日，内外呼应，重庆正式起义，建立了重庆蜀军政府，推张培爵为都督，夏之时为副都督。①

和此前建立的周边地方政权相比，重庆蜀军政府纲领齐备，组织严密，并在巩固和扩大政权、施政等方面采取了一系列措施。

《蜀军政府纲领》中规定："蜀军政府以谋中华民国之统一与廓清全蜀为宗旨。"在政府成立第二天发表的对内、对外宣言也与同盟会相关文件精神一致。对内，宣布以"驱除鞑虏，恢复中华，创立民国，平均地权"为纲领，对外，则宣布"所有中国前此与各国缔结之条约，曾经宣布者，继续有效""偿款外债，照旧担任，仍由各省机关如数分年摊还""所有外人之既得权利，一体保护"。

关于政府组织，规定都督府"总揽军务及凡百政务之大纲"，设立总司令处，设正、副总司令各一人，"以保持军事之统一"，林绍泉被任命为总司令。下设各部，"以分理军务及凡百政务，由都督统制之"。主要官员为：参谋部长刘芦元，军务部长方潮珍，军需部长江经阮，总务处长谢持，行政部长王休，财政部长李湛阳，司法部长张之竞，外交部长江潘，交通部长杨霖，审计院长李时俊，监察院长熊兆飞，大汉银行正办朱之洪，礼贤馆长陈道循。并设立公民大会，"由蜀军军政府所属各地公选代表组成之""对于地方行政及各部办事，有建议改良之权"。尽管由于处在战争环境，有些机构的工作实际上无法开展，但从制度设计上还是让人觉得风气一新。而主要官员除个别人外，均为同盟会员，也凸现了重庆蜀军政府的革命性质。

蜀军政府成立后的首要工作即整顿秩序，扩充军队，以巩固政权。在《蜀军政府通饬川东人民共同维护公安条告》中，军政府要求川东各府厅州县及自治公所、学堂、商会，为"速图公安，维持桑梓"，应注意以下各点：保护外国教堂、教士；清廷官吏，呈交官印，协同新政府认真办事，绅民亦不宜与清廷官吏为难；各地酌添男丁，以为巡警；各学堂照常上课；各地照常认真存储积谷；各地照解地丁钱厘税至军政府财政部；各地官发、公发册籍、文件应妥善保管；清廷官员若私自逃匿，

① 张映书：《龙泉起义的蜀军政府副都督夏之时》//载《辛亥四川风雷》，成都：成都出版社1991年版。

地方自治公所可督办收解，再禀明军政府；各地商务应照常进行。

川籍留日学生也组织了近千人的义军，乘船回国，参加军政府，四川旅沪同乡会也为蜀军政府谋划，致电江苏都督程德全，请求提用在上海的川汉铁路股款购买枪弹助川平乱。程德全即将该函专程孙中山。此前的1911年12月23日，湖北都督黎元洪也转呈了张培爵、夏之时要求南京方面支援的电报。1912年1月16日，孙中山以临时大总统身份下令川路公司驻沪管款员，以中央政府名义借用股款筹办蜀军。

由于在夏之时起义和进军重庆的过程中，队伍壮大很快，有些并非向往革命的旧军队士兵和军官也被裹挟进来。在全国革命形势还不明朗的情况下，这些人对革命政权的巩固是很大的隐患和威胁。重庆独立后不久，就发生了两件影响政权稳定的事。

一是吴克勤事件。吴克勤原系川江巡警提调，重庆独立时，迫于形势参加了军政府，却又"趁机煽惑，四出招军，并假本军名义，谓以推为领导"。11月30日，合江筹防局发现一个叫贺建章的人持有四川治安军印章和吴克勤的名片，四处召集人马到重庆集中，以图推翻蜀军政府。又搜到贺建章与吴克勤及前巴县经征委员陶家琦的往来信函，内容皆是征兵举事密谋。蜀军政府按照军律，判处吴克勤、陶家琦死刑，贺建章监禁十年。[①]

235

另一个是林绍泉事件。林在夏之时龙泉驿起义时，基于他在旧军队中地位的考虑，被推为总指挥，到乐至后被夏之时取代。重庆独立后，担任了蜀军政府总司令官。在蜀军政府组织军队准备讨伐成都时，夏之时以副都督身份亲自领军，林以总司令官兼北路支队队长，引起了林绍泉的不满，他将支队长的委任文书和印信当众撕毁，并持枪闯进军政府，扬言与夏之时拼命。正当军政府内部手足无措之际，吴玉章来到重庆。在吴的建议下，都督张培爵连夜召集军政府各部门负责人开会。在会议上，林绍泉仍然态度骄横。吴玉章挺身而出，斥责了林的行为，提议对林进行军事裁判，并被与会人员推举为裁判长。会议决定判处林绍泉死刑，后因谢持、朱之洪等人作保，改为解除职务，解回原籍。

及时解决了吴克勤事件和林绍泉事件后，重庆军政府得到了初步巩固，并出台了一系列政治、财政、教育、军事措施。

在政治上，蜀军政府发布"求言公告"，广开言路，并专设礼贤馆办

---

① 《蜀军政府惩治吴克勤等阴谋叛变布告》，《广益蜀报》第九年第二十五期。

理该事项。创设全蜀地方会议联合会，以"指陈各厅州县利弊，协谋地方治安，以扶助完全共和政府之成立为宗旨"。设立地方司令官，"以谋镇守而资佐理"。

在财政上，制定了减厘办法，豁免水道巡警补助厘费捐、糖捐、栈房捐、茶桌捐等五项旧厘捐，肉捐、牛羊捐、酒捐、油捐九项减让二成，"以除苛政"。[①]

在教育上，颁发了南京临时政府拟定的《普通教育暂行办法》和《普通教育暂行课程标准》。

在军事上，组建蜀汉军，制定了《蜀军政府暂行陆军惩罚条例》。

重庆独立之后，带动了周边尚未起义的州县革命形势的扭转，毗邻重庆的川东、川南各州县纷纷响应。

11月24日，泸州宣布独立。保路运动发生后，同盟会员杨兆荣、邓西林即运动于清政府。川南驻军起义。闻之重庆事起，又运动永宁道刘朝望叛清。眼见大势已去，刘顺应潮流，宣布川南独立，被推荐为川南军政府都督。同日致电蜀军政府，清在渝的但懋辛来泸州任副都督，谢渝寿任参谋部。[②]又组织部队，宣布兵进成都，讨伐赵尔丰。刘朝望非同盟会员，又是清朝重臣刘铭传之孙，正赴成都途中的端方试图劝阻刘朝望革命，被刘朝望复电拒绝，并劝端方认清形势，或参加革命，或撤兵回满洲。[③]

川南独立后，川东亦继之而起，因夔州为川东门户，赵尔丰予以高度重视，特意委派候补道余大鸿带三个营的兵力把守，任知府成昌为监督，奉节知县曹彬孙为提调。不料余大鸿在武昌起义、川东人心动摇的紧张情况下，竟畏缩不前，不敢开赴夔州。随着毗邻的湖北利州、建始等县相继独立，夔州已成孤城，只有奉节县令曹彬孙会同警务长徐希贤勉力支持。11月26日，自武汉回四川的同盟会员泸师谛联络巫山团防孙吉五率领巡防军100多人在夔州发难，杀死了曹彬孙和徐希贤，宣布夔州独立。[④]

---

① 戴执礼编：《四川保路运动史料汇纂》下册，台北："中央研究院"近代史研究所史料丛刊第23种，1994年版，第1821页。

②《广益丛报·记闻》第九章第二十九期。

③ 戴执礼编：《四川保路运动史料汇纂》下册，台北："中央研究院"近代史研究所史料丛刊第23种，1994年版，第1847页。

④《时报》，1912年2月11日。

11月27日，万县巡防营管带刘汉卿在同盟会员熊晔、清大道等人的运动下反上，成立了川东军政府，刘任副都督。影响所及，云阳、巫山、开县、大竹、梁平、达州等地也宣布独立。①

川东南五十七州县的响应，使蜀军政府得到巩固，力量也大为增强。

在川东、川南纷纷独立的大潮中，端方统领来川助剿同志军的湖北新军在四川革命党人的配合下，发动资州起义，使清政府对四川革命斗争的行动彻底破产。

湖北新军中革命党人甚多，因此入川的鄂军是端方亲自选编的，他指派随行的第八镇第十六协统邓承拔和三十一标标统曾广大，均是自己的心腹。因此，端方对控制所带鄂军还是很自信的，认为"军队士兵，皆方旧部，尚能得力"。但事实上，在赴四川途中，军中革命党人即开始活动。在行抵四川夔州时，军中革命党人就召开会议，主张停止西进。端方只得采用安抚手段，以发放银质奖章、五品军功折等方式笼络官兵。10月5日到达万县后，军中革命党人在此会议，商定与川中革命党人接头，里应外合，发动起义。不久，即与重庆同盟会取得联系，决定争取有利时机，捕杀端方，起兵倒戈。武昌起义爆发的消息传来后，起义的筹备工作进一步加快。但端方也加紧了对军队动向的监视，检查官兵邮电，封锁革命发展的消息，阻绝军队与外界的联系。加上鄂军各部已前后散开，联系不易，一时找不到合适的机会。

11月6日，清廷终于满足了端方的愿望，命他署理四川总督，取代赵尔丰。端方离渝赴蓉，到13日，行进到资中。此时四川保路武装斗争已转入宣布独立、推翻清政府阶段，资中正处在革命风暴的中心区域。在成都，和端方公开翻脸的赵尔丰仍困兽犹斗。端方前路凶险，回头无路，处在进退维谷的状态，只有停留观望，试图险处逢生，挽回危局。他先把原定在自流井攻击保路同志军的鄂军撤回集中，保存实力，又派人到成都当说客，试图缓解和赵尔丰及保路运动领袖的关系，以为转圜，结果遭到失败，事实上已陷入绝地。

重庆独立，四川革命形势进一步高涨。鄂军革命党人田智亮参加了重庆独立典礼。次日，蜀军政府给田智亮派兵300人，携带武器、军饷赴资中，动员鄂军起义。资中鄂军也已在重庆独立的前一日开会商议，认为起义时机已经成熟。穷途末路的端方企图最后一搏，于11月27日

237

———————————
①《广益丛报·记闻》第九章第二十七期。

派曾广大召集全体官兵开会，声称军队不再进攻成都，而是北上西安，并称已筹得 3 万两开拔费，令各军准备，遭到官兵拒绝。端方又散布自己本系汉人的说法，以求得官兵的同情。但这些努力为时已晚。当日晚，三十一标一部 100 余名士兵攻入端方驻地，将端方和其弟弟端锦拿至资中天上宫，当众宣布端方罪状，斩杀了端方。次日，起义鄂军通电武汉、重庆、成都，宣布起义，并决定返回湖北。

和重庆及周边府县通过武装起义建立革命政权不同，11 月 27 日，兵不血刃，闾里不惊，一个新政权便在成都成立了。这就是四川立宪派人建立的"大汉四川军政府"。这个政权之所以能诞生，首要因素和重庆等地一样，当然也是辛亥革命的风暴给四川省产生的巨大冲击。除此之外，封建统治阶级内部的明争暗斗，同盟会在成都地区势力薄弱等，也是这个政权成立的重要原因。同时，这也说明了这个政权的脆弱性。

清末统治阶级内部的相互倾轧直接影响到"大汉四川军政府"的诞生。如前所述，盛宣怀以借款回扣遍贿清室权贵，不仅宦囊充溢，也加强了其在中央机构中的地位。端方则"行贿数十万，仅获川粤汉铁路督办，为营复总督之初步"。湖广总督瑞澂恐端方借行贿挤掉其职位，一面托庇于隆裕太后，一面"党同端方，参奏赵尔丰，为端方辟回翔之地"。四川布政使王人文，因川督赵尔巽保荐其弟赵尔丰继任，仅得川滇边务大臣而暂行护理川督，牢骚满腹，"故不制止同志会之发展"。①

赵尔丰抵任川督之初，因王人文放任在前，亦未强力制止四川保路运动的发展。这就给端方、瑞澂等人屡屡奏参赵的借口。8 月 29 日，端方再致内阁请代奏参劾赵氏，在历数赵处理川事不当的过错后，他愤愤地写道："乃知赵尔丰庸弱无能，实达极点！……四川大势已去，虽百赵尔丰何益！"在这场争权夺利的斗争中，赵尔丰显然是被动的应战者。但他并不买端方的账，迟迟不肯拿办倡导罢市罢课、抗粮抗捐的四川立宪派首脑。至 9 月 2 日，赵尔丰与成都将军玉昆等官员还联名上奏，要求"准川人照原案自办，俟成宜全路告成，再议收归国有"。但盛、端二人内附载泽，外党瑞澂，咄咄逼人。赵尔丰为保全职位计，突于 9 月 7 日诱捕立宪派首脑，惨杀请愿群众。被派入川查办的端方在武昌首义爆发后，突变其对于川事主剿的态度，并要求释放蒲、罗诸人。端方此举，企图以抚的方式平息风潮，并坐赵尔丰渎职酿变之罪。10 月 26 日，释放

---

① 《中国近代史资料丛刊·辛亥革命》（四），第 333-334 页。

蒲、罗等人谕下，赵尔丰并不理会，反于 11 月 2 日奏劾端方要求释人之举"实堪骇异"，并称捕人系因"迭接端大臣嘱令严办之电"和"严词电劾"。①赵氏屡受清廷斥责，降为川滇边务大臣。后大理院又以资政院奏请为据，请将赵尔丰等解京审讯。至此，端、赵交哄，已成水火。在清廷大势已去的情况下，他们又进行了一场拉拢立宪派人的竞争，以求躲过辛亥革命的风暴。

赵尔丰迟至 11 月 17 日才执行清廷释放蒲、罗的上谕。此后，赵对被释之人另行礼聘，每日到总督衙门会议。他将端方等人的奏折、函电出示与被释诸人，并称："非弟之不情，实端、瑞、盛等迫弟至此耳。"②此时，端方正率鄂军取水道入川，途经重庆，于 11 月 18 日到达资州。所带军队不稳，各县同志军东起西应，折返湖北退路已断，加之赵尔丰虎视在前，端方已深感自身势孤途穷。于是，他以曾经奏请释放蒲、罗等人作资本，在资州派出同盟会的叛逆刘师培和已经投入其幕的四川立宪派骨干朱山前往成都，运动立宪派人实行川省自治。四川立宪派首脑对端方自无好感，且成都不在其控制之下，刘、朱二人碰壁而返。端方仍不甘休，再致电蒲、罗请人，邀请他们至资州共商，但电报被赵尔丰扣下。端方图谋运动成都自治一事，"尔丰闻而忌之"，恐端方抢先，于己不利。他不仅扣压了端方的电报，在经过短时间的徘徊观望后，派参谋处总办充任其正式谈判代表，与署提法使周善培、成都总商会会长陈崇基、立宪派人士那从思等积极运动成都自治的士绅，洽商有关独立的具体条款。赵尔丰本不愿交权给他亲手捉拿过的蒲、罗等人，初欲交给与他过从甚密的邵从恩，但邵氏不从。"又议及正副，尔丰欲援鄂例，以（新军统制朱）庆澜为正都督，蒲殿俊副之。从恩谓湖南正都督谭延闿亦文人，以民选议长而置之副，恐不惬舆情，于是议乃大定"③。立宪派首脑蒲殿俊等人很快就接受了这种以妥协求得独立的方式，散发了《哀告全川叔伯兄弟书》，规劝同志军"兵戈亟宜罢休""息事归农，力挽和平"④。关于成都独立的协议签订后，立宪派人随即在咨议局开大会宣布，获得

① 戴执礼编：《四川保路运动史料》，北京：科学出版社 1959 年版，第 285 页、第 293 页、第 477 页、第 473 页。
②《中国近代史资料丛刊·辛亥革命》（四），第 337 页。
③ 隗瀛涛、赵清主编《四川辛亥革命史料》，成都：四川人民出版社 1981 年版，第 389 页、第 496 页。
④《中国近代史资料丛刊·辛亥革命》（四），第 386 页。

与会议员们的一致通过。

"大汉四川军政府"由官绅会商成立的另一重要原因，是成都地区立宪派势力相对强大，而同盟会势力较为薄弱。同盟会在川省发动的屡起屡仆的武装斗争，损失不小，也使得部分成员滋长了悲观失望的情绪。成都丁未（1907年）之役后，"成都同盟会员因代分会长林宾谷（按：应为冰骨）不负责任，不愿与同志联系，党已形同瓦解"[1]。因而，同盟会四川负责人对于成都地区的打算是："成都自丁未事败，清吏防革命甚严，党人无兵力可持，即发难亦无所济，惟有各道同时发动，而成都乘时响应，庶可集事。"他们在成都地区基本上停止了有组织的活动。另有一部分同盟会员，如咨议局中的刘声元、程莹度等，则与立宪派人士并无区别。四川新军中的将校姜登选、方声涛、叶荃等人，虽为同盟会员，但力微势薄，多属客籍，不敢发动起义。赴川鄂军的革命党人派员待黄兴、宋教仁、谭人凤书致方声涛，嘱其乘机夺取端方所带军火，他亦以"在新军中势微，不敢轻举"[2]为由推辞。非但如此，部分同盟会员率领的新军如姜登选、叶荃部还参与了镇压同志军武装起义。郭沫若先生认为，主要因为"四川新军这种不革命乃至反革命的状态，使得赵尔丰得以负隅顽抗近三月之久"[3]。甚至刚出狱的同盟会员杨维等人，认为邓孝可"在同志会中主张最激烈"，计划在11月26日由同盟会员串通督署卫队，火烧督署，"次日即公布邓孝可为四川都督"[4]。虽事泄未果，但部分同盟会员企图拥戴立宪派人成立新政府，其力量之软弱可见一斑。

上述诸种因素，使四川立宪派人得以不费一兵一卒，建立了以他们为主体的"大汉四川军政府"。10月22日，由官方代表署布政司尹良等7人，立宪派代表蒲殿俊等8人签订了由官方和立宪派人共同商订的四川独立条件，包括他定独立条件19条，绅定独立条件11条。25日，咨议局开会一致通过。27日，"大汉四川军政府"在成都宣告成立。同日，赵

240

---

① 《辛亥革命回忆录》（三），第131页。

② 熊克武等：《蜀党史稿》，《中国近代史资料丛刊·辛亥革命》（二），第168页、第174页。

③ 前引隗书，第362页。姜登选"以同志军愚而暴，立挥所部攻新津，不半日城陷"，见《辛亥革命史丛刊》（二），第170页。叶荃为赵尔丰"派往大关、雅州、嘉定等地镇压保路同志军的得力于将"，见成都市社会科学研究所编：《纪念辛亥革命七十周年论文选》，第32页。

④ 隗瀛涛、赵清主编：《四川辛亥革命史料》，成都：四川人民出版社1981年版，第512页。

尔丰发布"宣示四川地方自治文"。

在新政府中，立宪派人士占据多数。咨议局议长蒲殿俊就任都督之职，来自咨议局、川汉铁路公司、川省教育界和商界的立宪派主要人物如罗纶、叶秉诚、邓孝可、颜楷、舒巨祥、廖治、徐炯、曾培、胡嵘等人，都担任新政府各职能部门的负责人。同时，旧官僚在新政府中占有很大比例，如以前的清盐运使杨嘉绅留任。武职部门的尹昌衡和姜登选虽为同盟会员，但他们均以军界川籍、客籍实力派人物身份参加新政权。赵尔丰所倚重的新军统制官朱庆澜还在新政府中任副都督之职。而且官绅协议明文规定："凡行政司法各官，仍希照常办事"①，因此，各个职能部门所属官员，一般为前清政府各衙门的官吏，新政府主要是派员接管并委派了新的负责人。

尽管如此，"大汉四川军政府"还是作为清王朝的对立面出现的。既称"大汉"，则表明这个政权公开宣布了对清王朝的否定，而"军政府"之称谓，其白底、中书"汉"字、周围十八圆圈的旗帜，则表明这个政权顺应了当时各省纷纷独立之势。赵尔丰在其"宣示四川地方自治文"中，仅言"自治"，绝口不提"独立"，说明立宪派人和赵尔丰对于新政权的性质是各持己见的。以后，赵尔丰及其残余势力处心积虑地想推翻"大汉四川军政府"，亦足以说明封建势力对于新政权所持的仇视态度。

"大汉四川军政府"是主张实行君宪政体的。该政府的宣言称："今一旦脱专制之羁绊，为政治之改革，岂非吾川人日夜所祷求而引以自任者耶？"政府声明其宗旨为"基于世界之公理，人道之主义，组织共和宪法，以巩固我大汉联邦之帝国"②。既乐于"脱专制之羁绊"，又仅云"政治上之改革"；既要"组织共和宪法"，又云巩固"大汉联邦之帝国"，最明显地以立宪派的口吻宣布了新政府实行君宪政体的立场。

把《川人自保商榷书》（简称《商榷书》）与"大汉四川军政府"的文告相较，可以认为，后者是前者在新形势下的发展和具体实施。如前所述，《商榷书》表述了宪友会系统的立宪派人在辛亥革命前夕提出的"以独立要求宪政"的设想，反映了日益发展的民族资产阶级上层及其政治代言人立宪派扩大参政权和经济权的意图。这些立宪主张的实现，在很大程度上还取决于封建统治阶级的让步，不得不以"商榷"的口吻予以

241

① 《辛亥革命回忆录》（三），第 170 页。
② 戴执礼编：《四川保路运动史料》，北京：科学出版社 1959 年版，第 511-512 页。

表述和要挟。而"大汉四川军政府"的文告则公开地、明白地宣布了立宪派以独立实行宪政的主张，如何实行已经取代了"商榷"。《商榷书》里那些"厝皇基于万世之安"等保留清王朝的词句，代之以"大汉联邦帝国"，表示他们仍坚持君主立宪主张，不反对汉族皇帝的出现。《商榷书》里关于"保护官长""一律开市开课开工"等条件，原设想是由立宪派控制的保路同志会、咨议局及各级地方议会执行，现已由立宪派领导的新政府重申实行。关于独立的官绅协议明文规定，新政府对于"省中文武官吏力为保护""不许人民挟忿寻仇"。新政府公告称："我省行政官吏，满洲驻防人民，一律照常待遇""至于社会秩序，务求安静如昔；凡我士农工商，一切各安生业"。[①]《商榷书》里关于"练国民军""设国民军炮兵工厂"等条款，原是筹划者用以胁迫清政府实行宪政的筹码，现在既然立宪派已政权在握，似乎军权已经在手了。《商榷书》里关于"筹备自保经费"的条款，原是为了困厄清王朝，现在既然已经成立了立宪政权，也用不着筹款"自保"了。《商榷书》里那些意存威胁的口吻，已被新政府文告中的人道主义、恢复安静秩序的说教所代替。

二、"成都兵变"与"大汉四川军政府"的倒台

"大汉四川军政府"对于以赵尔丰为首的封建势力的妥协是严重的。对于这个曾经屠杀无数爱国民众的刽子手，新政府给予了若干优待。立宪派人让赵尔丰仍旧主持川滇边务事宜，而且"边务常年经费及兵饷一百二十万两，由川担任""边务如需扩充军备，饷械子弹由川协助"。赵尔丰仍可拥有一支数量较大的军队，"除原有边军外，应再选带八营"。主要就在这个问题上，以同盟会员为主体的"重庆蜀军政府"对于有关四川独立的协议进行了尖锐的批判。他们指出："人谓四川独立，吾则回'赵尔丰独立'"；赵"选带精锐以规进取，其余军队悉交私人，前据形势，后保饷源，赵之筹划，又何其工也。有地、有兵、有饷，吾敢谓满清政

---

① 戴执礼编：《四川保路运动史料》，北京：科学出版社1959年版，第512页。

府依然存在"。①

"大汉四川军政府"是一个混乱不堪的政权。都督府文职部门负责人大多为立宪派人士，他们分别接管前清四川地方政府的重要衙门。有的部门如盐运使司，居然保留了杨嘉绅的原任职务。他混迹于军政府，乃纯从私利着眼，当劫运了20万两盐库银后，便潜逃他处。继任此职的邓孝可甫一接事，"盐务公所各司书，强索余利"，邓氏"穷于跬步，分给始散"。劝业公所的留任官员，"将存款提分作三个月预薪"，其余"各公司局所多仿行者"。接管布政使司的蔡镇藩，遇事推诿，反对之声不断。接管提学使司的徐炯，"被学界攻讦回府，另派曾培担任"。身任都督的蒲殿俊"惟汲汲于改定制度，鼓吹自由而已"②，至于效果如何，他本人大概不了解也无法解决。都督府先后发出了一系列告示，未曾发生任何作用。如先令军民剪去发辫，后又改成剪否听民自便。虽明令禁赌，而都督府门外就有聚众赌博的，没有人去过问。很难相信，军政府律令能逾都督府门。

军队系统的混乱更令人吃惊。新军中的川籍和客籍军官互存畛域之见，哄闹不已。新军标统叶荃执意要统制官朱庆澜任都督，扬言要炮轰都督府。后经人说合，以30万元代价平息此举。叶荃遂率部奔往嘉定，与卷款潜逃的杨嘉绅共谋嘉定"独立"，还企图与来川滇军勾结，进据成都。③尹昌衡是川籍军官的核心人物，他"虽然在历史上与同盟会有过联系，而且参加过同盟会。但是他却没有明确的革命意识，只是热衷于争夺军权和地位的实力派"。以他为首，川籍军官向都督府提出另成立新军一镇，并在参谋部安置一四川军官，以与客籍军官抗衡。蒲殿俊因经费困难，仅同意任命川籍军官王右瑜为参谋部次长。尹即带领川籍军官至都督府哄闹，几乎与客籍军官发生武力冲突。此后，朱庆澜、姜登选、方声涛三人便不肯到府办公，形成僵局。蒲上任之初，即允诺巡防军和新军放假十日，发三个月的饷银，寓以同庆独立及安抚之意。至期索饷者纷纷，巡防军无人统管，骚扰不断。待十日假满归营，仅给一个月的饷银，众兵士不服，竟将发饷委员杀死。军队放假期间，成都市内秩序

---

① 戴执礼编：《四川保路运动史料》，北京：科学出版社1959年版，第504-506页。
② 隗瀛涛、赵清主编：《四川辛亥革命史料》，成都：四川人民出版社1981年版，第548页。
③ 参见成都市社会科学研究所编《纪念辛亥革命七十周年论文选》，第32页。

大乱，"巡防军掠扰人，毁报馆，警局退避惟谨，政府且封闭被毁者。陆军与巡防军争妓斗殴死数人，伤数十人"。对于军队闹事，"军政府没有法，只好大张告示，劝说'军人资格最高'，希望他们'君子自重'，遵守秩序"。有人建议把巡防军调回原驻地，但都督不敢下令。罗纶建议急召同志军进城，作为军政府的基本力量，于是各地同志军纷纷开进成都市内，新政府也天天招待庆祝。但是，"各县之同志会，以光复为有大功，且蒲、罗请人又为所救而生死（肉）骨者也，几所企图，尤不能不稍有假借"。此种办法，不准不解决问题。"且陆军、巡防军、同志军之间，作战追逐数月，一旦共处一城，思想水火，哄斗时闻。"①军界的情况更趋复杂混乱。

尤其严重的是，立宪派人准备随时请教的赵尔丰，仍住在督署，附近几条街的民房内驻有赵氏原来调集用以保护制台衙门的 3000 多巡防军。赵退位交印后不久，得知清廷尚未倒台，颇有悔心，遂嗾王棪、路广钟、李克昌等一班旧官僚乘机生事。立宪派人对于赵尔丰思图复位的阴谋并未察觉。12 月 8 日，都督蒲殿俊、副都督朱庆澜集合巡防军、新军、同志军于东较场，异想天开地准备将兵士挨次点名发饷，一示新都督对士卒的爱怜之心；二则旨在整肃纪律，饬以维持治安之责。点名不久，巡防军中一阵枪响，全场大乱，正、副都督均急逃匿。各军士卒趁机在市面抢劫，成都陷于极度混乱之中。此次突变，王棪在东较场首先发难。路广钟在事变当天，"率教练巡警二千余人，手持快枪二千余支，胁各署巡警曰：'藩库、运库、道库，既已抢劫；天顺祥又被掠空，此时不变，更待何时。'于是警兵附和叛乱，各街秩序，无人维持，而乱不可遏矣"②。此次兵变，计公私损失财产不下 1000 万，全省精华尽于此劫。次日，赵尔丰竟以总督部堂名义出示称："昨日之事，已过不论；谕尔士兵，各自归营"，并署明时间为宣统三年（1911 年）十月十九日。赵尔丰"意欲遥应北庭，图谋复位"的鬼蜮伎俩昭然若揭。③随着"一二·八"兵变的枪声，"大汉四川军政府"便宣告瓦解，历时仅十二天。

兵变以后，军界中的实力人物、军政部长尹昌衡和在同志军中颇有

---

① 隗瀛涛、赵清主编：《四川辛亥革命史料》，成都：四川人民出版社 1981 年版，第 506 页。
②《中国近代史资料丛刊·辛亥革命》（四），第 337 页。
③《中国近代史资料丛刊·辛亥革命》（四），第 337 页。

影响的罗纶出面，率领少数新军和同志军迅速平息了叛乱，并分别就任"四川军政府"的正、副都督。以后，又捕杀了企图继续作乱的赵尔丰。但是，正如胡绳同志在《从鸦片战争到五四运动》一书中所指出的那样："在这个政府中的立宪派已不成其为立宪派，革命派也不成其为革命派，他们一致拥护尹昌衡这个新军阀。"曾经风云一时的四川资产阶级立宪派，随着"大汉四川军政府"的倒台，便结束了其在辛亥革命前的主要政治影响。

"大汉四川军政府"成立后，四川出现了成、渝两个政府并存的局面。从表面上看，四川光复，清王朝在四川的统治终结，革命任务已然完成，成都、重庆两个政府并存的局面似已无必要。当时四川所面临的形势也要求结束分裂的局面，尽快组建统一的新政府。

首先，中华民国南京临时政府已经成立，成、渝两地军政府都以南京为依归，已无分立的必要。

其次，由于各州县独立并非统一行动而成，各州县新政府虽名义上或归属于成都，或归属于重庆，但实际上政令并不统一，有些地方基本上处于无政府状态，社会秩序混乱，亟待恢复。正如张培爵所描述的："重庆独立之交，成都反正之后，全省蠢动，几陷于无政府之状态：陇无耕夫，市有暴客。兵尽为将，匪流为兵。强黠者窃县以自封，宵小者据乡而思逞。公款则罗掘一空，私产亦诛求无厌。一县而有多数都督之称，一乡而有多数总统之号。"[1] 这样的局面如不尽快得到控制，重庆和成都两个政权都面临垮台的危险。

最后，南北会谈还未完成，四川和北邻的陕西还处在敌对状态，虽成都、重庆两地政府均在策划北伐，但后方不稳，致使北伐筹备缓慢。

此外，蜀军政府邀请了滇军入川后，有些部队趁机占领地盘，甚至杀害同志军将领和士兵，并有进取成都的意图，这让两地军政府关系大为紧张。社会各界要求谈判合并的呼声越来越高。

12月11日，由同盟会倡议，成都各大团体发起的成渝合并期成会成立，开始倡议统一。14日，王人文、胡景伊也在重庆致电尹昌衡、罗纶，提议成渝两地军政府共派代表协商统一事宜。旅居省外的四川人也成立一个名为四川共和协会的组织，上书蜀军政府，认为"中国数年以前，本有所谓立宪，革命各党名目，然究其实，皆以救国为前提，不过方法

---

[1] 张培爵：《蜀军政府始末》，参见《辛亥革命重庆纪事》。

殊而。且其所为党者，实对清廷专制也。今已改共和政体，则前此所谓各党，俱不适用，已可援此以强为分别之理"，因此提议"速谋全省之统一"①。

成渝两地的军政府虽势均力敌，但都从传统认识出发，以成都为四川政治中心，这就消除了统一最大的障碍。

1912年1月28日，成都四川军政府致电重庆蜀军政府，提出合并设想六条：以成都为四川政治中枢；重庆应设重镇，置镇抚使一人，领兵一镇；以成都正都督为四川正都督，重庆正都督为四川副都督；两地副都督，拟任重庆镇抚使或枢密院长或军事参议院长；各部长次官，合两地人才组织之；两军政府所派安抚、宣慰使应彼此速将合并之事知会，使互相联合，各以接到地为职务终了地。②重庆蜀军政府原则同意六条意见，只提了五条意见，在细节上作了补充和修正："大汉四川军政府"为中华民国蜀军政府，官印需相应改正；重庆不足一镇之兵额与枪械，由成都补足到一镇之数；蜀军政府与鄂、滇各省所订合同继续有效；提议西藏为全国之西藏。

246

经双方全权代表张治祥（张治祥为蜀军政府赴蓉代表，反被成都方面委任为正式谈判代表）、朱之洪会商，最终在重庆议定合同各项条款。除上述内容外，又对北伐事宜做了规定：重庆副都督曾被推为北伐总司令官，现予认可。成渝共出新军两镇，先筹划四个月军饷，以后随时补充。弹药始终竭力补充。

2月2日，双方军政府盖印生效，并向南京临时政府报告。3月11日，尹昌衡、张培爵就任四川正副都督职，罗纶任军事参议院议长，夏之时任重庆镇抚府总长。此外，四川军政府还设有军事巡警总监，由杨维担任。总政务处总理为董修武，谢持为副总理。总政务处下设政务、财务、教育、司法、实业、交通、盐务、外交、参谋、军务等部。

由于南北和谈成功，袁世凯窃取了中华民国临时大总统职位，四川北伐自然取消。但四川并未因此太平，不过一年多的时间，四川政局再次发生巨变，胡景伊取代尹昌衡成为四川都督。

胡景伊，四川巴县人，1901年赴日本留学，1903年回国，任四川陆军武备学堂监学兼教习。在此期间和在武备学堂就读的尹昌衡结识。1907

① 周开庆：《四川与辛亥革命》，台北：学生书局1964年版，第330页。
② 《民立报》，1912年1月29日。

年赴云南任新军督练处参议官兼陆军小学堂总办、云南讲武堂总办。1909年追随由云南布政使升任广西巡抚的沈秉堃到广西，任新军协统。保路运动发生后，回到四川，任重庆蜀军政府顾问。又因和尹昌衡的历史交往，来到成都，得到尹的重任。1912年2月27日，尹昌衡任命胡景伊为全川陆军军团长，使胡获得军中要职。四川都督府成立后，由蜀军政府副都督改任重庆镇抚府总长的夏之时以国家统一、自己年纪尚轻，希望出国留学为由，提出辞去重庆镇抚府总长职务，得到尹昌衡、张培爵批准，并以胡景伊接替。因重庆是同盟会控制的重镇，故对于这个任命，重庆方面表示不满，经张培爵力劝，才平息了局面。由此胡景伊的地位进一步得到加强。

1912年4月，西藏发生叛乱，并进犯川境。叛军一路进军至打箭炉，气势凶猛。袁世凯命令尹昌衡亲自出征，并委以征藏军总司令名义。尹昌衡欣然接受，并致电袁世凯，委托张培爵掌管民政，胡景伊掌管军政，代理川督。7月10日。尹昌衡率军出发，袁世凯任命胡景伊为护理川督，张培爵为民政长。1913年6月，又任命胡为四川都督，尹昌衡改任川边经略使。尽管袁世凯的任命遭到了四川各界的反抗，但最终无济于事。7月15日，胡景伊就任四川都督。从此四川处在袁世凯的控制之下，标志着辛亥革命在四川的失败。

结语　四川保路运动是辛亥革命的导火线

　　孙中山先生等资产阶级革命派领导的中国资产阶级民主革命，如果从 1894 年成立檀香山兴中会算起，到 1912 年孙中山辞去中华民国临时大总统、袁世凯就任临时大总统止，历时达 18 年之久。因其高潮发生在 1911 年，即旧历辛亥年，所以通常将这次革命称为辛亥革命。

　　辛亥革命是 20 世纪的中国发生的第一次历史性巨变。说它是历史性巨变，因为辛亥革命有着前所未有的成功之处，这主要体现在：辛亥革命推翻了中国两千多年的封建制度和统治中国 260 余年的清朝统治集团；该革命使民主共和的意识开始深入人心，任何复辟倒退都必然会遭到失败；辛亥革命推动了中国资本主义，包括资本主义企业、近代教育和思想文化等方方面面的发展；以孙中山先生为代表的资产阶级革命派的革命精神、革命勇气和革命智慧以及他们所提出的三民主义纲领鼓舞和启迪了后来的革命者；等等。当然，辛亥革命并没有改变近代中国半殖民地半封建社会的性质，也没有改变中国广大人民群众的政治地位和经济地位，中国农村的境况依然没有大的变化。尤其是其后的军阀统治和军阀混战，还进一步将中国推向黑暗的深渊。不容否认的是，辛亥革命的成就是主要的，它的丰功伟绩已经载入中华民族的史册。

　　1911 年的四川保路风潮是辛亥革命的导火线，对促成中国资产阶级革命高潮的到来和最终成功有着不可替代的历史作用。说保路风潮是辛亥革命的导火线，还因为这次风潮具有近代中国历史上前所未有的独特之处和成功之处，不仅"破约保路"这个直接目的完全实现，而且保路同志军的武装斗争将清朝政府推向了万劫不复的境地。

　　从时间上看，四川保路风潮的持续时间很长。从清政府颁布"铁道干线收归国有"政策的 1911 年 5 月上旬起，到 1911 年 11 月下旬"大汉四川军政府"的成立，即四川保路同志军基本停止武装斗争时为止，时间跨度已经超过半年。1911 年保路风潮之前，孙中山先生、黄兴先生等直接筹划的黄花岗起义影响很大，但遭失败。黄花岗起义后到武昌起义前，能够长时间与清朝政府软磨硬抗的只有四川的广大民众。换言之，清朝政府在这段时间内，不得不将它的主要精力放在四川，这当然有利于其他地区革命派开展活动。

从规模上看，四川保路风潮中四川各界各族民众大多直接以各种方式参与了保路斗争。上层社会的士绅如省咨议局的议员、一部分官员、铁路公司的高层管理人员、学堂的教员、商人，一般平民百姓如学生、小商人，下层民众如工人、学徒、商店店员、小贩、青楼女子，纷纷参与到运动中来。他们有力出力，有钱出钱，"心惟一的"，万众一心。汉族之外，满族、回族、羌族、彝族等民族的群众也卷入了这场斗争。即便是王人文、赵尔丰这样的封疆大吏，也曾不同程度地表示过同情或支持。在晚清，这样大规模的群众合法斗争还是第一次，而地方政府官员给予不同程度支持的群众斗争，更为罕见。这就更加迫使清政府将其注意力放在四川，而它在解决诸多问题的方式方法上所犯的严重错误，不断地暴露了其专制蛮横的面目，从而加速了它的灭亡。

四川地方政府与清朝中央政府的对峙态势，也在长达半年的时间中形成。护理四川总督王人文默许保路同志会的成立，并让其在一定条件下发展。王人文、赵尔丰多次为四川绅民代奏，成都将军玉昆以及不少四川官员参与联名代奏，还有一些州县的官员同情或支持保路运动。他们的言行，实际上就是对抗清政府，使"铁道干线收归国有"政策不能贯彻落实。在晚清历史上，这种地方政府与中央政府形成僵持状态，实为对峙的态势达半年之久，仅此一次。这样的说理斗争使一些官员也深切体会到了清政府的无知与专横，离心离德的倾向有所发展。成都等地后来的官绅协商独立，正是四川部分地方官员对清廷失望的写照。

与四川地方政府与清朝中央政府的对峙态势相辅相成的，就是四川地方官员与士绅的官绅会商、官绅合作局面的形式。从川汉铁路的筹建开始，在四川就逐渐形成了官绅会商、官绅合作的局面。在爱国自爱家乡始思想的支配下，在拟议中的川汉铁路需要巨款的具体情况下，绅士们不断地出主意、提建议，官方也需要士绅的支持、配合和示范。由官方提出修筑川汉铁路的建议，在士绅们的推动中开始逐步实施。在这个过程中，在新政实施的背景下，尤其是咨议局成立以后，士绅们的发言权越来越大，建言的积极性越来越高，在民众中的威信也与日俱增。四川立宪派在这个过程中形成，保路运动的领导集团也随之形成。"破约保路"斗争出现登高一呼、四方景从的局面，与此相关。四川地方官员能在相当长一段时间内同情、纵容甚至支持保路风潮，也与此相关。从大量的历史文献资料中，我们可以看到，如何为修建川汉铁路筹集足够的股款，是当时官绅会商、官绅合作的主要纽带，他们也曾经为此绞尽脑汁。这种官绅会商、官绅合作的局面，湖北、湖南、广东三省都没有出现过，在晚清历史上也极为罕见。当这种官绅会商、官绅合作局面结束，即"成都血案"发生以后，清朝在中国的统治也就很快走到了尽头。

人们很少注意到，导致清朝灭亡的一个重要原因在于统治集团内部的因素。追溯四川保路风潮的兴起和发展变化，可以为此提供一个极好的范例。清政府自己推行的新政自不待言，造就了自身的对立面，即一大批资产阶级和小资产阶级知识分子。在极为有限的开放言论的同时，清政府自身就陷于舆论的汪洋之中。就川汉铁路而言，四川地方政府和四川地方官员其实从不同角度和不同程度，将清朝推向坟墓而浑然不觉。锡良的修筑川汉铁路的决策未经过任何科学的论证，锡良的心腹爱将、后来署理四川总督的赵尔丰主持了官办川汉铁路公司的成立，继任四川总督的赵尔巽也不得不尽力推进川汉铁路的筹建事务。可想而知，在此基础上的川汉铁路公司，无论官办、官督商办或者商办，都必然举步维艰。从这个意义而言，锡良、赵尔丰两人是导致清朝走向末日的始作俑者。从铁路股款的征收、征收机构的成立，主政四川的官员不外都是导火线的制造者。而他们在保路风潮中的言行举措，也在不自觉地点燃这个导火线。

四川立宪派人的斗争策略是高明的。从初期的不知所措到"文明争路"，从罢市罢课到抗粮抗捐，立宪派人步步为营。其中"文明争路"的作用不可低估。正是在文明争路期间，立宪派人进行了卓有成效的组织、宣传工作，把四川广大民众组织起来，聚集在"破约保路"的旗帜下。当民气激扬、万众"心惟一的"之时，不失时机地直接倡导并实施了抗粮抗捐斗争。在斗争手段方面，他们得心应手地交替使用了合法与非法的斗争手段，既使清政府骤然难以下狠手，也使主政的四川地方官员不得不暂时隐忍。与此同时，还进一步争取了广大民众的支持与参与。完全可以想象，如果一开始就摆出你死我活的武装斗争的架势，结局当然是被迅速压制或被镇压。

"成都血案"以后，保路风潮迅速演进为保路同志军的武装斗争。保路同志军出文告，剪电线，在新津、温江、郫县、灌县、简阳等地与清军血战，还数次进逼成都。同志军的武装斗争极大地搅乱了封建统治秩序，震动了清王朝。面对烽火遍及巴蜀大地的群众性武装斗争，赵尔丰防不胜防。新军不可靠，警察也靠不住，八旗兵也未见出战，剩下的只有为数不多的巡防军。面对保路同志军要杀其家属的威胁，主要来自省内的巡防军官兵有时只有对天放枪，虚应故事而已。成都几乎成了一座孤城，对外联系时有中断。清朝中央政府也束手无策，只得先后下令急调陕西、云南、贵州等邻省的军队，甚至还打算调动海军赶赴重庆，但最终只有湖北新军在端方带领下缓慢地开赴四川。显然，清政府的阵脚已经大乱。值得注意的是，同志军中的同盟会会员已经揭示了反对清朝统治、直捣黄龙、杀出民权、实现独立、共和创政的斗争目标。[①]仅从时间上而言，这些口号的提出还早于武昌首义。

四川的资产阶级革命党人，在保路斗争中也作出了相当大的贡献。他们参与了保路斗争的决策以及各种方式的斗争，直至保路同志军大规模的武装斗争。四川保路同志会的讲演部长是同盟会会员程莹度，赴京代表刘声元也是同盟会会员，他们在宣传群众方面进行了有声有色的工作。同盟会会员所发明的"水电报"起到了尽快动员群众了解真相、参与武装斗争的巨大作用。在成都附近龙泉驿起义的新军排长夏之时也是同盟会会员，对辛亥革命时期的四川，尤其是重庆地区的独立影响甚大。此外，同盟会会员侯宝斋就武装斗争的开展曾召集会议作出部署，率领保路同志军的部分负责人也是同盟会会员。尤其是在"成都兵变"以后，以同盟会会员为代表的四川资产阶级革命党人的作用越来越大。

1936年，为纪念辛亥革命二十五周年，吴玉章同志撰文指出："自来每个革命的成功，必定是动员了广大民众，各阶层的革命力量。什么东西能够发动这些群众呢？第一是国家的存亡问题，第二是人民的利益问题。四川铁路风潮之所以能发动极广大的民众，使他能坚持到底，成为革命的主要动力，就在于他包含这两个条件。而且在这两个条件之下，建立了各党派各阶层的统一战线，革命党人又善于利用这一统一战线，才得到了革命的胜利。""这次铁路风潮，咨议局起了极大的作用，他反对赵尔丰……他们要斗争，就不能不拉拢群众。"吴玉章的这些评说，较

① 戴执礼编：《四川保路运动史料汇纂》中册，台北："中央研究院"近代史研究所史料丛刊第23种，1994年版。

为深刻地阐明了四川保路运动发生的政治的、经济的和社会的原因，以及保路运动的领导集团、群众性斗争风暴的形成原因。

近年来，出现了质疑四川保路运动是辛亥革命导火线的声音。笔者以为，四川保路运动的历史地位是不容置疑的，它的确是辛亥革命的导火线。

早在20世纪七八十年代，四川大学的隗瀛涛教授率先就四川保路运动是辛亥革命的导火线做了有力的探索和研究。他在1981年出版的《四川保路运动史》一书中，以详尽的历史资料论证了这一重大问题。著名的中国同盟会员宋教仁非常关注四川，武昌首义前在《民立报》上发表了多篇关于四川保路风潮的通讯和评论，其中9月14日的《论川人争路事》一文指出："川人潜察政治盛衰倚扶之故，达观世界大势变化推移之数，不复规规于争路，由消极而进于积极，为四万万汉、满、蒙、回、藏人民首先请命，以建设真正民权立宪政治为期；湘、鄂、粤人及各省人亦同时并发，风起水涌，以与川人同其目的。吾恐数千年充塞东亚大地之专制恶毒或将因此一扫而尽亦未可知。区区借债夺路之虐政云乎哉！"不仅如此，宋教仁还在四川保路风潮日盛之时，"拟定乘时大举，乃决定长江上下游及秦、晋为整备，即于八九月间起义"。

在湖北，"铁路事起，清失人心，天下骚然。凡有血气者，莫不痛心疾首，力锄专制。自蜀发难，武汉各镇翕然响应"。9月3日，黄兴致书尚在加拿大的冯自由，提出："近以蜀路风潮激烈，各主动人主张急进办法，现殆有满弦欲发之势。……际此路潮鼓涌之时，尤易推广。"黄兴主张拟议中的起义"以武昌为中枢，湘、粤为后劲，宁、皖、陕、蜀亦同时响应以牵制之，大事不难一举而定也。急宜趁此机会，猛勇精进，较之徒在粤谋发起者，事半功倍"。10月3日，黄兴在致《同盟国中部总部书》中又写道："自蜀事起，回念蜀同志死事之烈，已灰之心复燃。是以有电公等规划一切，长江上下可连贯一气，更能力争武汉。……光复之基即肇于此，何庆如之！"

在湖南，"是岁七月间，四川铁路风潮益加扩大。鄂湘两省军界有一触即动之势。焦达峰、邹永成时约军界同志安定超……等日在（长沙）府东街作民译社计划加紧发难方法。"

在云南，"是岁六七月蜀路风潮起，滇中军界早受同盟会策动，跃然欲试"。

在陕西，"宣统三年农历七月间，四川人民争路风潮愈演愈烈。影响所及，更给陕西正在酝酿发动革命的暗潮加上了推动力量"①。

实际上，和保路同志军交手的署理四川总督赵尔丰早就意识到同盟会会员会利用四川铁路风潮举起革命大旗。他在 9 月 19 日的一篇布告所附的《劝民歌》中非常清楚地宣称："此次川省为争路，乱党借船来过渡。邪正分明不混淆，告示屡经广刊布。"他所说的乱党，既指为主要目的为救蒲殿俊等人的保路同志军，也包括趁机起事的革命党人。《劝民歌》有"东门流出油粉牌，沿江捞获无其数"等语，所称的"油粉牌"，其实就是同盟会员龙鸣剑等人所做的"水电报"。

孙中山先生曾经指出："若没有四川保路会的起义，武昌革命或者还要迟一年半载的。"②朱德也高度评价了四川保路运动的丰功伟绩："群众争修铁路权，志同道合会全川。排山倒海人民力，引起中华革命先。"③郭沫若先生甚至还曾经提出："真正的历史家，他用公平的眼光看来，他会知道辛亥革命只是四川保路同志会的延长。"④

说四川保路运动是辛亥革命导火线，不仅是为了说明四川保路运动的历史地位，也是为了清楚地阐明辛亥革命高潮到来的一个极为重要的社会历史条件。

说四川保路运动是辛亥革命导火线，毫无贬低武昌首义或中国资产阶级革命党人的意思，反而表明中国同盟会的领导人及武汉等地的革命党人善于利用有利于发动革命的时机，并最终予清王朝以致命的打击。

与此同时，笔者认为，也有必要说明不能将四川保路运动等同于革命。我们的主要理由如下。

其一，四川保路运动的宗旨是"破约保路"，基本不涉及推翻封建专制王朝的革命事宜；

其二，四川保路同志军起事的主要目的是迫使赵尔丰释放被捕的保路运动的领导人，明显有别于反清革命；

其三，四川保路运动的领导人基本是立宪派人，他们没有推翻清王

① 以上参见隗瀛涛著：《四川保路运动史》，成都：四川人民出版社1981年版。
② 冯玉祥：《我所认识的蒋介石》，哈尔滨：黑龙江人民出版社 1980 年版，第182 页。
③ 朱德：《辛亥革命杂咏》（之六），1961 年 10 月 7 日，载《人民日报》1961 年 10 月 10 日。
④《郭沫若选集》第一卷《自传》，成都：四川人民出版社1982年版，第222页。

朝的计划和行动；

其四，武昌首义爆发之前，四川立宪派人的政治主张是"以独立要求宪政"，是以保留清王朝为前提的；

其五，四川革命党人确曾"借船过渡"，但他们不是四川保路运动或四川保路同志军的主体力量。

轰轰烈烈的四川保路运动在近代中国历史上留下了浓墨重彩！

四川各族人民在保路运动中所显现的精神风貌将永垂史册！

四川保路运动中死难的烈士永垂不朽！

附录一　试论川路租股

声势浩大的四川保路运动是辛亥革命的前奏与导火线，其历史地位向来为史家瞩目。探究四川保路运动终能独步一时的原因，不可不对川路股款的主要来源进行研究。"川路股款独持人民租股为大宗"①。其征收范围之广，征收时间之长，征收数额之巨，征收方式之独特，因而对辛亥革命前的四川社会与辛亥四川保路运动影响之深，堪称史无前例。本文试图就川路租股的议行沿革与征收情况加以说明，并就租股的性质及其历史作用进行探讨。

一、租股议行沿革及征收情况述略

远在 1888 年(清光绪十四年)，英、法等国就要求取得四川境内铁路的铺设权。随着中国社会半殖民地化程度的加深，帝国主义的要求有增无已。夙有"天府"之称的四川，成为列强的"第一注意之地"②。1901年，法国派队测量云南成都线。1903 年，英、法两国公使四次照会清廷外务部，磋商铁路借款并强求修筑川汉铁路。同年，英国亦派员入川查勘路线。

外国帝国主义的横蛮要求，理所当然地受到全川人民包括爱国士绅和尚有民族正义感的清朝官吏的坚决抵制。1903 年 7 月 11 日，新任四川总督锡良于出都赴任行至直隶正定府途次，奏请设立官办川汉铁路公司，力主自办川路，"以辟利源而保主权"③。1904 年 1 月，官办川汉铁路公

---

① 《邮传部奏摺》//宓汝成：《中国近代铁路史资料》第三册，北京：中华书局1963 年版，第 1090 页。
② 〔法〕得让得勒，《吞灭四川策》，《云南杂志选辑》第 443 页。
③ 《锡良遗稿·奏稿》上册，第 340 页。

司在成都岳府街成立。它明确宣布不募外债，不招洋股，开我国自办铁路之先河，这是应当予以高度评价的。但公司没有经费，"资本久未鸠集，工程久未兴行"①。川路股款的来源，实为公司成立后所面临的首要问题。四川留日学生以为全省倡，"立认股本六万金，认筹募者三十万"，并于1904年10月提出铁路股款的筹集办法。他们在关于筹集地方公款的建议中，提出"分别上、中、下州县，酌照各粮户租亩多寡，劝令因粮摊认，由丁粮壹两以上起，不派小户"的集股办法。②这是目前所能见到的四川人士关于川路股款按粮摊派的最早建议。1905年1月，锡良参酌湘省所议按租均抽之法及川省初办积谷、办团、办捐成案变通办理③，并与川省有关人士熟商之后，奏定《川汉铁路集股章程》五十五条。该章程提出川汉铁路股款的四种来源：认购之股，抽租之股，官本之股，公利之股。关于租股的抽收作了如下规定："凡业田之家，无论祖遗、自买、当受、大写、自耕、招佃，收租在十石以上者，即抽谷三斗；一百石者，即抽谷三石，以次递加照算。无论公产庙田，一律照收。其收租不及十石者，免抽。"④与《集股章程》同时颁布的《川汉铁路按租抽谷详细章程》进一步规定："其有佃户押重租轻，及债户以租抵利者，但有租谷可收，数在十石以上，均一律照抽。不专抽自业主，以昭平允。"⑤租股每股银五十两，年息定为四厘，从收款之下一月初一日起算，次年十二月照股付息，息款由现银支付。这两个章程公布以后，各州县随即选派士绅二三人为代表成立租股局，并于当年(1905年)秋忙后开始征收租股。各应交租股人家将应交租谷按照各地榜示的时价折合为现银交纳。够五十两者，领取股票；不够者领取收单，凑成整股后再换领股票。各地方官派员将所收租股银两分别汇交川汉铁路总公司或其驻渝办事处。⑥自是，全川140

256

① 戴执礼：《四川保路运动史料》，北京：科学出版社1959年版，第9页。
② 戴执礼：《四川保路运动史料》，北京：科学出版社1959年版，第11页。
③ 湘省人士在筹议赎回粤汉铁路时，曾有过实行租股的建议："今急会同三省绅商，切实筹议。或捐之于田租，或量输于富户，或由外洋华商承招，或由各省督抚分认。"(见《湖南学界粤汉铁路借用英款当议》，《粤汉铁路始末记》初编)川省举办积谷，办理团练及新常捐税，名义上均由粮户摊认，但地主阶级在不同程度上又转嫁给广大农民。
④ 戴执礼：《四川保路运动史料》，北京：科学出版社1959年版，第35页。
⑤ 戴执礼：《四川保路运动史料》，北京：科学出版社1959年版，第41页。
⑥ 据四川省档案馆所藏《巴县档案》记载：川东地区各州、县将租股银两押送巴县的钱庄、银行。这些钱庄和银行把数目计入公司账内，并知照巴县衙门及川路总公司驻渝办事处（亦称驻渝铁路公司）。

余府、厅、州、县，除峨边、懋功、打箭炉、理番等少数极为穷僻之地以外[①]，都开始征收川路租股，且征收对象及于农村各个阶级、阶层，其范围不谓不广。

1907 年，官办川汉铁路公司正名为商办之后，围绕是否继续征收租股的问题，川省各界舆论纷纷，互存政见。但岁入 200 万两左右的租股成了川路股款的主要来源，已为不可动摇之势。商办川汉铁路公司不得不继续征收租股。1907 年颁布的《商办川汉铁路公司续订章程》除了重申过去有关租股的规定外，还增添如下新章：（1）租股年息由 4 厘提高到 6 厘；（2）增加一种面额为五两的租股股票；（3）新设租股零数息折，以适应银数零星不足五两不能换股票者；（4）从 1907 年起，付息方式改为在次年应缴租股内坐扣；（5）明确"租股为补助股份而设，其数目不得过股本金额五分之二"[②]，即预定租股总额不得超过 2000 万两（按：川路估款为 5000 万两）；（6）尤为重要的是，"续订章程"增添了有关股东权利、股东会及董事的选举和组成的规定[③]，纠正原《集股章程》内"不得因有抽租股份干预本公司(按指官办公司)路权"[④]的规定。上列新章，无疑是为了取悦于租股交纳者，使其踊跃交纳，其目的在于维持租股作为川路股款的主要来源。1908 年公布的《改订川汉铁路租、购各股草章》，还就租股局成员的入选资格、职责及各种成色银两对于库平银的折换，作了详细的规定。[⑤]

1911 年因保路事起，当年租股亦自行停止征收。租股征收时间达六年，不可谓不长。

在实际征收过程中，各地皆以一定数量的地丁银（粮）额作为实收租谷十石的相应标准。但各地方官吏及租股局有变通办理、"酌夺更改"之权[⑥]，因而各州、县租股起征点悬殊。例如，彭山县租股起征点为条粮二

257

---

① 《川路临时股东总会议案豁要·议案编》，第 14 页。民国二年（1912 年）排印本，四川省图书馆藏。

② 戴执礼：《四川保路运动史料》，北京：科学出版社 1959 年版，第 67 页。

③ 参见《商办川汉铁路公司续订章程》//戴执礼：《四川保路运动史料》，北京：科学出版社 1959 年版，第 63-72 页。

④ 戴执礼：《四川保路运动史料》，北京：科学出版社 1959 年版，第 35-36 页。

⑤ 参见《商办川汉铁路公司续订章程》//戴执礼：《四川保路运动史料》，北京：科学出版社 1959 年版，第 63-72 页。参见商办川汉铁路公司《改订租购各股草章》，1908 年排印本，四川省图书馆藏。

⑥ 戴执礼：《四川保路运动史料》，北京：科学出版社 1959 年版，第 43 页。

钱五分①，巴县只有一分②。彭山县的租股起征点竟为巴县的 25 倍，无怪乎四川"最大之租股推巴县"③。该县历年征收情况见下表，表中"征收规定"一栏可基本代表全川租股征收规定之沿革。

巴县历年租股征收情况表*　　　　单位：两

时间	数额	征收规定
1905 年	41 377	收租十石以上起征，照积谷成案办理。收租百石者征谷三石，每石合银三两八钱
1906 年	41 377	改为按粮计租，载粮一分以上者起征。每粮一两摊征库平银六两
1907 年	41 390	仍照上年成案办理，唯应扣官息，每粮一两改征银五两九钱
1908 年	41 790	仍照上年成案办理，每粮一两征银六两一钱七分四厘
1909 年	34 710	照上年成案办理，除连年息银，每粮应征库平银四两九钱五分二厘
1910 年	34 250	是年档案已失，无考

*参见《巴县志》卷四上田赋条内"历年田赋国家带征表"。本表数字按四舍入五法，以两为单位。据此表，巴县六年共征租股约 24 万两，与《督宪宣告铁路众股东书》内川督赵尔巽所说至 1909 年巴县租股即已征 32 万两（每年当为64000 余两）有较大出入；又《四川保路同志会报告》第十四号所载《重庆同志之爱国热》一文亦称"巴县为全川一分子，出股亦较他处为多"。因《巴县志》有分年敬字，故暂从。

自清政府举办新政以来，旧税新捐名目繁多。"各款税捐，输纳于国家者，为数至巨"④，四川全省主要征收税目已有 28 项之多。⑤仅就数量而言，租股大大超过前此任何一种捐税。以温江县为例，该县征收正粮、津贴、常捐、新捐及川路租股总额为 60 325 两，其中正粮 5 909 两，占10%；津贴 5 909 两，占 10%；常捐 16 560 两，占 27%；新捐 9 000 两，

① 《彭山县志》"宫政篇"内"裁废各官局·租股局"。
② 《巴县志》卷四上，"田赋"。
③ 《督宪宣告铁路众股东书》，《广益丛报》第七年第三十期，宣统元年（1908年）十一月二十日。
④ 《辛亥革命资料丛刊》（四），第 382 页。
⑤ 参见湖南省图书馆藏《四川款目说明书》，作者不明，从全书内容可断该书成于 1909 年。

占 15%；租股 23 150 两，占 35%。租股所占比例最大。[1]

根据现时可见资料，可得三年全川租股征收数额：

1905 年：2 900 131 两；

1908 年：1 519 259 两；

1909 年：1 343 459 两。[2]

下表可以反映租股在全部川路股款中的重要地位。

川路实筹资金各股数额表[3]　　单位：两

股名 数额及百分比	租　　　股	购　　　股	官　　　股	总　　　额
数额	9 288 128	2 458 147	236 730	11 983 005
百分比	77.5+	20，5+	2-	100

租股 6 年征收总额 928 万余两，相当于同时期川省地丁银额总数的 2.3 倍[4]。超过以商股为主的浙路实收股总额 925 万两，多于湘路和鄂路全部实收股款总和 864 万两，亦接近于苏路、赣路、皖路、黑省、同蒲、洛潼等路全部实收股款总额 1030 万两。[5]根据以上各类数字的比较，川路租股的征收数额不可谓不巨。

① 根据西川正夫所著《四川保路运动前夜的社会状况》一文第 112 页表所列温川、富顺、南川、武胜、大竹五县的情况，温川租股所占比例属于中等。参见《东京大学东洋文化研究所纪要》第四十五册，昭和四十三年三月出版。

② 1905 年数字采自邓铭：《废租股论》//《川汉铁路改进会报告》第二期。其余两年数字采宓汝成：《中国近代铁路史资料》第三册，北京：中华书局 1963 年版，第 1096 页内表。该两年数字当为铁路公司实收额，即未把截付的租股息银（年息六厘）计入。

③ 本表根据川汉铁路总公司《总纂实收数目简明表》所载（1911 年公布）而制，见四川省志交通志铁道篇编辑组：《川汉铁路筹建经过》//《四川文史资料选辑》第六辑。川路股款总额及租股额各说不一。按护理川督《王人文呈内阁并度支部等报告清查川汉铁路账款困难情形电》（见戴执礼：《四川保路运动史料》，北京：科学出版社 1959 年版，第 171 页）所列数字，川路总额为 1 660 万两，租股总额为 950 万两。宓书所列川路总额为 1 645 万两，租股总额为 950 万两。彭芬的《辛亥逊清政变发源记》则列川路总额为 12 216 000 余两，租股总额为 10 237 000 余两。

④ 川省地丁银额见川督锡良 1905 年《查明川省征收地丁情形摺》//《锡良遗稿·奏稿》，第 487-488 页。

⑤ 各路实筹路款数额，引自宓汝成：《中国近代铁路史资料》第三册，北京：中华书局 1963 年版，第 1149 页。

二、租股性质浅析

租股的征收带有政治方面的强迫性质。不管交纳者有无追求剩余价值的动机，亦不问人们是否自愿长期入股，一律绳之以官方或者半官方的命令，由封建政权的各级行政机构会同川汉铁路公司制定政策，选派租股局绅实行征收，并列为官吏治绩的考核奖惩项目。各县设立的租股局一般都具有封建政权基层税收机构所拥有的权力。因而，租股的征收方式与封建政权征收捐税的方式无甚区别。在征收过程中，不可避免地出现中国封建社会所固有的种种弊端。尚未开征之时，有的地方不准农户分家，果有分家者，"仍应照未分家之收租总数照收，并当议罚"[①]。地方官吏及租股局绅在征收租股时，常与地丁同征，甚至"凡纳粮者，均勒令先上铁路捐（指租股）"。如果无力同时缴纳正粮与租股，地方官及局绅则将所纳之正粮强指为租股，"而严科以抗粮之罪，鞭笞棰楚，监禁锁押"。在这种专制手段摧残下，农村中"卖妻鬻子，倾家破产者不知凡几"[②]。更有甚者，"其无力缴捐，加以拳匪之名被诛者，如开渠、新万、平武等县，时有所闻"[③]。广安州牧顾思礼为记大功四次，先自加垫公款三万两为该县认办 1200 股，后强派购股未及半，遂额外按粮摊派并"出差锁押勒缴"，为"从来未有之苛酷"[④]。在决定征收对象时，劣绅借此为收受贿赂、报复仇怨之手段。"如地主为其戚族或受其苞苴，则收租多者可以少报；如地主与之有嫌怨或未行贿赂，则收租少者可以多报"[⑤]。至于租股局绅"冒领股息""吞灭股票"[⑥]，他如贪污、挪用租股银两的情况，所在多有。由于采取这种强制性的征收方式，相当部分租股交纳者视租股"不以为利己之商业，而以为害人之苛政"[⑦]，甚至"视同加赋，求免追呼而已"[⑧]。

---

① 参见四川省档案馆藏《巴县档案》内巴县衙门向下属所发札文。
② 戴执礼：《四川保路运动史料》，北京：科学出版社 1959 年版，第 57 页。
③ 《辛亥革命前后·盛宣怀档案资料选辑之一》，第 95 页。
④ 见《广安州新志》卷十六，"赋税"。
⑤ 戴执礼：《四川保路运动史料》，北京：科学出版社 1959 年版，第 59 页。
⑥ 戴执礼：《四川保路运动史料》，北京：科学出版社 1959 年版，第 61 页。
⑦ 戴执礼：《四川保路运动史料》，北京：科学出版社 1959 年版，第 57 页。
⑧ 秦栩：《蜀辛》卷上，第 1 页。

然而，正是这种封建专制的国家权力，不自觉地推动着川汉铁路公司这个川省首屈一指的资本主义企业鹅行鸭步地缓慢发展。但是，和封建统治阶级希图维持皇统万世的愿望相反，它种瓜得豆，用专制手段征收而来的川路租股，一进入资本主义经济领域，其性质就完全变了。

马克思在谈到资本原始积累时强调指出，这种积累"在不同的国家带有不同的色彩……在英国，它才具有典型的形式"[1]。劳动者(农民与小手工业者)与生产资料相分离的过程，早在鸦片战争前的中国封建社会中便已发生，但它主要地没有被利用来作为资本主义生产关系产生的条件。从生产资料中游离出来的破产农民与手工业者，没有成为资本主义生产关系中的劳动力出卖者，绝大部分沦为农村的无业游民。鸦片战争以后，中国社会自给自足的自然经济逐步解体，无疑加速了这个劳动者与生产资料相分离的过程。殖民者的枪炮和西方文明摧折了中国社会原有的资本主义幼芽，并使这个分离过程主要为殖民主义者提供了劳动力市场和货币财富。而给本国资本主义兴起和发展所准备的财富积累，只是殖民者贪婪吸吮后的余沥剩羹。因此，一方面失去生产资料的劳动者绰绰有余，另一方面积累起来的一点资金多流向商业资本，而开办近代企业的资金严重不足，这就是近代中国社会畸形的资本原始积累所具有的基本特征。因此，中国社会资本"原始积累的基本内容，在于积累起来的财富，是否转化为榨取剩余价值的垫支资本"[2]。

首先，租股是完成了向垫支资本转化过程的。按照有关租股征收章程及实际征收情况，从阶级关系上我们可以把租股交纳者大致分为两类：一类是大、中、小地主；另一类是自耕农、半自耕农和佃农。因而就其来源性质而言，租股亦相应地分作两个部分：一部分是地主阶级剥削农民所得的封建地租；另一部分是农民小生产者的劳动所获。不言而喻，这两部分都是农村封建小生产经济的产物，它们同样以货币的形式被强迫投入近代资本主义工业经济之中。以租股为主的川路股款，从用途上亦可分为两类：一类是用于采办修建铁路所必需的机器、材料，雇佣 4万多工人从事宜(昌)万(县)段的修筑工作，开办铁道学堂并派员出国学习铁道专业知识，聘用詹天佑等国内专业人才进行勘测、设计和施工，等

---

[1] 《马克思恩格斯选集》第二卷，第 222 页。

[2] 从翰香：《关于中国民族资本的原始积累问题》//中国人民大学清史研究所编：《中国近代史论文集》上册，第 511 页。

等。此项用途花费 400 余万两；一类是暂不动用的款项存入省内外的银行和钱庄，变成生息银两，与商业资本、工业资本和银行资本发生关系，此类款项在 700 万两左右。①显然，租股是"当作资本来发生作用的价值量"②，是垫支资本。因此，川路租股是近代中国社会资本原始积累的一种独特方式，它所具有的资本主义性质是显而易见的。

其次，将租股与前此所有的封建捐税相较，亦可看出其具有的资本主义性质。20 世纪伊始，清廷举办新政，其费用无不敛自民间，但基本上是"有去无回"③，所谓"昭信股票"亦变成封建捐税。租股是有股息的。官办川汉铁路公司时期，租股股东于 1906、1907 年两年领取了 4 厘息银。1907 年商办川汉铁路公司成立后，付息方式虽改由次年所缴租股内截付，但股息在法律上却一直存在。租股股票是具有资本主义性质的有价证券，可以自由买卖或者转让，股东权利亦随股票的易人而让渡。零数租股，亦可添交现银而凑成小股或整股股票。从这点上讲，租股与购股并无多大区别。甚至"士商完纳经费(指土药盐茶股)与农民完纳租股情势相同。……不足五两者，仿照新定租股息折章程办法颁发息折"④。川汉铁路公司多次重申，租股股票与购股股票同等价值，并无贵贱之分。一旦路成，它们都同样具有分取红利即剩余价值的资格。

商办川汉铁路公司成立后，强调股东应享之权利，声明"凡附本公司股本者，无论有无官职，一律对待"⑤，纠正官办时期租股股东不得干预路事的规定。"续订章程"并按公司律，专列三章明确股东、名誉董事、董事、查账人的权利及选举事项。规定"凡一整股以上之股东到会时，均有发议及选举他股东为董事、查账人之权，其联合小零股以成整股者亦同"。一百整股以上股东有资格被选为董事，五十整股以上股东可选为查账人。⑥租股局绅的入选资格为"年入租股至三石以上者"⑦，基本废除任意指派的陋规。这样，四川各地大大小小的租股股东都享有不同程

---

① 这个七百万两的数字包括川路公司总收支、上海办事处保款员施典章亏挪的 200 余万两。
② 马克思：《资本论》第一卷，北京：人民出版社 2004 年版，第 617 页。
③ 见《商办川汉铁路公司白话广告》，1908 年刊行。
④ 《川东土税总局通饬各县给予土商铁路股票及息摺案》，四川省档案馆藏《巴县档案》。
⑤ 戴执礼：《四川保路运动史料》，北京：科学出版社 1959 年版，第 68 页。
⑥ 戴执礼：《四川保路运动史料》，北京：科学出版社 1959 年版，第 69 页。
⑦ 见商办川汉铁路公司《改订租购各股草章》，1908 年排印本，四川省图书馆藏。

度的股东权利。1909 年后各县股东分会的成立，更为众多的股东提供了讲论路事、指陈弊端的机会。及至保路事起，由各属股东分会选派代表组成的川路特别股东会更以股东利益捍卫者的姿态出现，反复与清廷、邮传部进行说理斗争。租股股东享有的这种资产阶级的权利，是封建赋税的交纳者所不可能享有的。这种显得特殊的权利，连川督赵尔巽也承认"四川租股代表资格……为万国各种公司股东会所无"①。

同时，我们亦应看到，租股远远没有完成向资本的转化。资本的一般公式是货币—商品—货币，最后阶段上的货币应该而且必须比最初阶段上的货币有一个增值额即剩余价值。②作为货币投放到川路中的租股，在公司的资本主义经济活动中发挥了垫支资本的重大作用。但是，由于种种政治、经济的原因，作为资本一般公式中"商品"的川汉铁路没有完成，租股尚未走完货币—商品这段行程，亦未带来由工业资本增值出的剩余价值。

四川著名的立宪派人邓镕曾经对租股下过这样的定义："租股者，就于川人之有土地所有权者，附于国税，按亩加征，而以为公司营业之资本、之股份者也"③。除掉其关于租股征收对象的阐述不太准确之外，他对租股本质的认识是基本正确的。要而言之，川路租股是依靠封建国家权力征收而来的原始积累资本。

川路租股的产生是有其历史必然性的，它是清季四川社会政治、经济情况的反映。

四川僻处内地，其资本主义的发生和发展，较之沿海省份要晚。20 世纪初，四川的民族资本主义工业极为薄弱。据初步统计，1889 年至 1911 年的 20 余年间，四川全省先后兴办的火柴、缎丝、纺织、造纸、制革、采矿、玻璃等厂矿企业仅有 68 家④，其中拥有可观资本、长期开办者为数很少。在官办川汉铁路公司成立前即已开办的企业，仅有 13 家。⑤对此，四川省咨议局在 1909 年的估计更形悲观："比年实业不进"，"四川

263

① 《督宪宣告铁路众股东书》，《广益丛报》第七年第三十期，宣统元年（1908 年）十一月二十日。
② 参见列宁：《卡尔·马克思》//《列宁选集》第二卷，第 590-91 页。
③ 邓镕：《废租股论》//《川汉铁路改进会报告》第二期。
④ 隗瀛涛：《关于四川保路运动的几个问题》，《辛亥革命丛刊》第一辑。
⑤ 据隗瀛涛：《四川保路运动史》，第 72-77 页表统计。

生产事业，属于商者十二三，属于农者十七八"。①四川民族资本主义工业的经济力量，实不足担任修筑像川汉铁路这样工险费巨的重担。然而，帝国主义者对于川省铁路"群思揽办"②，特别是"英、法眈眈，垂涎相视，安危之机，间不容发"③。帝国主义的侵略刺激全川人民决心防患于未然，义无反顾地决定自筹股款，自办川路。情形正是这样，资本主义列强对于落后国家所进行的侵略，"迫使一切民族都在灭亡的恐怖下采用资产阶级的生产方式"④。四川留日学生预计到川路股款筹集匪易："今欲举此大业(指修筑川汉铁路)，必非徒笈商股之所能成，抑非徒仰官款之所可集，故必出于官商合办，殆事势之所不能避也。"⑤然清政府对外赔款甚巨，举办新政需费日亟，财政极为拮据，根本无力参与这个估款达5000万两以上的工程。连留日学生曾经设想过的官商合款兴办之议，亦付之东流。资金严重不足，而自办川路又势在必行。四川的官吏、绅商甚至留日学生，不可避免地借助于前此征收捐税以为地方公益的先例和形式，强行提取封建经济的一部分作为近代资本主义工业的股本。于是，租股应时而生。其后 6 年，租股作为川路股款的主要来源，支撑着川汉铁路从勘测到开工的重担。

时人对于租股的性质及其产生的历史必然性可以有各种各样的认识，但清政府及其大吏对于租股性质的指鹿为马，使他们对于川路股款的处置失当，直接引起千百万租股股东的激烈反对。皇室认为："按租抽谷之议，名为商办，仍系巧取诸民"，是"捐作修路之款"。⑥邮传部认为："在粤股真是商股，而川股实系民捐。"⑦度支部制定的关于川汉、粤汉铁路收归国有的详细办法，其基本出发点即为"大约以商股与公捐不同，实用与虚靡不同，故不得不稍示区别，或还现银，或给保利股票，或给无利股票"。因而，粤路、鄂路、湘路的商股准予全部或大部归还现银，而川路股款却准备"悉数更换国家保利股票"⑧。但清廷所谓"昭信股票"

① 四川省咨议局《筹办银行案》//《四川省咨议局第一次议事录》。
② 《锡良遗稿·奏稿》，第339页。
③ 戴执礼:《四川保路运动史料》，北京:科学出版社1959年版，第9页。
④ 《马克思恩格斯选集》(两卷集)，第13页。
⑤ 戴执礼:《四川保路运动史料》，北京:科学出版社1959年版，第10页。
⑥ 戴执礼:《四川保路运动史料》，北京:科学出版社1959年版，第139页。
⑦ 戴执礼:《四川保路运动史料》，北京:科学出版社1959年版，第161页。
⑧ 戴执礼:《四川保路运动史料》，北京:科学出版社1959年版，第181页。

前车犹在，川人岂肯坐失辛苦所积股金。所以，川汉铁路公司反复重申租股"是股非捐""租股为纯粹商业资本，无论奇零总数，皆有股单收票，按本给息，虽属已出之金钱，仍为固有之财产"。[1]清帝停止川、湘两省租股谕下，租股股东认为此举乃"如琢免钱粮故事"[2]，不仅没有感受到"浩荡皇恩"，反而激起了对于劫夺川路股款的卖国政府的憎恨。这样，一场暴风雨就即将来临了。

三、租股历史作用试评

尽管川汉铁路没有成功，租股亦未完成向资本的转化，但具有资本主义性质的川路租股对于辛亥革命前的四川社会和辛亥四川保路运动的影响，是极为深远的。

首先，租股的产生和征收过程是反帝爱国思想的宣传过程。

川督锡良因主张自办川路所表现出的反帝爱国思想是无可非议的。他的建议很快就在四川各界引起了共鸣。四川留日学生上书锡良，表示坚决支持。他们大声疾呼，列强瓜分中国诡计多端，"其最坚牢而最惨烈者，莫铁路政策若"[3]，并以朝鲜、印度因失路权而连及丧失主权的例子，反复向四川人民阐明"四川铁路入他国手之日，即四川全省土地人民永服属于他国之日"[4]。官办川汉铁路公司的成立，暂时堵住了帝国主义强求川路借款和修筑权之议，但股金来源问题却又严峻地摆在四川人民面前。计粮摊集之议首先由留日学生提出，他们要求全川人民："倘或大吏通盘筹划，或兴办某项税则及计租摊集者，望乡人顾全大局，切勿反对鼓噪。"[5]因此，议行租股一开始就与反帝爱国思想的宣传紧紧关联在一起。商办公司在回顾这段历史时亦称："当初外人都要挤进来那宗光景，还等得我们把事情闹明白才动手吗?所以莫奈何,先商量几个集股的法子,

265

---

① 戴执礼：《四川保路运动史料》，北京：科学出版社1959年版，第157页。
② 戴执礼：《四川保路运动史料》，北京：科学出版社1959年版，第168页。
③ 戴执礼：《四川保路运动史料》，北京：科学出版社1959年版，第19页。
④ 戴执礼：《四川保路运动史料》，北京：科学出版社1959年版，第20页。
⑤ 戴执礼：《四川保路运动史料》，北京：科学出版社1959年版，第27页。

就开办起来。想到总是钱要紧，一面筹款，一面勘路也未尝不可。"①

征收租股以后，租股成为川路股款的主要来源，商股、官股为数甚少，加之在征收过程中所出现的种种弊端，取消租股之议大起。部分四川人士趁此发出借外债筑川路之议，即"阴主借款一派，亟思取消租股"②。这就使得废租股之议往往与借外债之说相提并论。在当时的历史条件下，川省是否续征租股，实际上关系到川汉铁路的成败，关系到能否坚持反帝爱国的问题。因此，商办公司仍不得不续征，并大力宣传反帝爱国思想以激励租股股东踊跃交纳。《商办川汉铁路公司租股告示》重申川汉铁路"所关甚巨"③，公司的《白话广告》对股东们强调指出，如果川汉铁路"修得半残不落的，款项不接济，你想他们外国人还不来插足吗？"④及至张之洞、盛宣怀阴谋洽借外债筑路的消息传出以后，四川留日学生在《蜀报》著论，旗帜鲜明地指出："欲废租股乎全租股废而来源绝，公司倒矣！……租股可废而不能废，外债可借而不能借。"⑤

反帝爱国思想的宣传效果，在四川保路运动时期集中地显示出来了。1911年6月13日，四国银行团借款合同传至四川，清王朝借债卖路真相大白，激起四川人民的极大愤慨。"各属股东函电交驰，情形异常愤激"⑥，部分股东专电公司，表示"不愿停止租股以保路权"⑦。6月17日，四川保路同志会宣告成立并明确提出"破约保路"这一具有鲜明反帝爱国精神的口号。四川保路同志会成立之日，成都各团体在铁路公司开会，"到会者二千余人讨论合同对于国家与铁路存亡之关系。一时哭声震天"⑧。在反帝爱国思想的激励下，川省各州、县普遍建立了保路同志协会。一首《来日大难歌》清楚地表明了四川人民愿续交租股以维路权的决心："出租股我们都甘愿，为的是要保四川铁路权"，"免租股是个虚恩点""若贪图免租股又能填路款，以外的事儿不管闲，那就是鼠目寸光看不远"。⑨

---

① 见《商办川汉铁路公司白话广告》，1908年刊行。
② 戴执礼：《四川保路运动史料》，北京：科学出版社1959年版，第103页。
③ 戴执礼：《四川保路运动史料》，北京：科学出版社1959年版，第73页。
④ 见《商办川汉铁路公司白话广告》，1908年刊行。
⑤ 《蜀报》第十一期，第十三页。这里的"可借"系指外款息率低于商办公司的六厘息率。
⑥ 戴执礼：《四川保路运动史料》，北京：科学出版社1959年版，第144页。
⑦ 戴执礼：《四川保路运动史料》，北京：科学出版社1959年版，第141页。
⑧ 《四川保路同志会文电要录》，《奏稿要录》//《辛亥革命史》中册，第499页。
⑨ 《四川保路同志会报告》第十三期。

反帝爱国思想的宣传对于遍布全川的租股股东的熏陶，不能不说为四川保路运动从"经济斗争转化为政治斗争"奠定了重要思想基础。[①]

其次，租股的征收过程也是四川各地的大、中、小地主在不同程度上向着资产阶级转化的过程。郭沫若曾称之为"地主阶级的资本主义化"[②]。

在征收租股的过程中，地主阶级手中剥削农民阶级所得的封建地租被强迫投入资本主义工业经济之中。长达 6 年的连续征收，必然使他们付出相当数量的银两。如果说租股是封建性的捐税，那么它的交纳者不可能也不敢过问所交租股作何用途，更谈不上有本有息，以及给交纳者本人带来任何经济上的利益。正因为租股具有资本主义性质，租股息折、收单、股票还在他们手中，就不能不使四川各地的大、中、小地主对于川路抱有希望，从而把自身经济上的利益同川汉铁路的成败联系在一起，不可避免地把眼光从封建生产方式程度不同地、或迟或早地转移到川汉铁路这个近代资本主义企业。四川地主阶级以租股为主要纽带同川汉铁路的经济联系，当是他们转化的起点和维持这种转化的经济动力。因而，川汉铁路的议办以及大规模地筹集股款，亦成为四川民族资产阶级及其政治代表立宪派形成和发展的重要经济原因。四川立宪派人基本上都是川汉铁路的股东。其富有赀财者俱为铁路公司的董事和股东会[③]的负责人；其核心人物皆是维护民族资产阶级上层利益的政治家和社会活动家，"好些都是咨议局议员兼租股股东"[④]。据有关资料记载，在川路特别股东会的发起人、会长、副会长及董事中有咨议局议长蒲殿俊(发起人)，咨议局副议长肖湘(第一届股东会董事)和罗纶(发起人，第一届股东会临时会长)，咨议局筹办处选举科员彭兰村(发起人、第二届股东大会主席董事)，咨议局议员郭策勋(第一届股东会临时会长)、叶秉诚(发起人)、沈敏政(第一、二届股东会董事)、汪树、汪世荣(第一届股东会董事)、王大候、

---

① 郭沫若：《反正前后》//《沫若文集》第六集。

② 郭沫若：《反正前后》//《沫若文集》第六集。

③ 川路特别股东会系四川立宪派核心人物发起并以股东身分推进保路运动的临时组织。该会于 1911 年 7 月 30 日至 8 月下旬举行了数次会议，成立了以颜楷为会长、张澜为副会长的领导机构，并通过《遵先朝谕旨保四川川汉铁路仍归公司自办案》和《请停止新常捐输以便宽筹路款案》。主要因该会的筹划与宣传，四川各属普遍开展了抗粮抗捐的斗争。

④ 《大波》//《李劼人选集》第二部上册，第 41 页。

冉崇根、范涛、杨用揖(第二届股东会董事)。①

在租股征收过程中进行的资本主义生产方式优越性的宣传，也对促进这种转化起了重要作用。四川留日学生曾经写道："铁路开则四川所出之土产，皆可转运外省，而价必骤腾也。又铁路开则虽有一地方出偏灾，而转粟甚易，彼此抱注。"他如行商、小贩、工人都可因有铁路而得求利之道、谋生之处。②他们还斥责那些"置田庐、食租税"，"宁窖藏焉以遗子孙"之人，认为"此等思想习惯，终不可不改；不改则国随之亡矣"③。商办铁路公司不仅极力宣传投资铁路"比你买田，尤为合算"，而且还是租股股东大利所在：现在已经有本有利，"路成之后，年有年息，红有红利"④。租股股票"在铁路兴旺的时候，还要大涨价的。现在五十两的股票，以后涨到八九十两，或者数百两，都是不晓得的"⑤。这种宣传，没有说到资本主义生产关系的剥削本质，且夸张之处诸多，但对于一个封建小生产经济占绝对优势的地方，它无疑起了"开民智"的作用。对于租股股东而言，这种宣传不仅有助于提高他们对资本主义生产方式的认识，而且促使他们把自身的经济利益同川汉铁路密切联系起来。保路运动初期，"社会一般心理，都欲保全款项"⑥。租股股东更不例外，他们"总疑历年节缩之资财，消归乌有；从前抱定之希望，取偿无期"⑦。他们初见度支部"有发领公债一语，已恐有本无息。继见誊黄停止，如琢免钱粮故事，益恐本息俱无，款归无着，纷纷函电，诸问追收"⑧。

最能促进这种转化的是租股征收过程中有关股东权利的宣传和实施。四川留日学生指责官办川汉铁路公司弊端百出，并断定最大之弊在于官办。他们提出："川汉铁路以租股为大宗，租出于民而不出于官，则

① 参见肖湘：《蒲君殿俊行状》《四川省谘议局筹办处第一次报告书》《四川省谘议局筹办处第二次报告书》《华阳县志》(卷十五)，《辛亥革命史》(中册)，《四川学报》(1905年)，《辛亥革命回忆录》(三)、《四川保路同志会报告》《拒俄运动》(中华民国史资料丛稿)，张朋园之《立宪派与辛亥革命》附录(二)"资政院议员名录"。

② 戴执礼：《四川保路运动史料》，北京：科学出版社1959年版，第28页。

③ 戴执礼：《四川保路运动史料》，北京：科学出版社1959年版，第26页。

④ 戴执礼：《四川保路运动史料》，北京：科学出版社1959年版，第73页。

⑤ 见《商办川汉铁路公司白话广告》，1908年刊行。

⑥ 戴执礼：《四川保路运动史料》，北京：科学出版社1959年版，第154页。

⑦ 戴执礼：《四川保路运动史料》，北京：科学出版社1959年版，第145页。

⑧ 戴执礼：《四川保路运动史料》，北京：科学出版社1959年版，第168页。

路不属官而属于民。"[1]1906 年，蒲殿俊、肖湘等 300 余名四川留日学生在东京成立川汉铁路改进会，月出《川汉铁路改进会报告》一册，就川路诸弊进行抨击并提出改进意见。该会主要宗旨即为"凡出赀者，皆为股东，有义务，有权利""川汉铁路公司应先正名为商办"。[2]在这个争商办的合法斗争中，四川留日学生运用他们所能掌握的外国资产阶级的经济法规及清政府制定的公司律、商律，争得商办川汉铁路公司的成立。这不仅为蒲、肖等人登上政坛作了宣传，也为租股股东争得了权利。商办公司宣称："出租股的，无论多寡，合买股的人，都是股东，公司都是一律对待的。"公司并要求各属成立股东分会，以"替公司发布报告条件，替股东保护利益"作为各股东分会的宗旨。1909 年后各属股东分会相继建立。"因为各州、县的股东，大半都是居乡的人"[3]，所以各属股东分会实际上掌握在当地的地主阶级即有势力的租股股东手中。各股东分会实际上也是正向资本主义转化的地主阶级的组织，这对于他们中的部分人最终完成这种转化起了很大的作用。他们有了更多的资产阶级权利和合法的讲坛，从事有关资产阶级政治思想、经济思想的宣传活动。及至保路运动兴起以后，在"破约保路为立宪第一义，川人争路求为立窍国民"[4]的宣传中，四川立宪派提出"庶政公诸舆论，铁路准归商办"的纲领性口号。由各属股东分会和租股局扩大而成立的各县保路同志协会，无不以这个纲领作为言论和行动的准则。这就意味着，随着股东权利的实施，以股东分会为重要阵地，形成了四川立宪派人在各地的中坚力量。他们亦是基本完成向资产阶级转化的地主阶级中的一部分。

269

最后，租股对于四川保路运动所起的影响，在于它与农村各个阶级、阶层有着不同程度的联系，起到了动员和组织群众的作用。

按照有关抽收租股的章程所载，时人所称"租"的含义与我们用以说明地主剥削农民所得的封建地租这个概念不尽相同。它至少包括以下三个内容：（1）地主阶级剥削农民所得的封建地租；（2）自耕农、半自耕农于自己土地上从事农业生产所获，所谓"收租十石之人，一家八口，糊口已觉不敷"[5]，"租"当指这类人的劳动所获；（3）佃农向地主缴纳

---

① 戴执礼：《四川保路运动史料》，北京：科学出版社 1959 年版，第 45 页。

② 肖湘：《蒲君殿俊行状》，四川大学图书馆藏。

③ 见《商办川汉铁路公司白话广告》，1908 年刊行。

④ 见《四川保路同志会报告》第二十一期。

⑤ 戴执礼：《四川保路运动史料》，北京：科学出版社 1959 年版，第 57 页。

地租后所余，所谓"其有佃户押重租轻……但有租谷可收，数在十石以上，均一律照抽"，这个十石以上的数字当指这类人交纳地租后所余。"债户以租抵利者"则涉及地主阶级和自耕农、半自耕农中的破落户。因而，租股的征收对象已经及于四川农村中的各个阶级和阶层。《简阳县志》亦明确记载："州属业、当、佃户应抽者一万零八百三十六户。"[①]时人认为："谷捐之害，每不在上户而在中下户。"[②]征收过程中出现的征收对象和征收数额扩大的弊端，一般亦在农村的中下层范围之中。曾任官办川汉铁路公司会办的广西巡抚沈秉堃奏称："(川汉铁路)所收租股，与零星劝集之股，开办较各省为先，收数较各省为巨。无论贫富贵贱、男女老幼，人人皆经投资，人人皆认自办。"[③]四川地方官吏联名代奏称："川路股本由散碎集缀而来，七千万人皆在股东之数。"[④]四川绅民易昌揖等在致资政院的说帖中强调指出："总之，四川铁路股款，出自租股，富贵贫贱，无人不有。"[⑤]

全国征收铁路租股的仅有川、湘两省，但两省征收租股的时间、数额及起征点都极为悬殊。

川路、湘路租股征收情况比较表　　　　单位：两

路别 \ 征收总额	全路总额	租股全额	租股占全路总额	征收时间	起征点
川路	11 983 005	9 288 128	77.5%	6 年（1905—1910）	十石起征，百分取三
湘路	5 350 853[⑥]	905 980	17%	1 年(1910)	五十石起征，实施累进租股法[⑦]

---

① 《简阳县志》//《食货篇·贡赋》。
② 戴执礼：《四川保路运动史料》，北京：科学出版社 1959 年版，第 57 页。
③ 戴执礼：《四川保路运动史料》，北京：科学出版社 1959 年版，第 367 页。
④ 中国近代史资料丛刊《辛亥革命》(四)，北京：科学出版社 1959 年版，第 353 页。
⑤ 《中华民国史档案资料汇编》第一辑，第 149 页。
⑥ 湘路实收总额在吴宓书中另有一说为 6 520 000 两，见该书第 1149 页。今据该书第 1043 页"湘路收支各款表"。
⑦ 关于累进租股法的具体规定见吴宓书第 1041 页有关湘路租股资料。

从表中可以看出，川路实收总额为湘路的两倍多，但川路租股的实收总额却为湘路的 10 倍多。而且，湘路租股的起征点很高，其征收范围严格地控制在大、中地主阶层。"租股一项，尚多富户"①，与小地主和农村中其他阶层没有联系。湖南省咨议局议定从 1910 年起征，其征收时间较之川路尤短，其征收过程中弊端亦较少。

正是川路租股与四川农村各阶级的联系，使辛亥四川保路运动为我们展现出一幅幅波澜壮阔的历史画卷。与湘、鄂、粤三省相较，四川农村动员和组织的程度尤为突出。湘省未征收租股之前，有人在宣传征收租股的六大好处时写道："（征收租股）可坚人民团体也。……若抽租股，则岩谷草野之民，不能不因铁路而一新其心思耳目。吾（悟）知其利害而谋筑路，因筑路而谋保路，因保路而思本省公益之不可不谋，国家主权之不可不保，结团体、集众思之心且油然生是，发达人民团结之精神、政治之能力，莫善于此。"②时人早已洞悉征收租股与保路运动的联系。"自铁路收归国有，湘人率先反对，以团体不坚，烟消雾灭"③，这与湖南租股征收范围狭小，因而保路运动在农村基础薄弱大有关系。而在川省，保路运动前各州、县都建立了股东分会，它与各地租股局一起成为听命于总公司的机构。及至保路事起，四川省咨议局、川汉铁路公司的负责人出面组织四川保路同志会，川省各地亦纷纷建立保路同志协会。据初步统计，各属建立的协会至少在六七十个以上。④这些保路同志协会大多由各县股东分会和租股局首倡，有的协会即设在股东分会或租股局内⑤，甚至大邑县的保路同志协会"干事人员亦皆以股东分会执事人员兼任"⑥。

---

① "黄侍郎瑞琪领衔奏湘省加抽各股宜一律停止摺"，见《粤汉铁路始末记》续编。
② 湘狂：《论租股》//《粤汉铁路始末记》续编。
③ 《满清野史四编》第十三种《铁路国有案》，第 19 页。
④ 《四川保路同志会报告》共约 45 期，目前能见到的仅 35 期。
⑤ 笔者据《四川保路同志会报告》所作不完全统计，以股东分会首倡的，便有双流、大足、遂宁、洪雅、雅安、寺神、大邑、筠连、彭山、南充、宜宾、犍为等 12 个县协会；以股东分会及租股局为同志会会所的，即有江津、隆昌、三台、富顺、内江、阆中、东乡、温江、崇庆、金堂、荣县、名山等 12 个县协会。
⑥ 《四川保路同志会报告》第二十三号、三十一号。

各协会负责人多为基本资产阶级化的上层股东，因而各协会"章程悉仿总会"①，总会的宗旨、办法均能贯彻到四川各属。

租股股东中的广大农民群众亦积极投入保路运动。在"保卫财产，防备外患"两个方面②，他们与四川立宪派亦有利害关系。筇连县保路同志会成立，"无论老者、弱者、智者、愚者，咸知川路为吾人生命财产，势必同归于尽。万众一心，誓死进行，连日报名者纷至沓来，争先恐后，吾筇连历年设会，鲜有如此神速者"③。成都华阳同志会成立，"乡农到会尤多，闻路权尽失，则莫不切齿，异常悲愤"④。在送别保路同志会代表赴京的大会上，"无数乡间老农……向台上连连作揖，且咽且言曰：我们感激你！我们感激你！"因而，在四川保路运动中，"最足动人者，则下等社会贫苦人，发言之精当，忠悃之纯挚，有为士大夫所不到"⑤。正是在这前所未有的群众运动的基础上，资产阶级革命派联合会党"借船过渡"⑥，变和平请愿为大规模的武装起义。广大农民群众又积极地参加保路同志军，用落后的武器和农具与清军展开激烈的斗争。所谓"人不过佣工牧竖，器不过抬炮鸟枪"⑦，即广大农民群众参加武装斗争的真实写照。

四川保路运动前即存在的股东会和租股局系统，以及在此基础上成立的保路同志会系统，是使辛亥四川保路运动得以深入城镇乡村的组织保证；而千百万租股股东热心路事、参加斗争，则为保路运动提供了广泛而扎实的群众基础。

综观中国资本主义兴起和初步发展的全过程，不管是官办的、官督商办的抑或是商办的企业，哪一个企业的股款来源能像川路租股这样，

① 《四川保路同志会报告》第二十三号、三十一号。
② 《中华民国史档案资料汇编》第一辑，第149页。
③ 《四川保路同志会报告》第二十四号、十六号、八号。
④ 《四川保路同志会报告》第二十四号、十六号、八号。
⑤ 《四川保路同志会报告》第二十四号、十六号、八号。
⑥ 《瞀宪劝民歌》内有"乱党借船来过渡"等语，见《四川官报》宣统元年（1908年）八月十六日。
⑦ 《江津县志》卷三，"前事志"。

与封建专制的国家权力相始终？前此中国资本主义工业的资本，有官款、买办投资、地主官僚的封建收入和富商大贾的积累，但却未曾有过像川路租股那样广泛的、持久的牵动着千家万户的资本积累。这个中国近代史上独特的资本原始积累过程，不能不说是辛亥四川保路运动终能独步一时的重要经济原因。

附录二 川汉铁路与四川立宪派*

"有广大群众参加的四川保路斗争，对辛亥革命起了直接的推动作用。"①这次斗争规模之浩大、影响之广阔，向为史家瞩目。郭沫若同志曾经谈到："川汉铁路的发生、经营，一直到保路同志会的转化而为革命的详细史迹，有值得我们十分留意的必要。"②本文拟从川汉铁路的筹建入手，试图探讨以下问题：四川保路运动之能独步一时，同川汉铁路的集股和经营有何联系？与川汉路密切相关的集团，是怎样组织领导保路斗争的？武昌起义后，他们又是怎样筹划实行四川独立的？事变的进程，给了我们什么样的启示？

一、川汉铁路的筹建与立宪派的崛起

川汉铁路的议办是 20 世纪初的四川社会"最普遍最彻底的资本主义化的表现"③。自其发轫即与反对帝国主义的侵略相联系。

第二次鸦片战争后，列强开始向四川渗透。重庆设关（1895 年）后，四川因洋货输入而流失的白银年平均达 1300 万两以上。至 1903 年，清中央政府、四川地方政府乃至个人与列强订立的有关四川的不平等条约竟有十三种之多，其内容涉及川省的矿产、川江航运权、圈划租界等，帝国主义列强先后在川省开办的铁矿、煤矿、火柴、卷烟、银行、保险

---

*本文是作者硕士论文的缩写版，在载入江苏古籍出版社出版的《研究生论文选集·中国历史分册》第一册时由作者本人删减而成。收入本书时注释改成脚注格式，以与全书匹配。由于时代不同，引注在规范上和现在有所不同，特此说明。——编者注

① 《董必武副主席在纪念辛亥革命五十周年大会上的讲话》，《光明日报》，1961-10-10。
② 郭沫若：《反正前后》，《郭沫若选集》第 1 卷上册。
③ 郭沫若：《反正前后》，《郭沫若选集》第 1 卷上册。

公司等企业约计 19 家。①令人倍感忧危的则是列强阴谋取得四川境内铁路的借款权与铺设权。远在 1888 年（清光绪十四年），英、法等国就要求揽办四川境内铁路。1901 年，法国派队测量云南成都线。1903 年，英、法两国公使四次照会清廷外务部，要求磋商铁路借款并强求修筑川汉铁路。

帝国主义对于川省铁路"群思揽办""计取强求，百端纷扰"的强盗行径②，理所当然地受到全川人民包括爱国士绅和尚有民族正义感的清朝四川地方官吏的坚决抵制。1903 年 7 月，新任四川总督锡良于出都赴任途次，即奏请设立官办川汉铁路公司，力主自办川路，"以辟利源而保主权"③。次年 1 月 24 日，四川地方官吏和绅商会聚签名，宣告"官办川汉铁路公司"在成都成立。公司明确宣布不募外债，不招洋股，开我国自办铁路之先河。但官办川汉铁路公司一文莫名，以致"资本久未鸠集，工程久未兴行"④。川路股款的来源，实为公司成立后所面临的首要问题。在川省各界人士的催促与建议之下，1905 年 1 月公司颁布了《川汉铁路总公司集股章程》，拟定了川路股款的四个来源：认购之股、官本之股、公利之股、抽租之股⑤。

关于"认购之股"，《集股章程》解释为"凡官商绅民自愿入股冀获铁路利益者，即作为认购之股"⑥。名为自愿，实多系指派。此项"认购之股"约分四端：一、各级官员按缺份优瘠派购。"由督署札知各府、厅、州、县官员，按缺份优瘠，摊派认购。计全省府、厅、州、县 154 处，每年摊派 1083 股，合银五万四千四百五十两"，并从 1905 年开始申缴。⑦二、强令地主、绅商认购。在犍为，"购股按富勒派"⑧；在涪陵，"由知州指派购股"⑨；在合川，"知州楼黎然派州民购股银三万四千余两"⑩。三、

---

① 参见胡昭曦：《甲午战争到辛亥革命时期帝国主义对四川的经济侵略》，《历史教学》，1961（11-12）。
② 《锡良遗稿·奏稿》第一册，第 339 页。
③ 《锡良遗稿·奏稿》第一册，第 340 页。
④ 戴执礼：《四川保路运动史料》，北京：科学出版社 1959 年版，第 9 页。
⑤ 戴执礼：《四川保路运动史料》，北京：科学出版社 1959 年版，第 33 页。
⑥ 戴执礼：《四川保路运动史料》，北京：科学出版社 1959 年版，第 34 页。
⑦ 四川省志交通志铁道篇编辑组：《川汉铁路筹建经过》//《四川文史资料选辑》第六辑。
⑧ 《犍为县志》卷十四《杂志·事记》。
⑨ 《涪陵县续修涪州志》卷六"赋课志·杂税"。
⑩ 《合川县志》卷五《大事》。

强迫商人认购，亦称商股。如有的县即以"购股、租股、商股三种募集股款"①。重庆的各业商帮曾被迫专订《议抽货股章程》，明文规定"各帮各认路股银叁拾万两，分六年收清，不得有逾期限"②。此外，所谓"土药盐茶股"亦是商股的一种形式。所有经营鸦片、盐、茶的商人在完纳厘金以后，须另以所完厘金之同样数额认购铁路股票。如鸦片，"（光绪）三十年议办川汉铁路，加征土厘一倍，名曰铁路经费，照购股计息"③。

四、少数确属自愿认购。如四川留日学生"立认股本六万余金"，以为全省倡，并"认筹募者三十万"④。省内外一些爱国人士及希冀投资铁路获利者，也主动认购川汉铁路公司股票。

所谓"官本之股"，仅由藩库拨银 28 万两，将其附之于铁路公司所收股金，在重庆开办铜元局，指望铸钱获利。再将所获之利作为铁路股份，即为"公利之股"。征收股款后，川督锡良指拨股金 200 万两购买英德等国机器，建厂开铸。但铜元局铸钱低劣，以致蚀本，又兼被挪用，以铁路公司已收股款为主的铜元局经费即如石沉大海，永无补偿之日。所谓"官本之股"为数甚微，徒具虚名；而指望"公利之股"则不啻与虎谋皮，反受其害。1907 年 3 月制定的《商办川汉铁路公司续订章程》，便规定只征收购股与租股，"官本之股"和"公利之股"即宣布废除。

关于租股的征收，《集股章程》规定："凡业田之家，无论祖遗、自买、当受、大写、自耕、招佃，收租在十石以上者，均按该年实收之数，百分抽三。"⑤与《集股章程》同时颁布的《川汉铁路按租抽谷详细章程》进一步规定："其有佃户押重租轻，及债户以租抵利者，但有租谷可收，数在十石以上，均一律照抽，不专抽自业主，以昭平允。"⑥最初，租股每股银五十两，年息四厘，从收款之下一月初一日起息，次年十二月以现银照股付息⑦。这两个章程公布后，各州县即选派士绅二三人为首成立

---

① 《涪陵县续修涪州志》卷六"赋课志·杂税"。

② 见《四川川汉铁路公司大事纪略》，四川省博物馆藏。

③ 参见湖南省图书馆藏《四川款目说明书》，该书作者不明，从全书内容可断该书成于 1909 年。

④ 戴执礼：《四川保路运动史料》，北京：科学出版社 1959 年版，第 10 页。

⑤ 戴执礼：《四川保路运动史料》，北京：科学出版社 1959 年版，第 35 页。

⑥ 戴执礼：《四川保路运动史料》，北京：科学出版社 1959 年版，第 41 页。

⑦ 1907 年 8 月制定的《商办川汉铁路公司续订章程》把租股的年息提至六厘，并从收款之次日起算；增加一种面额为五两的股票：新设租股零数息折，以适应银数零星不足五两不能换股票者付息方式改在次年所缴租股内截付。参见戴书第 66-67 页。

租股局，并于当年（1905）秋忙后开征。凡交纳租股人家将应交租谷按照各地榜示的时价，折合为现银交纳。租股的征收同样带有强迫性质。不管交纳者有无追求剩余价值的动机，也不问人们是否愿意长期入股，一律绳之以官方或半官方的命令，由封建政权的各级行政机构会同川汉铁路公司制订政策，设局征收，并列为官吏治绩的考核项目。地方官吏及局绅在征收租股时，常与地丁同征，甚至"凡纳粮者，均勒令先上铁路捐（按指租股）"。如无力同时缴纳正粮与租股，官吏和局绅则将所纳之正粮强指为租股，"而严科以抗粮之罪，鞭笞棰楚，监禁锁押"。在这种暴力手段摧残下，农村中"卖妻鬻子，倾家破产者不知凡几"[1]。在开县、渠县等地，"其无力缴捐，加以拳匪之名被诛者……时有所闻"[2]。

川路所筹各股资金，各级官吏"最差缺派购，自光绪三十四年后已少有购者""民股由官绅劝购，尚有认购而未缴齐者"。[3]1906年清廷发出禁烟命令，1908年颁布由民政、度支两部制定的"稽核禁烟章程"，土厘随之停收，土药股款亦予取消。而租股自1905年起，连续征收6年（1911年因保路事起，自行停收）。因此，"川路股款独持人民租股为大宗"[4]。岁入200万两左右的租股，成为川路股款的主要来源，一直保持不可动摇的中坚地位。

川路实筹资金各股情况表[5]

（1905—1910）　　　　单位：两

股名\\数额及百分比	购股	租股	总额
数额	2 694 877	9 288 128	11 983 005
百分比	22.5%	77.5%	100

直至辛亥保路运动前夕，川路仅修成运料轨道30余里，成绩颇为不

① 戴执礼：《四川保路运动史料》，北京：科学出版社1959年版，第57页。
② 《辛亥革命前后，盛宣怀档案资料选辑之一》，第95页。
③ 《辛亥革命前后，盛宣怀档案资料选辑之一》，第96页。
④ 宓汝成：《中国近代铁路史资料》第三册，第1090页。
⑤ 本表根据川汉铁路总公司"总纂实收数目简明表"(1911年公布)所载而制。
　　参见《四川文史资料选辑》第六辑。

佳。但川路所筹股 1190 余万两（合 1660 余万元），数额之巨，为全国各省商办铁路之冠。这个数字相当于江浙地区商办企业资本总额(2600 万元)的 64%，[①]还相当于同时期全国新办的万元以上商办企业资本总额(5260 余万元)的 31.4%。如与同时期全国三个主要部门新办的万元以上的企业资本总额相较，则分别为矿冶（1 590 959 元）的 104.4%、纺织（14 859 647 元）的 112%、食品工业(11 641 192 元)的 143%。[②]"川民艰苦，无过于川路股本"，乃川民"血本命根，实恶子虚乌有"。[③]用强制手段征集如此巨额的川路股款，不能不是辛亥四川保路运动勃发的重要经济原因。

本文前已提及，川路股款中购股的投资者有地主、官僚、商人、学生、市民。如果说持有购股股票的人只占川省人口少数的话，那么租股的征收便使川汉铁路的股东广泛地分布在川省各地。

按照有关抽收租股的章程所载，时人所称"租股"的"租"的含义，与我们用以说明地主剥削农民所得的封建地租这个概念不尽相同。它至少包括两个内容：（1）自耕农、半自耕农在自己土地上从事农业生产所获，所谓"收租十石之人，一家八口，糊口已觉不敷"[④]，当指这类人的劳动收入。（2）佃农向地主缴纳地租后所余，所谓"其有佃户押重租轻……但有租谷可收，数在十石以上，均一律照抽"，这个"十石以上"的数额当指这类人交纳地租后的剩余。"债户以租抵利者"，则涉及地主阶级和自耕农、半自耕农中的破落户。因此，租股的征收对象已经及于四川农村中的各个阶级、阶层。《简阳县志》亦明确记载："州属业、当、佃户应抽者一万零八百三十六户。"[⑤]时人认为："谷捐之害，每不在上户而在中下户。"[⑥]征收过程中出现的征收对象和数额扩大的弊端，一般当在农村的中下层范围之中。情况正如吴玉章同志所说，四川川汉铁路"用'租股'的办法来筹集股本，'按租出谷，百分取三'，因此，全川六七千万人民，不论贫富，对民办铁路都发生了经济上的联系"[⑦]。

① 关于江浙地区商办资本总额数字，系采自章开沅：《辛亥革命和江街资产阶级》，《历史研究》，1981（5）。
② 根据汪敬虞、李一诚"中国工业发展初期的厂矿统计表"第一表、第二表计算，见《近代史资料》1954 年第 2 期。
③ 《满清野史四编》第十四种"辛亥路事记略"，第 7 页。
④ 戴执礼：《四川保路运动史料》，北京：科学出版社 1959 年版，第 51 页。
⑤ 《简阳县志》，《食货篇·贡赋》。
⑥ 戴执礼：《四川保路运动史料》，北京：科学出版社 1959 年版，第 57 页。
⑦ 吴玉章：《论辛亥革命》。

湖南在征租股之前，有人在宣传征收租股的六大好处时写道："(征收租股)可坚人民团体也。……若抽租股，则岩谷草野之民，不能不因铁路而一新其心思耳目，吾（悟）知其利害而谋筑路，因筑路而谋保路，因保路而思本省公益之不可不谋，国家主权之不可不保，结团体、集众思之心且油然生，是发达人民团结之精神、政治之能力，莫善于此。"[1]表明时人早已洞悉交纳铁路股款，势必关心路事，进而必关心国事，故极易接受保路爱国思想的宣传，积极投身于保路运动。因此，川汉铁路股东遍于四川社会各阶级、阶层，当是辛亥四川保路运动具有群众性的重要社会原因。

川路所筹股款的相当部分，是地主剥削农民所得的封建地租的一部分，其被强迫投入近代资本主义企业之中。股款既按年计息，且股东享有分得剩余价值的权利，从而不能不使四川各地握有息折、收单、股票的人，把自身的经济利益同川汉铁路的成败联系在一起。其中若干地主士绅更不可避免地把眼光从封建生产方式程度不同地、或迟或早地转向川汉铁路这个近代资本主义企业。所以，川汉铁路的议办以及大规模地筹集股款，成为四川一部分地主、官僚向资产阶级转化的杠杆。特别是四川近代工矿企业数量不多，而川汉铁路筹集的资金又较为巨大，因而经由这一杠杆作用转化的人，在全川资产阶级中，占有相当大的比例。[2]从其社会地位、经济利益和政治态度等方面加以考查，则具有民族资产阶级上层的属性。

其一，他们依赖与封建政权的联系而把持路事。这部分人原来就是封建阵营的成员，本人或其家庭一般是地主、绅商，大多兼有五贡、举人之类的封建科名，其中一部分还有做官的经历。至1909年川路第一次股东大会召开之前，川路公司均在官方的控制之下，公司所有的督办、会办、官总理、绅总理，均由川督奏委。官办公司本清廷颁发的公司律、商律所制订的有关章程，一直是管理路事的规章，即商办体制完备后，也不能逾越。章程规定的各地租股局成员的组成，均不出"绅董团保"范围，且"各租股局举出之绅董，亦得举作董事和查账人"。[3]这样，便开始了由绅富把持路政的局面。按照规定，股东权利分为选举权、被选

279

① 湘狂：《论租股》，《粤汉铁路始末记》。
② 参见拙作《试论川路租股》，《历史研究》，1982（2）。
③ 戴执礼：《四川保路运动史料》，北京：科学出版社1959年版，第70页。

举权和议决权。拥有 50 整股（合银 2500 两）才有被选举权和议决权。显然，投资多者，权力愈大。公司董事享有被选举权和议决权，凡公司事务均可干涉与议。由绅富组成的公司董事局，基本掌握公司的巨细事务，即便"公司大、小职员，必由董事及附股多之股东荐保总副理酌量录用"①。因此，他们既仍然和地租剥削有密切联系，又需要依靠封建政权去把持公司事务。这样，他们就和投资、经营近代工矿企业的民族资产阶级上层有共同利益，即企图主要凭借与封建主义的联系来实现自己经济财富的增值。

其二，他们既不能摆脱与封建主义的联系，但又不甘心忍受封建专制主义的桎梏和侵害，表现了较为强烈的资本主义经营意识。公司开办之初，川督以建立铜元局铸钱获利投资川路为由，挪移大量路款，致使辛苦聚集的资金虚掷，招致股东不满。而少数由官方所派劣绅趁机渔利，公司"账目繁杂，簿册零乱"②，更使股东愤怒不已。以蒲殿俊为首四川留日学生，运用他们所能掌握的外国资产阶级的经济法规及清政府制定的公司律、商律等，和全川有识之士一起争得商办川汉铁路公司的成立。商办公司对于封建政权的期望便是"对于公司有保护无干预"。诸如巨额川路股款的筹集、铁路用地、沿途民房葛庐的拆除，均须持官方的权力，"至于管理银钱、筹办工程，那全凭公司自己作主"③。他们那种不能容忍封建专制主义侵害的坚决态度，则在辛亥保路运动中充分地表现出来了。

其三，这些主要因投资川路而渐次向民族资产阶级转化的人，其政治态度一般倾向君主立宪。省咨议局的筹办过程，表明了这部分人们对于立宪的渴求态度。咨议局自"筹办以来，官率于上，绅应于下，经营规划，不遗余力"④。他们积极参与了从出谋划策、广为宣传到初选、复选、择址开办等事务。参加该局筹办处事宜的，有绅协理 3 人，筹办处各科员绅数人，各县初选司选员若干人。此外，尚有教育总会和总商会荐充的参议员各 20 人。从其所具有的财产、科名、学历等来看，大多是地主、官僚、商人，从其与铁路关系来看，均以租股或购股与川路有直接的经济联系。其中有川路的大股东，如后任第一届董事局主席刘紫骥，

---

① 戴执礼：《四川保路运动史料》，北京：科学出版社 1959 年版，第 71 页。
② 戴执礼：《四川保路运动史料》，北京：科学出版社 1959 年版，第 74 页。
③ 《商办川汉铁路公司白话广告》，1908 年刊行。
④ 《四川官报》第 26 册，宣统元年（1908 年）九月。引自隗瀛涛：《四川保路运动史》，第 96 页。

第二届董事局主席彭兰村、董事杨用楫，川汉铁路公司驻川总理胡峻，在特别股东大会上被选为驻宜公司副理的邵从愿等人。①著名的立宪派人士川路股东蒲殿俊和罗纶分别当选为议长和副议长。

咨议局的成立，给因川汉铁路的筹建而崛起的四川民族资产阶级上层代表人物提供了登上政治舞台的有利条件。立宪派人以咨议局为重要阵地，在宣传鼓吹立宪政治思想、参与国会请愿、筹组宪友会的同时，着意开展了对川汉铁路公司控制的活动，以维护其本阶层的经济利益，从而在实际上形成了辛亥四川保路运动的领导集团。

咨议局成立后，1909 年 11 月即在第次年会上提出"整理川汉铁路公司案"。他们对 1907 年成立的名为商办、实则官督商办的川路公司极为不满，指控公司不组织董事局和选举查账人，"川汉铁路开办至今，不设斯席，丛弊误工，咸由乎此"②。在咨议局的提倡与领导之下，川汉铁路公司首次股东代表大会得以召开。副议长罗纶和议员郭策勋分任股东大会的临时正、副会长，副议长肖湘、议员汪世荣、沈敏政、江树等当选为董事局董事。1910 年第二次股东大会改选董事，主席董事为彭兰村、都永和，咨议局议员沈敏政、王大侯、冉崇根、范涛、杨用楫等当选为董事，也便立宪派人控制了股东大会及其选出的董事局。③从而，具有咨议局议员或候补议员、铁路公司董事或股东这样双重新式身份的立宪派主要人物，确立了以咨议局为核心的咨议局、川路股东大会、川汉铁路公司董事局三位一体制。既是倡导宪政的政治利益集团，又是以川汉铁路为中心的经济利益集团的四川立宪派人，崛起和活跃在四川乃至全国的政治舞台上。

除了省级的三位一体领导机构外，立宪派人还铺陈了遍及全川的股东会、租股局和地方议会系统。其中股东会系统、租股局系统为川省所特有，地方议会系统较他省完备。

股东会系统。1908 年，商办川汉铁路公司要求各地成立股东分会。1909 年后，各地股东分会相继建立，其宗旨为"替公司发布报告条件，替股东保护利益"。"因为各州县的股东，大半都是居乡的人"④，所以各

① 参见湖南省图书馆藏：《四川省咨议局筹办处第一次报告书》《四川省咨议局筹办处第二次报告书》//《四川保路同志会报告》第 36 号。
② 隗瀛涛、赵清主编：《四川辛亥革命史料》，第 49 页。
③ 《辛亥革命回忆录》（三），第 158-159 页。
④ 《商办川汉铁路公司白话广告》，1908 年刊行。

股东分会掌握在有势力的租股股东手中。股东分会成立较晚，其封建性少于租股局，受股东大会及其常设机构董事局的控制。由各地股东分会选派代表组成的股东大会权力较大，可以在很大程度上决定公司的政策。保路运动时期，立宪派人便很注意争得各股东分会的代表资格，实际上取得能够左右股东大会的权力。

租股局系统。租股局始设于1905年，一般驻县城。其初由地方官吏选派士绅担任租股局成员。1908年商办川汉铁路公司颁布的《改订川汉铁路租购各股草章》规定，租股局绅的入选资格为：不吸洋烟；无劣迹；年入租股至三石以上者。①《成都日报》曾载奉节县改选租股局绅消息：租股局绅"届更换之期，地方官绅特于日前在两湖会馆投票选举租股局总董，以陈辅之、陈玉全占最多数""随由地方官当众宣布并加委札"。②这样，便基本废除了任意指派的陋规。但年入租股三石以上，则局绅地租收入当在百石以上，无疑亦由当地有势力的租股股东任其事。租股局上承川汉铁路公司及其董事局旨意，负责有关租股征收事宜，与农村的社会接触面较广。

地方议会系统。咨议局成立后，清政府即着手筹办省以下行政单位的地方议会。川省各属的筹办进度，颇受清廷赏识。1910年11月奕劻等奏称："现查各省办理成绩，则以四川为最。……综计该省城乡等会成立者多至七十余处。"③3月，川督赵尔巽奏称："川省共已成立城会一百处，镇会一百三十处，乡会六十七处"④。在筹办地方议会的过程中，四川各地向资产阶级转化的地主、绅商中又有一大批人登上政治舞台，成为各地立宪派人的骨干力量。简阳州议会有议员40人⑤，巴县的议事会议员有59人⑥。成立了镇、乡议会的江津县，其议员人数竟在450人以上。⑦如以前引赵尔巽奏折所说100处计，则全省县级议员在4000人左右（每会以40人计）；镇、乡议会197处，也有镇、乡议员4000人左右（每会

282

---

① 参见商办川汉铁路公司《改订租购各股草章》，四川省图书馆藏。

② 《成都日报》，"本省近事"，宣统二年（1909年）八月十日。

③ 《宪政编查馆奏遵限考核京内外各衙门第三年第一次筹备宪政成绩折》，四川省档案馆藏线装单行本。

④ 《清末筹备立宪档案史料》下册，第793页。

⑤ 引自隗瀛涛：《四川保路运动史》，第101页。

⑥ 《巴县志》卷八《选举表》。

⑦ 《江津县志》卷九"选举志"内"城镇自治会"与"县议参事会"。

以 20 人计）。这 8000 余名各级议员不失为一股较大的政治力量。与他省相较，除了议会的分布面广，议员人数众多外，这些议员一般均是川汉铁路的股东，与铁路有着直接的经济联系，易投身于保路运动。

股东会系统、租股局系统和地方议会系统，均是四川立宪派人控制的合法阵地，亦是四川保路运动得以广泛深入城镇乡村的组织基础。

综上所述，用强制手段征集巨额川路股款，是辛亥四川保路运动勃发的经济原因。由于租股的征收和它在川路股款中占有举足轻重的地位，全川城乡各阶层人们的利益程度不同地同川路的成败紧密地联系在一起，为保路运动准备了广泛的群众基础。租股连续 6 年的征收，促使四川一部分地主、官僚、商人或迟或早地向民族资产阶级上层转化，并因咨议局的成立，立宪派势力崛起并日益活跃。立宪派人建立了以咨议局为核心的三位一体制，还敷陈了遍及全川的股东会、租股局、地方议会系统，这又为保路运动准备了领导集团和组织基础。辛亥四川保路运动发动较迟，而声势迅猛，成效特著，直接催发了武昌起义，其原因不难从上述各方面找到答案。

二、四川立宪派领导的辛亥四川保路运动

"革命之起，由川乱，川乱由铁路收归国有。"[1]1911 年 5 月 9 日，刚刚粉墨登场的皇族内阁颁布了所谓"铁道干线收归国有"的上谕。翌日，邮传部、度支部致电四川护理总督王人文等四省督抚，明示"川汉、粤汉皆属干路"，自在收归国有之列，并要督抚们速查川汉、粤汉两路账目，等待接收。[2]

"铁道干线收归国有"的政策震惊全川，立宪派人在最初几天亦不知所措。保路运动兴起较早的湖南等省激烈争路的消息传至四川，立宪派人才着手计议保路对策。5 月 23 日，川路总公司援引《商律》称："以商办而复国有，自系特别紧要重大事件"[3]，要求召开临时股东会讨论国有

① 尚秉和：《辛壬春秋》//《四川第二》。
② 戴执礼：《四川保路运动史料》，北京：科学出版社 1959 年版，第 120 页。
③ 戴执礼：《四川保路运动史料》，北京：科学出版社 1959 年版，第 150 页。

问题。在此前后，以咨议局常驻议员和铁路公司负责人为中心，立宪派人反复讨论，商量对策。6月11日出版的《蜀报》第12期透露了他们商讨的结果。立宪派健将邓孝可在这期发表了著名的《卖国邮传部！卖国奴盛宣怀！》一文。该文称"吾有前驱之湘人在"，准确地报道了湘省激烈争路的消息，全文转载了湘人所议保路办法15条，提出了"破约保路"的基本设想——"债票不售，合同自废。即我四省人民，我全国人民一线生机也。……死中求生，惟奋!!奋!!奋!!!"①这表明四川立宪派保路决心已定，保路方略已基本有数。这也使得四川保路运动得与湘、鄂、粤等省联翩兴起。综观四川立宪派人在辛亥保路运动中的作为，可从三方面论述之。

1. 抗铁路国有成命，拒不交路

几道卖路卖国的上谕，对于光绪朝颁行的一些有利于民族资产阶级上层意愿的律令，也一概推翻。经过会商的四川立宪派人很快就找到了两者间的矛盾所在，并试图用光绪朝的那些律令来否定皇族内阁的有关国有上谕。自5月27日起，针对清廷劫收川路的主要理由，咨议局、川汉铁路公司及其董事局纷纷陈述意见，对有关国有的上谕进行请难。

立宪派人指出，邮传部在光绪三十三年（1907年）并未将川汉铁路定为干路，"不在国有之列""乃部咨一并牵连收回，似尤未允协"。为了保住租股这个川路的主要款源，他们强调征收租股"系奏奉朱批允准，已成法定之款"②，不容更改，表示拒不执行关于停收川、湘两省租股的上谕，而要继续征收租股。③立宪派人先是明确提出，清廷国有政策的出笼根本不合法律程序："议员等协议公同之见，以为募集国债，载在资政院章；取消商路，事系剥夺人民既得之权利，俱应由资政院议决"，进而申明"四川川汉铁路关系本省权利，存废应由本省咨议局议决"。出于强烈的爱国主义热情，立宪派人大声疾呼："商办之路，率因外力压迫，仗民气以折冲，或则夺还于涎口之下，或则绸缪为未雨之防"，并一针见血地指出："外债决不免抵押，则伙鸩酒不如忍其渴"，所谓国有政策的实

---

① 戴执礼：《四川保路运动史料》，北京：科学出版社1959年版，第175-176页。
② 戴执礼：《四川保路运动史料》，北京：科学出版社1959年版，第143-144页。
③ 戴执礼：《四川保路运动史料》，北京：科学出版社1959年版，第139页。

质是"务国有之虚名，坐引狼入室之实祸"。①总之，立宪派人振振有词，全面驳斥了上谕所能列举的收商办铁路为国有的借口；坚持认为，川汉铁路"纯依国家法律而成立，既无收回国有之理由，恐酿成外有之惨祸"②。

在揭露清廷卖国行径、驳斥国有政策的同时，立宪派人坚决反对邮传部派员接收川汉铁路。公司致电驻宜(昌)董事局，要求先力争暂缓接收。致汉口办事处强调，如果政府"委员接收，万勿擅交，希早准备"。在致驻宜总理李稷勋电中，嘱其拒绝接待督办铁路大臣端方，对端"所派人员，断不承认"③。在川汉铁路公司对外文电频繁，力促省内外分公司、办事处拒绝交路的情况下，卖国心切的邮传部下令有关电局不得收发所谓"违制电报"④，即有关争路的电报。立宪派人极为愤慨地指出："邮部以官厅命令，束尽人民自由，不独非立宪国所宜有，即在最专制国家，亦恐无此极野蛮的现象。"⑤显而易见，正是立宪派人抗拒交路的立场，使得清王朝把其专制、横蛮的丑恶面目愈来愈明显地暴露在全川和全国人民面前。因而，立宪派人这种文字之争的保路方略，对于激扬民气所起的作用，同样也是不能低估的。久蓄在四川民众心中的爱国激情将引爆为一场空前的群众性爱国运动。

285

2. 立宪派领导的以"破约保路"为宗旨的群众性爱国运动

6月1日，盛宣怀、端方有致护理川督王人文歌电，声称欲将川路已用股票和民间股票一概更换国家铁路股票，扬言若"由部筹还，必借洋债，必照湖北以部有之川省财政作虚抵，已成之路必须估借"⑥。6月11日，立宪派人得知歌电内容，气愤之极。四国借款合同传至四川后，立宪派知清廷不愿改弦更张，遂于6月16日晚召开紧急会议，商讨对策。与会人员认为，清廷对于"公司和各法团的几次申请置若罔闻，绝非从前和平态度的文字争辩所能生效。一致决定另采扩大激进的手段，作破格革命的斗争"，决定次日成立保路同志会。当晚，蒲殿俊、罗纶等20余位立宪派核心人物继续密商，"佥谓刚才决定创设保路同志会，是公开

---

① 戴执礼：《四川保路运动史料》，北京：科学出版社1959年版，第142页。
② 戴执礼：《四川保路运动史料》，北京：科学出版社1959年版，第158页。
③ 戴执礼：《四川保路运动史料》，北京：科学出版社1959年版，第171页。
④ 戴执礼：《四川保路运动史料》，北京：科学出版社1959年版，第169页。
⑤ 戴执礼：《四川保路运动史料》，北京：科学出版社1959年版，第177页。
⑥ 戴执礼：《四川保路运动史料》，北京：科学出版社1959年版，第160页。

向政府宣战，系空前未有的新举动"，为缜密同心，又决定普遍在川省各属建立保路同志分会；以股东会为大本营，依期召开特别股东会（前称临时股东会），并预定一些中坚分子去争取各股东分会的代表资格。①

6月17日，四川保路同志会在铁路公司成立。《四川保路同志会宣言书》揭示了该会的宗旨："破约保路"。立宪派人对这个口号的解释是："保路者，保中国之路不为外人所有，非保四川商路不为国家所有。破约者，破六百万镑认息送路之约，并破不交议院违反法律之约。"②正是"破约保路"宗旨的提出，赋予了四川保路运动以强烈的爱国主义性质。

为达到"破约保路"之目的，四川立宪派人主要筹划了两件事。

首先是四川各属保路同志协会的建立和反帝爱国思想的广泛宣传。四川保路同志会成立后，该会讲演部便按预定计划，派遣青年学生和热心路事之士各回桑梓，宣传"破约保路"宗旨，同各地立宪派人士及他们控制的股东分会、租股局、县议会等出面筹建各县保路同志协会。有的协会即设在股东分会或租股局内③，甚至大邑县的保路同志协会"干事人员皆以股东分会执事人员兼任"④。据初步统计，各属建立的协会至少在六七十个以上。⑤四川各阶级、阶层民众广泛而热烈地参加了这个爱国组织。仅成都一地，除了商界、学界成立的众多协会外，还有清真保路同志协会、优伶保路同志协会、乞丐保路同志协会、聋哑人保路同志协会，"不仅有了组织名称，还同样发表了声讨卖国贼、披露各人爱国爱川血忱的文章"⑥。成都、重庆两地的妇女成立了女子保路同志协会，成都的小学生也成立了小学生保路同志协会，且签名簿上"间有血书者"⑦。遍布全川的保路同志协会活动能量很大，直接与各阶级、阶层群众联系。其组织形式多仿总会，设讲演、交涉、文牍、总务四部。总会散发的刊

① 参见《辛亥革命回忆录》（三），45-47页。
② 《四川保路同志会报告》，第9号。
③ 笔者据《四川保路同志会报告》所作的不完全统计，以股东分会首倡的，有双流、大足、遂宁、洪雅、青神、大邑、筠连、彭山、南充、宜宾、犍为、雅安等12个县协会；以股东分会及租股局为同志会会所的有江津、隆昌、三台、富顺、内江、阆中、东乡、温江、崇庆、金堂、荣县、名山等12个县。此外，很多协会的发起，亦有县议会或其负责人列名。
④ 《四川保路同志会报告》第23号。
⑤ 《四川保路同志会报告》共约45号，目前仅能见35号左右。
⑥ 《李劼人选集》第二部上册，第315页。
⑦ 《四川保路同志会报告》第34号。

物、传单，由各协会广为宣传。江津保路同志协会以总会"通告为蓝本演说惨剧，闻者泣下"[1]。纳溪保路同志协会"速将（总会）寄到报告，报集要领及浅显歌词，排印二千余份，飞布乡村，务使妇孺咸知，以达破约保路之目的"[2]。

各地保路同志协会的建立及反帝爱国思想的宣传，使蕴藏在广大民众心中的爱国热情迸发出来，形成浩荡的爱国洪流。在阆中县，民众咸"谓列强政策，皆以铁路为灭国之导线，其路权所及之地，即其国力所到之地"[3]。隆昌县保路同志协会表示："此次借款问题，为吾川人生死机关，即为吾国人存亡机关，务期努力进行。约不废，款不拒，宁死不稍让。韩信背水阵，此其势也。"他们还向总会表示："如有指挥之处，敝同人以得马革裹尸为乐事。"[4]

四川立宪派人在宣传爱国主义和组织民众方面作出了卓越的贡献。咨议局正、副议长蒲殿俊、罗纶分别就任四川保路同志会正、副会长。罗纶等人还数次在成都市区召集民众讲演。立宪派人还新办了《四川保路同志会报告》《西顾报》等刊物，印发了数以万计的传单和宣传品。所谓"同志会外加协会，全省人心才笼住"[5]，正说明立宪派人在组织和宣传民众方面的巨大成果。

为达到"破约保路"目的，立宪派人所做的另外一件事，便是着意造成"政治上、财政上意外之事"[6]。

7月20日，川路总公司致汉口董事局称："各埠存放之款，现经决议，无论到期与否，一律提前收回。尊处存交通银行款百万，请切速照办。……（农历闰六月）初十（特别股东）大会前提收现银，交川轮运渝。"同日并致宜昌董事局，要其迅速提回在汉阳铁厂订购钢轨之款。[7]试图提回大批现银目的何在？四川立宪派人毫不掩饰地写道："此法骤闻之，必有以吸收现银过多，必惹起市面恶慌为疑者。不知我辈既欲达此重要目的，

---

① 隗瀛涛、赵清主编：《四川辛亥革命史料》上册，第245页。

② 隗瀛涛、赵清主编：《四川辛亥革命史料》上册，第257页。

③ 隗瀛涛、赵清主编：《四川辛亥革命史料》，第291页。

④ 隗瀛涛、赵清主编，《四川辛亥革命史料》，第258页。

⑤ 《督宪劝民歌》，见《四川官报》宣统三年（1911年）八月十六日。

⑥ 参见清政府与四国银行签订的合同第十六款，《辛亥革命资料丛刊》（四），第400页。

⑦ 戴执礼：《四川保路运动史料》，北京：科学出版社1959年版，第230页。

则以外生何等危险皆不必顾。且市面果有摇动，政府束手无策，则争路目的或有可达之日。"①

四川立宪派人提出的"请勿庸展办新常捐输以宽筹路款案"则明确地提出了抗捐之举。②提案号召："从今年起，各地方官请议捐输，凡绅士粮户一律不应召集"，如有"不肖绅士承迎官意，率请展办捐输者，又不肖官更以此陷害绅粮者，皆作为四川之公敌，必以吾人之全力对付之"。立宪派人欲将收取新、常捐输之权控制在手，并将款项移作路款，征收之责，由"各州县会（按指议会）任之"、所纳款项移作路款后，"准前此租股章程办理"，直到"路成之日为止"。其有不愿以新、常捐输充作租股者，"即由其州县会联合城镇乡会，公议处罚并通告全省"。③此案于8月11日的特别股东大会上通过，为日后全川实行全面抗粮抗捐之举奠定了基础。

8月9日，召开了6天的川路特别股东会讨论了盛宣怀收买川路公司驻宜总理李稷勋、强行劫收川路一事，并推罗纶等8人去督署要求新任四川总督赵尔丰参劾盛氏违旨盗权、专擅害公。清廷不顾四川立宪派的正当要求，反而允准端方、瑞澂保举李氏总理川路的奏折。8月24日，特别股东大会将川督交阅的有关此事电文宣布，"满场热焰欲烧，愤恨几狂。……会场有喊须罢市者，有喊须停课者……"随即通过了立即罢市罢课以抗议的决议。④会议尚未结束，"各街关闭市门已过半矣"⑤。自成都首倡罢市、罢课后，"南坫邛、雅，西迄绵州，北近顺庆，东抵荣隆，

---

① 戴执礼：《四川保路运动史料》，北京：科学出版社1959年版，第246页。
② 常捐，即常捐输。咸丰三年（1853年），清廷以军兴需饷为由，令各省征收捐输，并以增加科举名额相许。太平天国运动被镇压后，各省捐输相继停办，仅川省独存，遂为固定捐税，每年由藩司派定，随粮征收。新捐开征后，捐输始名常捐。

新捐，即新捐输。清廷于《马关条约》和《辛丑条约》签订后，所需巨额对外赔款摊派各省。在四川，每年由藩司派定，随粮征收。名以新捐输，以与常捐输区别。

上述参见《资中县续修资州志》卷三《食货志·津捐》《新修南充县志》第六卷《掌故志·赋税》内"副税"条："川汉铁路公司股东会准备会请勿庸展办新常捐输以宽筹路款案""川汉铁路特别股东会停办捐输歌"（以上两件史料载四川省档案馆编：《四川保路运动档案资料选编》）。
③ 四川省档案馆编：《四川保路运动档案选编》，第167页。
④ 《四川保路同志会报告》第39号。
⑤ 三余书社主人编：《四川血》//隗瀛涛：《四川保路运动史》，第257页。

千里内外，府县乡镇，一律闭户。风潮所播，势及全川"①，震惊了整个封建政权。

8月26日，特别股东会更议决：（1）以租股利息抵扣正粮；（2）不纳捐输；（3）相约不买卖田地房产；（4）自今年起，政府无论借外债若干，四川不承认担负一钱。②四川立宪派此举，"表面极文明，而手段极狠毒"③，旨在断绝清廷在川省征收的主要款项。四川官员联名的奏折陈述了立宪派倡议抗粮抗捐的巨大影响：四川民众"不纳丁粮、厘税、杂捐，二千数百万之岁入顿归无着。四川一切行政固惟束手，而京部、洋偿、解协等款，全无所出，贻误实大。且滇、黔、新、甘、边藏向仰给于川者，亦将坐涸。川一动摇，中央根本，西南半壁，无不受其影响"。④四川立宪派首倡的抗粮抗捐，受到同盟会员宋教仁的高度评价，他指出："川人之抗争川汉铁路，而知之全体罢市、不纳租税为武器，盖已觉平和手段之不能有效，而将逐渐以合于政治现象原则之手段对付之者。"⑤

3. 四川立宪派人企图"以独立要求宪政"的宣传及实施

在保路运动方兴未艾之时，四川立宪派人指出，对于所谓"铁道干线收归国有"政策和皇族内阁，"国人亦必死拒，不拒则永不再言立宪，不再言国会，不再开咨议局"⑥。据此，立宪派人把保路斗争的目的"反

---

① 戴执礼：《四川保路运动史料》，北京：科学出版社1959年版，第312页。

② 有关四川保路运动研究的论著，多本戴书将川汉铁路特别股东会议决抗粮抗捐时间误为9月1日，今据《四川保路同志会报告》第41号所载（农历七月）初三日"要事"正之。戴书294-295页所载"川汉铁路股东会议决不纳粮税通告"本《蜀辛》并据《大波》中卷补入第五条。查《报告》第41号原议并无此条，即"广告全川人民，俟前四条实行后，自动开市、开课"。

关于"以租股利息抵扣正粮"，据《商办川汉铁路公司白话广告》称，川路股款存在省内外银行、钱庄的利息，"长期短期 一拉，总够按月六厘的光景"。以租股利息抵扣正粮，即指仅租股存入银行、钱庄的利息，每年平均有六十余万两，相当于清政府每年在川省额征的正粮数目。

关于"不纳捐输"，这里的捐输包括常捐输、新捐输。按"川汉铁路特别股东会停办捐输歌"所说，新、常捐输"合共三百有余万两"。

关于"相约不买卖田地房产"。按《商办川汉铁路公司白话广告》称，四川因买卖田地房屋所征税收平均"每一州县二十万"，全川"一年也就是二千多万"。

③ 戴执礼：《四川保路运动史料》，北京：科学出版社1959年版，第387页。

④ 戴执礼：《四川保路运动史料》，北京：科学出版社1959年版，第293页。

⑤ 宋教仁：《论川人争路事》//陈旭麓主编：《宋教仁集》上册，第317-318页。

⑥ 《四川保路同志会报告》第9号。

复推论，归宿于宪政"①。值得注意的是，立宪派人再次强调实行宪政，并不是历史的简单重复。与国会请愿运动不同，立宪派人此时主要不是以叩头请愿的方式来达到目的，而是利用蓬勃的保路运动声势，企图造成某种程度上的独立态势，以胁迫清政府实行宪政。

四川立宪派试图造成"以独立要求宪政"态势是有其根源的。众所周知，部分立宪派人士在国会请愿屡屡碰壁后，曾在北京秘议"将以各省独立要求宪政"一事，而四川咨议局议长蒲殿俊是参与了此议的。②四川立宪派人此后的言论，不仅对清廷的假立宪表示强烈的不满，而且以"趋重地方政治"透露了他们这种准备改换方式以求宪政的意图。蒲殿俊斥责清政府所谓立宪是"予其名，夺其实"③。邓孝可著文明确指出，皇室和政府是召开"国会之大难"④。立宪派还在咨议局机关报《蜀报》上告诫人们："夫国会犹属理论，而自治则征请事实"，提醒人们应该"趋重地方政治"，奉行"设城乡议会以议政，设董事会以行政"的宗旨。⑤这样，立宪派人只是暂时丢开国会，着眼于地方的立法权和行政权，试图另辟促成宪政的途径。至翌年夏初，为抗议皇族内阁成立，各直省咨议局联合会在京召开第二次会议。在此期间，报纸均注意立宪派人的新动向。据报道，属于"宪友会"系统的立宪派人"已深知咨议局、资政院之不足恃，故咸趋重于自卫之一途。其所提出的方案，有商量国民军办法及民立炮兵工厂云云"，显示了"对于时势有一种紧迫自卫之意"⑥。"（四川保路）同志会宣言本根据于完成会（应为宪友会）"⑦，说明四川立宪派有"以独立要求宪政"的企图，来源于宪友会系统立宪派人商讨的对付清廷假立宪的对策。

为达到"以独立要求宪政"的目的，四川立宪派人有计划地进行了具体的筹划和实施。

首先，他们把"破约保路"与实行宪政联系在一起。立宪派人明确

---

① 《辛亥革命资料丛刊》（四），第338页。
② 林增平：《评辛亥革命时期的立宪派》，《湖南师范学院学报》，1981（4）。
③ 蒲殿俊：《流年之慨》，《蜀报》第7期，宣统二年（1910年）十一月十六日出版。
④ 邓孝可：《告四川之国会热》，《蜀报》第9期，宣统二年（1910年）十二月十六日出版。
⑤ 叶治钧：《论国民对于国会之预备》，《蜀报》第7期。
⑥ 林增平：《评辛亥革命时期的立宪派》，《湖南师范学院学报》，1981（4）。
⑦ 《辛亥革命资料丛刊》（四），第338页。

出："借款收路一事，在吾人认定为宪政前途根本上之破坏属第一义；合同失利，夺路国民，授诸外人为第二义；至邮传部蔑视人民，侵夺商民血资犹属第三义。"为此，立宪派人的刊物也出现了不流血宪政不成的宣传。邓孝可写道："试一撷全球宪法史，何者非血服洗出其北光芒灿烂？吾宪政史今读开卷第一页矣!此正吾人当血腥力洗之日也。"①立宪派人还在提交特别股东会的一个提案上，以明确的语言写下了准备以某种较为强硬的方式以求宪政的态度："（政府）既明明破坏宪政厉行专制，普天臣民，靡不共愤，必有起而利用此机会以借达确定宪法之目的者。美洲立宪，纯原于烟税；日本立宪，半激于外患。果能同声俱起，不特路权问题可望收桑榆之功，即宪法问题亦可得协定之效。"②此案于 8 月 8 日的特别股东会上，获得与会人员的一致通过。

　　立宪派人还进行了号召群众拿起武器、进行训练，但并不向政府主动出击的宣传。9 月 6 日出版的《西顾报》第四期刊登的《罢市罢课后进行歌》公开号召："……练民团制造好军火，习武艺一齐供达魔，农工商不要久抛业，读书的半日上课半日执戈。我们又有本事又有联络，不怕官府哪还怕差大哥。……有死心横竖都战得过，战胜了我们再打收兵锣。"③蒲、罗等人被诱捕后，《四川保路同志会声讨赵尔丰檄文》再次表露了立宪派这种打算。檄文写道："我七千万同胞，趁我戈，砺我刃，众志成城，兵勿乱动，彼来则击，彼败勿追。"④

　　立宪派人还散发了《川人自保商榷书》，以纲领的形式表述了他们"以独立要求宪政"的意图。《商榷书》提出应由立宪派人士控制的咨议局、保路同志会及地方议会执行"经收租税""维持治安""保护官长"之责，并以"一律开市开课开工"作为交换条件。该书要求在四川"练国民军"和"设立国民军炮兵工厂"，并"停办捐输"，以将款项移作"自保之用"。但是，《商榷书》主张保留清王朝，写该书的目的在于"厝皇基于万世之安"⑤，因而立宪派所希求的"以独立要求宪政"，绝不等同于武昌首义

---

① 《四川保路同志会报告》第 21 号。
② 戴执礼：《四川保路运动史料》，北京：科学出版社 1959 年版，第 247 页。
③ 《西顾报》第 41 号，宣统三年（1911 年）七月十四日出版。该报始办于保路运动初期，其负责人为立宪派人、咨议局议员池梁炬。
④ 戴执礼：《四川保路运动史料》，北京：科学出版社 1959 年版，第 444-445 页。
⑤ 《川人自保商榷书》全文见《辛亥革命资料丛刊》（四），第 355-360 页。关于该书的作者，众说不一。拟另文说明，此处不赘。

后各省宣布的与清王朝断绝关系那种独立，仍然不曾脱离君主立宪的窠臼。尽管如此，四川立宪派企图利用保路运动的声势以扩大他们的政治、经济权力，仍远胜他省的同侪，也不为封建政权所容。有"屠户"之称的赵尔丰便以《商榷书》有"叛逆"之嫌，将立宪派核心人物概行诱捕，并制造了震惊全国的"成都血案"。

四川立宪派人之敢于谋求"以独立要求宪政"，主要依仗于他们同四川会党的密切关系及他们所具有的控制团练的能力。四川会党主要是哥老会，"各省汉留之盛，莫过于四川"①。四川哥老会有一个突出的特点，那就是有社会地位的人很多兼有会党身份。"入会者，自绅商学界，在官人役以及劳动苦力群不逞之徒，莫不有之""绅粮之家，亦有在会者，名为借此保家，实则广通声气，以自豪恣"。②因而，川省普遍出现了"绅富相率效尤，亦各立会"③的局面，不少地方还有"一绅、二粮、三袍哥，随时皆可说很（狠）话"④的情况。咨议局副议长罗纶"乃彼中巨子"⑤，在会党中颇有威望。咨议局议员，川路公司董事局董事冉崇根，"少年时即加入袍哥帮会，负有声名"⑥。四川同盟会员范爱众亦认为："成都内十六属各县，如温、郫、崇、新、灌等人民素好武勇，绅衿与哥老多合为一气。"⑦尤其令人注意的是，一方面四川哥老会的主要成员是农民群众及下层劳苦大众，"凡是满五、七十户的村中，总不会没有堂口"⑧；另一方面，士绅又多入哥老会，而他们中的一部分无疑是各地团练的首领。因此，四川各地团练的团丁，在很大程度上就由具有会党身份的农民群众充任，而团练的头目则往往是加入了会党的士绅。

四川立宪派人与会党、团练的密切联系，增强了保路运动的声势和立宪派的实力。"同志会之起，袍党亦多与列籍。"⑨成都市区一些保路同

---

① 刘师亮：《汉留史》，第 14 页，湖南省社会科学研究院藏。

② 《四川官报》第 9 号，宣统三年（1911 年）三月六日。引自隗瀛涛、何一民：《论同盟会与四川会党》（《纪念辛亥革命七十周年学术讨论会论文》）。

③ 《四川省咨议局议事录》第三编。

④ 《哥老会组织一瞥》，《四川月报》第 7 卷第 6 期。

⑤ 秦相：《蜀辛》//隗瀛涛、赵清主编：《四川辛亥革命史料》上册，第 551 页。

⑥ 《辛亥革命回忆录》（三），第 320 页。

⑦ 范爱众：《辛亥四川首难记》//隗瀛涛、赵清主编：《四川辛亥革命史料》，第 469 页。

⑧ 《哥老会组织一瞥》，《四川月报》第 7 卷第 6 期。

⑨ 《南川县志》卷十三"民国"。

志协会是这样成立的："那时各街的民众，多是一盘散沙，只有袍哥帮会早就奠有基础，遂从各街的大爷们着手联络，经其出头号召。于是同声相应，在短短的时间内，即达到整齐划一的程度。"[1]赵尔丰诱捕蒲、罗等人后，"当日夜间，即有团（练）匪麇集城下"，而且"每日分起而至"，携带武器，身着团练号褂，声称为救蒲、罗而来。[2]四川同盟会主要负责人之一熊克武曾写道，蒲、罗等被捕，"西南附省数十州县，更迭起民团，赴省营救，防军与战，颇杀伤。革命党人遂勾结同志军，呼号而起矣"[3]。显然，成都附近数十州县同志军的最初军事行动，主要在于立宪派人与会党、团练所具有的密切联系，加之他们倡导保路运动的声望所致。

　　事实表明，四川立宪派人有力地组织、领导了辛亥四川保路运动。他们对上谕的诘难，揭露了清政府卖国卖路的嘴脸；他们筹划成立了遍及全川的保路同志会，揭示了"破约保路"这一反帝爱国口号，掀起了空前的群众性爱国运动；他们筹划了震惊全国的罢市罢课斗争和抗粮抗捐风潮，着意在政治上、财政上困厄清王朝，以达到"破约保路"的目的。在遭受清政府在政治、经济方面的严重打击后，立宪派人凭借他们与四川会党和团练的密切关系，摆出不惜诉诸武力的姿态，企图达到"以独立要求宪政"的目的，从而实现其君主立宪的初衷。然而，迄至散发《川人自保商榷书》前后，四川立宪派人仍声言要"屠皇基于万世之安"，显然没有与清王朝最终决裂的意图。

三、"大汉四川军政府"的成立及其结局

　　1911 年 11 月 27 日，兵不血刃，闾里不惊，一个新政权便在成都成立了。这就是四川立宪派人建立的"大汉四川军政府"。这个政权之所以能诞生，除了辛亥革命的风暴给予川省以巨大冲击影响这个首要因素外，封建统治阶级内部的明争暗斗、同盟会在成都地区势力薄弱等，均是这个政权成立的重要原因。

---

　　① 《辛亥革命回忆录》（三），第 49 页。
　　② 四川省档案馆编：《四川保路运动档案选编》，第 182 页。
　　③ 熊克武等：《蜀党史稿》，《辛亥革命史丛刊》（二），第 169 页。

清末统治阶级内部的相互倾轧直接影响到四川保路运动和"大汉四川军政府"的诞生。众所周知，盛宣怀以借款回扣遍贿清室权贵，不仅宦囊充溢，也加强了其在中央机构中的地位。端方则"自照像获咎后，久蛰思启，行贿数十万，仅获川粤汉铁路督办，为营复总督之初步"。湖广总督瑞澂恐端方借行贿挤掉其职位，一面托庇于隆裕太后；一面"党同端方，参奏赵尔丰，为端方辟回翔之地"。四川布政使王人文，因川督赵尔巽保荐其弟赵尔丰继任，仅得川滇边务大臣而暂行护理川督，牢骚满腹，"故不制止同志会之发展"①。

赵尔丰抵任川督之初，因王人文放任在前，亦未强力制止四川保路运动的发展。这就给端方、瑞澂等人屡屡奏参赵的借口。8月29日，端方再致内阁请代奏参劾赵氏，在历数赵处理川事不当的过错后，他愤愤地写道："乃知赵尔丰庸弱无能，实达极点!……四川大势已去，虽百赵尔丰何益!"②在这场争权夺利的斗争中，赵尔丰显然是被动的应战者，但他并不买端方的账，迟迟不肯拿办倡导罢市罢课、抗粮抗捐的四川立宪派首脑。至9月2日，赵尔丰与成都将军玉昆等官员还联名上奏，要求"准川人照原案自办，俟成宜全路告成，再议收归国有"③。但盛、端二人内附载泽，外党瑞澂，咄咄逼人。赵尔丰为保全职位计，突于9月7日诱捕立宪派首脑，惨杀请愿群众。被派入川查办的端方在武昌首义爆发后，突变其对于川事主剿的态度，并要求释放蒲、罗诸人。④端方此举，企图以抚的方式平息风潮，并坐赵尔丰渎职酿变之罪。10月26日，释放蒲、罗等人谕下，赵尔丰并不理会，反于11月2日奏劾端方要求释人之举"实堪骇异"，并称捕人系因"迭接端大臣嘱令严办之电"和"严词电劝"⑤。赵氏屡受清廷斥责，降为川滇边务大臣。后大理院又以资政院委请为据，请将赵尔丰等解京审讯。至此，端赵交眺，已成水火。在清廷大势已去的情况下，他们又进行了一场拉拢立宪派人的竞争，以求躲过辛亥革命的风暴。

① 《辛亥革命资料丛刊》（四），第333-334页。
② 戴执礼：《四川保路运动史料》，北京：科学出版社1959年版，第285页。
③ 戴执礼：《四川保路运动史料》，北京：科学出版社1959年版，第293页。
④ 戴执礼：《四川保路运动史料》，北京：科学出版社1959年版，第477页。
⑤ 戴执礼：《四川保路运动史料》，北京：科学出版社1959年版，第473页。

赵尔丰迟至 11 月 14 日才执行清廷释放带、罗的上谕。此后，赵对被释之人另行礼聘，每日分班入署会议。他将端方等人的奏折、面电出示与被释诸人，并称："非弟之不情，实端、瑞、盛等迫弟至此耳。"①此时，端方正率鄂军取水道入川，途经重庆，于 11 月 18 日到达资州。所带军队不稳，各县同志军东起西应，折返湖北退路已断，加之赵尔丰虎视在前，端方已深感自身势孤途穷。于是，他以曾经奏请释放蒲、罗等人作资本，在资州派出同盟会的叛逆刘师培和已经投入其幕的四川立宪派骨干朱山前往成都，运动立宪派人实行川省自治。四川立宪派首脑对端方自无好感，且成都不在其控制之下，刘、朱二人碰壁而返。②端方仍不甘休，再致电蒲、罗诸人，邀请他们至资州共商，但电报被赵尔丰扣下。端方图谋运动成都自治一事，"尔丰闻而忌之"③，恐端方抢先，于己不利。他不仅扣压了端方的电报，而且在经过短时间的徘徊观望后，派参谋处总办充任其正式谈判代表，与署提法使周善培、成都总商会会长陈崇基、立宪派人击邵从恩等积极运动成都自治的士绅，洽商有关独立的具体条款。赵尔丰本不愿交权给他亲手提拿过的蒲、罗诸人，初欲交给与他过从甚密的邵从恩，但邵氏不从。"又议及正副，尔丰欲援鄂例，以（新军统制朱）庆澜为正都督，蒲殿俊副之。从恩谓湖南正都督谭延闿亦文人，以民选议长而置之副，恐不惬舆情，于是议乃大定。"④立宪派首脑蒲殿俊等人很快就接受了这种以妥协求得独立的方式，散发了《哀告全川叔伯兄弟书》，规劝同志军"兵戈亟宜罢休""息事归农，力挽和平"。⑤关于独立的协议签订后，立宪派人"复于咨议局开大会宣布，众无异词"⑥。

"大汉四川军政府"由官绅会商成立的另一重要原因，是成都地区立宪派势力相对强大，而同盟会势力较为薄弱。同盟会在川省发动的屡起屡仆的武装斗争，损失不小，也使得部分成员滋长了悲观失望的情绪。

① 《辛亥革命资料丛刊》（四），第 337 页。
② 政协成都市委员会文史资料研究委员会编：《成部文史资料选辑》第一辑，第 244-245 页。
③ 隗瀛涛、赵清主编：《四川辛亥革命史料》，第 389 页。
④ 隗瀛涛、赵清主编：《四川辛亥革命史料》，第 496 页。
⑤ 《辛亥革命资料丛刊》（四），第 386 页。
⑥ 戴执礼：《四川保路运动史料》，北京：科学出版社 1959 年版，第 518 页。

成都丁未（1907年）之役后，"成都同盟会员因代分会长林宾谷（按：应为冰骨）不负责任，不愿与同志联系，党已形同瓦解"①。因而，同盟会四川负责人对于成都地区的打算是："成都自丁未事败，清吏防革命甚严，党人无兵力可持，即发难亦无所济，惟有各道同时发动，而成都乘时响应，庶可集事。"②他们在成都地区基本上停止了有组织的活动。另有一部分同盟会会员，如咨议局中的刘声元、程莹度等，则与立宪派人士并无区别。四川新军中的将校姜登选、方声涛、叶荃等人，俱为同盟会会员。他们以力微势薄，多属客籍，不敢发动起义。赴川鄂军的革命党人派员持黄兴、宋教仁、谭人凤书致方声涛，嘱其乘机夺取端方所带军火，他亦以"在新军中势微，不敢轻举"。③非但如此，部分同盟会会员率领的新军如姜登选、叶荃部还参与了镇压同志军武装起义。④主要因为"四川新军这种不革命乃至反革命的状态，使得赵尔丰得以负隅顽抗近三月之久"⑤甚至刚出狱的同盟会会员杨维等人，认为邓孝可"在同志会中主张最激烈"，计划在11月20日由同盟会会员申通督署卫队，火烧督署，"次日即公布邓孝可为四川都督"⑥。未果，但部分同盟会会员企图拥戴立宪派人成立新政府，其力量之软弱可见一斑。

上述诸种因素，使四川立宪派人得以不费一兵一卒，建立了以他们为主体的"大汉四川军政府"。10月22日，由官方代表署布政司尹良等7人，立宪派代表蒲殿俊等8人签订了由官方和立宪派人共同商订的四川独立条件，包括官定独立条件19条，绅定独立条件11条。⑦25日，咨议局开会一致通过。27日，"大汉四川军政府"在成都宣告成立。同日，赵尔丰发布《宣示四川地方自治文》。

在新政府中，立宪派人士占据多数。咨议局议长蒲殿俊就任都督之

① 《辛亥革命回忆录》（三），第131页。
② 熊克武等：《蜀党史稿》//《辛亥革命史丛刊》（二），第168页。
③ 熊克武等：《蜀党史稿》//《辛亥革命史丛刊》（二），第174页。
④ 姜登选"以同志军愚而暴，立挥所部攻新津，不半日城陷"。见《辛亥革命史丛刊》（二），第170页。叶荃为赵尔丰"派往大关、雅州、嘉定等地镇压保路同志军的得力干将"。（见成都市社会科学研究所编：《纪念辛亥革命七十周年年论文选》，第32页。）
⑤ 隗瀛涛：《四川保路运动史》，第362页。
⑥ 隗瀛涛、赵清主编：《四川辛亥革命史料》，第512页。
⑦ 关于协议的全文，见《辛亥革命回忆录》（三），第19-170页。

职，来自咨议局、川汉铁路公司、川省教育界和商界的立宪派主要人物如罗纶、叶秉诚、邓孝可、颜楷、舒巨祥、廖治、徐炯、曾培、胡峥等人，都担任新政府各职能部门的负责人。旧官僚在新政府中占有很大比例，如以前的清盐运使杨嘉绅留任。武职部门的尹昌衡和姜登选虽为同盟会会员，但他们均以军界川籍、客籍实力派人物身份参加新政权。赵尔丰所倚重的新军统制朱庆澜还在新政府中任副都督之职。而且官绅协议明文规定："凡行政司法各官，仍希照常办事"①，因此，各个职能部门所属官员，一般为前清政府各衙门的官吏，新政府主要是派员接管并委派了新的负责人。

尽管如此，"大汉四川军政府"还是作为清王朝的对立面出现的。既称"大汉"，则表明这个政权公开宣布了对清王朝的否定；而"军政府"之称训，其白底、中书"汉"字、周围18个圆圈的旗帜，则表明这个政权顺应了当时各省纷纷独立之势。赵尔丰在其《宣示四川地方自治文》中，仅言"自治"，绝口不提"独立"，说明立宪派人和赵尔丰对于新政权的性质是各持己见的。以后，赵尔丰及其残余势力处心积虑地想推翻"大汉四川军政府"，亦足以说明封建势力对于新政权所持的仇视态度。

"大汉四川军政府"是主张实行君宪政体的。该政府的宣言称："今一旦脱专制之羁绊，为政治之改革，岂非吾川人日夜所祷求而引以自任者耶？"政府声明其宗旨为"基于世界之公理，人道之主义，组织共和宪法，以巩固我大汉联邦之帝国"②。既乐于"脱专制之羁绊"，又仅云"政治上之改革"；既要"组织共和宪法"，又云巩固"大汉联邦之帝国"，最明显地以立宪派的口吻宣布了新政府实行君宪政体的立场。

把《川人自保商榷书》与"大汉四川军政府"的文告相较，可以认为，后者是前者在新形势下的发展和具体实施。如前所述，《商榷书》表述了宪友会系统的立宪派人在辛亥革命前夕提出的"以独立要求宪政"的设想，反映了日益发展的民族资产阶级上层及其政治代言人立宪派扩大参政权和经济权的意图。而这些立宪主张的实现，在很大程度上还取决于封建统治阶级的让步，不得不以"商榷"的口吻予以表述和要挟。

---

① 《辛亥革命回忆录》（三），第170页。
② 戴执礼：《四川保路运动史料》，北京：科学出版社1959年版，第511页。

而"大汉四川军政府"的文告则公开地、明白地宣布了立宪派以独立实行宪政的主张。如何实行已经取代了"商榷"。《商榷书》里那些"厝皇基于万世之安"等保留清王朝的词句，代之以"大汉联邦帝国"，表示他们仍坚持君主立宪主张，不反对汉族皇帝的出现。《商榷书》里关于"保护官长""一律开市开课开工"等条件，原设想是由立宪派控制的保路同志会、咨议局及各级议会执行，现已由立宪派领导的新政府重申实行。关于独立的官绅协议明文规定，新政府对于"省中文武官吏力为保护""不许人民挟忿寻仇"。①新政府公告称："我省行政官吏，满洲驻防人民，一律照常待遇""至于社会秩序，务求安静如昔；凡我士农工商，一切各安生业。"②《商榷书》里关于"练国民军"和"设国民军炮兵工厂"等条款，原是筹划者用以胁迫清政府实行宪政的筹码，现在既然立宪派已政权在握，似乎军权已经在手了。《商榷书》里关于"筹备自保经费"的条款，原是为了困厄清王朝，现在既然已经成立了立宪政权，也用不着筹款"自保"了。《商榷书》里那些意存威胁的口吻，已被新政府文告中的人道主义、恢复安静秩序的说教所代替。

"大汉四川军政府"对于以赵尔丰为首的封建势力的妥协是严重的。对于这个曾经屠杀无数爱国民众的刽子手，新政府给予了若干优待。立宪派让赵尔丰仍旧主持川滇边务事宜，而且"边务常年经费及兵饷一百二十万两，由川担任"，"边务如需扩充军备，饷械子弹由川协助"。赵尔丰仍可拥有一支数量较大的军队，"除原有边军外，应再选带八营"③。主要地就在这个问题上，以同盟会会员为主体的"重庆蜀军政府"对于有关四川独立的协议进行了尖锐的批判。他们指出"人谓四川独立，吾则曰赵尔丰独立"，赵"选带精锐以规进取，其余军队悉交私人，前据形势，后保饷源，赵之筹划，又何其工也。有地、有兵、有饷，吾敢谓满清政府依然存在"④。

"大汉四川军政府"是一个混乱不堪的政权。都督府文职部门负责人大多为立宪派人士，他们分别接管前清四川地方政府的重要衙门。有的

---

① 《辛亥革命回忆录》（三），第170页。
② 戴执礼：《四川保路运动史料》，北京：科学出版社1959年版，第512页。
③ 《辛亥革命回忆录》（三），第170页。
④ 戴执礼：《四川保路运动史料》，北京：科学出版社1959年版，第504-506页。

部门如盐运使司，居然保留了杨嘉绅的原任职务。他混迹于军政府，乃纯从私利着眼，当劫运了 20 万两盐库银后，便潜逃他处。继任此职的邓孝可，甫接事，"盐务公所各司书，强索余利"，邓氏"穷于跬步，分给始散"。劝业公所的留任官员，"将存款提分作三个月预薪"，其余"各公司局所多仿行者"。接管布政使司的蔡镇蒲，"委蛇瞻徇，物议繁兴"。接管提学使司的徐炯，"被学界攻讦回府，另派曾培担任"。身任都督的蒲殿俊"惟汲汲于改定制度，鼓吹自由而已"①，至于效果如何，他本人大概是不了解也无法解决。都督府先后发出了一系列告示②，未曾产生任何作用。如先令军民剪去毛辫，后又改成剪否听民自便。虽明令禁赌，而"都督府门外有聚博者焉，呼卢喝雉声洋溢而弗能问也"③。很难相信，军政府律令能逾都督府门。

军队系统的混乱更令人吃惊。新军中的川籍和客籍军官互存畛域之见，哄闹不已。新军标统叶荃执意要统制官朱庆澜任都督，扬言要炮轰都督府。后经人说合，以三十万元代价平息此举。④叶荃遂率部窜往嘉定，与卷款潜逃的杨嘉绅共谋嘉定"独立"，还企图与来川滇军勾结，进据成都。⑤尹昌衡是川籍军官的核心人物，他"虽然在历史上与同盟会有过联系，而且参加过同盟会。但是他却没有明确的革命意识，只是热衷于争夺军权和地位的实力派"⑥。以他为首，川籍军官向都督府提出另成立新军一镇，并在参谋部安置一四川军官，以与客籍军官抗衡。蒲殿俊因经费困难，仅同意任命川籍军官王右瑜为参谋部次长。尹即带领川籍军官至都督府哄闹，几乎与客籍军官发生武力冲突。此后，朱庆澜、姜登选、方声涛三人便不肯到府办公，形成僵局。⑦蒲上任之初，即允诺巡防军和新军放假十日，发饷三月，寓以同庆独立及安抚之意。"至期索饷者纷纷，巡防军无人统治尤骚扰"，待十日假满归营给饷一月，"众不服，戕发饷

---

① 隗瀛涛、赵清主编：《四川辛亥革命史料》，第 548 页。
② 隗瀛涛、赵清主编：《四川辛亥革命史料》，第 603—604 页。
③ 隗瀛涛、赵清主编：《四川辛亥革命史料》，第 513 页。
④ 《辛亥革命回忆录》（三），第 171 页。
⑤ 参见成都市社会科学研究所编：《纪念辛亥革命七十周年论文选》，第 32 页。
⑥ 隗瀛涛：《四川保路运动史》，第 355 页。
⑦ 政协成都市委员会文史资料研究委员会编：《成都文史资料选辑》第一辑，第 133 页。

委员"①。军队放假期间，成都市内秩序大乱，"巡防军掠扰人，毁报馆，警局退避惟谨，政府且封闭被毁者。陆军与巡防军争妓斗殴死数人，伤数十人"②。对于军队闹事，"军政府没有法，只好大张告示，劝说'军人资格最高'，希望他们'君子自重'，谨守秩序"③。有人建议把巡防军调回原驻地，但都督不敢下令。罗纶建议急召同志军进城，作为军政府的基本力量，"于是同志会晋省者日众，政府庆祝无虚日"④。但是，"各县之同志会，以光复为有大功，且蒲、罗诸人又为所救而生死（肉）骨者也，凡所企图，尤不能不稍有假借"⑤。此种办法，不唯不解决问题，"且陆军、巡防军、同志军之间，作战追逐数月，一旦共饷一城，思想水火，哄斗时闻"⑥。军界更趋复杂混乱。

尤其严重的是，立宪派准备随时请教的赵尔丰，仍住在督署，附近几条街的民房内驻有赵氏原来调集用以保护制台衙门的三千多巡防军。⑦赵卸任交印后不久，"得知清廷未复消息，潜有悔心。遂嗾王棪、路广钟、李克昌乘机生事"⑧。立宪派人对于赵尔丰思图复位的明谋并未察觉。12月8日，都督蒲殿俊、副都督朱庆澜集合巡防军、新军、同志军于东较场，异想天开地准备将兵士挨次点名发饷，一则示新都督对士卒的爱怜之心；二则旨在整肃纪律，饬以维持治安之责。点名不久，巡防军中一阵枪响，全场大乱，正副都督均急逃匿。各军士卒趁机在市面抢劫，成都陷入极度混乱之中。此次突变，"王棪于兵乱之际，在东较场作俑"⑨。路广钟在事变当天，"率教练巡警二千余人，手持快枪二千余支，胁各署巡警曰：'藩库、运库、道岸，既已抢劫：天顺祥又被掠空，此时不变，更待何时？'于是警兵附和叛乱，各街秩序，无人维持，而乱不可遏矣"⑩。

---

① 隗瀛涛、赵清主编：《四川辛亥革命史料》，第496页。
② 隗瀛涛、赵清主编：《四川辛亥革命史料》，第548页。
③ 《李劼人选集》第二部下册，第1462页。
④ 隗瀛涛、赵清主编：《四川辛亥革命史料》，第548页。
⑤ 隗瀛涛、赵清主编：《四川辛亥革命史料》，第513页。
⑥ 隗瀛涛、赵清主编：《四川辛亥革命史料》，第506页。
⑦ 政协成都市委员会文史资料研究委员会编：《成都文史资料选辑》第一辑，第236页。
⑧ 《辛亥革命资料丛刊》（四），第337页。
⑨ 幼铭：《尹太昭小传》//隗瀛涛：《四川保路运动史》，第352页。
⑩ 《辛亥革命资料丛刊》（四），第337页。

此次兵变，"计公私损失财产不下一千万，全省精华尽于此劫"[1]。次日，赵尔丰竟以总督部堂名义出示称："昨日之事，已过不论；谕尔士兵，各自归营"，并署明时间为宣统三年（1911 年）十月十九日。赵尔丰"意欲遥应北庭，图谋复位"的鬼蜮伎俩昭然若揭。[2]随着"十二·八"兵变的枪声，"大汉四川军政府"宣告瓦解，历时仅 12 天。

兵变以后，军界中的实力人物、军政部长尹昌衡和在同志军中颇有影响的罗纶出面，率领少数新军和同志军迅速平息了叛乱，并分别就任"四川军政府"的正、副都督。以后，又捕杀了企图继续作乱的赵尔丰。但是，正如胡绳同志所指出的："在这个政府中的立宪派已不成其为立宪派，革命派也不成其为革命派，他们一致拥护尹昌衡这个新军阀。"[3]曾经风云一时的四川资产阶级立宪派，随着"大汉四川军政府"的倒台，便结束了其在辛亥革命前所具有的主要政治影响。

四川立宪派卓有成效地组织、领导具有强烈反帝爱国意义的辛亥四川保路运动，而由他们建立的"大汉四川军政府"却又如此庸碌短促，这给我们以深刻的启示。

川汉铁路的筹建是一场尖锐的反对帝国主义侵略的斗争，它以租股为纽带，使全川各阶层民众都把路权的得失看作与自己休戚相关的大事，亦造成了四川民族资产阶级上层及其政治代表立宪派人的崛起和活跃。因此，当立宪派人登高一呼，羽檄交飞，就能把民众集结在"破约保路"旗帜之下，汇成了保路爱国运动的浩荡洪流。而当各省接踵独立、革命枪声四起之时，人们所关心的是用物质的力量摧毁旧世界，推翻清王朝，"破约保路"不可避免地被建立民主共和国所取代。此时，立宪派人却没有像以前那样顺应民心，反而解散保路同志会，规劝同志军息事归农，并与封建势力妥协，达成了关于四川独立的协议。这就使得他们声望陡降，丧失了从事政治活动的群众基础。四川立宪派人能够以川省独立否定清王朝，却又坚持君主立宪的政治立场；他们有强烈的爱国主义热情，却又不能在空前的革命高潮中由爱国而革命；在野时，他们可以搞出有声有色的合法甚至非法斗争，但又异常缺乏管理政权的能力。"大汉四川

① 隗瀛涛、赵清主编：《四川辛亥革命史料》，第 549 页。
② 《辛亥革命资料丛刊》（四），第 337 页。
③ 胡绳：《从鸦片战争到五四运动》下册，第 846 页。

军政府"之所以庸碌短促，根源就在于此。

可以肯定的是，"大汉四川军政府"仍然超越了立宪派人从事国会请愿时的立宪政体模式，也超越了宪友会系统立宪派人提出的旨在保留清王朝的"以独立要求宪政"的立宪主张。全国立宪派人在辛亥革命时期所能独力取得的政治上的成就，没有超过四川立宪派人倡导的辛亥四川保路运动的规模。因此，立宪派和同时期的革命派相比，仍不可同日而语。革命派尽管软弱，但他们毕竟为推翻清王朝、创立共和政体进行了持续不断的、可歌可泣的，包括政治和军事的斗争，在推翻帝制、创立民国方面取得了不朽的功绩。所以，那种认为辛亥革命时期立宪派人起了主导作用的看法，与史实是不符的。然而，由于革命派的一再妥协，辛亥革命的成果终于被帝国主义及其走狗袁世凯集团窃取。历史表明，中国民族资产阶级的无论哪一个阶层及其政治代表，都不能领导中国反帝反封建的民主革命获得成功。

一九八三年元月删减

附录三　晚清重臣与四川保路运动

与辛亥四川保路运动有关联的晚清重臣大体可分为四类：历任四川总督锡良、赵尔丰（署理）、赵尔巽以及湖广总督张之洞，或首倡自办川汉铁路，或支持自办川汉铁路，或大力推行川路筹建事务，培植了四川广大绅民、四川地方政府与日后出台的"铁道干线收归国有"政策相对抗的社会条件。护理四川总督王人文、署理四川总督赵尔丰，曾同情支持保路运动，促使运动以迅猛态势发展。成都将军玉昆持不公开反对态度，可归入该类。邮传部尚书盛宣怀、度支部大臣载泽、湖广总督瑞澂、川汉粤汉铁路督办大臣端方，蛮横专制，促成巨变。而署理四川总督赵尔丰则经历了从同情到镇压保路运动的惊人之举，是促使保路同志军的武装斗争遍布全川的关键人物。这些要员在保路运动前尤其是保路运动时期的言行举措均从不同的角度加速了清王朝的覆灭。

一

第二次鸦片战争后，列强开始向四川渗透。重庆设关（1895年）后，四川因洋货输入而流失的白银年平均达 1300 万两以上。至 1903 年，清中央政府、四川地方政府乃至个人与列强订立的有关四川的不平等条约竟有 13 种之多，其内容涉及川省的矿产、川江航运权、圈划租界等，列强先后在川省开办的铁矿、煤矿、火柴、卷烟、银行、保险公司等企业约计 19 家。令人倍感忧危的则是列强阴谋取得四川境内铁路的借款与铺设权。远在 1888 年（清光绪十四年），英、法等国就要求揽办四川境内铁路。1901 年，法国派队测量云南成都线。1903 年，英、法两国公使四次照会清廷外务部，要求磋商铁路借款并强求修筑川汉铁路。

帝国主义对川省铁路"群思揽办""计取强求，百端纷扰"的强盗行径，理所当然地受到全川民众、爱国士绅和尚有民族正义感的清朝四川地方官吏的坚决抵制。1903年7月，新任四川总督锡良于出都赴任途次，以"各国互争雄长，铁路所至之地，即势力所及之地。从未有让人修筑，自失其利而自削其权者。中国处此危局，欲变法自强，政固多端，而铁路尤不可缓"为由，奏请设立官办川汉铁路公司，力主自办川路，"以辟利源而保主权"[1]。锡良的奏请，很快得到清政府外务部的同意，理由也类似锡良的奏请："非修铁路以利转输，恐商务难期畅旺""深恐外人揽办，自失利权"；待商部成立后，由商部大臣"切实招商，专集华股，力除影射蒙混之蔽；以资抵制而保利权"。[2]

　　长期为研究者所忽视的是，锡良奏请自办川汉铁路之举，有无技术、专门人才、设备、资金的支撑？锡良没有经过任何的可行性论证，就提出了一个工程难度相当高、修建经费也非常巨大的工程，已经近于荒唐。仅就筹建川汉铁路角度来看，锡良对日后四川经济社会的影响非常之大。如果再从四川保路运动以及清王朝覆灭的角度来看，锡良或功莫大焉，或难辞其咎。

　　《成都商报》2010年12月20日转新华社报道，即将通车的宜（昌）万（州）铁路创造了我国铁路史上的四个"之最"：是我国铁路施工难度最大的山区铁路，穿越了"筑路禁区"；是我国单公里造价最高的铁路，每公里造价6000万元；桥隧长度为世界之最，该路有桥梁、隧道400余座（条），占线路总长的74%；是我国单公里修建时间最长的铁路，该路总长377公里，耗时7年，年平均进度仅为50余公里。《成都商报》2010年12月22日报道，据成都铁路局相关人士介绍，宜万铁路"仅贯通齐岳山隧道就花了6年时间""最困难的时期一个月只掘进了4米"。笔者认为，该路与20世纪初筹建的川汉铁路之宜万段类似。显而易见，在20世纪初修筑川汉铁路是不可能的，不仅中国不可能，外国也不可能。明白了这个问题，应当有助于我们客观地评价列强试图取得修筑川汉铁路的真正动机和后来清政府出台的"铁道干线收归国有"政策。

　　尽管如此，这个在当时不可能办到的工程还是经过清朝中央政府、四川地方政府和四川绅民的同意启动了。必须指出的是，1904年1月24日，即官办川汉铁路公司成立之日，参与并主持官绅签字仪式的是赵尔丰。

① 《四川总督锡良奏请自设川汉铁路公司折》//戴执礼编：《四川保路运动史料》，北京：科学出版社1959年版，第1页。

② 戴执礼编：《四川保路运动史料》，北京：科学出版社1959年版，第2页。

赵尔丰，曾在广东、山西等省任职，后因见赏于山西巡抚锡良，遂较长时间随其调迁而擢升。锡良任四川总督后，赵氏先署理四川永宁道。1904年10月，锡良又奏派赵为川汉铁路公司督办，"专办川汉铁路"，获得朝廷批准。1905年1月，锡良"令赵尔丰交卸永宁道篆，来省专办公司，与之日夕讨论"①。从上述可以看出，赵尔丰是参与了官办川汉铁路公司的重大决策的。

官办川汉铁路公司成立后，除了组建公司、任命官员、杜绝外人纷扰外，筹款、制订章程、勘测线路、开工修筑等事务，渐次提上了议事日程。历任四川总督锡良、赵尔丰（署理）、赵尔巽都参与了有关川汉铁路的筹建事务。

锡良主要在筹款及与筹款有关的宣传、制定章程等事务上做了大量工作，并为日后的继任者定下了基调。主要源于四川留日学生实即梁启超的建议②，1905年1月，拟定了《川汉铁路总公司集股章程》，确定了四种铁路股款：认购之股、抽租之股、官本之股、公利之股。在锡良看来，"综此数项，虽尚无实在确数，然按年皆为有着"。而且，修筑川汉铁路的技术难度很大及所需款项甚巨的两大难题，较之于"若借外款，应者争至；则亦未为甚难也"③。

修川汉铁路究竟需多少银两？梁启超和四川各方人士最初均估计为五千万两左右。四川近代工商业不甚发达，这为数巨大的款项，当然不易筹集。加之四川僻处西部内地，民众见识有限，对于股份、股份公司

① 中国科学院历史研究所第三所主编：《锡良遗稿·奏稿》第一册，北京：中华书局1959年版，第458页。

② 梁启超：《为川汉铁路事敬告全蜀父老》//《饮冰室合集》（文集25）第3册，北京：中华书局1989年版。《饮冰室合集》未注明该文的撰写时间。戴执礼先生在《四川保路运动史料汇纂》（台北："中央研究院"近代史研究所史料丛刊第23种，1994年版。以下简称为台北版戴书）将此文误为四川留日学生所著（见《四川保路运动史料汇纂》上册，第297-308页所载"四川留日学生为川汉铁路事敬告全蜀父老书"，时间为1904年11月）。经核对，发现此文与前引梁启超文完全一致。笔者认为，从文中"去年以来，我制军锡清帅深鉴时局，乃首倡自办川汉铁路之议。……而至今未有眉目，内外论者，渐以失望"等语判断，此文写于1904年，而当时四川学生初到日本，当无文中所体现的见闻与学识。从戴书所收关于四川留日学生因川汉铁路事会商的日记来看，邓孝可（慕鲁）数次与会，较为积极。而邓孝可与梁启超过从甚密，保路运动时期任四川保路同志会文牍部长。

③ 《锡良奏陈"川汉铁路总公司集股章程"折》//《锡良遗稿·奏稿》第一册，北京：中华书局1959年版，第29-30页。

等新事物不甚了了，则集股更难。锡良本人也清楚："中国招集民股，最为难事。川省地居僻远，耳闻拘隘；昔为邻省办矿等股，寸效未睹，至今多畏之。骤欲集数百万股之多，此诚难之又难者也。"因而，集股过程中必须进行有目的的宣传。锡良在奏报《集股章程》时，即为这类宣传定下了基调："一则将修路关系全川之故，利害得失，详明晓谕；一则民间恒虑出资后，事或辍于半途，款或移于他用，兹将公司官款、民款，悉作股本，无论异日有何项急要，决不提挪。一则自办者即不招外股、不借外债之谓也，而士民尤恐持之不坚，将来中外分歧，利权受损。"①锡良所定宣传基调实际涉及三个方面，即爱国、爱家乡、股金专用。

留日学生和川汉铁路公司自不待言，在四川官方的宣传品中，也高调宣传自办川汉铁路是爱国爱家乡的体现。《四川官报》1904年刊登的白话《开办川汉铁路说》一文强调："川汉铁路必自办，且必宜自办，若不自办，外人就要来办了。""四川一省，南接云贵，西连卫藏，高踞长江上游，如果路权属于外人，就可建瓴而下，沿江各省，尽失险要，后患何可胜言。""外国人有不战能侵略土地之法，得交通权就是其一了。""所以如今要保全中国，保全四川，保全我们自己的身家性命，都不可不注重于自办铁路一事。""四川人多，过于日本全国，所以无业游民，到处皆是，铁路一开，不但不碍百姓生计，且站夫要用人，护送要用人，搬运要用人，小民都可借此获利，并可出外谋生，学习别项工艺，人人都有生计，自然，国民变富了。"②

笔者曾在法国外交部档案馆看到一份有关1907年四川举办第二次劝工会情况的法文材料。其中，有一幅黑白照片表明，川汉铁路总公司在劝工会场（现成都市文化公园内）搭建了铁路路轨及火车车头、车厢的模型，车厢内还有模拟的乘客。当时的四川民众，绝大部分人都没有见过火车，因而在省城展出的这个模型会起到启蒙宣传的作用，也是一种号召民众踊跃投资铁路的渠道。这个展览是由负责工商实业事务的劝业道出面组织的，这也从另一个侧面说明四川官方对于修筑川汉铁路的决心以及在宣传方面的良苦用心。

① 以上参见《锡良奏陈"川汉铁路总公司集股章程"折》//《锡良遗稿·奏稿》第一册，北京：中华书局1959年版，第29-30页。

② 前引《开办川汉铁路说》//四川省档案馆编：《四川保路运动档案选编》，成都：四川人民出版社1981年版，第123-126页。

可以肯定的是，在当时的中国，没有哪一个省份像四川这样，为修筑一条铁路而牵动全省上下官民的心。没有哪一个省份像四川这样，为修一条铁路而进行了全方位的宣传，而且形式多样，时间也达数年之久。其中，关于爱国、爱家乡的宣传，关于全力抵制外来侵略的宣传，更成为四川官方与民众一致的舆论，也在客观上将四川地方政府和民众推到了借债筑路的对立面。由此，我们也将不难理解，清政府涉及湖北、湖南、广东、四川等四个省的"铁道干线收归国有"政策颁布后，为什么只有四川一省一度形成四川地方政府与中央政府之间的对峙状态，为什么只有四川一省能掀起规模空前、愈演愈烈的保路风潮。

1907 年 2 月，锡良调任云贵总督，赵尔丰出任护理四川总督。赵尔丰任职期间，川汉铁路宜昌至万县段的购地、施工等事务提上了议事日程，并在湖北宜昌设立了工程局。川汉铁路公司派员将宜昌至万县段勘测了一遍。赵尔丰在铁路公司完成勘测后，同意宜万段先行开工和购地的计划。不久，赵尔丰再赴川边，其兄赵尔巽就任四川总督。

赵尔巽于 1908 年 3 月调任四川总督。赵尔巽任职四川总督期间，川汉铁路宜昌万县段的购地、施工等事务开始着手实施。1908 年 5 月起，邮传部派员勘测川汉铁路宜万段，并对川汉铁路的账目进行了核查，均较满意。之后，邮传部上奏朝廷称，宜万段需银 3000 余万两，虽然川汉铁路公司已收股款除历年所用外，还有 880 余万两，仅为所需款项的四分之一，"然铁路系营业性质，只患开工无资，坐耗资本。若赶紧兴筑，有此存款先应急需，而长年又有租股等项 200 余万两进款以为挹注，陆续延筑通车养路之资不患无着。该路前未动工，实因工程无人主持，碍难着手。现该路总工程师到后，与总协理核办"。不久，邮传部路政司报部批准后下文称："查宜万一段经覆勘定线，自应准其建筑。"因正在修订路律，暂无法颁发开工执照。但"公司先行动工兴筑可也"[1]。1909 年 12 月 28 日，川汉铁路公司在宜昌举行了开工典礼，正式动工修筑川汉铁路。

湖广总督张之洞也曾主张川汉铁路自办。1903 年，锡良在京期间曾与湖广总督张之洞就川汉铁路事宜"再四熟商，均主自办"[2]。1906 年 2

---

① 戴执礼编：《四川保路运动史料汇纂》上册，台北："中央研究院"近代史研究所史料丛刊第 23 种，1994 年，第 373 页、第 375 页。

② 《锡良奏陈"川汉铁路总公司集股章程"折》//戴执礼编：《四川保路运动史料》，北京：科学出版社 1959 年版，第 29 页。

月，因川汉铁路关系重大，又涉及湖北、四川两省，有人提出特派督办大臣，以划一事权。针对此议，锡良与张之洞等四川、湖北"两省督绅筹议往返多次"后，"由川主稿"，上奏予以驳斥。锡良的上奏称："该原奏即于情事均未得实，故持论辄多隔膜，应请勿庸置议。"锡良的上奏，还有可注意的是，他与张之洞等"电商数四"，将川汉铁路宜昌以上湖北省内路段，由"川省代修，定期二十五年，由鄂省照章备价收回"①。

调任督办粤汉兼鄂境川汉铁路大臣后，张之洞的态度有了重大改变。他向外务部提出："川汉铁路在川境者二千余里，半系大山，工费必数千万，集款甚非易易，其于鄂境之路，川省更无能为力矣。"而在湖北省境内的川汉铁路也有 1200 余里，湖北"民力困竭，万万无从筹此巨款"。因此，湖北省内的铁路"非借款万不能成"②。1909 年 6 月，张之洞与英、德、法三国订立了湖北、湖南境内粤汉铁路及湖北境内川汉铁路借款草合同。张之洞此举实际上卡住了四川境内川汉铁路的出路，为以后的英、德、法、美四国铁路借款以及"铁道干线收归国有"政策的出台埋下了伏笔。

308

事情还远不止此。按梁启超所记，盛宣怀之能日后执掌中国铁路事务，张之洞起了较大的作用。《马关条约》订立之后，李鸿章为众矢之的，而盛宣怀为李所信任，亦遭舆论斥责，其天津海关道被开缺，交南、北洋大臣查办。时北洋大臣王文韶袒护盛宣怀，南洋大臣张之洞却与盛素来不和，盛只得请张转圜保全。因张所办汉阳铁厂开销甚巨而无成效，当盛面见张时，张出示两折：一为弹劾盛，一为保举盛，并称盛如能接办铁局，则可保举，否则将弹劾，盛只得应允。盛更进而请曰："铁政局每岁既须赔垫巨款，而所出铁复无销处，若大人能保举宣怀办铁路，则此事上可勉承也，张亦不得已而诺之。遂与王联名保盛督办铁路。"③盛宣怀执掌邮传部后，英、德、法、美四国铁路借款以及"铁道干线收归国有"政策的出台，事实上与张之洞此前的举措较为类似。于此而言，张之洞与清王朝的覆灭关系甚大。

---

① 以上见中国科学院历史研究所第三所主编：《锡良遗稿·奏稿》第一册，北京：中华书局 1959 年版，第 560 页。

② 戴执礼编：《四川保路运动史料》，北京：科学出版社 1959 年版，第 81 页。

③ 《记芦汉铁路》//《饮冰室合集》第 3 册，《文集》之四，北京：中华书局 1989 年版，第 48-49 页。

二

保路运动初起之时，任护理四川总督的是王人文。他对"铁道干线收归国有"政策是有不同看法的，对保路运动的基本态度是理解支持。

1911年6月17日，四川保路同志会成立后，王人文在总督衙门接见了同志会交涉部长罗纶等人，对同志会的成立没有表示反对。他还向朝廷申明，当天"呼号于臣署者，至二千余人之多，臣实无术以空言曲解"。对于罗纶等呈上的2400余人联名草就的批驳《四国铁路借款合同》的文稿，他只有"直陈于君父之前"。

6月19日，王人文本人直接上书，言明四国铁路借款合同丧权辱国，要求惩处邮传部尚书盛宣怀。他在奏章中写道："稍有识者，读此合同，无不痛哭流涕。"对于具体的合同条款，他予以逐条批驳。他认为，借款合同"于路权、国权丧失太大，内乱外患事机已迫"。四川民众为此奔走呼号，"人人皆愤盛宣怀之欺君误国，既无一语怨望朝廷，尤无一人稍形暴动，又不可绳之以法"。他还提出，修改合同是唯一的出路。①此后，王人文对于四川立宪派人及四川民众请求代奏的呈文，大多予以代奏了。7月21日，上谕严厉申斥王人文："该督一再渎奏，殊为不合。"如果发生变故，"定惟该护督是问"。②

在王人文主政期间，四川地方政府还专门发出函件，"讲演员以取得各法团联名陈情书为率"③，即允许保路同志会派出的讲演员到各地讲演。虽然此举是以不暴动、守秩序为前提，但同意各地保路同志协会成立却是事实。也正是在他主政期间，四川保路同志会在组织上得到极大的发展，在舆论宣传上也收到显著的成效。而省内各地的官员，大多也在不同程度上采取同情、纵容甚至支持保路运动的态度。可以认定，四川保路风潮的基本形成是在王人文主持四川政务期间。

成都将军玉昆，是四川省内另一个重要官员。他对"铁道干线收归国有"政策不满，却不愿看到民众群起抗争，其对保路风潮的基本态度是不公开反对，客观上给四川民众以同情保路运动的印象。

---

① 戴执礼编：《四川保路运动史料》，北京：科学出版社1959年版，第207-210页。
② 戴执礼编：《四川保路运动史料》，北京：科学出版社1959年版，第210页。
③ 戴执礼编：《四川保路运动史料汇纂》中册，台北："中央研究院"近代史研究所史料丛刊第23种，1994年，第688页。

皇族内阁组成以及"铁道干线收归国有"政策公布之后，玉昆敏锐地感到："以上两件大事，今秋后必然由此取乱之萌芽生矣。"对于"川省风潮顿起"的原因，他还是看得非常清楚的："本系朝廷失当，盛老（指盛宣怀）误国所致。""卖国贼盛宣怀，使海内外人人切齿痛恨也。"他明知当时局势的根源所在，却又对保路风潮的日益强劲不满。他认为："立同志会时，当力阻为是。而今会已成立，渐渐生翼，人心煽惑已动。在百姓人人感谢采臣（即王人文），在朝廷大反对，为尝不痛恨也。"

赵尔丰到成都就任署理四川总督后，曾经上书朝廷陈说四川民众的保路缘由以及四川没有暴动情形等。赵尔丰两次要他联名代奏，他又只有应允，但内心并不愿意。他在家信中写道："当时我本意实不愿为，乃都统（指奎焕）力阻，总以地方为要而言，不得不勉为其难，所以奏上。"而赵尔丰逮捕保路运动的领导人后，他又为之称快："此次肇祸之由，实因劣绅十数名暗中煽惑愚氓，心藏谋为不轨……幸蒙朝廷密旨，令赵督严拿首要。"

当保路同志军的武装斗争烽火燃遍巴蜀大地之时，玉昆对于四川民众造反的根本原因是看得比较透彻的："此番川民激变，可谓官逼民反。多年以来，将川民膏血搜掠殆尽，民贫财穷，所以与行政诸公结成敌忾之仇，商农士庶无不痛恨。俗云官清民自安，近来新政繁兴，建立局所，各项摊派无不应付，无不由民出资，因此愈结愈深，故而造意谋反之心生矣。"但是，他感到高兴的是，"外面传闻，绅商士庶均称将军是好官，毫无为难之形。两次电奏给百姓恩，虽未允准，人人感戴"[1]。

赵尔丰是四川保路运动时期最为重要的官员。盛宣怀、端方等人认为，四川保路运动之所以不像湖南等省轻而易举地被压制，责任在王人文和赵尔丰。盛宣怀称："赵督似仍本王人文之意，决不退让，实已将叠次谕旨全行违背。……下车伊始，即顾自己名声，不能先拿数人，而听其聚哄。"[2]端方也提出："川中昌言废约，事变叠生，一误于前护督王人文，不惮躬为奸民反抗朝旨之倡，酿祸已熟，受代以去。再误于赵尔丰，抵任两日，抗叠次谕旨，率行代奏……实已荒谬乖方，有辜职守。"

① 以上关于玉昆的资料，参见丘权政、杜春和整理：《蓉城家书》//《辛亥革命史丛刊》编写组：《辛亥革命史丛刊》第一册，中华书局，1980年9月。
② 戴执礼编：《四川保路运动史料汇纂》中册，台北："中央研究院"近代史研究所史料丛刊第23种，1994年，第988页。

①他们的看法基本是正确的。

赵尔丰在未接掌督篆前，即支持护理川督王人文关于路事的做法。6月2日，赵尔丰致王人文电称："公为地方利弊，毅然上陈，如有转圜，全川蒙福，无不钦佩。"7月6日，赵尔丰有"真"电致王人文："公（指王人文）既主张于前，丰必维持于后。公司为丰开办，关念尤切。"7月15日，赵氏致电王人文，同意王关于川路已用款和未用款分别处理的意见，即将未用股款 700 余万两尽还川人，已用款除倒账外可换成国家铁路股票，并认为该法"正大切实，为国为民，两全之道"。邮传部不以此法为然，坚持劫路劫款。对此，赵尔丰亦赞同王氏看法，认为邮传部"一意专制"。同日，在接到川绅关于和平争路的电文后，赵尔丰回电称："诸君热心毅力，立同志会，纯以和平进行为宗旨，万余人会集而秩序不紊，闻之实感佩慰。较之剑拔弩张者，高出万万，必蒙朝廷嘉许。"他还表示："初十日前到省，届时当快领各股东高见。"7月23日，赵尔丰在致王人文的密函中，再次声言："盛之乖谬，固不待言。"是时，王人文被清帝严厉申饬，而赵尔丰认为王人文"所陈皆为国至计，岂仅为争路，争款哉！乃不蒙见谅，阁、部（指内阁与邮传部）过矣"。赵还称赞王"正气特识，萃于一身，实为丰所钦佩"，希望王继续办理路事，"多留一正气以撑乾坤"。②

赵尔丰于 8 月 2 日就任署理四川总督后，多次向朝廷代奏四川立宪派人的呈请或与盛宣怀等"劫路"大吏商讨处理川路善法。至"成都血案"前的 30 余天内，赵氏单衔或会同四川其他官员进行此等事宜的奏折、函电至少有 8 次之多。8 月 16 日，赵致电盛宣怀，建议处理四川路股办法须酌量通融。8 月 27 日，赵氏致电内阁，代奏川人仍主路归商办并将借款修路之事交资政院议。同日，再致内阁，要求"筹商转圜之策"，并声称立宪派人"每以合同善否，逐款向尔丰质问，亦殊难致辞③"翌日，赵尔丰会同成都将军玉昆等致电内阁，求其代奏川汉铁路公司特别股东会请将借款修路事交资政、咨议局议决然后接收，并要求将立宪派人的呈请"发交内阁国务各大臣从速会议，宣示办法"。同日，赵尔丰致电

---

① 戴执礼编《四川保路运动史料汇纂》中册，台北："中央研究院"近代史研究所史料丛刊第 23 种，1994 年，第 989 页。
② 戴执礼编：《四川保路运动史料汇纂》中册，台北："中央研究院"近代史研究所史料丛刊第 23 种，1994 年，第 784-787 页。
③ 戴执礼编：《四川保路运动史料》，北京：科学出版社 1959 年版，第 278 页。

邮传部，声明："路事前已出告示，晓以利害，晤见绅耆又复百方譬喻，莫言予从，士庶工商，几成一致。"①8月30日，赵尔丰致电内阁，力陈川人破约保路事关宪法且英国领事已表示让步，再次要求把川路事宜交资政院、咨议局议决。9月1日，赵尔丰会同玉昆等四川官员，恳请朝廷准川人照原案办理，俟成宜全路告成，再议收为国有。9月2日再致内阁，力陈川路仍准归商办为宜。

赵尔丰对于川汉铁路公司特别股东会基本采取了合作支持态度。8月5日，赵尔丰亲临特别股东会，称赞与会人员"具爱国之热忱"②。8月7日，会议公布端方威胁拿办倡首保路之人的"佳"电，使出席会议的股东极为愤慨，要求出席是日会议的劝业道、巡警道请赵尔丰代奏抗议电文。两位官员当日"来述督宪意，谓端'佳'电诚无理，早已电驳之。今此电稿自当照转并更加严重语"。众股东"拍掌大呼欢迎之。人皆谓吾辈月来久处含酸忍泪中，今季帅与吾人以小展眉矣！吾川可谓福星前得王护院，今得赵季帅"。8月8日，赵尔丰率省中大吏出席特别股东会。会议通过了《遵先朝谕旨保四川川汉铁路仍归公司商办案》，并议决具体实施方法3条：质问邮部；呈恳代奏；提回存款。是日会议，"川督监督在场，允为股东代奏"。翌日，特别股东会宣布由赵尔丰转知的盛宣怀假手川路公司驻宜总理李稷勋强行劫收川路一事，"众情愤甚，几无笔墨可以形容"。赵尔丰面对如此重大事态，一度"决意辞职"，再次同意为特别股东会代奏。③8月11日，特别股东会通过《请勿庸展办新常捐输以宽筹路款案》，策动抗捐，企图将清廷在四川的主要捐税移作修筑铁路之用。24日，特别股东会议决在全省范围内实行罢市、罢课。26日，该会又议决，以租股利息抵扣正粮；不纳捐输；相约不买卖房地产；自今年起，政府无论借外债若干，四川不承认担负一钱。④特别股东会明目张胆号召抗粮、抗捐，实属"犯上作乱"。而赵尔丰在特别股东会8月26日关于

312

---

① 戴执礼编：《四川保路运动史料》，北京：科学出版社1959年版，第282页。
② 戴执礼编：《四川保路运动史料》，北京：科学出版社1959年版，第248页。
③ 以上见隗瀛涛、赵清主编：《四川辛亥革命史料》上册，成都：四川人民出版社1981年版，第324—327页。
④ 关于"以租股利息抵扣正粮"，据《商办川汉铁路公司白话广告》称，川路股款存在省内外银行、钱庄的利息，"长期短期一拉，总够按月六厘的光景"。"以租股利息抵扣正粮"，即指仅股存入银行、钱庄的利息，每年平均60余万两，相当于清政府每年在川省额征的正粮66万余两。

暂时休会、静等拿办的呈文上批示："路事要紧，该会长等既经任事在前，仍当确切研究，以善其后，是为重要。"①在全川已经实行罢市、罢课并号召进一步抗粮、抗捐的态势下，赵氏仍要特别股东会"确切研究，以善其后"，并在其后又数次代奏川人吁恳，向中央政府陈述他本人对于路事的立场、态度，无异于公开为难清廷，为保路运动推波助澜。

尤其引人注意的是，赵尔丰迟迟不肯拿办四川保路运动的领导人。早在 7 月 28 日，端方即提出："同志保路会，纠合一二万人，反抗政府，妨害治安。按之警章，应行切实严禁。倘敢违抗，应将倡首数人立予拿办。"7 月 31 日，清帝谕令赵尔丰迅速赴任，并明示："除股东会例得准开外，如有借其他名目聚会开会情事，立行严行禁止，设法解散，免致滋生事端。倘敢违抗，即将倡首数人。严拿惩办，以销患于未萌。"赵尔丰是反对高压政策的，他曾致电端方："若纯用压迫，反动转增，于事未必有济，而地方反受其弊。"成都首倡罢市、罢课后，朝野震动。8 月 25 日清帝谕令赵尔丰厉行弹压，但是，赵尔丰却认为特别股东会"尚能维持秩序，并无滋扰情形"。赵氏还于谕令下达次日致电内阁，表明抗旨不办的强硬态度。"川人因交路查款之电，罢市、罢课，声称实系不得已之吁恳，非敢图逞。对此本应严惩，然人民未滋暴动，碍难拿究。"②8 月 27 日，清帝再下谕令，责成赵尔丰严厉镇压。赵以川中兵力不足，且士兵多系川籍，恐酿激变为由，仍不遵旨行事。

8 月 30 日，9 月 2 日、4 日，清帝又连下三道上谕，传旨申饬赵尔丰，令其切实弹压。9 月 4 日，赵尔丰顶住各方面的巨大压力，再次致电内阁，说明四川民众抗粮、抗捐之举，系"川人因未奉谕旨，恐商办无望"所致。对于端方所说川民"变本加厉，诵经习拳之事，必将接踵而起"等镇压保路运动的借口，赵尔丰表示："实绝无其事，亦并无此等风说。"此时，清廷已经任命端方为查办大臣入川，清帝也已直接谕令四川提督田振邦动手镇压。9 月 5 日，在多次吁请无效的情况下，赵尔丰被迫表示将顺旨行事，但仍流露出镇压必招致严重后果以及他本人不得已而为之的心情："惟有假兵力之所能及，尽力剿办，地方之损害则固所不免；外人之危险，更所在堪虞。尔丰既有主见，不敢不言之于先，恐将来必有

---

① 戴执礼编：《四川保路运动史料》，北京：科学出版社 1959 年版，第 276 页。
② 戴执礼编：《四川保路运动史料》，北京：科学出版社 1959 年版，第 232 页、第 234 页、第 276 页。

藉此以为口实者。"①

在思想深处，赵尔丰是不同意施行镇压之策的。他认为，四川"会匪遍地，素好结社。自立宪之说鼓吹，人人有自由观念；自留东学生归来，多半狂悖言论。今藉口路亡国亡，浸润灌输于一般人民之心理，群情疑愤，矢志决心，其中有人欲利用此时机以实行改革主义，初犹存诸理想，近乃见诸事实"。若采取镇压之策，"然民气固结，已不受压制"，必无好结局。加之川中"实力不足，兵警难持"，因而"成败利钝，实不能臆计"。事后结局，确不出赵尔丰所料，"得民失民，激乱弭乱，全在此举""大乱一作，挽救已属无济"。②这难道不也是清王朝覆灭的重要原因吗？

赵尔丰的言行，对于保路运动的发展客观上起到了较为显著的促进作用。

仔细考察各地保路同志会成立的时间，不难发现，它们大多成立于赵尔丰"真"电公之于众之后。据笔者不完全统计，7月12日即"真"电颁布后，就有46个州县先后成立了保路同志会。赵氏"真"电公布前，四川各州县成立的保路同志会有30个，仅占现时能够统计的各州、县保路同志会总数76个的40%。在成都市区内，清真保路同志会、外东区女同志会、北暑袜街、成平等4街、九眼桥、东玉龙等4街一批保路团体，也是于7月12日后成立的。可以认为，赵尔丰"真"电公布后，四川保路运动的组织系统又有了一次大发展，全省范围的保路风潮得以更大规模的态势席卷城镇乡村。

赵尔丰在保路运动时期所采取的立场，不能不影响到四川其他官员。距成都较近的崇庆州保路同志会是在7月14日，即赵氏"真"电颁布5天后成立的。州官薛某率各官参与，并同意同志会向租股局借银两充作经费。距成都不远的简州保路同志会于7月21日成立，该州官员在协会成立前夕，均表赞成。在永川，7月24日筹商并于翌日正式成立保路同志会，"两日邑令周公俱临场演说铁路关系并劝民入股"③。9且2日，四

---

① 戴执礼编：《四川保路运动史料》，北京：科学出版社1959年版，第301页，第309页。

② 戴执礼编：《四川保路运动史料》，北京：科学出版社1959年版，第297-298页，第294页。

③ 隗瀛涛、赵清主编：《四川辛亥革命史料》上册，成都：四川人民出版社1981年版，第277页。

川各地知府、县令及省城中下级官员 130 余人，仿赵氏成例，联名致电内阁，力陈"川民争约争路，志坚理足"，要求内阁从川人所请，"将路款各事，交资政院议决施行"。

赵尔丰在保路运动时期的举措，客观上为四川保路同志军的大规模武装起义争取了时间。从赵尔丰 8 月 2 日抵达成都算起，至 9 月 7 日"成都血案"发生，其间历时达 30 余日。这一个多月，正是四川保路同志军酝酿、组织的关键时期。众所周知，在哥老会首领、同盟会会员秦载赓的推动下，新津哥老会首领侯宝斋借 60 寿诞之机，于 1911 年 7 月在新津召集四川东南哥老会的四方九成团体首领百余人聚议，"阴谋举义"。此次会议推举秦、侯为川东、川南武装起义领导人，确定了"各回本属预备，相机应召，一致进行。如兵力不足，不能一鼓下成都，则先据川东南，扼富庶之区，再规进取"的起义方略。[①]一些同盟会会员，亦有组织地或自发地联合会党、民团，伺机发动起义。从"成都血案"后四川保路同志军开展的武装斗争来看，起事迅速，人数众多，规模宏大，分布面广，攻击目标一般先指向省城，以救被捕的四川保路运动领导人为重要目的。显然，这是"破约保路"宗旨深入民心的结果，这是需要相当时间才可能形成的局面。如果赵尔丰赴任后厉行高压政策，那么，将保路运动风潮遏阻并将保路同志军的武装起义扼杀于襁褓之中，是有可能的。而当武装斗争的烽火燃遍巴蜀大地时，清廷捉襟见肘，任何人也无回天之术了。

三

邮传部尚书盛宣怀是"铁道干线收归国有"政策的炮制者和强力推行者，其与保路运动和清王朝的覆灭的关联是十分紧密的。

早在 1898 年初，时任大理寺少卿，芦汉、粤汉及苏沪铁路督办的盛宣怀就提出："处今日欲散其瓜分之局，惟有照土耳其请各国共同保护。凡天下险要精华之地，皆为各国通商码头；特立铁路矿务衙门，统招中国及各国股份，聘请总铁路司、总矿务司，职分权力悉如总税务司。似

---

① 《蜀中先烈备征录》第 2 卷，第 43 页。转引自隗瀛涛：《四川保路运动史》，成都：四川人民出版社 1981 年版，第 282 页。

此悉毕路成，英德不患俄独吞；缅滇路成，俄法亦不患英独噬。"盛宣怀将他的这种尽可能地满足各国胃口的政策称为"合纵"之策："救分裂之弊宜合纵。"盛宣怀提出此策时，他并没有忘记"各国铁路所到之处，货利属彼，军权亦属彼；路利在人，路害在我"[1]。

"铁道干线收归国有"政策是邮传部尚书盛宣怀的杰作，于1911年5月10日以上谕形式发布。连同此后的几道谕旨中，清政府罗列了商办铁路的诸种弊端。关于"铁道干线收归国有"政策，学术界已有较多评论，此处不赘。本文需要强调的是以下几点。

其一，川汉铁路宜昌至万县段铁路工程艰巨，对路工太慢的指斥难以成立。

其二，1907年3月，川路公司遵商律在名义上改为商办川汉铁路有限公司，但公司的总理、副总理仍由川督奏派，公司"重大事件，仍禀承总督办理"[2]，是个名副其实的官督商办公司。迟至1909年11月，四川省咨议局提出"整理川汉铁路公司案"，要求"议改章程以期公司组织完善，而举商办铁道之实益"。[3]同月，川路公司于成都召集第一次股东会，12月成立董事局，川路公司才成为真正的商办公司。把"侵蚀"和"虚糜"股款、路工迟缓的罪名加于成立才一年多的商办公司头上，显然是不公正的。

其三，从时间顺序观之，先有借款合同，然后再出台"铁道干线收归国有"政策。可以断定"铁道干线收归国有"政策纯粹是为了适应借款合同才出台的，并非当时必要的国策。1911年5月9日，邮传部也奏称："若不将前案（指商办）先行取消，则借款合同，似难签字。"[4]盛宣怀本人也曾直言不讳："伏查张之洞所订之合同，本年（即1911年）正月，四国使臣向外务部正式催促画押，而合同画押，必先提议铁路国有、取消商办成案，经外务部、度支部、邮传部迭次互相会议，始行会奏。"[5]

就是这样根本不合理的政策，盛宣怀为之不惜一再实施高压强制手

① 《盛宣怀致王文韶、刘坤一、张之洞、陈宝箴电》，光绪二十四年正月二十四日，见宓汝成：《中国近代铁路史资料》第二册，第522页。
② 《锡良遗稿·奏稿》，第一册，中华书局1958年版，第653页。
③ 戴执礼编：《四川保路运动史料》，北京：科学出版社1959年版，第80页。
④ 戴执礼编：《四川保路运动史料》，北京：科学出版社1959年版，第119页
⑤ 《盛宣怀奏折》//《辛亥革命前后——盛宣怀档案资料选辑之一》，上海：上海人民出版社1979年版，第179页。

段。6月1日，邮传部不顾川人反对，以"川股实系民捐"为由，要求将川路股款"悉换国家铁路股票"①。9日，下令有关电局不得收发争路电报。7月2日，盛宣怀等要求赵尔丰迅速赴任并制止保路运动。7月30日，盛宣怀等致电四川藩司尹良，请严禁各种反抗性集会。8月16日，盛宣怀提出，让赞同国有政策而被川路公司罢免的李稷勋仍管理宜昌路局。28日，要求调鄂军入川。9月1日，催促端方赴川查办。8日，提请商借英国兵轮载鄂军入川。13日，提出赶运鄂军千人进川。14日，请调滇、黔军队入川。17日，又首倡对四川保路运动要先剿后抚，并可调长江防军两千人。

度支部大臣载泽、湖广总督瑞澂、川汉粤汉铁路督办大臣端方，亦是"铁道干线收归国有"政策的强硬推行者，在某些方面，他们甚至较盛宣怀有过之而无不及。

载泽作为度支部大臣，与邮传部大臣盛宣怀的见解与行动均一致。比如，在前述四国借款合同签字、严禁四川民众的反抗性集会、派兵入川等问题上，他们时而联衔会奏，时而联名下令，时而批准端方提出的各种绞杀保路运动的措施。

317

川汉粤汉铁路督办大臣端方是站在前台的人物，竭尽全力要实行"铁道干线收归国有"政策。本文前已述及，在川路股款的处理、收买李稷勋、坚持国有政策、严禁四川民众的反抗性集会、逼迫赵尔丰镇压保路运动、严拿保路运动负责人、派兵入川、欲置赵尔丰于死地等问题上，主张频频，函电不断。

众所周知，湖广总督瑞澂对待湖北和湖南两省保路运动的态度是强硬和严厉的。此外，瑞澂还党同端方，鼓动强力压制和镇压四川保路运动。他曾与端方联名致盛宣怀，声称："经详悉晤商，佥以国家政策既定，必宜坚持到底，稍一游移，必致不可收拾""即使执意反抗，朝廷亦断无收回成命之理"。②此外，在收买李稷勋、允派鄂军入川、逼迫赵尔丰镇压保路运动、派员赴川查办、拟调兵舰入川进剿等问题上，推波助澜，态度强硬。10月9日，内阁又电回瑞澂："昨得来电，以川乱应援者，不出鄂、湘、云、贵、陕、甘六省，荩筹至佩。……此次事起之初，诸赖硕画，川中后援，非楚莫济。……拟仍由鄂省再行抽调数营，迅速前往，

① 戴执礼编：《四川保路运动史料》，北京：科学出版社1959年版，第161页。
② 戴执礼编：《四川保路运动史料》，北京：科学出版社1959年版，第163页。

以资协剿。"①此道电文清楚显示，瑞、徵在镇压四川保路运动一事上非常卖力，也得到了清政府的首肯。

盛宣怀等人的高压政策，虽然一度使湘、鄂两省的保路运动受到压制，但在四川基本没有推行。而且，"铁道干线收归国有"政策更没有得到贯彻实施。相反，他们在短短几个月时间内的举措，将封建王朝的专制蛮横充分暴露，受到全国民众的普遍反对，也在统治阶级内部引起了严重的分歧。所有这些，又使清王朝的统治危机空前尖锐。

在朝廷的再三严令下，在端方、盛宣怀等人的不断催促下，赵尔丰对保路运动的态度发生了突变。

当时的四川，不仅清政府不能令行禁止，连作为四川总督的赵尔丰也不能控制局势。在"破约保路"的风潮中，全川许多地区已经罢市、罢课，不少地方正在推进抗粮、抗捐，一些地方政府上交的钱粮也被拦截。

赵尔丰处于两难之中。

一方面，民众"破约保路"的理由是充足的，反对"铁道干线收归国有"政策也在情理之中。赵尔丰能够理解四川民众呼声，他也曾经多次为四川的绅民代奏过。对于保路同志会、特别股东会的举措，他也没有强力予以干涉。他希望局面能够控制在"文明争路"的范围内，对于再想方设法筹集铁路股款、维持商办局面，也基本同意。但是，他也很清楚，自特别股东会召开之后，"文明争路"已无可能。作为清王朝的高级官员，他不能容忍罢市罢课、抗粮抗捐的情况再继续发展下去。

另一方面，清政府和端方、盛宣怀等人向他不断地施加压力，对他表示了极大的失望。朝廷已经派出端方带领兵丁前往四川查办，大有取而代之之势。赵尔巽也多次催促他赶快动手，否则前途难料。②他和朝廷以及盛宣怀、端方等人，在特别股东会召开几天之后，在一个重大问题上暂时取得了一致，那就是：争路是一回事，抗粮抗捐是一回事。争路是要在文明范围内，而抗粮抗捐就形同叛逆。也就是在这个问题上，四川立宪派人及四川民众与赵尔丰也有了重大的分歧。在立宪派人看来，罢市罢课、抗粮抗捐，就是为了制造"政治上、财政上意外之事"，是为

① 戴执礼编：《四川保路运动史料》，北京：科学出版社1959年版，第167页。
② 《成都绅民对成都大血案之亲历报导》一文有"十五以前，赵督连接东省赵尔巽四电，促令下手，一网打尽"等语。见戴执礼编：《四川保路运动史料汇纂》中册，台北："中央研究院"近代史研究所史料丛刊第23种，1994年，第1124页。

了"破约保路"宗旨的实现，争路与抗粮抗捐其实就是一回事。

作为大清王朝的封疆大吏，赵尔丰在保路运动的紧要关头，最终还是站在四川民众的对立面。他以忠君保官位为重，决心痛下杀手。

1911年9月7日，赵尔丰以看有关路事电报为由，先后将蒲殿俊、罗纶、邓孝可、彭兰村、颜楷、张澜、胡嵘、王铭新、叶秉诚、江三乘等人诱骗至总督衙门，随即予以五花大绑逮捕，因于衙门之内。另有蒙裁成被囚于警务公所，阎一士在华阳被囚禁。此外，还封闭了《西顾报》《启智画报》等报馆，查抄昌福公司，逮捕该公司学生数人，拆毁各街道所搭的圣位台，逼迫商家开市。又紧闭成都城门，不准出入，派出大批军警在市内巡查。

赵尔丰在逮捕保路运动的领导人后致内阁的电报中，列举他们的罪名是："川人此次以路事鼓动人民，风靡全省，气焰嚣张，遂图独立。竟敢明目张胆，始则抗粮、抗捐，继而刊发四川自保传单，俨然共和政府之势。晓谕不听，解散不从，逆谋日织。"①

在赵尔丰看来，最为严重的反叛罪证是《川人自保商榷书》。但是，该书为何人所作，并没有任何可资佐证的证据。从该书的基本思路和行文来看，符合立宪派当时的动向，文中还有"厝皇基于万世之安"等语，因而笔者认为是立宪派人士所作，但也不能确定作者姓名。高等学堂学生阎一士、罗一士公开声明是他们两人所作。一些研究者和回忆文章，则以为是革命派人士所作。但是，笔者认为，革命党人显然不会写出"厝皇基于万世之安"一类的宣传品的。②

赵尔丰的恶劣之处，就在于为平息保路风潮而罗织罪名，以"莫须有"的罪名强加于保路运动的领导人身上。他后来向朝廷报告的保路运动领导人"倡乱"的罪证有两个。

其一，《川人自保商榷书》是保路运动领导人所作。

赵尔丰认为："此书虽未有主名，然实在会场宣布。散布此书之人，又为逆绅同党，内中条件，该绅曾倡言无忌，已属罪无可免。"特别股东会到会人数有数百人之多，非股东人士也可旁听，在特别股东会会场散发的宣传品当然不能归罪于大会的负责人。此外，即便与立宪派人在保

---

① 戴执礼编：《四川保路运动史料》，北京：科学出版社1959年版，第315页。

② 《川人自保商榷书》全文见隗瀛涛、赵清主编：《四川辛亥革命史料》上册，成都：四川人民出版社1981年版。

路风潮期间言行类似，也不能据此断定就是保路运动领导人所为。

其二，蒲殿俊住宅中搜出的保路运动领导人谋反的铁证。

赵尔丰在报告中强调，在蒲殿俊成都的住宅中搜出了罗纶收到的信件，内有"倡举大义"，愿资助枪炮、子弹、人员等语。还有歃血为盟的血书，上书蒲（指蒲殿俊）、罗（指罗纶）、肖（指肖湘）、邓（指邓孝可）、王（指王铭新）、张（指张澜）、阎（指阎一士）等十大统领之姓。更为离奇的是，还搜出了所谓保路运动领导人打算建立的"西顾国"的印信。[①]

赵尔丰此举明显是诬陷。从四川立宪派领导人一贯的所作所为来看，联系的外地人士均为主张立宪政治的，从无有过私藏枪支以起事的打算，也没有建立"西顾国"的计划。而且搜查蒲殿俊的住宅是在他被逮捕之后的第二天，也并未当着蒲殿俊之面进行。所谓试图谋反的十大统领名单，与被逮捕的人员大多相同，显然是事后伪造的。而据杨开甲的记述，罢市罢课以后，赵尔丰及一些四川官员就千方百计搜求保路同志会和特别股东会领导人谋反的证据而不得。"又赶赴铁道学堂，于井内捞起黄包袱一、印信一，印曰大汉西顾国之玉玺，印件系由捞井人带入，因路广钟时任巡警四门总稽查，急于升迁，欲借搜求立功，自是此种证据，无日不闻，而卒无真实佐证，可以坐实被逮之九君子以轨外行动之罪名。"[②]

保路运动领导人被逮捕的消息传出后，在四川全省引起极大的震惊。成都市内的民众首先行动起来，呼吁当局释放被逮捕的保路运动领导人。各街的保路同志协会鸣锣聚众，号召民众前往总督衙门。数以万计的成都市民，主要是下层民众，他们头顶光绪皇帝牌位，一路哭喊，从各个街道奔向总督衙门。手无寸铁的民众在总督衙门内外跪哭，请求释放被逮捕的保路运动领导人。民众的哭求没有起到任何作用。赵尔丰不仅坚持不放人，还威胁要将所逮捕的人员就地正法。成都将军玉昆担心赵尔丰当众杀害保路运动领导人会激起众怒，局面更难以收拾，予以制止。

赵尔丰见市民不放人不离开，下令开枪，当场击毙无辜民众数人。后又以马队冲击群众，军警在各街道又举枪屠杀，再伤及民众多人。当天晚间，成都城外的民众聚集城下，请求释放保路运动领导人，又遭军警枪击。赵尔丰此举，制造了四川保路运动时期震惊中外的"成都血案"。

---

① 戴执礼编：《四川保路运动史料》，北京：科学出版社1959年版，第418-429页。

② 戴执礼编：《四川保路运动史料汇纂》上册，台北："中央研究院"近代史研究所史料丛刊第23种，1994年，第113页。

据不完全统计，此次死难的成都市民，有名有姓的就有 26 人，均为中枪而死，死难地点在总督衙门内外。这些死难者基本是下层市民，内有机房和丝房的工人，饭店、绸店和纸店的学徒，以及裁缝、菜贩、肉贩、中医、装水烟的、放马的、做纸花的，等等。①受伤人员人数较多，无法统计。

时人就赵尔丰在保路运动时期的言行举措写道："赵尔丰初任川督，与寅僚联衔入奏，代表民情，苟政府有悔祸之心，则事机之转圜极易。乃调鄂兵入川，以镇慑川民，示强硬之态度。赵尔丰遂迎合朝旨，顿变初心，枪毙人民，拘捕绅士，诬为乱党，斥为乱民，以致民愤难伸，民怨莫诉，革党土匪，乘机混合，兵民交战，全川骚动。"笔者认为，这个评说是较为客观的，符合历史事实。②

清朝统治集团和盛宣怀、端方等重臣没有料到，赵尔丰也没有料到，四川的局势并没有按照他们的设想发展。"成都血案"之后，成都市内暂时趋于沉静了，但是成都附近州县的民众却迅速地武装起来，向着成都进击。民气已将激扬，民众已经动员，四川保路同志军的武装斗争已经展开，一场更大的暴风雨即将来临。

无论主观动机如何，四川川汉铁路的筹建过程和四川保路运动的演进所涉及的晚清重臣们均从不同的角度，促使大清王朝走向坟墓。

---

① 关于死难人员名单，见戴执礼编：《四川保路运动史料汇纂》中册，台北："中央研究院"近代史研究所史料丛刊第 23 种，1994 年，第 1133—1134 页。
② 戴执礼编：《四川保路运动史料汇纂》上册，台北："中央研究院"近代史研究所史料丛刊第 23 种，1994 年，第 177 页。

附录四　保路运动时期的端方与赵尔丰

——从政见相左到生死相争

四川保路运动时期，端方、赵尔丰二人，一为督办粤汉、川汉铁路大臣，一为署理四川总督。他们二人先后死于非命，是辛亥革命时期少有的被革命党人诛杀的清王朝重臣。但是，他们二人虽然同朝为臣，均与"铁道干线收归国有"政策密切相关，但生前都围绕"铁道干线收归国有"政策是否良善、应对四川保路运动和武昌起义后四川政局的举措，经历了从政见相左到生死博弈的过程，而且对全国和四川政局影响甚大。

一

1911年5月9日，"铁道干线收归国有"政策颁布。18日，端方被任命为督办粤汉川汉铁路大臣。赵尔丰早已被任命为署理四川总督，却还在川滇边务大臣任上，由布政使王人文护理四川总督。

5月20日，四国铁路借款合同在邮传部签字。22日，清帝颁布停收租股谕。6月1日，以邮传部大臣盛宣怀、督办粤汉川汉铁路大臣端方的名义，宣布川汉铁路股款处理办法，主旨为川路各种股票准许更换为国家铁路股票。同月，度支部大臣载泽、邮传部大臣盛宣怀、督办粤汉川汉铁路大臣端方会奏收路办法称，川路现存款七百余万两准换为国家保利股票，宜昌局已用款四百余万两准发给国家保利股票，宜昌局开办费及成都局、重庆局费用发给国家无利股票。6月17日，清帝同意此奏，并令督办粤汉川汉铁路大臣端方迅速前往四省，"会同各该省督抚，遵照所拟办法，将所有收款，分别查明细数，实力奉行"①。至此，"铁道干线收归国有"政策的具体执行办法既定，端方也站到了前台，处于风口浪尖之中。

清朝中央政府和端方等大臣们没有料到，他们精心策划的政策和执行办法在四川屡被批驳，根本无法实施。川汉铁路公司及其董事局、四川省咨议局、川路股东会等自不待言，连篇累牍地向护理川督呈递意见书，从根本上反对"铁道干线收归国有"政策及其收路办法。而护理川督王人文对"铁道干线收归国有"政策也持有不同看法。5月31日，王人文呈内阁请代奏暂缓接收川汉铁路，6月2日即被传旨申斥。3日，王复邮传部，要求川路未用款"尽给川人，俾彰朝廷信用而救川民之穷"②。6月15日，王致内阁请求电局照常收发路事电报，而不可禁止。

清帝批准"铁道干线收归国有"政策具体执行办法的那天，即6月17日，四川保路同志会成立，王人文接见了罗纶等代表人物，对同志会的成立没有表示反对。他进而向朝廷申明，当天"呼号于臣署者，至二千余人之多，臣实无术以空言曲解"。对于罗纶等呈上的2400余人联名草就的批驳《四国铁路借款合同》的文稿，王人文只有"直陈于君父之前"，如实向朝廷代奏。③6月19日，王人文本人直接上书，言明四国铁路借款合同丧权辱国，要求惩处邮传部尚书盛宣怀。他在奏章中写道："稍有识者，读此合同，无不痛哭流涕。"对于具体的合同条款，他予以逐条批驳。他认为，借款合同"于路权、国权丧失太大，内乱外患事机已迫"。四川民众为此奔走呼号，"人人皆愤盛宣怀之欺君误国，既无一语怨望朝廷，尤无一人稍形暴动，又不可绳之以法"。他还提出，修改合同是唯一的出路。④7月21日，以皇帝名义下达的上谕严厉地申斥王人文："该督一再渎奏，殊为不合。"如果发生变故，"定惟该护督是问"⑤。在王人文主政期间，四川地方政府还专门发出函件，允许保路同志会的讲演员到

① 戴执礼编：《四川保路运动史料》，北京：科学出版社1959年版，第178-182页。
② 戴执礼编：《四川保路运动史料》，北京：科学出版社1959年版，第162页。
③ 戴执礼编：《四川保路运动史料》，北京：科学出版社1959年版，第207-209页。
④ 王人文的奏稿全文，见戴执礼编：《四川保路运动史料》，北京：科学出版社1959年版，第199-203页。
⑤ 戴执礼编：《四川保路运动史料》，北京：科学出版社1959年版，第210页。

各地讲演。虽然此举是以不暴动、守秩序为前提，但同意各地保路同志协会成立却是事实。也正是在他主政期间，四川保路同志会在组织上得到极大的发展，在舆论宣传上也收到显著的成效。可以认定，四川保路风潮的基本形成是在王人文主持四川政务期间。

王人文的言行举措，令盛宣怀、端方大失所望，只有把希望寄托于赵尔丰。7月2日，二人联名致电赵尔丰："希迅速到任，力为维持。"[①]但是，盛、端二人万万没有想到的是，赵尔丰关于路事的见解与王人文高度一致。

6月2日，赵尔丰致王人文电称："公为地方利弊，毅然上陈，如有转圜，全川蒙福，无不钦佩。"7月6日，赵尔丰"真"电致王人文："公（指王人文）既主张于前，丰必维持于后。公司为丰开办，关念尤切。"7月15日，赵氏致电王人文，同意王关于川路已用款和未用款分别处理的意见，即将未用股款700余万两尽还川人，已用款除倒账外可换成国家铁路股票，并认为该法"正大切实，为国为民，两全之道"。邮传部不以此法为然，坚持劫路劫款。对此，赵尔丰亦赞同王氏看法，认为邮传部"一意专制"。同日，在接到川绅关于和平争路的电文后，赵尔丰回电称："诸君热心毅力，立同志会，纯以和平进行为宗旨，万余人会集而秩序不紊，闻之实感佩慰。较之剑拔弩张者，高出万万，必蒙朝廷嘉许。"他还表示，"初十日前到省，届时当快领各股东高见。"7月23日，赵尔丰在致王人文的密函中，再次声言："盛之乖谬，固不待言。"是时，王人文被清帝严厉申饬，而赵尔丰认为王人文"所陈皆为国至计，岂仅为争路，争款哉！乃不蒙见谅，阁、部（指内阁与邮传部）过矣"赵还称赞王"正气特识，萃于一身，实为丰所钦佩"，希望王继续办理路事，"多留一正气以撑乾坤"。[②]

端方为使四川执行国有办法，不遗余力。他采取了从内部分化的策略，成功地收买了宜局总经理李稷勋。7月28日，他还要求四川各地方官严禁保路同志会举行反抗性集会，"如系报章所传之同志保路会，纠合

① 戴执礼编：《四川保路运动史料》，北京：科学出版社1959年版，第218-19页。
② 戴执礼编：《四川保路运动史料汇纂》中册，台北："中央研究院"近代史研究所史料丛刊第23种，1994年，第784-787页。

一二万人，反抗政府，妨害治安，按之警章，应行切实严禁。倘敢违抗，应将倡首数人立予拿办"。他还非常乐观地认为："川人性浮动而力薄弱，聚固甚易，散亦非难。地方官操纵得宜，断不致坚持到底。"他对王人文失望至极，"采帅（即王人文）违道干誉专主附和，不加抑裁，颇有幸灾乐祸，藉实前言不谬之意"。他希望盛宣怀、载泽催促赵尔丰兼程赴省，对赵尔丰能否在川路特别股东会召开之前到任，实即地方官能否"操纵得宜"，充满期盼："初十前到任乃佳，但不知来得及否？"①在端方的建议下，盛、载二人于30日即电四川署理布政使尹良，严禁各种反抗性集会。7月31日，上谕严令赵尔丰务必于初十以前抵省，"除股东会例得召开外，如有籍其他名目聚众开会情事，立即严行禁止，设法解散，免致滋生事端"。②8月2日，端方特电前任四川总督赵尔巽转其弟赵尔丰，并另电赵尔丰："请其从严干涉，力拒非理要求。"此时的端方，再次对处理川事异常乐观："昨得廷旨，催季帅速赴新任，经此严切责成，川事可望渐次就范。"③

赵尔丰于8月2日就任署理四川总督后，多次向朝廷代奏四川立宪派人的呈请或与盛宣怀等"劫路"大吏商讨处理川路善法。至"成都血案"前的30余天内，赵氏单衔或会同四川其他官员进行此等事宜的奏折、函电至少有8次之多。8月16日，赵致电盛宣怀，建议处理四川路股办法须酌量通融。8月27日，赵氏致电内阁，代奏川人仍主路归商办并将借款修路之事交资政院议。同日，再致内阁，要求"筹商转圜之策"，并声称立宪派人"每以合同善否，逐款向尔丰质问，亦殊难致辞"④。翌日，赵尔丰会同成都将军玉昆等致电内阁，求其代奏川汉铁路公司特别股东会请将借款修路事交资政院、咨议局议决然后接收，并要求将立宪派人的呈请"发交内阁国务各大臣从速会议，宣示办法"。同日，赵尔丰致电邮传部，声明"路事前已出告示，晓以利害，晤见绅耆又复百

① 戴执礼编：《四川保路运动史料汇纂》中册，台北："中央研究院"近代史研究所史料丛刊第23种，1994年，第232页。
② 戴执礼编：《四川保路运动史料汇纂》中册，台北："中央研究院"近代史研究所史料丛刊第23种，1994年，第234页。
③ 戴执礼编：《四川保路运动史料》，北京：科学出版社1959年版，第235页。
④ 戴执礼编：《四川保路运动史料》，北京：科学出版社1959年版，第278页。

方譬喻，莫言予从，土庶工商，几成一致"①。8 月 30 日，赵尔丰致电内阁，力陈川人"破约保路"事关宪法且英国领事已表示让步，再次要求把川路事宜交资政院、咨议局议决。9 月 1 日，赵尔丰会同玉昆等四川官员、恳请朝廷准川人照原案办理，俟成宜全路告成，再议收为国有。9 月 2 日再致内阁，力陈川路仍准归商办为宜。需要指出的是，清朝中央政府多次重申，"铁道干线收归国有"政策和四国借款合同"决无反汗之理"。在这样的情况下，赵氏竟多次代奏四川立宪派人的吁请或与清政府商讨处理川路善法，实即对抗"铁道干线收归国有"的政策，当是难能可贵的。

赵尔丰对于川汉铁路公司特别股东会基本采取了合作支持态度。赵尔丰抵任之时，正是特别股东会召开之初。8 月 5 日，赵尔丰亲临特别股东会，称赞与会人员"具爱国之热忱"。他还极为坦诚地表示："相见以诚，折中至善，但视权力之所能为，必无不为；职务之所当尽，必无不尽。"②8 月 7 日，会议公布端方威胁拿办倡首保路之人的"佳"电，出席会议的股东极为愤慨，要求出席是日会议的劝业道、巡警道请赵尔丰代奏抗议电文。两位官员当日"来述督宪意，谓端'佳'电诚无理，早已电驳之。今此电稿自当照转并更加严重语"。众股东"拍掌大呼欢迎之。人皆谓吾辈月来久处含酸忍泪中，今季帅与吾人以小展眉矣！吾川可谓福星前得王护院，今得赵季帅"。8 月 8 日，赵尔丰率省中大吏出席特别股东会。会议通过了《遵先朝谕旨保四川川汉铁路仍归公司商办案》，并议决具体实施方法 3 条：质问邮部；呈恳代奏；提回存款。是日会议，"川督监督在场，允为股东代奏"。翌日，特别股东会宣布由赵尔丰转知的盛宣怀假手川路公司驻宜总理李稷勋强行劫收川路一事，"众情愤甚，几无笔墨可以形容"。赵尔丰面对如此重大事态，一度"决意辞职"，再次同意为特别股东会代奏。③8 月 11 日，特别股东会通过《请勿庸展办新常捐输以宽筹路款案》，策动抗捐，企图将清廷在四川的主要捐税移作修筑铁路之用。24 日，特别股东会议决在全省范围内实行罢市、罢课。26 日，

---

① 戴执礼编：《四川保路运动史料》，北京：科学出版社 1959 年版，第 282 页。
② 戴执礼编：《四川保路运动史料》，北京：科学出版社 1959 年版，第 248-249 页。
③ 以上见隗瀛涛、赵清主编：《四川辛亥革命史料》上册，第 324-327 页。

该会又议决：以租股利息抵扣正粮；不纳捐输；相约不买卖房地产；自今年起，政府无论借外债若干，四川不承认担负一钱。①特别股东会明目张胆号召抗粮、抗捐，实属"犯上作乱"。而赵尔丰在特别股东会8月26日关于暂时休会、静等拿办的呈文上批示："路事要紧，该会长等既经任事在前，仍当确切研究，以善其后，是为重要。"②在全川已经实行罢市、罢课并号召进一步抗粮、抗捐的态势下，赵氏仍要特别股东会"确切研究，以善其后"，并在其后又数次代奏川人吁恳，向清政府陈述他本人对于路事的立场、态度，无异公开为难清廷，为保路运动推波助澜。

川路特别股东会召开前后，端方处心积虑消弭川人斗志，试图造成国有政策的既成事实。7月31日，端方提出，用传播改线陕西汉中之议转移川人视线，"此说果能传播，无论办与不办，自足摄川人之气"③。8月13日，端方居然建议由湖广总督、四川总督派员保护洋员入川勘路。8月17日，端方、瑞澂联名电致盛宣怀，请其坚持国有政策："国家政策既定，必宜坚持到底，稍一游移，必致不可收拾，各项号令皆将不信于民。"即便川人执意反抗，"朝廷亦断无收回成命之理"。④由此观之，端方对于执行国有政策的坚定态度，绝不逊于盛宣怀。同日，已清楚知道赵尔丰对于路事立场的端方，无可奈何地电告盛宣怀和载泽："此次股东会词旨坚悍，季帅遽为代奏，与采帅已同一机轴，川省大吏，已无望其恪遵叠次谕旨相机行事。""前公与鄙人日日望季帅速来，今细审季帅情形，真出人意计之外！"端方还鼓动盛、载二人，要坚持用李稷勋，不怕与川人决裂，"坚持定见，一线到底"。有盛宣怀等人在京"密加统筹"，他与瑞澂在外"妥为策划"，就能"商请政府决定一成不变之办法"。⑤

从上述不难看出，曾经主持1904年1月官办川汉铁路公司成立时官绅签字仪式，并参与川汉铁路筹建事务的赵尔丰，以署理四川总督的名

---

① 关于"以租股利息抵扣正粮"，据《商办川汉铁路公司白话广告》称，川路股款存在省内外银行、钱庄的利息，"长期短期一拉，总够按月六厘的光景"。"以租股利息抵扣正粮"，即指仅租股存入银行、钱庄的利息，每年平均60余万两，相当于清政府每年在川省额征的正粮66万余两。

② 戴执礼编：《四川保路运动史料》，北京：科学出版社，1959年版，第276页。

③ 戴执礼编：《四川保路运动史料》，北京：科学出版社，1959年版，第234页。

④ 戴执礼编：《四川保路运动史料》，北京：科学出版社，1959年版，第263页。

⑤ 戴执礼编：《四川保路运动史料》，北京：科学出版社，1959年版，第264页。

义，代表广大四川官民的心愿，公开表示对国有政策及有关实施办法的否定。而端方则以督办粤汉川汉铁路大臣的名义，试图不折不扣地执行他们制定的有关贯彻实施国有政策的规定。他们因所处的地位不同、职责不同、出发点不同，因而在国有政策这一重大问题上存在非常明显的分歧。这种分歧基本上是政见分歧，其用心基本是为了维护清王朝的威信，为了清王朝的万世一系。

二

王人文的举措，尤其是赵尔丰到任后的言行，促使四川保路运动演变为大规模的群众斗争，也突破了文明争路的范畴。特别在特别股东会召开期间，激进的"破约保路"办法接踵而出，罢市、罢课在全川得到响应，拦截粮税之举不断发生。从四川保路同志会成立的 6 月 17 日算起，至 8 月下旬，已达 70 余天。如果从四川得知国有政策的 5 月中旬算起，则已有百日之久。清朝中央政府关于国有政策的政令形同具文，在四川省毫无执行的迹象。端方气急败坏，本能地想到以专制手段解决问题，即拿办四川保路运动的领导人，实施镇压。

最初，端方将此事寄托于赵尔丰，希望这位铁腕人物拿办四川保路运动的领导人。早在 7 月 28 日，端方即提出："同志保路会，纠合一二万人，反抗政府，妨害治安。按之警章，应行切实严禁。倘敢违抗，应将倡首数人立予拿办。"[①]端方此议得到了朝廷的首肯。7 月 31 日，清帝谕令赵尔丰迅速赴任，并明示："除股东会例得准开外，如有借其他名目聚会开会情事，立行严行禁止，设法解散，免致滋生事端。倘敢违抗，即将倡首数人，严拿惩办，以销患于未萌。"[②]8 月 18 日，端方、瑞徵致电内阁，声称"此次川省集会倡议之人（指特别股东会召集人，即四川保路运动的领导人），类皆少年喜事，并非公正绅董"，要求内阁"责成赵尔丰懔遵叠次谕旨，严重对付，殊不足以遏乱萌而靖地方"[③]。

① 戴执礼编：《四川保路运动史料》，北京：科学出版社 1959 年版，第 232 页。
② 戴执礼编：《四川保路运动史料》，北京：科学出版社 1959 年版，第 234 页。
③ 戴执礼编：《四川保路运动史料》，北京：科学出版社 1959 年版，第 269 页。

赵尔丰是反对高压政策的。赵氏曾致电端方,明确指出:"股东会屡次开议,咸谓合同未尽完善,路权、国权皆大损失。虽言论不免过激,而举动尚守规则,亦非全无理由。若纯用压迫,反动转增,于事未必有济,而地方反受其弊。"①成都首倡罢市、罢课后,朝野震动。8月25日清帝谕令赵尔丰厉行弹压,但是,赵尔丰却认为特别股东会"尚能维持秩序,并无滋扰情形"。赵氏还于谕令下达次日致电内阁,表明抗旨不办的强硬态度。"川人因交路查款之电,罢市、罢课,声称实系不得已吁恳,非敢图逞。对此本应严惩,然人民未滋暴动,碍难拿究"。②8月27日,清帝再下谕令,责成赵尔丰严厉镇压。赵以川中兵力不足,且士兵多系川籍,恐酿激变为由,仍不遵旨行事。

8月29日,是四川保路运动史乃至辛亥革命史、晚清史值得注意的一天。这天,端方致电内阁,提出了特派重臣赴川查办赵尔丰之议。在列举了赵的种种"有辜职守"的举措之后,他在奏折中明确写道:"四川大势已去,虽百赵尔丰何益!""非请明降谕旨,特派重臣赴川查办,俟部署略定,再行简派川督,并治赵尔丰以应得之处分,以免赵尔丰籍以为词,挟之增重。"③而此前一天,端方已向盛宣怀提出,赵尔丰"不能保全治安",没有"勒令解散"像川路特别股东会那样的"不合规则之会,并且屡电奖许庇,不知是何居心?季帅于此两者,均无所逃罪。况川中现在民间固多煽动,更有督臣为之提倡,风潮何患不烈?"因此,"惟有特派重臣先往查办,到川后,略有布置,再行发表,最为稳著"。端方心目中的适当人选,是袁世凯那样能"镇压浮嚣,纳诸轨物"的铁腕人物。④其后,我们可以看到,清政府处理川事的举措基本就是端方此议的翻版。值得注意的是,端方此奏提及,必须更换四川省总督。其后,我们清楚地看到,端方确有接任四川省总督的意图,而盛宣怀对此也心知肚明。赵尔丰对端方此奏极为不满,他在9月17日致赵尔巽的电报中写道:"弟屡请早赐转圜,以定人心,而端、徵反联名奏参,从中挑拨,以至愈演

① 戴执礼编:《四川保路运动史料》,北京:科学出版社1959年版,第272页。
② 戴执礼编:《四川保路运动史料》,北京:科学出版社1959年版,第276页。
③ 戴执礼编:《四川保路运动史料》,北京:科学出版社1959年版,第285-286页。
④ 戴执礼编:《四川保路运动史料》,北京:科学出版社1959年版,第283-284页。

愈烈，变端愈杂。"①平心而论，是端方挑起了二人的争斗，并且步步进逼，而赵尔丰只不过是被动的应战者。

端方处理川路风潮和赵尔丰的基本出发点不外有二："铁道干线收归国有"为"朝廷厉行之国有政策"；湖南曾反对国有，但经瑞徵、杨文鼎施行高压政策后，"群情帖然，收路在即"②。像端方这样的"新"派人物，也实在找不出执行国有政策还有别的什么理由，只有依靠专制蛮横的封建传统手段。和赵尔丰相比，端方根本不了解四川省情和民情，不了解四川人民为修铁路而含辛茹苦数载的历程，不了解四川人民高昂的爱国主义热情。与盛宣怀相较，端方的态度尤为强硬。8月27日，即端方提出前述重大建议的前两天，盛宣怀还特电赵尔巽，探听赵尔丰处理川事之计，并请其"试询川绅，如仍归民办，限几年可成"③。就此角度而言，主要是盛宣怀炮制了"铁道干线收归国有"政策，端方则是这个政策的主要推行者，他们的举措实际上是联手为清王朝当掘墓人。当四川省地方官员和民众群起反对国有政策之时，端方等人本可就此住手，而他们听不进任何反对意见，愈发专横，造成中央政府和四川地方的对峙态势，促使官逼民反的局面迅速形成。成都将军玉昆，虽为一介武夫，却将晚清及当年的局势看得清楚明白。皇族内阁组成以及"铁道干线收归国有"政策公布之后，玉昆敏锐地感到："以上两件大事，今秋后必然由此取乱之萌芽生矣。国家大局甚危，内外大小官员心中惶恐，人心涣散，可畏而不可言之。"对于"川省风潮顿起"的原因，"本系朝廷失当，盛老（指盛宣怀）误国所致""卖国贼盛宣怀，使海内外人人切齿痛恨也"。当保路同志军的武装斗争烽火燃遍巴蜀大地之时，玉昆认为："此番川民激变，可谓官逼民反。比年以来，将川民膏血搜掠殆尽，民贫财穷，所以与行政诸公结成敌忾之仇，上农士庶无不痛恨。俗云官清民自安，近来新政繁兴，建立局所，各项摊派无不应付，无不由民出资，因此愈结愈深，故而造意谋反之心生矣。"④也是在8月29日，曾任四川总督的赵尔巽

① 戴执礼编：《四川保路运动史料》，北京：科学出版社1959年版，第356页。
② 戴执礼编：《四川保路运动史料》，北京：科学出版社1959年版，第285页。
③ 戴执礼编：《四川保路运动史料》，北京：科学出版社1959年版，第280页。
④ 以上关于玉昆的资料，参见丘权政、杜春和整理：《蓉城家书》//《辛亥革命史丛刊》编写组：《辛亥革命史丛刊》第一册，北京：中华书局，1980年9月。

特电那桐和盛宣怀，呼吁"似不可再用压力，有类抱薪救火"①。

端方的见解是不合时宜的，但是得到中央政府及其一班大臣的支持。就此而言，此后大清王朝的命运乃至辛亥革命的走向在很大程度上就是端方安排的。8 月 30 日，9 月 2 日、4 日，清帝又连下三道上谕，传旨申饬赵尔丰，令其切实弹压。9 月 4 日，赵尔丰顶住各方面巨大压力，再次致电内阁，说明四川民众抗粮、抗捐之举，系"川人因未奉谕旨，恐商办无望"所致。对于端方所说川民"变本加厉，诵经习拳之事，必将接踵而起"等镇压保路运动的借口，赵尔丰表示："实绝无其事，亦并无此等风说。"9 月 5 日，在多次吁请无效的情况下，赵尔丰被迫表示将顺旨行事，但仍流露出镇压必招致严重后果以及他本人不得已而为之的心情："惟有假兵力之所能及，尽力剿办，地方之损害则固所不免；外人之危险，更所在堪虞。尔丰既有主见，不敢不言之于先，恐将来必有藉此以为口实者。"②

在思想深处，赵尔丰是不同意施行镇压之策的。他认为，四川"会匪遍地，素好结社。自立宪之说鼓吹，人人有自由观念；自留东学生归来，多半狂悖言论。今藉口路亡国亡，浸润灌输于一般人民之心理，群情疑愤，矢志决心，其中有人欲利用此时机以实行改革主义，初犹存诸理想，近乃见诸事实"。若采取镇压之策，"然民气固结，已不受压制"，必无好结局。加之川中"实力不足，兵警难持"，因而"成败利钝，实不能臆计"。事后结局，确不出赵尔丰所料，"得民失民，激乱弭乱，全在此举""大乱一作，挽救已属无济"。③

从上述不难看出，赵尔丰对时局的估计基本是正确的，对采取镇压手段可能带来的严重后果是清楚的，对他本人可能会因此而代人受过是有思想准备的。不过，在此关头，赵尔丰还是被迫顺从旨意，屈从端方的压力行事，向四川民众举起了屠刀。

1911 年 9 月 7 日，赵尔丰以看有关路事电报为由，先后将蒲殿俊、

① 戴执礼编：《四川保路运动史料》，北京：科学出版社 1959 年版，第 287 页。
② 戴执礼编：《四川保路运动史料》，北京：科学出版社 1959 年版，第 301 页，第 309 页。
③ 戴执礼编：《四川保路运动史料》，北京：科学出版社 1959 年版，第 297-298 页，第 294 页。

罗纶、邓孝可、彭兰村、颜楷、张澜、胡嵘、王铭新、叶秉诚、江三乘等人诱骗至总督衙门，随即予以五花大绑逮捕，因于衙门之内。另有蒙裁成被囚于警务公所，阎一士在华阳被囚禁。此外，还封闭了《西顾报》《启智画报》等报馆，查抄昌福公司，逮捕该公司学生数人，拆毁各街道所搭的圣位台，逼迫商家开市。又紧闭成都城门，不准出入，派出大批军警在市内巡查。保路运动领导人被逮捕的消息传出后，在四川全省引起极大的震惊。

成都市内的民众首先行动起来，呼吁当局释放被逮捕的保路运动领导人。各街的保路同志协会鸣锣聚众，号召民众前往总督衙门。数以万计的成都市民，主要是下层民众，他们头顶光绪皇帝牌位，一路哭喊，从各个街道奔向总督衙门。手无寸铁的民众在总督衙门内外跪哭，请求释放被逮捕的保路运动领导人。民众的哭求没有起到任何作用。赵尔丰不仅坚持不放人，还威胁要将所逮捕的人员就地正法。成都将军玉昆担心赵尔丰当众杀害保路运动领导人会激起众怒，局面难以收拾，予以制止。赵尔丰见市民不放人不离开，下令开枪，当场击毙无辜民众数人。后又以马队冲击群众，军警在各街道又举枪屠杀，再死伤民众多人。赵尔丰此举，制造了四川保路运动时期震惊中外的"成都血案"。

据不完全统计，此次死难的成都市民，有名有姓的就有 26 人，均为中枪而死，死难地点在总督衙门内外。这些死难者基本是下层市民，内有机房和丝房的工人，饭店、绸店和纸店的学徒，以及裁缝、菜贩、肉贩、中医、装水烟的、放马的、做纸花的，等等。受伤人员人数较多，无法统计。

著名的同盟会会员宋教仁就赵尔丰在保路运动时期的言行举措写道："赵尔丰初任川督，与寅僚联衔入奏，代表民情，苟政府有悔祸之心，则事机之转圜极易。乃调鄂兵入川，以镇慑川民，示强硬之态度，赵尔丰遂迎合朝旨，顿变初心，枪毙人民，拘捕绅士，诬为乱党，斥为乱民，以致民愤难伸，民怨莫诉，革党土匪，乘机混合，兵民交战，全川骚动。"[1]笔者认为，宋教仁的评说是较为客观的，符合历史事实。

---

① 戴执礼编：《四川保路运动史料汇纂》上册，台北："中央研究院"近代史研究所史料丛刊第 23 种，1994 年，第 177 页。

清朝统治集团和盛宣怀、端方等重臣没有料到，赵尔丰也没有料到，四川的局势并没有按照他们的设想发展。"成都血案"之后，成都市内暂时趋于沉静了。但是成都附近州县的民众却迅速地武装起来，向着成都进击。民气已将激扬，民众已经动员，一场更大的暴风雨就要来临了。

三

派重臣入川查办，是端方提出的。而由谁来担此重任，盛宣怀一开始就是比较明确的。尽管端方最初一方面对"办路人前往"即他自己入川有所顾忌，提议派瑞澂前往；另一方面又认为"自请派查，即自行前往，贻人口实，犹是末节"①。9月1日，盛宣怀即致电端方，请其赴川。同一天，盛又电告端方，已有谕旨派其入川查办，"大约是总、协理主见，公才固亦足以了之"。在这个电文中，盛宣怀还颇有深意地为端方着想："专在路事一面着想，而于地方一面，毫无事权，不知如何着手？"②实际上，盛宣怀看透了端方的心思，是在鼓动端方向朝廷要权。9月2日，清政府正式下令，派端方赴川，认真查办。

端方已是成竹在胸，随即提出了权自我操，并打压赵尔丰的措施。9月3日，端方向盛宣怀、载泽表示："廷旨派方入川，决不畏缩"，并提出处理川事数策："必须明降谕旨，宣示国有政策万难反汗""先饬川督严谕绅民，开市、拆棚，静候查办""准与瑞督相商，酌带鄂省军队入川""准随时调遣川中水陆新旧各军"。端方还声称："得此谕旨，此去尚可着手，否则无益有害。"③同日，在致盛、载二人的另一封电报中，端方虽然假惺惺地表示他不宜赴川，但又提出，赵尔丰一贯不听他的劝告，四川官民与他"水火之势已成"，入川即"置身于危险之地，触目皆反对之人"。因此，四川官民"人人得静候查办"，瑞澂"躬任鄂督，调遣军队，呼应皆灵；方赤手空拳，何从施展"。况且，"川省官吏不难反对朝旨，何难反对一查办大臣"。他还极为强硬地声称，查办并不是"意主调停，

① 戴执礼编：《四川保路运动史料》，北京：科学出版社1959年版，第295页。
② 戴执礼编：《四川保路运动史料》，北京：科学出版社1959年版，第296页。
③ 戴执礼编：《四川保路运动史料》，北京：科学出版社1959年版，第300页。

而无一定之政策，方虽至愚，亦不敢往"①。从上述可以看出，端方是以退为进，本意在取代赵尔丰的四川总督职位，取得四川全省军队的统帅调遣之权。9月4日，朝廷下旨，催促端方迅速前往四川，"如需酌带兵队，着就近会商瑞徵办理"②。这个旨意，只是部分地满足了端方的要求，于是他再次提出另派重臣前往。5日，朝旨再次令其迅速赴川，并应将启程日期电告朝廷。同日，端方电告邮传部、度支部，表明愿奉命赴川，定于三天后即9月8日动身。6日，朝旨表彰端方"所拟一切办法，轻重缓急，尚合机宜，即照所议办理。……川省水陆新旧各军，暂准由端方随时调遣"。至此，端方提出的赴川条件，已经基本实现。

此时，在制造了"成都血案"之后的赵尔丰，对端方的全部真实意图还不甚了了。他还于9月7日电告端方，请其多带兵队入川。9日，赵尔丰将拿获所谓首要及"成都血案"经过通报各省督抚，声言兵力单薄，难以兼顾全川。同日，朝旨"有着瑞徵遴选得力兵队赴川，暂归赵尔丰节制调遣"等语，令端方大失所望。他以为，川事之败坏，"乃于季帅之养痈成患"，朝廷"不责其事前之贻误，转谓其临事之功，真令人索解不得"。失去川省军队指挥调遣权，端方感到尤为难受，"将来鄂军抵川，彼此牵制，办事从何下手？""此时赵之安危存亡，尚不可必，电线已断，消息全不得通，更不知从何节制调遣起？"③他要求划一事权，实即剥夺赵尔丰的兵权。由兵权方面观之，朝廷并没有完全失去对赵尔丰的信任，而端方却已将赵视为异己，必除之而后快。

端方赴川途中，赵尔丰忙于对付四川各地的保路同志军，但收效甚微。与端方保持高度一致的瑞徵，为朝廷出谋划策，提出增派鄂军以及从邻近四川的陕西等省调派军队。

9月12日，端方公开严厉谴责赵尔丰等四川地方官员："川乱始于争路，地方官吏，始则推波助澜，继又操之过急，星火燎原，遂成焦烂。"④端方此电，再次成为影响清末及四川政局的重要因素。端方所谓的操切，显然是指赵尔丰诱捕四川咨议局议长蒲殿俊等人并在督署枪杀跪求放人

① 戴执礼编：《四川保路运动史料》，北京：科学出版社1959年版，第300-301页。
② 戴执礼编：《四川保路运动史料》，北京：科学出版社1959年版，第302页。
③ 戴执礼编：《四川保路运动史料》，北京：科学出版社1959年版，第325页。
④ 戴执礼编：《四川保路运动史料》，北京：科学出版社1959年版，第353页。

334

的成都民众。端方此说，将全部罪责强加在赵尔丰头上，为自己和朝廷再三严令赵尔丰动手镇压开脱。端方自以为得计，但在实际上只能加深他和赵尔丰等四川地方官员的矛盾，因为赵尔丰等人早就数次言明不能镇压。

13 日，在瑞澂的奏请下，朝廷又下令，鄂省所派军队，仍由端方节制调遣。站在赵尔丰一边的东三省总督赵尔巽，此时却提出改派赴川大臣之议，并以前四川总督岑春煊为宜。在赵尔巽看来，端方入川"损多益少"。还有一些官员，也持同样意见，认为端方"入川于事无补"[①]。联系赵尔巽在"成都血案"前反对镇压的态度，他对端方杀气腾腾的做派是反感的。而端方走了五六天，在 13 日还未到宜昌，也使盛宣怀有所不满："午帅尚未到宜，弟等均以为不然。"[②]在盛宣怀的居中调停下，瑞澂最终同意与赵尔巽联衔会奏。非常明显，端、赵之间的明争暗斗，已经引起了朝中官员的重视。

9 月 15 日，朝廷采纳了赵尔巽等人的奏请，令岑春煊赴川会同赵尔丰办理剿抚事宜。为了调和岑春煊与端方的事权，盛宣怀希望瑞澂居中调和："云（岑春煊字云阶）专任剿抚，陶（端方号陶斋）专任路事；然非公调和不可。"[③]在各方势力的干涉下，四川"一国三公"的局面似已初成，赵尔丰、端方、岑春煊三人的事权就成了一个问题。端方依然采取了以退为进的策略，他以"即不任剿抚，入川何为"为由，提出"请暂在宜昌镇抚路工"[④]。岑春煊则提出了他的处理川事须"标本兼治"的基本思路："被押诸绅，暂行酌量保释""惟有将股本发还之一策，以示朝廷并无与民争利之心""铁路亏损，应由国家全数承认""川省亏倒之款，既涉诉讼，当由国家分别提追，另案办理""此次收回国有各路商股，均照十成现银给还""川之乱事，与他项匪变不同，罪己可以兴邦，利民即以裕国"。[⑤]岑春煊的见解，显然与邮传部以及盛宣怀、端方所欲推行的政策大相径庭。尤其是他要求朝廷下罪己诏，实为冒天下之大不韪。由此观之，岑春煊并不很在乎四川总督职位。

---

① 戴执礼编：《四川保路运动史料》，北京：科学出版社 1959 年版，第 340 页。
② 戴执礼编：《四川保路运动史料》，北京：科学出版社 1959 年版，第 340-341 页。
③ 戴执礼编：《四川保路运动史料》，北京：科学出版社 1959 年版，第 352 页。
④ 戴执礼编：《四川保路运动史料》，北京：科学出版社 1959 年版，第 355 页。
⑤ 戴执礼编：《四川保路运动史料》，北京：科学出版社 1959 年版，第 372-373 页。

对岑春煊的奏议，奕劻、载泽、盛宣怀、端方等人均表示了极大的不满。而岑春煊依然坚持己见，他以身体欠佳，赵尔丰有能力平息川事为由，表示不必赴川，再次上奏内阁，期待"罪己之言与特恩之诏，同时并布，观听一新；则春煊不赴川，实胜于赴川也"[①]。

随着时间的推移，赵尔丰的去留以及谁奉派入川查办，围绕四川总督的职位，朝廷内外开始公开议论。10月2日，岑春煊再次以身体欠佳为由，向内阁请求辞职，得到批准。岑春煊本人算是主动退出了，剩下的竞争者依然是端方和赵尔丰。

赵尔丰不时向朝廷上奏或通电各省督抚，声称剿抚事宜有所进展，表明他确有能力遏制川乱。9月15日、18日、20日、23日，赵尔丰多次致内阁，声称击退围攻成都的同志军，成都已经陆续开市开课，各县同志军多被击退等。20日，还通电各省督抚，虽然"肃清尚需时日"，但"省中照常开市，人心略定"[②]。朝廷接报后，也不止一次肯定了赵的劳绩。赵尔丰的意图非常明显，他需要援军，他有能力在得到生力军后平定四川，但四川总督却不必换人。

盛宣怀、瑞澂是支持端方的。盛宣怀在9月20日的电报中告诉端方，赵尔丰已有"力能制之"之语，端方"若奋诀速行，有益无损，前何以惑于人言，幸熟思之"[③]。10月2日，盛宣怀还暗示端方，待他进抵重庆后即可发表其任四川总督。瑞澂则对赵尔巽颇有微词，端方离开湖北时即告之："次帅（即赵尔巽）敢于明目张胆助乃弟。"

端方的意图愈来愈清楚地表露出来。他坚决反对岑春煊的建议，对岑春煊要求朝廷下罪己诏之议，认为"此等居心，决不在川督，专想作内阁总理，断断然矣"[④]。在岑春煊尚未离职之时，端方甚至还请求邮传部阻其赴川。

至10月10日为止，四川保路风潮仅从6月17日四川保路同志会成立之日起，已将持续了百天以上；四川保路同志军的武装斗争，从9月7日"成都血案"之日起，也已坚持了月余。所有这些，成就了四川保路

336

---

① 戴执礼编：《四川保路运动史料》，北京：科学出版社1959年版，第375页。
② 戴执礼编：《四川保路运动史料》，北京：科学出版社1959年版，第374-375页。
③ 戴执礼编：《四川保路运动史料》，北京：科学出版社1959年版，第376页。
④ 戴执礼编：《四川保路运动史料》，北京：科学出版社1959年版，第385页。

运动这个辛亥革命的导火线，成就了武昌首义。

当清朝中央政府和督抚们还在为四川保路风潮和四川总督人选焦头烂额之时，武昌起义爆发了。在此前后，赵尔丰多次奏报多地失守，四川保路同志军已经燎原，四川大势已去。10月12日，清廷以武昌已乱，下令不再增拨入川鄂军。10月13日，端方到达重庆。14日，清廷突然下旨，令岑春煊补授四川总督、袁世凯补授湖广总督，二人到任后，瑞澂、赵尔丰再行交卸。所有四川各军及各路援军，均归岑春煊节制调遣。15日，令赵尔丰任川滇边务大臣，仍暂任四川剿抚事。清廷此举，令赵尔丰降职了，但端方也未能任四川总督。就路事而言，清政府在武昌起义后只有按岑春煊的奏议办了。

端方无论如何也没有想到，他曾经放肆抨击的岑春煊当了四川总督，而后者的奏议几近全面否定"铁道干线收归国有"政策及盛宣怀、端方等人提出的有关执行国有政策的措施。不过，端方依然不放过赵尔丰。10月19日，端方致电内阁，请代劾王人文、赵尔丰"始则纵放，继则操切""既不能裁抑于前，复不能弥变于后，亦属咎无可辞"，要求朝廷予以惩处。他声称："全川公论，均谓川人自有争路之举，莫非大吏推波助澜，路潮必不致如此之烈。及事后从事弹压，若非诸人贪功，捕风捉影，荧惑长官，陷蒲、罗以叛逆，并枪毙顶香呼诉之人，人民怨毒亦不致如此之深。"被捕诸人，"研求新政，维护地方，为川士一时之选"，虽然"对于路事异常愤激，惟于匪事概无干涉，应肯天恩即予释放"。[1]端方此奏，目的在于置赵尔丰于死地，对日后四川政局影响颇深。《清史稿》关内和关外本在《赵尔丰传和端方传》中，均提到端方"劾赵尔丰操切"，[2]也足见此奏在修史者心目中的分量。

---

① 戴执礼编：《四川保路运动史料》，北京：科学出版社1959年版，第446-448页。

② 参见赵尔巽撰：《清史稿》，北京：中华书局1998年版，第四册，第3278-3279页。《端方传》云："字午桥，托忒克氏，满洲正白旗人，收路章条湘川不一致，川人大哗。川、鄂为党人所革，乘机窃发。……劾川督赵尔丰操切"；《赵尔丰传》云："会川乱起，尔丰还省，集司道联名奏请变更收路办法，不允。商民罢市，全省骚动。廷寄饬拿祸首，捕蒲殿俊等拘之其党围攻省城。督办川路大臣端方劾尔丰操切，诏仍回边务大臣……尔丰遂让政权于殿……"关内本与关外一次本相同。全文附录于后，作为参考。"……滞重庆，劾尔丰操切……军民环请独立……"第3276-3278页。

赵尔丰诱捕四川保路运动的领导人，本不得人心，但他是不愿意释放被捕诸人的。10 月 26 日，处于风雨飘摇中的清朝中央政府全面否定了"铁道干线收归国有"政策，并依据资政院的奏议，下令予盛宣怀革职、永不叙用的处分。不过，朝廷还是采纳了端方的奏议，谕令赵尔丰释放被捕诸人，予数名四川官员革职，或降职处分。11 月 2 日，赵尔丰致电内阁，主要申诉两点：其一，被捕诸人"借路倡乱"，证据确凿，但端方"未加详审，亦不一一电会商"，居然奏请释放，"实堪骇异"；其二，赵尔丰本人"到任之初，即迭接端大臣嘱令严办之电"，后又以"因循贻误"等语严词电劾，但赵"再三电致该大臣，恳其设法转圜路事，以防激变"。赵尔丰认为："设竟如该大臣所请，该逆绅等一旦放归，势必纠合徒党，与群匪联为一气。"①赵尔丰此奏，一方面坚持捕人有据，实为对抗朝旨和端方；另一方面，声称捕人为端方再三催逼所致，倒也是事实。此后，端、赵之间的矛盾斗争进一步激化。

11 月 6 日，清廷命端方在岑春煊未到任之前，暂署四川总督，11 月 8 日，赵尔丰奏劾端方"诡谲反复，希图见好于川人""罗织参办将领司道多人释放倡乱首要各犯"；端方任督办川路后久在鄂地，"惟日电迫尔丰严压川民又电劾骈诛首要"；待督兵入蜀后，不顾四川乱事，"迂道改赴重庆。逗留月余"；及闻武汉、宜昌失陷后，已无退路，"遂不顾国家利害，惟计一己安危，倒行逆施，莫此为甚"。赵尔丰的结论是："川事为之一误再误，不可收拾。端方到省之日，即将为川人独立之时。"他还请求朝廷"将川省军事，准于岑春煊未到任以前责成尔丰一人专办"②。赵尔丰关于端方到成都之日即为四川独立之时的臆断，真是不幸言中。这也从一个侧面透露出赵尔丰在考虑自己的退路了。非常明显，端、赵二人相互攻诘已经白热化，两人仍在争夺四川省的军事统领权，即四川总督之职。

在这场争夺战中，赵尔丰失败了，端方不仅得任署理四川总督，大理院还请将赵尔丰解京审讯。11 月 14 日，被囚 70 余天的蒲、罗等被捕诸人得以释放，"一律礼请出署"；四川绅商学界在通告中声称"铁路事

---

① 戴执礼编：《四川保路运动史料》，北京：科学出版社 1959 年版，第 473-474 页。
② 戴执礼编：《四川保路运动史料》，北京：科学出版社 1959 年版，第 478-479 页。

件已有正当办法决不为外人所有。其他善后抚恤各事宜，蒲、罗先生既出，即当官绅协定，迅速施行。"①以被捕诸人名义发布的通告称："保路同志会之目的，实已贯彻无阻。现在惟力应（按：应为'应力'）返和平，以谋将来之幸福而已"，所有苛捐弊政，"必竭其心力所至次第见诸实行，以为官绅一气，共维大局之券"。②这两个通告均提及官绅合作。毫无疑问，蒲、罗等人是绅方首要人物，但是，由谁代表四川地方政府即官方，是赵尔丰还是端方，这是关键所在。

此时，革命风暴已经席卷了中国 10 余个省份，清王朝的覆灭指日可待。岑春煊决意不到四川，端方、赵尔丰则转而谋求与四川立宪派人士消除前嫌，图谋四川独立。在这方面，端方却是失败者。赵尔丰释放蒲、罗等人后，对被释之人另行礼聘，每日到总督衙内会议。他将端方等人的奏折、函电出示与被释诸人，并称："非弟之不情，实端、瑞、盛等迫弟至此耳，望诸君谅之。"③赵尔丰此举，极大地缓和了同蒲、罗等人的关系。

端方率领的鄂军于 11 月 18 日到达资州，其所带军队不稳，各县同志军东起西应，端方折返湖北退路已断，加之赵尔丰虎视在前，端方已深感自身势孤途穷。于是，他以曾经奏请释放蒲、罗等人作资本，在资州派人前往成都，运动立宪派人实行川省自治，结果碰壁而返。端方仍不甘休，再致电蒲、罗，请人邀请他们至资州共商，但电报被赵尔丰扣下。端方图谋运动成都自治一事，"尔丰闻而忌之"④，恐端方抢先，于己不利。他不仅扣压了端方的电报，在经过短时间的徘徊观望后，还派出谈判代表，与立宪派人士洽商有关四川独立的具体条款。

立宪派首脑蒲殿俊等人很快就接受了这种以妥协求得独立的方式。11 月 22 日，由官方代表署布政司尹良等 7 人、立宪派代表蒲殿俊等 8 人共同商订了四川独立条件，包括官定独立条件 19 条、绅定独立条件 11 条。25 日，咨议局开会一致通过。27 日，"大汉四川军政府"在成都宣告

① 戴执礼编：《四川保路运动史料》，北京：科学出版社 1959 年版，第 488-489 页。
② 戴执礼编：《四川保路运动史料》，北京：科学出版社 1959 年版，第 490-491 页。
③ 中国史学会：《辛亥革命·四》//《中国近代史资料丛刊》，上海：上海人民出版社 1957 年版，第 337 页。
④ 隗瀛涛、赵清：《四川辛亥革命史料》上册，成都：四川人民出版社 1981 年版，第 389 页。

成立。同日，赵尔丰发布"宣示四川地方自治文"。

入川鄂军的选调是端方亲自进行的，因此端方对控制所带鄂军还颇为自信。但事实上，在赴四川途中，军中革命党人即开始活动。行抵四川夔州时，军中革命党人就召开会议，主张停止西进。10月5日到达万县后，军中革命党人商定与川中革命党人接头，里应外合，发动起义。11月6日，端方被任命为署理四川总督，启程离渝赴蓉。13日，进至资州。此时，四川保路同志军的武装斗争已转入宣布独立、推翻清政府阶段，资中正处在革命风暴的中心区域，在成都和端方公开翻脸的赵尔丰仍虎视眈眈，端方处在进退维谷的状态。如同前述，他派人到成都当说客，但未成功。27日晚，鄂军百余名士兵攻入端方住地，将端方及其弟弟端锦擒至资中上天宫，当众宣布罪状，将兄弟二人斩杀。川南军政府都督刘朝望此前在致端方的信函中有"公徒死资中，于事何补"等语，[①]又算是不幸言中。

也许是巧合，1911年11月27日，端方在四川资州授首，赵尔丰在成都宣布四川自治，他们两人之间围绕"铁道干线收归国有"政策所结下的恩怨亦随着端方之死而告终结。12月22日，尹昌衡主要以赵尔丰先后制造"成都血案"及12月8日成都兵变为由擒杀赵尔丰成功。谁会想到，因"铁道干线收归国有"政策而再任川滇边务大臣的赵尔丰，与署理四川总督的端方，两个曾经的冤家对头，最终很快就相见黄泉，做了清王朝的殉葬品，成为辛亥革命时期罕见的被革命党人直接诛杀的晚清重臣。

---

① 戴执礼编：《四川保路运动史料》，北京：科学出版社1959年版，第501页。

鲜于浩学术年表①

1978 年

参加中国社科院宗教所研究生入学考试复试，因其时北京主食面食而放弃入学。

1979 年

考入湖南师范学院（今湖南师范大学）林增平先生门下攻读硕士研究生，专业为中国近代史。

1981 年

参加纪念辛亥革命 70 周年青年学术讨论会，参会论文《试论川路租股》获一等奖。

1982 年

3 月，在《湖南师范学报（哲学社会科学版）》发表《二次革命湖南宣布独立日期辨误》。

3 月，在《西南民族学院学报（哲学社会科学版）》发表《浅谈义和团进入北京》。

4 月，在《历史研究》发表《试论川路租股》。

7 月，研究生毕业，硕士论文题目为《川汉铁路与四川立宪派》。同年，入四川师范大学任教。

1986 年

《中国近代史（上下册）》由四川省社会科学出版社出版。

成为硕士研究生导师。

1988 年

获去法国访学资格，去广州外国语学院进行出国人员法语培训。

1989 年

作为高级访问学者赴法国巴黎高师，导师为巴斯蒂教授。

---

① 学术年表由汪澎撰写，田永秀、张雪永补充改定。

1991 年

主持国家社科基金项目"留法勤工俭学运动研究"。

1992 年

4 月，在《西南民族学院学报（哲学社会科学版）》发表《邓孝可与四川保路运动》。

10 月，在《四川师范大学学报（社会科学版）》发表《略谈"破约保路"宗旨的提出及其实施》。

1993 年

3 月，在《华中师范大学学报（哲学社会科学版）》发表《〈辛亥革命辞典〉一则条目的几点失误》。

5 月，在《四川文物》发表《清末成都实业劝工会》。

8 月，在《四川师范大学学报（社会科学版）》发表《青年毛泽东的留学观》。

10 月，在《求索》发表《新民学会与留法勤工俭学运动》。

1994 年

《留法勤工俭学史稿》由巴蜀书社出版。

1996 年

主持国家社科基金项目"近代中法文化冲突融合与经贸关系"。

1999 年

9 月，在《社会科学研究》发表《毛泽东与留法勤工俭学运动》。

2000 年

3 月，在《电子科技大学学报（社科版）》发表《蔡元培与中法文化交流》。

8 月，在《西南交通大学学报（社会科学版）》发表《试论郭嵩焘对西方文化化的认识及对中国文化化的反思》。

12 月，在《甘肃教育学院学报（社会科学版）》发表《近代法国对华经济特征形成的背景》。

2001 年

7 月，主持国家社科基金项目"中法关系史研究（1687—1949）"。

11 月，在《社会科学研究》发表《论勤工派与蒙达尼派的论争及联合》。

2002 年

7 月，在《四川大学学报（哲学社会科学版）》发表《赵世炎与旅欧派党团组织的建立》。

7 月，在《安徽大学学报》发表《中法战争缘起再探》。

9 月，在《毛泽东思想研究》发表《毛泽东第一次北京之行》。

9 月，在《西南交通大学学报（社会科学版）》发表《近代法国对华经济述论》。

2003 年

2 月，在《西南民族学院学报（哲学社会科学版）》发表《论中共旅欧党团组织的内部训练》。

8 月，在《四川师范大学学报（社会科学版）》发表《四川留法勤工俭学生与旅欧党团组织》。

《近代中法关系史稿》（合著）由西南交通大学出版社出版。

2004 年

7 月，在《社会科学研究》发表《法国与丝绸之路》。

11 月，在《毛泽东思想研究》发表《毛泽东、刘少奇对过渡时期总路线在酝酿前后的探索》。

2005 年

8 月，参加四川省纪念中国人民抗日战争暨世界反法西斯战争胜利 60 周年学术研讨会，提交会议论文《抗日战争与毛泽东党内核心领导地位的确立》并作大会发言。文章被收录于《四川省纪念中国人民抗日战争暨世界反法西斯战争胜利 60 周年学术研讨会论文集》。

成为博士研究生导师。

2006 年

4 月，在《西南民族大学学报（人文社科版）》发表《论留法勤工俭学运动的历史地位》。

4 月，在《中华文化论坛》发表《有限开放与闭关趋向的交汇——16 至 18 世纪澳门在中西交流史上的作用》。

9 月，在《四川师范大学学报（社会科学版）》发表《旅法华工与留法勤工俭学生》。

9 月，《留法勤工俭学运动中的四川青年》（合著）由巴蜀书社出版。

12 月，参加湖南师范大学"近代湖南与中国暨纪念林增平先生学术研讨会"。

2009 年

3 月，在《毛泽东思想研究》发表《青年毛泽东的求索模式与科学社会主义观的确立》。

10 月，在湘潭参加"李鸿章与近代中国"学术研讨会。

2010 年

在《重庆科技学院学报（社会科学版）》发表《澳门与中西艺术交流》。

2011 年

3 月，在《西南交通大学学报（社会科学版）》发表《王光祈与工读互助主义的滥觞及失败》。

7 月，《保路风潮——辛亥革命在四川》（合著）由四川人民出版社出版。

10 月，参加"四川辛亥革命暨尹昌衡国际学术研讨会"。

11 月，在《四川师范大学学报（社会科学版）》发表《保路运动时期的端方与赵尔丰：从政见相左到明争暗斗》。

2012 年

在《中共四川省委省级机关党校学报》发表《四川保路风潮中的各界民众》。

2013 年

7 月，在《社会科学研究》发表《大革命时期中国共产党对资产阶级的理论认识》。

8 月，参与修订出版马克思主义理论研究和建设工程重点教材《中国近现代史纲要（2013 年修订版）》。

2015 年

9 月，在《毛泽东思想研究》发表《论留守中央对毛泽东和中国革命新道路的支持》。

12 月，在《思想政治课研究》发表《以中国梦贯穿"中国近现代史纲要"课教学》。

2016 年

在《西南交通大学学报（社会科学版）》发表《四川保路运动是近代中国首次群众性恃法抗争风暴》。

4月，《西南交通大学史（第一卷）》由西南交通大学出版社出版。

12月，《留法勤工俭学运动史》由人民出版社再版。

2017年

1月，在《江苏师范大学学报（哲学社会科学版）》发表《试论"洛—毛"领导体制的确立与长征胜利》。

10月，在《中共党史研究》发表《"济南惨案"与留守中央统战策略的调整》。

10月，参加湖南师范大学"中外条约与近代中国"学术研讨会。